Im eigenen Feuer

Ami Ajalon

mit Anthony David

Im eigenen Feuer

Wie Israel sich selbst zum Feind wurde und die jüdische Demokratie trotzdem gelingen kann

Erinnerungen eines Geheimdienstchefs

Aus dem amerikanischen Englisch
von Enrico Heinemann

DIETZ

Die englische Originalausgabe »FRIENDLY FIRE. How Israel Became Its Own Worst Enemy and the Hope for Its Future«, erschien 2020 bei Steerforth Press, Lebanon/New Hampshire.

Gefördert durch die Friedrich-Ebert-Stiftung

Bibliografische Information der Deutschen Nationalbibliothek

Die Deutsche Nationalbibliothek verzeichnet diese Publikation in der Deutschen Nationalbibliografie; detaillierte bibliografische Daten sind im Internet über *http://dnb.dnb.de* abrufbar.

ISBN 978-3-8012-0619-2

Gesamtgestaltung und Satz: Ralf Schnarrenberger, Hamburg
Umschlagbild: Aus dem Dokumentarfilm »The Gatekeepers« (Les Films du Poissons/Dror Moreh Productions/Cinephil, 2012), trotz Recherche konnte kein/e Rechteinhaber/in ermittelt werden. Sollten Sie Rechte an diesem Bild besitzen, wenden Sie sich bitte an den Verlag.
Druck und Verarbeitung: Bookpress, Olsztyn

Printed in Poland 2021

Besuchen Sie uns im Internet: www.dietz-verlag.de

Ich meine, dass alle Vergnügungsreisen Blödsinn sind:
Die einzige Reise, von der man nicht mit leeren Händen zurückkehrt,
das ist die Reise nach innen.
Amos Oz, *Eine Geschichte von Liebe und Finsternis*

Geleitwort

Ich habe Ami Ajalons Buch »Friendly Fire«, wie es im englischen Original heißt, im Frühsommer 2021 gelesen – fast zeitgleich mit den schwersten Auseinandersetzungen im israelisch-palästinensischen Konflikt in der jüngeren Vergangenheit. In einem kurzen Zeitraum von nur 11 Tagen wurden mindestens 248 Palästinenser und 12 Israeli getötet, Tausende Menschen wurden zum Teil schwer verletzt, lebenswichtige Infrastruktur in Gaza wurde zerstört und Zehntausende Palästinenser mussten (wieder einmal) fliehen. Und auch wenn diese jüngste Eskalation der Gewalt in der Weltöffentlichkeit längst nicht mehr das Maß an Anteilnahme und Erschütterung hervorruft wie noch die zweite Intifada zu Beginn des neuen Jahrtausends, so machte sie uns doch allen einmal mehr schmerzlich bewusst, dass der Konflikt zwischen Israelis und Palästinensern seit nun über 70 Jahren ungelöst ist und nach wie vor unermessliches menschliches Leiden verursacht.

Der israelisch-palästinensische Konflikt ist kein politischer Konflikt, zwischen zwei Staaten über Grenzen, Wasser, Öl oder andere Ressourcen. Es ist ein zutiefst menschlicher Konflikt zwischen zwei Völkern, die Leid und Verfolgung kennen. Die Verfolgung des jüdischen Volkes über 20 Jahrhunderte fand seinen grausamen Höhepunkt in der Ideologie der Nazis, die sechs Millionen Juden ermordeten. Der Holocaust ist mit nichts vergleichbar.

Das jüdische Volk hegte einen Traum; ein eigenes Land, eine Heimat für alle Juden im heutigen Gebiet Palästinas. Aus diesem Traum aber folgte eine zutiefst problematische, weil grundfalsche Annahme: ein Land ohne Volk für ein Volk ohne Land. In Wahrheit jedoch lag der Anteil der jüdischen Bevölkerung Palästinas im Ersten Weltkrieg bei nur 9 Prozent. 91 Prozent der Bevölkerung war also nicht jüdisch, sondern palästinensisch, über Jahrhunderte gewachsen. Das Land kann kaum als »Land ohne Volk« bezeichnet werden, und die palästinensische Bevölkerung sah keinen Grund, das eigene Land aufzugeben. Der Konflikt war somit unausweichlich und seit seinem Beginn haben sich die Fronten über Generationen nur weiter verhärtet.

In dieser nun eigentlich hoffnungslos scheinenden Situation hat mich Ami Ajalons Buch nicht nur überrascht, es hat mich tief bewegt. Denn Ajalons Memoiren zeigen uns, dass es für Menschen doch möglich ist, sich selbst, ihre Meinungen und Handlungsweisen zu ändern und das Gegenüber nicht nur zu erkennen, sondern auch Empathie für den vermeintlichen Feind zu empfinden. In dieser Wandlungsfähigkeit liegt, meiner Meinung nach, der Schlüssel zur Lösung des Konflikts.

Ajalon trug als Direktor von Shin Bet große Verantwortung für die oft brutale Behandlung des palästinensischen Volkes durch den israelischen Staat. Die Leitlinie seines Handelns war die Sicherheit des israelischen Staats und seiner Bevölkerung. Es gab in seiner Position keinen Raum für das Narrativ des Feindes, geschweige denn für Empathie. Empathie für das Leiden der Palästinenser zu empfinden schien den Interessen Israels diametral entgegenzustehen. Dennoch lernte er in seiner Funktion schließlich etwas Neues und Fundamentales: Der Feind ist kein künstliches Ziel. Es sind Menschen. Und die Fähigkeit, Empathie mit diesen Menschen zu empfinden eröffnet Ajalon, so unwahrscheinlich es klingen mag, ganz neue Perspektiven auf diesen scheinbar unlösbaren Konflikt: Die Israelis werden dann Sicherheit haben, wenn die Palästinenser Hoffnung spüren können, also Gerechtigkeit. Beide Seiten müssen ihre Feinde als Menschen erkennen und versuchen, ihre Sichtweise, ihren Schmerz und ihre Not nachzuempfinden.

Die Israelis müssen auch akzeptieren, dass die Besetzung Palästinas mit einer gerechten Lösung nicht vereinbar ist.

Ajalon wurde drei Jahre vor der Gründung des Staats Israel geboren und hat den Großteil seines Lebens damit zugebracht, den Feind, die Araber, zu hassen und zu bekämpfen. In seinen Memoiren beschreibt er zwar auch diese langen Jahre des Kampfes, die entscheidende Botschaft ist aber eine ganz andere, nämlich die Erkenntnis, dass der eingeschlagene Weg die Sicherheit Israels nicht verstärkte, sondern verringerte: Je mehr der israelische Staat die Palästinenser bekämpfte und erniedrigte, desto stärker wurde deren Widerstand.

»Terroristenführer zu töten, ohne sich um die Verzweiflung ihrer Anhänger zu kümmern, ist ein törichtes Unterfangen und führt zu mehr Frustration, mehr Verzweiflung und mehr Terrorismus«, schreibt Ajalon. »Je mehr wir einen solchen unsinnigen Krieg ›gewinnen‹ – je mehr wir die Zivilgesellschaft und die demokratischen Normen entwerten – desto mehr verwandeln wir unsere Gesellschaft in eine Orwell'sche Dystopie, in der Wahrheit und Lüge nicht mehr zu unterscheiden sind.«

In der vielleicht stärksten Botschaft seines Buches unterstreicht Ajalon, dass es die Verantwortung der oftmals schweigenden (und säkularen) Mehrheit ist, diese Dystopie abzuwenden. Dies ist besonders ein Appell an die jüngere Generation Israels. Man kann nur hoffen, dass sie ihn hören wird.

Daniel Barenboim, September 2021

Vorwort

Ami Ajalon ist ein bemerkenswerter Mann. Kennengelernt habe ich ihn in den 1990er-Jahren als Leiter des israelischen Inlandsgeheimdienstes Schin Bet, während ich mich als Chefunterhändler im arabisch-israelischen Konflikt betätigte. Damals betrieb ich eine zeitaufwendige Pendeldiplomatie zwischen Israelis und Palästinensern sowie den USA und dem Nahen Osten. Bei jedem Besuch in der Region war mir wichtig, Ami in seinem Hauptquartier aufzusuchen. Ich wollte meine Eindrücke aus den Verhandlungen mit Jassir Arafat und seinen Unterhändlern mit den Einschätzungen abgleichen, die der Schin Bet von den palästinensischen Verhältnissen erlangt hatte.

Ich sage hier Schin Bet, weil Ami immer seine Vertreter und wichtigsten Palästina-Beobachter hinzuzog, Leute, die als Vermittler täglichen Umgang mit Palästinensern vor Ort hatten, und andere, die deren Verhältnisse und Gesellschaft analysierten. Ich selbst sprach natürlich auch mit Palästinensern außerhalb des Kreises meiner Verhandlungspartner, lernte aber durchaus zu schätzen, was ich im Hauptquartier des Schin Bet erfuhr. Im Schin Bet, einer Art Kreuzung aus FBI und CIA mit der maßgeblichen Verantwortung für Israels innere Sicherheit und Terrorabwehr, stellte ich rasch fest, dass es dort »die *eine* Sicht von den Palästinensern« gar nicht gab. Vielmehr kamen unterschiedliche Sichtweisen und Blickwinkel zum Tragen.

Ami sorgte dafür, dass ich alle zu hören bekam. In dieser Zeit der Verhandlungen und palästinensischer Terrorangriffe antwortete er auf meine Fragen und Beobachtungen, während viele seiner Mitarbeiter andere Positionen vertraten und die palästinensischen Verhaltensweisen anders erklärten. Manche begegneten Arafat, seinen Untergebenen und deren Absichten mit größter Skepsis. Andere hatten weitaus mehr Verständnis angesichts des Drucks, unter dem sie standen, und der verheerenden Auswirkungen der israelischen Aktionen – Siedlungsbau, Checkpoints, Verhaftungen und Straßensperren –, die sie zu spüren bekamen.

Wie ich feststellen konnte, war Ami nicht nur persönlich, sondern auch in geistiger Hinsicht aufrichtig. Er wollte alle Standpunkte hören, auch solche, die seine Anschauungen anfochten, und das ließ er auch bereitwillig in meinem Beisein zu.

So überrascht es mich nicht, dass er Memoiren verfasst hat, in denen er in sein Inneres blickt und über sich selbst ehrlich Rechenschaft ablegt. Wer, wie ich es getan habe, seine Geschichte liest, erfährt viel über seine Herkunft und persönliche Entwicklung. Ami war als Kibbuznik in einem Umfeld aufgewachsen, das von der Gemeinschaft, vom Egalitarismus, härtester Arbeit, schlichten Genüssen und ideologischen Debatten geprägt war. Ein mühseliges Leben in ständiger Gefahr. Die Syrer feuerten auf seinen Kibbuz unter den Golanhöhen immer wieder Mörsergranaten ab und schossen auf die Arbeiter auf den Feldern. »Siedlung und Sicherheit« – das waren damals die Maximen angesichts von Nachbarn, die das Existenzrecht Israel ablehnten und dem flügge werdenden jungen Staat mit Terror begegneten. Präsenz und Kampfbereitschaft, nicht Anerkennung durch die arabischen Nachbarn oder die damals noch geringe internationale Unterstützung, legten Israels Grenzen fest.

In einem solchen Umfeld aufgewachsen, überzeugt davon, dass die Juden ein Anrecht auf das Land ihrer biblischen Vorfahren hätten, und angesichts der ständigen äußeren Existenzbedrohungen, entscheidet sich Ami für eine militärische Laufbahn, die die gefährlichste und anspruchsvollste überhaupt ist. Er wird Kommandosoldat in der Kampfschwimmereinheit Schajetet – »Flottille« – 13, dem israelischen Pendant zu den US-amerikanischen Navy SEALs. Die Ausbildung ist knallhart, und die aus dem Meer heraus geführten Missionen auf feindlichem Territorium sind höchst gefährlich. Er wird schwer verwundet, kehrt aber wieder in seine Einheit zurück, um an Operationen teilzunehmen oder sie zu leiten. Zweiundzwanzig Jahre lang sollte er der Schajetet 13 verbunden bleiben, ihre Führung übernehmen und später zum Oberbefehlshaber der israelischen Marine aufsteigen.

Seine Welt war eine des Tötens oder Getötetwerdens. Rekruten und Freunde starben, so Chaim Sturman, der in dritter Generation seiner Familie (nach seinem Großvater und seinem Vater) im Krieg mit den Arabern umkam. Ami war Ausführender oder Beteiligter an Missionen, um palästinensische Topterroristen und deren Hintermänner zu töten wie Abu Dschihad, den Mitbegründer der Fatah. Nach dem Verhaltenskodex, von dem er sich dabei leiten ließ, durfte allein die Zielperson ausgeschaltet werden, während andere Opfer vermieden werden mussten. Demgemäß widersetzte er sich sogar Befehlen von Militärs wie General Rafael »Raful« Eitan, dem damaligen Chef der israelischen Verteidigungsstreitkräfte, der »Kollateralschäden« billigend in Kauf zu nehmen schien, um eine Botschaft auszusenden: Kein palästinensischer Aktivist war außerhalb der israelischen Reichweite. Und mehr noch: Für Terrorakte gegen Israelis würden auch palästinensische Zivilisten einen hohen Preis zahlen.

Aber trotz dieses Verhaltenskodexes war Ami damals noch nicht bereit, dieses scheinbare Nullsummenspiel – eine Welt, in der die Tötung von Terroristen die einzige Antwort zu sein schien – zu hinterfragen. Einen Augenblick der Offenbarung erlebt er in den 1980er-Jahren, als er als stellvertretender Marinekommandeur regelmäßig mit palästinensischen Fischern redet: Als sein Jeep auf dem Weg durch ein Flüchtlingslager in Gaza mit Steinen beworfen wird, sieht er einen Teenager, der ihn mit hasserfüllten Augen anstarrt. Irgendwie verbindet er diesen Blick mit seinen eigenen Empfindungen als Jugendlicher, der im Kibbuz jeden Tag Bedrohungen ausgesetzt war und sich nach Freiheit und einem Umfeld sehnte, wo diese beklemmende Lage ein Ende nehmen würde: *War es nicht das,* so fragt er sich, *was auch dieser palästinensische Junge empfand? Und war er in seinem Militärjeep nicht das Symbol der Unterdrückung?*

Doch wirklich wandeln wird sein Weltbild sich erst, nachdem er Chef des Schin Bet geworden ist. Nach der Ermordung Jitzchak Rabins wird er als völlig Außenstehender auf diesen Führungsposten berufen – und bekommt es bald mit einer Welle von Selbstmordanschlägen in Israel zu tun. Wie er erkennt, ist es zwar absolut notwendig, Terroristen zu töten oder zu verhaften, bevor sie zuschlagen können, aber dies allein kann den Terror nicht stoppen. Er versucht nachzuvollziehen, was Selbstmordattentäter antreibt, und stößt dabei auf Werdegänge, die häufig gezeichnet sind von Tötungen von Verwandten durch Israelis oder Demütigungen von Familienmitgliedern durch israelische Soldaten oder Siedler. Wie er auch erkennt, schaffen Hoffnungslosigkeit, Verzweiflung und Opfererfahrungen ein Klima, das es der Hamas und dem Islamischen Dschihad – zwei radikalislamistische Gruppen, die Israels Existenz ablehnen – leicht macht, neue Terroristen und Selbstmordattentäter zu rekrutieren.

In seinem rastlosen Kampf gegen sie und ihre Aktivisten wird Ami klar, dass der Terror nur zu besiegen ist, wenn auch Arafat und die Palästinensische Autonomiebehörde sie bekämpfen und diskreditieren. Aus seiner Sicht haben Rabin, Netanjahu und Barak Fehler gegenüber Arafat begangen: Rabin, weil er ihm kein Ultimatum stellte, dass er den Friedensprozess aussetzen würde, solange er den Terror nicht entschlossener bekämpfte, Netanjahu und Barak, weil sie nicht begriffen, dass es Arafats Fähigkeiten im Kampf gegen die Hamas schwächte, wenn er nicht zeigen konnte, dass die Besatzung sich zu einem Ende führen ließe. Er und seine Männer durften und wollten nicht so dastehen, als arbeiteten sie mit Israel zusammen bei der dauerhaften Absicherung der Besatzung. In Amis Augen beschädigte der Eindruck, dass den Palästinensern immer etwas abverlangt wird, sie aber dafür nur selten etwas erhielten, faktisch Israels Sicherheit.

In meinen Verhandlungen mit Ami in dieser Zeit konnte ich beobachten, wie er nach diesen Überzeugungen handelte und den Mächtigen die Wahrheit sagte – Netanjahu und Barak ebenso wie Arafat. Nach einem Sprengstoffanschlag in Jerusalem fragte ich damals Ministerpräsident Netanjahu, ob ich ein Treffen mit Arafat und seinen Sicherheitschefs in Gaza organisieren könne, an dem auch Amnon Lipkin-Schachak (der Oberbefehlshaber der israelischen Verteidigungsstreitkräfte) und Ami teilnehmen sollten – um in meinem Beisein darüber zu diskutieren, was zu tun sei. Bibi und Arafat waren einverstanden. Auf dem Treffen wurde ich Zeuge, wie Ami Arafat schonungslos deutlich machte, welche Versäumnisse die Palästinenserbehörde beging und welche speziellen Schritte einzuleiten seien. Arafat ließ seine Kommandeure antworten. Die meisten wandten ein, dass die Israelis den Palästinensern schwierige Maßnahmen abverlangten, während es keinerlei politischem Fortschritt und auch kaum Hoffnung auf einen gebe. Ami antwortete, er sei für Sicherheit, nicht für Politik zuständig, aber ohne Sicherheit gebe es auch keinen politischen Prozess.

Er nahm kein Blatt vor den Mund. Er ließ bei Arafat oder dessen Umfeld niemals Illusionen aufkommen, lernte im Verlauf des Geschehens aber auch dazu. Am Ende seiner Amtszeit im Schin Bet versuchte er der israelischen Öffentlichkeit deutlich zu machen, dass auch sie einen eigenen Beitrag leisten müssen, um den Terror zu beenden und Frieden wahrscheinlicher zu machen. Dazu arbeitete er mit Sari Nusseibeh Grundsätze für einen Frieden aus, die geeignet sein sollten, bei Israelis und Palästinensern Unterstützung zu finden – an der Basis.

Auf einer einzigen Seite ausformuliert, decken sich diese Prinzipien weitgehend mit den deutlich detaillierteren sogenannten Clinton-Parametern – Rahmenbedingungen, die bereits im Dezember 2000 als Übergangsvorschlag zur Beendigung des Konflikts vorgeschlagen worden waren. Palästinensische Unterhändler hatten sie am 22. Dezember 2000 im Weißen Haus entgegengenommen. Von mehreren weiß ich, dass sie zu einer Annahme bereit gewesen wären, während Arafat sie ablehnte. Einer fragte mich vor einem Jahr wehmütig: »Können Sie sich vorstellen, wo wir heute stünden, wenn Arafat die Clinton-Parameter akzeptiert hätte?«

Die Parameter basierten auf dem Grundverständnis, dass beide Seiten Bedürfnisse hatten und ein Frieden nur dann möglich sei, wenn die Bedürfnisse beider Seiten berücksichtigt würden. Frieden erfordert von beiden Seiten, sich der Realität zu stellen und sich von Mythen zu verabschieden. Er verlangt von keiner Seite, das eigene Narrativ aufzugeben, aber anzuerkennen, dass die jeweils andere Seite ebenfalls eine Erzählung hat, die ihre Geschichte und Identität definiert.

Ami hat das schließlich verstanden. Er entwickelte ein empathisches Verständnis für die Palästinenser, verlor aber nie seine Solidarität mit den israelischen Landsleuten, nicht einmal mit denjenigen, die da glaubten, er täusche sich naiv über die hinterhältigen Absichten der Palästinenser hinweg. Sie sahen seine Bemühungen um Ausgleich, als er aus dem Schin Bet ausgeschieden war, zutiefst kritisch.

Der Leser erlebt mit, wie Ami bei den Vorbereitungen zu diesem Buch auf seine Kritiker zugeht, ihnen zuhört und auslotet, ob eine Verständigung möglich ist. Er spricht mit Pinchas Wallerstein, einem Führer der Siedlerbewegung, und macht seine Überzeugung deutlich, dass israelische Siedler viel mit seinen Eltern und den Kibbuzniks gemein haben, die sich einst ebenfalls als Befreier israelischen Bodens verstanden. Er hat tiefes Mitgefühl für die Menschen, die aufgrund einer Entscheidung Ariel Scharons ihre Siedlungen in Gaza räumen müssen, und sieht seine Landsleute in Israel in der Pflicht, sie angesichts des traumatischen Verlusts ihrer Häuser, Synagogen und Friedhöfe bei sich willkommen zu heißen.

Ami betreibt Friedensförderung nicht zum Selbstzweck. Er dient sich den Palästinensern nicht an. Sein Antrieb ist die Verpflichtung gegenüber Israel und dem, was er für notwendig erachtet, um dessen zionistische Ideale aufrechtzuerhalten: einen jüdischen und demokratischen Staat aufzubauen. Er sieht für Israel die Tendenz, sich zu einem einzigen Staat für zwei Völker zu entwickeln, der entweder eine Demokratie, aber kein jüdischer Staat mehr ist oder ein jüdischer Staat, aber keine Demokratie bleiben wird. In beiden Fällen verliert Israel seinen Charakter und seine Identität.

Was Israels Weg und dessen Konsequenzen angeht, gebe ich ihm recht. Dabei neige ich vielleicht eher dazu, der palästinensischen Führung – erst Arafat und jetzt Mahmud Abbas – dafür die Verantwortung zuzuschreiben: Sie sind daran gescheitert, die erforderlichen Institutionen für eine Staatlichkeit aufzubauen, und haben die Friedensvorschläge 2000 (Clinton-Parameter), 2008 (Ehud Olmerts Angebot) und 2014 (Obamas Prinzipien) abgelehnt. Aber recht hat Ami sicherlich damit, dass die israelische Führung nach Rabin viel dazu beitrug, ihre palästinensischen Partner zu schwächen, und selten Rücksicht auf ihre Bedürfnisse nahm.

Trumps Friedensplan, weitgehend ausgestaltet von Ministerpräsident Netanjahu, berücksichtigt zwar (praktisch und psychologisch) die israelischen Bedürfnisse, ignoriert aber (politisch und symbolisch) weitgehend die der Palästinenser. Der Staat, der den Palästinensern darin angeboten wird, hat mit einem Staat wenig gemein – mit dem Ergebnis, dass die Palästinenser die Zweistaatenlösung allmählich aufgeben und zunehmend dem Prinzip eines einzigen Staates anhängen, dessen Mantra international Anklang findet: ein Staat, eine Person, eine Stimme.

Ami schrieb seine Memoiren in dem Versuch, Israel und seine Vergangenheit – so seine Worte – »neu zu konzipieren« in der Hoffnung, dass sein Land immer noch eine andere Zukunft für sich gestalten kann. Er möchte, dass die Israelis die Lehren ziehen, die er gezogen hat: Sie sollen sehen, dass auch die Palästinenser ein Volk mit eigener Identität und Bedürfnissen sind. Seine israelischen Mitbürger sollen akzeptieren, dass das jüdische Volk zwar das Recht auf Selbstbestimmung in einem Land seiner Geschichte hat, dass dies aber kein exklusives, kein absolutes Recht ist. Deshalb glaubt er an zwei Staaten für zwei Völker – an Israel als Nationalstaat des jüdischen und an Palästina als Nationalstaat des palästinensischen Volkes.

Manche unter den Israelis und den Palästinensern lehnen diese Vision ab. Ich weiß nicht, wie rasch sie Realität werden kann – oder ob sie überhaupt Realität wird. Aber sie wurde entworfen im Buch eines israelischen Patrioten, der mit unbeschreiblicher Tapferkeit als Krieger gekämpft hat und seinen Kampf für seinen geliebten Staat jetzt weiterführt.

Dennis Ross, Bethesda, Maryland, Mai 2020

Zeittafel

1938 Amis Eltern wandern aus Siebenbürgen nach Palästina ein
1947 UN-Teilungsplan für Palästina
Mai 1948 Israelische Unabhängigkeitserklärung
Mai 1948 – März 1949 Israelischer Unabhängigkeitskrieg
1948 *Nakba,* der palästinensische Exodus aus Israel
1963 Eintritt in die Schajetet 13
Juni 1967 Sechstagekrieg
Juni 1968 – August 1970 Abnutzungskrieg
Juli 1969 Operation Bulmus 6: Angriff auf Green Island
Oktober 1973 Jom-Kippur-Krieg
Dezember 1987 – September 1993 Erste Intifada
November 1988 Palästinensische Unabhängigkeitserklärung
1992–1996 Oberbefehlshaber der israelischen Marine
September 1993 Unterzeichnung Osloer Friedensabkommen
November 1995 Ermordung Jitzchak Rabins
1995–1996 Schimon Peres Amtszeit als Ministerpräsident
1996–2000 Direktor des Schin Bet
1996–1999 Benjamin Netanjahus erste Amtszeit als Ministerpräsident
1999–2001 Ehud Baraks Amtszeit als Ministerpräsident
2000 Rückzug aus dem Schin Bet
September 2000 – Februar 2005 Zweite Intifada
März 2002 Arabische Friedensinitiative
2002–2007 Friedensinitiative People's Voice
2006–2008 Politische Tätigkeit: Knesset-Abgeordneter und Minister
2012 Dror Moreh, *The Gatekeepers,* erscheint

Prolog

Hoffnung ist ein Aktivposten für Sicherheit

Gegen Mitternacht schaltete ich mein Mobiltelefon ab, das ständig gebrummt hatte. Freunde und Fremde hatten angerufen, um mir die Meinung zu sagen. Ich hatte den Nachrichten von Channel 2, zur abendlichen Hauptsendezeit, ein Interview gegeben, das viele unter den rund eine Million Zuschauern empörte. »Was zum Teufel glaubst du eigentlich?«, fragte mich ein besonders Aufgebrachter.

Wer mochte es ihnen verdenken? Am Ende dieses Oktobers 2000 war das Gefühl der Erschütterung unter den Israelis angesichts einer neuerlichen Terrorwelle vorherrschend. In Ramallah hatte am Vortag ein Mob zwei israelische Reservisten mit Metallstangen und Messern ermordet. Wäre ich ein *Peacenik* gewesen, der den Israelis das Recht auf Selbstverteidigung, notfalls mit tödlicher Gewalt, absprach, hätte sich niemand über meine Worte aufgeregt. Die hätten gar nicht zugehört. Aber wenn ein ehemaliger Chef des Schin Bet, des »Schabak« – dieser israelischen Mischung aus FBI und Geheimdienst – das leiseste Mitgefühl für Feinde bekundete, kam das so an, als spuckte ich auf das Land, dem ich seit meiner Zeit als achtzehnjähriger Kampfschwimmer gedient hatte.

Anstatt dazu aufzurufen, palästinensische Köpfe aufzuspießen, hatte ich eine unbequeme Wahrheit ausgesprochen: Selbst wenn er gewollt hätte, hätte PLO-Führer Jassir Arafat, dem die Israelis mit Begeisterung die Schuld für das damalige Chaos zuschoben, das Blutvergießen nicht stoppen können. Beim ersten Versuch hätten ihn seine Leute gelyncht. Meine lebenslangen Vorurteile über Palästinenser waren inzwischen an den Erfahrungen zerschellt, die ich im Verhörraum des Schabak und anderswo gemacht hatte. Ich hatte Freunde zu Grabe getragen und Feinde getötet. Wenn wir den Terror stoppen wollten, mussten wir aufhören, die Palästinenser als Erbfeinde zu betrachten und sie wie streunende Hunde zu behandeln. Diese Menschen strebten nationale Rechte an, wie wir sie hatten, und sie verdienten sie auch. Die Mörder unserer beiden Soldaten waren Menschen, die die Hoffnung verloren hatten, dass die israelische Regierung die Besatzung jemals beenden und den Palästinensern die Freiheit zugestehen würde. »Und wir haben ihnen kaum Grund gegeben, uns zu vertrauen«, hatte ich am Ende des Interviews gesagt.

Ich war in der Gesellschaft, der ich diente, schon immer ein seltsamer Vogel, ein Außenseiter gewesen. Deswegen raubten mir die Vorwürfe der Leute in dieser Nacht nicht den Schlaf. Am nächsten Morgen ging ich gegen sechs Uhr mit meiner Frau Biba und unseren beiden Hunden spazieren. Unser Haus steht in Kerem Maharal, einem Moschaw, eine genossenschaftlich organisierte Siedlung an den Südhängen des Karmelgebirges. Wir passierten den hohen weißen Sicherheitszaun, den die Regierung in meiner Zeit im Schabak um unser Zuhause gegen Scharfschützen errichtet hatte, und stiegen einen unbefestigten Pfad hinab, um nach unserem Olivenhain zu sehen. Schaut man sich in unserem Moschaw mit offenen Augen um – und daran hatten mich jahrelang Scheuklappen gehindert –, stößt man an jeder Ecke auf Spuren aus der Vergangenheit. Der neuere Teil unseres Hauses entstand Anfang der 1950er-Jahre, um Holocaust-Überlebende aus der Tschechoslowakei unterzubringen. Der deutlich ältere Teil aus Bruchsteinen hatte einer arabischen Familie gehört, errichtet zu einer Zeit, als Kerem Maharal noch das wohlhabende Dorf Ijzim, das zweitgrößte im Bezirk Haifa, gewesen war. Hier lebten einst Ärzte, Lehrer und Bauern, die sich um die Felder kümmerten, die heute uns gehörten. Die Eigentümer des Hauses waren geflohen, als israelische Streitkräfte die Ortschaft im Krieg 1948 einnahmen.

Rechter Hand vom Pfad steht ein weiteres von Arabern erbautes Haus mit Mauerritzen, aus denen Bäume wuchern. Und am Ende des Pfades, gleich hinter den Ställen, liegt ein altes Bauernhaus, an dessen zerbrochener Eingangstür nach wie vor ein Schloss hängt. Ich kann mir lebhaft vorstellen, wie jemand im Westjordanland, in Jordanien oder im Libanon seinen Enkeln den verrosteten Schlüssel zeigt und immer wieder die Geschichte erzählt, wie Palästina verloren ging – die sogenannte Nakba, die

»Katastrophe«. Geschichte begegnet man auf Schritt und Tritt in diesem Land, in dem man kein Loch ausheben kann, ohne auf irgendeine Spur aus acht historischen Schichten zu stoßen. Kanaaniter, Israeliten aus der Zeit des Ersten und Zweiten Tempels, Perser, Griechen, Byzantiner, Araber und Osmanen errichteten in unserer Region Siedlungen. Aus unserem Tal führt eine Römerstraße auf eine Bergspitze hinauf, von der aus man in etlichen Kilometern Entfernung das Mittelmeer sieht.

An diesem Morgen hatte ich allerdings keine Muße, über Alte Geschichte nachzusinnen. Als wir uns auf den Feldern daranmachten, Äste zurechtzustutzen, brummte mein Mobiltelefon wieder. Ich erkannte den Namen des Anrufers, Arjeh Rutenberg. Er war ein hohes Tier in der israelischen Medien- und Werbewelt, ein Mann mit dem Geschick, Banken, Joghurts, Rockstars – und Politiker – zur Marke aufzubauen: Bei Wahlen vor einigen Jahren hatte er zu jenen Machern gehört, die Ehud Barak von der Arbeitspartei zum Sieg über Ministerpräsident Benjamin Netanjahu und seiner Likud-Partei verholfen hatten.

Ohne Begründung bat er mich um eine persönliche Begegnung. Ich lud ihn in mein enges Büro in Tel Aviv ein, in dem ich als Vorstand für eine Firma für Tröpfchenbewässerung arbeitete. Den Job hatte ich nach dem Ausscheiden aus dem Schabak angenommen.

Zwei Tage später begrüßte ich Rutenberg mit einem festen Händedruck.

»Danke, dass Sie sich für mich Zeit genommen haben, Herr Ajalon.«

»Bitte nennen Sie mich Ami.«

Ich fragte, was ich für ihn tun könne, ging aber davon aus, dass er persönlich das erledigen wollte, was die Leute schon zwei Tage lang getan hatten: mich als Verräter beschimpfen.

»Ami, dieses Interview an diesem Abend …«, fing er wie erwartet an und erklärte, er habe gerade den Müll nach draußen gebracht, als seine Frau, die unheilbar an Krebs erkrankt war, gerufen habe: »Arjeh, komm, schnell! Du glaubst es nicht!« Dass ein ehemaliger Chef des Schabak im Fernsehen auftrat, war an sich schon schockierend genug. Seit den Anfängen des Schin Bet in den 1940er-Jahren bis 1996, als ich die Behörde nach Jitzchak Rabins Ermordung mit großem Widerwillen übernommen hatte, war die Identität von deren Chef stets wie ein strenges Staatsgeheimnis behandelt worden. Er agierte als Schattenfigur hinter einem Vorhang aus Anonymität und Intrigen, weil die Devise der Behörde lautete: »Verteidiger, der nicht zu sehen sein soll.« Mein Vorgänger war nur als »K« bekannt gewesen, ähnlich wie der Protagonist in Kafkas *Das Schloss* oder wie »M« in den James-Bond-Filmen. Plötzlich trat der frisch in den Ruhestand verabschiedete »Verteidiger« nicht nur im Fernsehen auf, sondern verbreitete auch noch ketzerische Ansichten.

Arjeh war ein vernünftig denkender Konservativer in der israelischen Politik. Ihm sei die Kinnlade heruntergefallen, so sagte er, als er meine Äußerungen gehört habe. Dann hielt er mir einen Vortrag darüber, was mir und allen Israelis doch klar sein müsse: Wie schon Ministerpräsident Barak verkündet hatte, würden sich Arafat und die Palästinenser mit den Lippen zum Frieden bekennen, wollten aber in Wahrheit die Juden ins Meer treiben. Sie seien keine Partner. Hinter Arafats Maske stecke ein unversöhnlicher Feind. Was ich zu sagen hatte, war seiner Meinung nach »Blödsinn«.

Ich wiederholte, was ich im Fernsehen gesagt hatte: Das dauernde Gerede vom »fehlenden Partner« sei Geschwätz. Dies hatte ich schon Ehud Barak gesagt, als er mich nach Clintons gescheitertem Gipfel in Camp David um Hilfe bat, sein Mantra vom »fehlenden Partner« der internationalen Presse zu verkaufen.

»Will Arafat im Innersten wirklich Frieden mit uns?«, fragte ich Arjeh rhetorisch. »Fragen Sie einen Psychiater, was in seinem Innersten vor sich geht. Aber ich kann Ihnen sagen: Barak hat erst gar nicht versucht, in ihm einen Partner zu finden.«

Während unserer kurzen Unterhaltung war keine Zeit, ihn mit meiner persönlichen Geschichte und der ganzen Entwicklung bekannt zu machen, die ich im Laufe der Jahre durchlaufen hatte. Als ich im Kibbuz heranwuchs, war mir beigebracht worden, dass wir Juden ein Volk seien, das ums Überleben kämpfe, wie alle anderen seine Rechte verlange und entschlossen sei, für sie zu streiten. Und nicht nur das: Wir seien auch Revolutionäre, und unser Zionismus gebe uns das Recht, unsere Siedlungen über sämtliche Gebiete des Landes Israel auszudehnen. Ich trat mit achtzehn Jahren in den Militärdienst ein, bereit, eine dreitausendjährige Verbindung zu verteidigen, die nichts, weder die Römer noch die arabische Eroberung, weder die Kreuzzüge noch der Holocaust hatten zerreißen können.

In der Schajetet 13, der israelischen Entsprechung der US-Navy SEALs, in der ich fast zwanzig Jahre diente, waren militante Palästinenser einfach nur Zielpersonen, die ich ohne mit der Wimper zu zucken ausschaltete. Den Kern meines Ethos als Kämpfer bildete die unerschütterliche Treue zu Fakten, wie ich sie sah: Meine Männer und ich mussten den Feind töten, da die Araber unsere Ansprüche freiwillig niemals akzeptieren würden. Für unser Überleben und zur Verteidigung unserer Anrechte als Juden auf das Land Israel zu töten, wäre wohl unser Schicksal bis ans Ende der Zeiten.

Auch in meinen vier Jahren als Oberbefehlshaber der israelischen Marine blieb ich meinen Anschauungen treu.

Doch in meiner Zeit im Schabak musste diese Weltsicht einer Reihe neuer Einsichten weichen. Bei der Kampfschwimmereinheit und später bei der Marine hatte ich gelernt, dass unsere fünf Sinne oftmals unfähig sind, Dinge unter der Oberfläche aufzuspüren. Dazu brauchten wir andere Detektoren: zum Beispiel Sonargeräte im U-Boot-Krieg. Als Direktor des Schin Bet im Kampf gegen den Terror musste ich Sensoren entwickeln, die mich über mein übliches Denken des »Wir-gegen-die« hinausblicken ließen. Wie man es auch nennt – Empathie, Verständnis, den Kopf aus dem Sand ziehen –, um den Grundursachen des Terrors zu begegnen, musste ich erst einmal die Terroristen wie auch ihre Familien, Nachbarn und Freunde verstehen. Ich musste mich mit Geschichten von Palästinensern auseinandersetzen – mit ihrer Psychologie, ihren Gefühlen von Demütigung und Wut.

Palästinenser als Menschen zu sehen, hat mich verändert. Ich nahm sie nicht mehr nur als abstrakte Zielscheiben wahr, sondern als Personen mit Träumen, deren Umsetzung zumeist an der Entschlossenheit der Israelis scheiterte, ihrerseits ihre Träume zu verwirklichen. Zu lernen, Palästinenser als Menschen mit Rechten zu sehen, machte mich auf eine grundlegende Schwachstelle in unserem Sicherheitskonzept aufmerksam: Unsere mangelnde Empathie unterminierte unsere Fähigkeit, Gefahren und Chancen richtig einzuschätzen. Angst trieb uns zu Überreaktionen.

Da meine Arbeit im Kampf gegen den islamistischen Terror immer noch einer hohen Geheimhaltungsstufe unterlag, konnte ich Arjeh zur Zusammenarbeit mit Arafat und seinen wichtigsten Sicherheitsleuten keine Einzelheiten nennen – zu Männern, die ich einst ohne Wenn und Aber erschossen hätte. Stattdessen sprach ich die schlichte Wahrheit aus: Palästinenser waren meine Partner gewesen, und sie konnten in Zukunft Israels Partner werden. Daran hatte ich nicht die geringsten Zweifel. Den Politikern, Journalisten und Zuschauern, die abends vor dem Fernseher saßen, war zu verzeihen, dass sie die Welt feinsäuberlich in Freund und Feind unterteilten. Wir an der Frontlinie durften das nicht. Ich sagte Arjeh, dass ich mit fast mathematischer Präzision eines würde beweisen können: Solange Israel seine Antiterroroperationen in einer politischen Atmosphäre der Hoffnungslosigkeit durchführe, würde die palästinensische Öffentlichkeit Gewalt unterstützen, weil sie nichts zu verlieren habe.

Arjeh war nicht überzeugt. »Ich werde Ihnen glauben, wenn ich palästinensische Führer öffentlich sagen höre, dass sie sich zum Existenzrecht Israels als Staat bekennen«, sagte er. »Sollten sie dies tun, helfe ich Ihnen mit Freuden, die israelische Öffentlichkeit davon zu überzeugen, dass wir Partner für den Frieden haben.«

»Dafür sorge ich«, gab ich zurück. Ich sagte ihm, ich würde es mir zur Aufgabe machen, palästinensische Führer zu suchen, die genau dazu bereit seien.

Weil ich Arjeh dieses Versprechen gegeben hatte und weil das Heilige Land im Chaos eines blutigen Terrors versank, nahm ich im darauffolgenden Jahr 2001 in London an einer Podiumsdiskussion teil. Prominente Israelis und Palästinenser debattierten über das anhaltende gegenseitige Schlachten, das ich jahrelang vergeblich zu verhindern versucht hatte.[1]

Neben Ministerpräsident Tony Blair diente das britische Außenministerium als offizieller Gastgeber der Veranstaltung, die Professorin Mary Kaldor von der London School of Economics organisiert hatte. Wir trafen uns an einem nieseligen Regentag im Gebäude des Foreign and Commonwealth Office im Regierungsviertel Whitehall. Beim Erklimmen der Steinstufen an der King Charles Street warf ich einen bewundernden Blick auf die allegorischen Statuen von Kunst, Recht und Handel. *Witzig,* dachte ich, als ich meinen Schirm zuklappte, *der Künstler hat den Kriegsgott Ares vergessen.* In dem imposanten Gebäude, das der zur Verwaltung des weltweit größten Reiches errichtet worden war, ging ich über die große Marmortreppe weiter nach oben und in einen mit poliertem Eichenholz ausgetäfelten Saal. Im Zweiten Weltkrieg hatten hier Abhörspezialisten ihre Arbeit erledigt, um die Codes deutscher Funksprüche zu knacken – ein denkbar günstiger Ort für einen Versuch, zu entschlüsseln, wohin uns die explodierende Gewalt in Israel und den Palästinensergebieten führen würde.

Unter den Palästinensern, die zum Gespräch eingeladen worden waren, erkannte ich drei. Einer war der Meinungsforscher Khalil Schakaki, der aus einer mir wohlbekannten Familie stammte. Sein Bruder war Gründungsmitglied der Terrorgruppe Islamischer Dschihad gewesen und deswegen getötet worden. In meiner Zeit im Schabak hatte ich mich mit Khalils wissenschaftlich durchgeführten Umfragen eingehend auseinandergesetzt, weil sie das Denken gewöhnlicher Palästinenser in einer Weise erklärten, wie es ein Gefangener mit verbundenen Augen in einem Kerker niemals vermocht hätte.

Ein weiterer Teilnehmer war der Philosoph Sari Nusseibeh, der Präsident der al-Quds-Universität in Ostjerusalem und Arafats Spitzenvertreter in Jerusalem.

Und schließlich war da Dr. Ejad Sarradsch, ein palästinensischer Psychiater. Auch in seine Arbeit hatte ich mich in meiner Zeit beim Schin Bet hineingekniet. Er war für mich eine Art Sensor, um die psychologischen Unterströmungen im Denken von Terroristen zu erkennen und zu interpretieren. Geboren in Beerscheba 1944, ein Jahr bevor ich selbst zur Welt kam, war Sarradsch mit seiner Familie 1948 nach Gaza geflohen. 2001 war er Chef der Palästinensischen Unabhängigen Kommission für Bürgerrechte, die in Gaza eine Beobachterfunktion erfüllte. Als Psychiater arbeitete er mit Kindern, die unter Posttraumatischen Belastungsstörungen (PTBS) litten, weil ihre Eltern oder Familienmitglieder verhaftet, schwer verwundet oder getötet worden waren – von uns Israelis. Kinder, die von unseren Soldaten geschlagen wurden, so hatte ich in seinen umfangreichen Veröffentlichungen zum Thema gelesen, neigten nach dem Heranwachsen nur allzu oft dazu, terroristische Gewaltakte zu begehen.

Oder, wie W. H. Auden in einem berühmten Gedicht beim Ausbruch des Zweiten Weltkriegs bemerkte:

Ich und die Öffentlichkeit wissen,
was alle Schulkinder lernen,
diejenigen, denen Böses angetan wird,
begehen ihrerseits Böses.

Im Laufe seines Lebens hatte Sarradsch auch eine Zeit lang in Gaza im Gefängnis gesessen, weil er in seinen Schriften Arafats diktatorisches Regime kritisiert hatte.

In der ersten Runde machte sich überraschenderweise keinerlei Erbitterung unter den Diskutanten breit. Die gezimmerte sanfte Pracht dieses Commonwealth-Interieurs übte eine beruhigende Wirkung aus. In der Pause stellte ich mich an einen Tisch. Als ich mir Sahne in den schlechten englischen Kaffee rührte, bemerkte ich aus den Augenwinkeln – ich war geschult darin, Blicke zu erspähen –, dass mich Dr. Sarradsch durch seine Stahlbrille anschaute. Ich erwiderte den Blick, worauf er sagte: »Hallo, Ami, wie geht's?«

Ich wusste zu schätzen, dass er mich mit Vornamen ansprach.

Wir standen einen Augenblick da und musterten uns. Sein Erscheinungsbild in dem modischen blauen Anzug war geradezu aristokratisch. Schon jetzt am Vormittag schimmerte ein Bartschatten auf seinem Gesicht. Passend abgestuft zum Anzug trug er ein blaues Hemd mit offenem Kragenknopf. Aus dem Ausschnitt lugte ein blütenweißes T-Shirt hervor. Ich trug das Anzughemd und das Jackett, das mir meine Frau Biba eingepackt hatte, eine Abkehr von der antibürgerlichen Erscheinung meiner sozialistischen Kinderstube im Kibbuz.

Als ich seine Hand ergriff und sie fest drückte, überraschte mich der sanfte Blick seiner blinzelnden braunen Augen. Ich kann nur ahnen, was in diesem Augenblick in ihm vor sich ging. In der landläufigen palästinensischen Vorstellung ist der Chef des Schabak ein brutaler Knochenbrecher und skrupelloser Henker.

»Sehr gut, Sie endlich kennenzulernen«, sagte ich.

»Meinerseits, auch wenn ich nicht verhehle, dass Sie mich enttäuschen«, sagte er mit dem angedeuteten Lächeln eines Mannes, der einem eine Falle stellt.

»Und wieso dies?«, fragte ich und nahm einen weiteren Schluck schlechten Kaffees.

»Wieso? Weil Sie uns nicht gratuliert haben. Das ist eher unsportlich von Ihnen.« Sein Englisch klang so, als habe er es vom BBC World Service oder von der TV-Dramaserie *Masterpiece Theatre* gelernt. Dr. Sarradsch schenkte sich seinerseits Kaffee in eine Tasse, blies ihn leicht an und schlürfte ihn schwarz. Mit der anderen Hand schlug er ein adrett gefaltetes Taschentuch aus und wischte sich den Schweiß von der Stirn, der sich in meiner Gegenwart gebildet hatte.

»Ich würde Ihnen gerne gratulieren, mein Freund, aber sagen Sie mir einfach wozu.«

»Wozu? Dazu, dass wir Sie besiegt haben!«

»Sie haben uns besiegt?«, stammelte ich ungläubig. In dieser Phase, die inzwischen als Zweite Intifada bezeichnet wurde, stand das Verhältnis der getöteten Palästinenser zu den getöteten Israelis bei einhundert zu eins. Wir mähten Sie zu Dutzenden nieder.

»Auf lange Sicht sind wir tatsächlich auf der Siegerseite«, fuhr er mit unverändert freundlicher Miene fort, während neuer Schweiß auf seiner Stirn glänzte. »Wie nennt Ihr Militärs das? Oh ja, wir haben ein Kräftegleichgewicht erreicht. Am Ende haben die Selbstmordanschläge der Hamas ihre F-16-Kampfjets aufgewogen. Bei so einer Großtat genießen wir unseren Sieg.«

Nichts macht mich wütender als Lob auf den Terror. Ich stieß ihm mit dem Finger auf die Brust. »Dr. Sarradsch, darf ich Sie daran erinnern, dass wir allein in den letzten paar Wochen Hunderte Ihrer Leute getötet haben.« Ich dachte, einfache Fakten könnten die fröhliche Miene auf seinem Gesicht erlöschen lassen. »Und schlimmer noch: Sie sind drauf und dran, die Krümel der Freiheit, die Sie besitzen, zu verlieren. Sie haben Jahrzehnte gekämpft, um ihre Freiheit zu gewinnen, und wozu? Für Märtyrer und Gräber? Das nennen Sie *Sieg?*«

Er trat zwei oder drei Schritte zurück, fast so, als erwarte er, dass ich ihm Kaffee ins Gesicht schütten würde. Dann griff er zu einem Plunderstück und biss kurz hinein. »Ja, genau das ist es, was ich sage.«

Seine nächste Bemerkung kränkte mich in meinem Berufsstolz: »Nach all der Zeit verstehen Sie es immer noch nicht, oder?« Seine feuchten braunen Augen weiteten sich. »Wir haben seit 1967 im Terror gelebt. Dass nun beide unserer Völker in Angst leben, ist ein Sieg für uns.«

Meine Gedanken kehrten zu einem kürzlich begangenen Anschlag der Hamas zurück. Der zweiundzwanzigjährige Said Hotari, ein frommer Muslim und Karate-Fan, war als orthodoxer Jude verkleidet aus der Stadt Qalqilya im Westjordanland nach Israel eingereist. Keiner beachtete ihn, als er in Tel Aviv in einen Bus stieg. Sein Ziel war das Dolphinarium, eine Stranddiskothek, die vor allem russische jüdische Jugendliche besuchten. Die jungen Mädchen, die vor dem Eingang Schlange standen, taten Said als einen religiösen Spinner ab, als er sich wie ein wütender Moses auf die Brust hämmerte und in schlechtem Hebräisch schwafelte, dass »etwas geschehen« werde. Keine ahnte, dass er unter seinem Mantel einen Sprengstoffgürtel verbarg, vollgestopft mit Hunderten Metallteilen aus einem Kugellager, tödlich wie Schrapnelle.

Die nachfolgende Explosion riss vierzehn israelische Teenager in den Tod. Nach dem Massaker stellten Saids Nachbarn in Qalqilya zu seinen Ehren Blumenarrangements in Form eines Herzens und einer Sprengstoffweste zusammen. Kinder gelobten, ihm ins Märtyrerparadies zu folgen.

»In unserer wechselseitigen Erfahrung des kollektiven Traumas«, sagte er und rückte seine Brille zurecht, »haben wir längst Gleichstand erreicht.«

Schrittweise kehrte das unerträgliche Lächeln auf sein Gesicht zurück, so wie beim Bedienen des Abzugs einer Waffe. Ich bin eigentlich stolz auf meine Schlagfertigkeit, aber hier fehlten mir die Worte. Ich brachte nur giftig hervor: »Fahren Sie zur Hölle, Doktor!«

Im Fernsehen hatte ich mich weit aus dem Fenster gelehnt mit der nachdrücklichen Behauptung, Palästinenser seien nicht unsere Feinde, und jetzt wollte dieser Mann, den ich lange Zeit respektiert hatte, offenbar die Art Massenmord rechtfertigen, die ich mein Leben lang bekämpft hatte. *Fuck you!*, wollte ich eigentlich sagen.

»Wie sie wünschen, Ami.« Mit einem freundlichen Nicken schlang er den Rest seines Süßgebäcks hinunter und kehrte an seinen Tisch zurück.

Mein Pulsschlag normalisierte sich, als ich an meinen Tisch zurückging, um mich auf die nächste Diskussionsrunde vorzubereiten. Wie ich von meinem Sitz aus bemerkte, beobachtete mich der Doktor mit unveränderter Miene, mit zusammengepressten Lippen, als habe er mir etwas in den Kaffee geschüttet und warte nun darauf, dass ich auf den Teppich sacken würde.

Mit einem Kloß im Magen kratzte ich an dem Narbengewebe an meinem Hals, eine Erinnerung an meine eigene Geschichte des bewaffneten Kampfs. Was zum Teufel meinte er mit *Sieg?* Rein militärisch gesehen, war unsere Überlegenheit erdrückend. Auf ein Wort unseres Verteidigungsministers hin konnten israelische Kampfpiloten Gaza in Schutt und Asche legen.

Je länger ich darüber nachdachte, desto mehr musste ich freilich einräumen, dass wir Israelis noch nie ein stärkeres Gefühl der Niederlage empfunden hatten. Wie konnten wir uns als Sieger sehen, wenn wir Angst hatten, in einen Bus einzusteigen oder uns in eine Bar zu setzen. Ich weiß nicht, wie lange ich in Gedanken war, aber dieses Zwischenspiel brachten alle meine Annahmen über den Krieg zum Einsturz. In der klassischen Kriegstheorie soll massive militärische Stärke die feindliche Führung zwingen, sich dem Willen des Siegers zu unterwerfen. Hier geschah das Gegenteil. Je mehr wir auf unsere gewaltige militärische Überlegenheit setzten, um den Widerstand der palästinensischen Bevölkerung zu brechen, desto mehr gewann die Hamas an Stärke. Es war eine Variation des alten Dilemmas, bei dem man jede einzelne Schlacht gewinnt, den Krieg aber verliert. Wir Israelis waren wie die alten Ägypter im Umgang mit unseren Vorfahren im Buch Exodus geworden: »Je mehr man sie aber unter Druck hielt, umso stärker vermehrten sie sich und breiteten sich aus.« Diese Ironie der Geschichte ließ mich nicht unberührt. Tatsächlich überwältigte sie mich.

Plötzlich wurde klar, was Scheich Ahmad Jassin, der rollstuhlfahrende Gründer der Hamas, gemeint hatte, als er kurz vor seiner Ermordung durch uns in seiner hohen Flüsterstimme sagte: »Die Juden sind dumm. Sie glauben, mit ihren Atombomben können sie den Islam besiegen; nein, Glaube und Geduld wird uns zum Sieg führen.« In Israels hochmodernem Sicherheitsapparat – mit den Israelischen Verteidigungsstreitkräften (IDF), dem Mossad und dem Schin Bet – glaubten wir, unseren islamistischen Feinden immer einen Schritt voraus zu sein. Aber sie hatten uns noch viel genauer beobachtet, ohne dass wir es überhaupt merkten. Die meisterhaften Drahtzieher des Hamas-Terrors erwarten nicht, uns militärisch zu besiegen. Die Angst sollte Überreaktionen provozieren, uns dazu treiben, Hunderte von Millionen Dollar teure Panzer und Kampfjets einzusetzen. Sie wollten unseren Staat in den Ruin treiben und unsere demokratischen Ideale zugrunde richten. Und vor allem wollten sie uns zeigen, dass sie sich niemals ergeben würden. Dafür sollten wir der palästinensischen Bevölkerung und der Weltöffentlichkeit vorführen, dass Israelis niemals ihre Partner sein könnten. Und auf diese Strategie waren wir hereingefallen.

Jetzt verstand ich, was der friedliebende und Gewalt verabscheuende Doktor meinte. Die Islamisten steuerten auf den Sieg zu, weil die meisten Israelis nach palästinensischem Blut gierten. Sie waren auf der Siegerstraße, weil jedes Weinen einer Mutter auf CNN, die ein Kind verloren hat, das zerstörte, was wir am meisten benötigten: das Vertrauen, dass wir den Krieg gegen den Terror gewinnen konnten, ohne unsere Werte zu verraten. Sie siegten, weil es jeder, vom Ministerpräsidenten über den Werbemanager bis zum Taxifahrer gebetsmühlenhaft wiederholte: »Kein Partner.« Dieser ideologische Ansatz des »Wir-gegen-die«, so wurde mir plötzlich klar, war die tödlichste Bedrohung für Israels Sicherheit und für unseren Bestand als demokratischer jüdischer Staat: Er ließ den Palästinensern nichts übrig, das sie noch hätten verlieren können.

Unsere dringlichste Sicherheitsfrage war deshalb keine militärische mehr. Sie lautete, wie sich die Hoffnung unter den Palästinensern am besten stärken ließ. Unsere Sicherheit hing von Millionen von Palästinensern ab, die in ihren heruntergekommenen Städten und elenden Lagern daran glaubten, sie könnten bald von unserer Herrschaft frei sein. Hoffnung, palästinensische Hoffnung, war für Israels Sicherheit entscheidend. Erst wenn die Palästinenser daran glaubten, dass der Friedensprozess zu einem Ende von Besatzung und Diskriminierung sowie zur Gründung eines eigenen Staates an Israels Seite führen würde, stellten sie die Unterstützung für den Terror ein. Und in Erinnerung an das

Versprechen, das ich Arjeh gegeben hatte, sagte ich zu mir selbst: *Ich muss einen Partner finden. Hier und jetzt.*

An den Tisch der Runde zurückgekehrt, schlug ich Professorin Kaldor vor, die geplante Diskussion zu überspringen und stattdessen über die Bedeutung des Begriffs »Sieg« im modernen Nahen Osten zu debattieren. Alle Zurückhaltung vergessend, begannen wir uns anzuschreien, als stritten wir auf einem Basar. Mitten in der hitzigen Debatte fasste ich still auf einer Serviette mehrere Punkte zusammen, von denen ich meinte, sie könnten Israel nachhaltigen Frieden bringen und den Palästinensern Hoffnung geben, falls sie von allen Seiten akzeptiert würden.

In einem günstigen Moment hielt ich meine Serviette in die Höhe und verlas meine Liste mit Punkten. Dann fragte ich, wer unter meinen Landsleuten und wer unter den Palästinensern bereit sei, öffentlich ein Dokument zu unterstützen, das auf den eben umrissenen Prinzipien basierte. Eine unbehagliche Stille machte sich breit. Die meisten Diskussionsteilnehmer blickten beiseite, mit einer Ausnahme. Der Philosoph Sari Nusseibeh hob die Hand.

Am Ende sollten Sari und ich eine Graswurzelbewegung für den Frieden starten, basierend auf den Notizen, die ich auf der Serviette gemacht hatte. Bis 2004 setzten schließlich über vierhundertfünfzigtausend Israelis und Palästinenser ihre Unterschrift unter unseren Plan, um die Besatzung zu beenden und auf den biblischen Gebieten, die wir Judäa und Samaria nannten, einen Palästinenserstaat zu gründen.

Die Entstehungsgeschichte dieses Buchs begann fünf Jahre später, als mich ein israelischer Verlag bat, meine Memoiren zu schreiben. Ich wollte die Wahrheit sagen, offen über meine persönliche Beteiligung im Kampf gegen den Terror schreiben – über geschlagene Schlachten, getötete Menschen, zu Grabe getragene Freunde und vereitelte Angriffe – und die Theorie des Krieges auf den neuesten Stand bringen, indem ich das Wort Hoffnung in seiner Bedeutung auslotete und propagierte.

Aber die Jahre vergingen ohne ein einziges zu Papier gebrachtes Wort. Im Rückblick war dies gut so. Denn bis 2013, dem Jahr als Dr. Sarradsch einer Krebserkrankung erlag, hatte ich zwei wesentliche Dinge immer noch nicht begriffen: mich selbst und mein Land.

Im Jahr 2013 erschütterte ein philosophisches Buch meine lebenslangen Sichtweisen von mir selbst und meinem Staat: *A Political Theory for the Jewish People*, verfasst von Chaim Gans, einem Rechtsprofessor an der Universität Tel Aviv. Gans überführte Lebensgeschichten wie meine eigene in ein sinnvolles theoretisches System. Als Einzelne sind wir Israelis, Bürger einer Start-up-Nation, Optimisten mit einer zupackenden Haltung. Aber in unserem Gemeinwesen – in unserem Wahlverhalten, unseren militärischen Taktiken und im Gefühl für unseren Platz in der Welt – herrscht die Angst. Von den allerersten Seiten an zwang mich Gans in seinem Buch, meine Werkzeuge für Verhöre nach innen zu wenden. Am Ende verstand ich allmählich mich selbst und das Land, dem ich zeit meines Lebens gedient hatte. Der israelische Pessimismus hat seine Ursachen nicht in der Feindseligkeit der Palästinenser. Er stammt vielmehr aus uns selbst – oder genauer, aus den verhängnisvollen zionistischen Mythen um die Vergangenheit, die wir uns gerne erzählen.

Bei der Lektüre von Gans' Buch begab ich mich auf eine schmerzliche innere Reise, trat ein in ein hartes Kreuzverhör mit mir selbst über die letzten Jahrzehnte meines Lebens und unterzog meine innersten Überzeugungen und die Identität meines Landes einer nüchternen Betrachtung. Gleichzeitig öffnete mir sein Buch die Augen für die Notwendigkeit, das zionistische Narrativ, mit dem ich großgeworden war, zu verändern und nach einer Alternative zu suchen – einer Betrachtungsweise der Vergangenheit, die unseren Glauben an die Zukunft wiederherstellen und Israel als einen jüdischen und demokratischen Staat mit hoher Wahrscheinlichkeit würde retten können.

Ich erhebe keinen Anspruch auf geistige oder moralische Überlegenheit. Ich bin weder ein Historiker noch ein Gelehrter und werde auch nicht von Schuldgefühlen geplagt wegen der Menschen, die ich getötet habe. Ich glaube nicht an Utopien. Egal, was wir tun, unsere Gesellschaft wird, wie andere westlich orientierte Demokratien auch, in Zukunft von Terror und Gewaltverbrechen erschüttert werden. Um das Buch des britischen Generals Rupert Smith *The Utility of Force* von 2007 zu zitieren: »Krieg existiert nicht mehr. Konfrontation, Konflikte und Kampf existieren unzweifelhaft überall auf der Welt.« Krieg ist heute »Krieg unter den Menschen«. Um diese Art Krieg zu gewinnen, schaden unsere Raketen mehr als sie nutzen: Ihre zahlreichen Kollateralschäden treiben ganze

Bevölkerungen in die Arme unserer Feinde. Die Drahtzieher des Terrors zu töten, ohne der Verzweiflung ihrer Unterstützer zu begegnen, ist vergebliche Mühe. Es schafft nur noch mehr Frustration, mehr Verzweiflung und damit weiteren Terror. Je mehr Schlachten wir in einem solchen fehlkonzeptionierten Krieg »gewinnen« – je stärker wir der Zivilgesellschaft und den demokratischen Normen das Wasser abgraben –, desto näher rückt unsere Gesellschaft an eine orwellsche Dystopie heran, in der es zwischen Wahrheit und Lüge keinen Unterschied mehr gibt. Ich versuche auch nicht, die Schuld anderen in der israelischen Gesellschaft zuzuschieben, zum Beispiel den Siedlern im Westjordanland, die sich auf das von Gott gegebene Recht der Juden auf ein Großisrael berufen. Wenn unser Staat in einer orwellschen Dystopie versinkt, dann nicht wegen einer Handvoll bewaffneter Fanatiker, die uns in eine finstere Vergangenheit zurückführen wollen. Dorthin führt uns die weltlich orientierte Mehrheit, angetrieben von Angst und allein in ihrem Schweigen.

In diesem Buch hoffe ich aufzuzeigen, dass Demokratien ihren beständigen Kampf gegen den Terror nur gewinnen können, wenn sie mit den Werten der Humanität, auf denen unsere Gesellschaften beruhen, gleichsam als ihren Schwertern und Schildern in die Schlacht ziehen. Plumper Nationalismus, Lügen und Propaganda, Panikmache und die »zunehmende Tyrannei« in der modernen Gesellschaft, wie ich es inzwischen nenne, werden den Terror nicht besiegen. Dies können nur die freiheitlichen Werte von Pluralismus und Gleichstellung, und hoffentlich gelingt es mit ihnen.

Kapitel 1

Chaluzim – das Land Israel »befreien«

Kurz nachdem Sari und ich die Friedensinitiative People's Voice (»Des Volkes Stimme«) gegründet hatten, bestritten wir beide eine Diskussionsveranstaltung im Macalester College in St. Paul, Minnesota – moderiert vom ehemaligen US-Senator George Michell, der für seine Rolle beim Zustandekommen des Karfreitagsabkommens bekannt ist, das nach Jahrzehnten den Nordirlandkonflikt beendet hatte. Um den Saal zu füllen, hatten die gutmeinenden Zuständigen vom College unser Gespräch völlig übertrieben als »Nahost-Friedensgipfel« verkauft.

George Mitchell bat zu Beginn des Abends Sari aufs Podium, damit er einige Worte über sich und die Geschichte seiner Familie in Jerusalem sagte, eine ununterbrochene Linie aus Gelehrten, Richtern, Kaufleuten und Imamen, die bis in die Zeit des großen Kalifen Omar im 7. Jahrhundert zurückreichte. Sari wartete mit einigen eindrucksvollen Details auf, so, dass seine muslimische Familie bis heute einen der raren Schlüsselsätze für die Grabeskirche besitzt, das bedeutendste Heiligtum der Christenheit, und mit tragischen Geschichten, zum Beispiel dass sein Vater im israelischen Unabhängigkeitskrieg 1948 durch einen Heckenschützen ein Bein verloren hatte.

Als Mitchell mir das Wort erteilte, fühlte ich mich in einem Dilemma. Das Judentum blickt natürlich auf eine glanzvolle Geschichte zurück. Aber um einen Staat aufzubauen, hatte die zionistische Generation meiner Eltern die zweitausendjährige Vergangenheit des Exils ausgelöscht. Gesetzt wurde auf ein staatsbildendes Narrativ, das einen Sprung vom Bar-Kochba-Aufstand 132 n. Chr. zu Herzl und von den Schlachten der Makkabäer gegen die Griechen zu den Helden des Tel Chai von 1920 vollzog. In der Schule lernen israelische Juden, sich mit den Propheten, den biblischen Kriegern sowie mit den Heroen, Guerillakämpfern und Revolutionären des Altertums zu identifizieren. Da wir geistig ganz in der Alten Geschichte verwurzelt waren, hatten wir so gut wie nie über das jüdische Leben in der Diaspora geredet. Ich war in dem Glauben aufgewachsen, dass europäische Juden aus dem Exil zurückkehrten, um wieder unsere einstige Identität zurückzugewinnen. Und die war in der Zeit stehen geblieben, gleichsam eingefroren wie ein Wollhaar-Mammut in der sibirischen Tundra. Wir sahen uns selbst als Hebräer, nicht als Juden, redeten Hebräisch, nicht Jiddisch. Die Araber, die einst auf unserem Land gelebt hatten, gab es für uns nicht. Und Bulldozer sorgen dafür, dass fast alle ihre Spuren eingeebnet wurden.

Meine Eltern stammten nicht aus dem Heiligen Land, sondern aus dem zentralrumänischen Siebenbürgen. Über ihre Kindheit redeten sie nie. Im Kibbuz Maagan am Südufer des Sees Genezareth, dem tiefstgelegenen Süßwassersee der Erde, fand der Holocaust, das größte Verbrechen in der Menschheitsgeschichte, selten eine Erwähnung. Erst mit zehn Jahren erfuhr ich, dass mein Vater, mein Abba, seinen jüngeren Bruder, seine Schwester und ihren Ehemann verloren hatte. Seine Eltern und sein älterer Bruder hatten überlebt und lebten sogar noch, ohne dass ich sie je kennengelernt hätte. Im Land Israel hatten meine Eltern ihren Namen von Hirsch in Ajalon umgeändert und ihre Stammbäume komplett ad acta gelegt. Abba wurde in unserem Kibbuz Sprecher, Geschäftsführer, Vorarbeiter auf der Bananenplantage und der unbestechliche Chefideologe – ein Mann von rastloser Tatkraft, immer von der Zukunft redend, die wir mit Händen aufbauten. Um der Zukunft willen hatte er die Vergangenheit begraben.

Für mich schmolz die freundliche Atmosphäre in diesem Raum am Macalester College dahin, als ich unbeholfen aufs Podium trat. Mit erhobenen leeren Händen sagte ich zu den versammelten Menschen: »Ich habe keine Vergangenheit. Ich denke, sie hat mich deshalb nie beschäftigt, weil ich das Produkt einer Auflehnung gegen die Vergangenheit bin.« Um unsere Träume zu verwirklichen, das Land Israel zurückzugewinnen, brauchten wir Pflüge, Arbeiter, Zementmischer und Soldaten, nicht Tränen und Historiker der Diaspora. Wozu ein Gedenken an Dinge, die man unbedingt vergessen will?

Obwohl ich meine schmerzliche Erkenntnis in Worte gefasst hatte, kam sie mir immer noch nicht voll zu Bewusstsein. Ein weiteres Jahrzehnt lang sollte ich ihre Tragweite nicht verstehen und sie mir nicht zu Herzen nehmen – bis ich Professor Gans *Political Theory of the Jewish People* las. Sari und ich hatten uns geeinigt, auf der Veranstaltung möglichst nicht über die Vergangenheit zu diskutieren und uns mit unserer Initiative auf den Aufbau einer besseren Zukunft zu konzentrieren. Also legten wir den Schwerpunkt auf die Arbeit unserer Friedensorganisation People's Voice.

Als 2005, also zwei Jahre später, meine Mutter starb, war die Chance vertan, sie nach ihrem Leben in Europa zu fragen. Erst an diesem Punkt keimte in mir der Verdacht auf, dass wir Israelis besessen waren von einer Vergangenheit, von der wir verbissen behaupteten, dass sie bedeutungslos sei. Nach der Beerdigung meiner Mutter war ich entschlossen, nicht auch noch die Geschichte meines Vaters zu verlieren. Ich übergab ihm einen dicken Spiralblock, wie ihn Schulkinder verwenden, und bat ihn, seine Erlebnisse für mich, unsere Kinder und unsere Enkel niederzuschreiben. Ich wollte meine Eltern besser verstehen. Abba nahm den Notizblock an sich, versprach aber nichts.

Erst als ich ihn Jahre später im Kibbuz Maagan besuchte, wo er immer noch wohnte, erfuhr ich, dass er meine Bitte ernst genommen hatte. Er erwartete mich auf der Veranda seines Zwei-Zimmer-Bungalows, den er ein halbes Jahrhundert lang mit meiner Mutter bewohnt hatte. Solche Beton-Behausungen waren in der Frühzeit des Staates Israel baugleich zu Tausenden errichtet worden. Seine wollene Sportjacke und sein Pullover mit V-Ausschnitt verrieten seine europäischen Wurzeln ebenso wie sein leicht ungarischer Akzent.

Unsere Unterhaltung, an der vor allem das bemerkenswert war, was ungesagt blieb, verlief wie gewohnt.

»*Ma schlomcha?*«, fragte ich. »Macht dein Herz noch Probleme?«

»Diese Woche soll es regnen«, antwortete er und richtete seine Aufmerksamkeit auf einige dunkle Wolken im Osten, als könne allein Willenskraft einen Sturm vom Mittelmeer heraufbeschwören.

»Hab ich auch gehört.«

Er zündete sich eine Zigarette an – günstig beschaffbare Vorräte im

Kibbuz hatten ihn nikotinsüchtig gemacht – und bedeutete mit einer Geste, dass er gerne die erodierenden Seeufer inspizieren würde. Wir gingen an der Kantine und am Haus der Kultur vorbei – beide längst geschlossen, weil die Kibbuzniks den Verlockungen des mittelständischen Luxus wie einem eigenen Fernseher erlegen waren. Kraniche und Pelikane tankten Sonne auf dem warmen Wasser des blaugrünen Sees.

Kurz vor dem Ufer blickte ich nach Norden zu den steinigen Schluchten der Golanhöhen, mit einer Patina aus Grün auf den rostfarbenen Felsen. Inzwischen war mir eine Sache eindringlich bewusst, die mir als Kind immer verborgen geblieben war: Vor dem Unabhängigkeitskrieg hatte sich auf dem Uferstreifen, auf dem jetzt unsere Kibbuz-Plantagen Bananen und Mangos zogen, das arabische Dorf al-Samra erstreckt. Wie unsere Streitkräfte die Araber vertrieben hatten, hat Abba mir nie erzählt. Gesagt wurde uns nur, dass sie uns angegriffen und wir ihre Gebiete mit Waffen und dann mit Pflügen anständig und ehrlich erobert hätten. Die Millionen im Holocaust ermordeter Juden und die erbitterten Schlachten im Jordantal ließen keine Raum für Reue über unsere Taten im Krieg oder für Gedanken an das Schicksal der arabischen Flüchtlinge, die jetzt jenseits der jordanischen Grenze in elenden Lagern hausten. Im Übrigen hatten wir doch auf das Land Israel per Geburtsrecht Anspruch. Jeder wusste, dass uns die römischen Schurken vertrieben hatten und dass wir nach zweitausend Jahren endlich zurückgekehrt waren, um für immer zu bleiben.

Als Abba und ich an diesem Tag in sein Haus zurückkehrten, bemerkte ich den blauen Notizblock, der gefüllt mit seiner krakeligen hebräischen Handschrift offen auf dem Küchentisch lag. Damals sagte ich nichts.

Nachdem er 2008 gestorben war, entdeckte ich den Block unter seinen wenigen Habseligkeiten. Ich stieß auf Geschichten, die ich ihn nie erzählen gehört hatte, angefangen bei der europäischen Vergangenheit, von der ich vermutet hatte, dass er sie ganz aus dem Gedächtnis getilgt hätte. Zum ersten Mal erfuhr ich die nackten Tatsachen seines Lebens. Meine Großeltern Jacob und Hannah Hirsch lebten in Sovata, einem Dorf unweit von Cluj, dem einstigen Klausenburg. Jacob, Inhaber einer Getreidemühle und ein Mann mit traditionellen religiösen Ansichten, stellte in seinem großen Steinhaus einen Raum für Versammlungen zur Verfügung, in dem sich die zehn jüdischen Familien des Dorfs an hohen Feiertagen treffen konnten.

Obwohl mein Großvater keine Ausbildung als Rabbiner hatte, schauten die Mitglieder der Gemeinschaft zu ihm als ihrem Führer auf. Die Gojim, die Nichtjuden, die je zur Hälfte aus Ungarn und Rumänen bestanden, begegneten ihren jüdischen Nachbarn mit Toleranz.

Mein Vater kam 1918 zur Welt, eine Zeit der geopolitischen Umbrüche. Siebenbürgen, einst Teil des österreichisch-ungarischen Kaiserreichs, gehörte jetzt zu Rumänien. Wie die Bürger anderer neuer Nationalstaaten in der Region machten sich auch die Rumänen an eine Neuerfindung ihrer Vergangenheit. So stellten sie beispielsweise in Cluj, einer Stadt mit breiter ethnisch-ungarischer Mehrheit, vor der Kathedrale eine exakte Kopie der Kapitolinischen Wölfin auf, die die Zwillinge Romulus und Remus säugte – die Verkörperung des Gründungsmythos von Rom. Auf die Art inszenierte die rumänische Regierung die Staatsgründung gleichsam als eine Wiederauferstehung der römischen Provinz Dakien, die von Lateinisch sprechenden Soldaten beherrscht gewesen war, um so an ein zweitausend Jahre altes antikes Erbe anzuknüpfen.

Auch wenn der Antisemitismus in Rumänien niemals so tiefe Wurzeln schlug wie in anderen Teilen Mitteleuropas, blieben Juden in dem neu gegründeten Staat Außenseiter. Die meisten sprachen kein Rumänisch und identifizierten sich weder mit den antiken römischen Soldaten noch mit dem rumänischen Volkshelden, dem psychopathischen Tyrannen Vlad dem Pfähler, der für Bram Stokers Graf Dracula als Vorbild gedient hatte.

Seit seinem vierten Lebensjahr besuchte Abba das Cheder, hebräisch für »Zimmer«, die religiös geprägte Schule in der örtlichen Synagoge. Aber seine Begeisterung galt dem Sport. Als ausgezeichneter und flinker Sportler hatte er mit Antisemiten niemals Probleme. *Wenn bloß alle Juden so wären wie du!*, sagten die Gojim gerne, wenn er beim Fußball wieder einmal gezeigt hatte, was er konnte. Aber er sehnte sich nach einer nationalen Identität. Als er sich mit Freunden einen Propagandafilm anschaute, in dem die erhabenen sozialistischen Bauern des Kibbuz Ein Harod auftraten, war er für die zionistische Sache gewonnen. Aber erst Jahre später brachte er den Mut auf, seinem Vater mitzuteilen: »Ich werde Zionist.« Dies kam damals einem Austritt aus der Religion gleich.

Abbas Version des Zionismus war freilich um Lichtjahre der entfernt, die die Zylinderträger in London pflegten. Er fühlte sich nicht von der Religion, sondern von rumänischen Jugendgruppen inspiriert, die in ländlichen Gegenden umherstreiften, Freudenfeuer entzündeten und patriotische Lieder schmetterten. Er und seine Freunde waren wie besessen vom »revolutionären Aufbaugeist«, dem Aufbruch, bei dem der Zionist die bourgeoise und kapitalistische Selbstgefälligkeit seiner Kinderstube, die kleinkarierten Sorgen und Marotten der Diaspora über Bord warf und seine kreativen Anstrengungen darauf konzentrierte, eine utopische Gesellschaft zu errichten. Und die sollte gerechter, egalitärer und vor allem im Heimatland – im *Moledet,* wie Zionisten es nennen – verwurzelt sein.

Für den Besuch der höheren Schule siedelte Abba schließlich aus dem Dorf nach Cluj über. Mit seinem Freund Jonah, dem Sohn eines Fabrikbesitzers, den er in der Stadt kennengelernt hatte, trat er in die Ortsgruppe der zionistischen Bewegung ein, ebenso in den Hechaluz-Club, der seinen Namen einem Gebot Moses an die Israeliten verdankte: »Wir wollen gerüstet hinüberziehen – daher *Chaluzim,* »die Pioniere« – vor dem Herrn ins Land Kanaan und unser Erbgut besitzen diesseits des Jordan.«

Die Proteste seiner Eltern waren vergeblich. 1937, als das Deutsche Reich unter den Nazis erstarkte, brach er die Schule ab. Dies war für Abba nicht die Zeit, um sich auf einen bürgerlichen Lebensstil vorzubereiten. Es war eine Zeit, um das Land Israel zu befreien.

Derweil erklärten arabische Nationalisten der jüdischen Einwanderung nach Palästina den Krieg und drohten der britischen Verwaltung des »Mandatsgebiets« mit einem Generalaufstand, sollte sie die zionistische Besiedlung nicht unterbinden. Anwar Nusseibeh, ein Richter mit Ausbildung in Cambridge und Vater meines künftigen Gesprächspartners Sari, beteiligte sich an dieser Erhebung mit gewaltfreien Aktionen. Andere, allen voran der islamistische Erweckungsprediger Izz ad-Din al-Qassam aus Syrien, Abgänger der al-Azhar-Universität in Kairo, setzte auf Methoden des Dschihad: Bomben legen und Kibbuzim aus dem Hinterhalt angreifen. Nach ihm sind die Kassam-Brigaden der Hamas benannt.

Im Jahr 1939, als mein Vater und seine Gruppe die Übersiedlung aus Europa nach Palästina planten, schränkten die Briten mit der Einführung des sogenannten Weißbuchs die Zuwanderung drastisch ein und verboten weitere Landverkäufe an Juden. David Ben-Gurion, der zionistische Führer in Palästina, reagierte mit dem »Krieg der (illegalen) Einwanderung« im Glauben an einen Sieg des Zionismus, bei dem das jüdische Volk durch Demografie und Land die Herrschaft über seine eigene Zukunft gewinnen würde. Im Zuge dieser Anstrengung wurde Abba einem der ersten Schiffe zugewiesen, die in Richtung Palästina ausliefen. Vor der Abreise kehrte er ins Dorf zum gemauerten Haus seiner Eltern zurück. Sein Vater schüttelte ihm die Hand. Seine Mutter umarmte ihn weinend und drückte ihm den Ring in die Hand, den sie am Tag ihrer Hochzeit von ihrem Vater erhalten hatte. Er sei seit Generationen in der Familie, sagte sie ihm. Er solle ihn mitnehmen, um sie nie zu vergessen. Mein Vater befestigte den Ring an einer Kette um seinen Hals und verschwand.

Im Juli 1939 stieg Abba in einem Hafen am Schwarzen Meer an Bord der *Colorado*, ein kleiner Frachter, der ihn zur *Atarato*, einem vor der Küste ankernden Dampfer brachte. Die Überfahrt, geprägt durch verdorbene Kost, stickige Luft unter Deck und verstopfte Toiletten, wurde noch aufreibender, als das überfüllte Schiff in palästinensische Gewässer kam: Ab da waren die Passagiere in den Augen der Briten Gesetzesbrecher.

Als sich die *Atarato* der nördlich an der libanesischen Grenze gelegenen Küstenstadt Naharija näherte, stiegen Abba und die anderen in kleinere Boote um und fuhren rasch an Land. Dort wurden sie verteilt, bevor britische Soldaten sie zusammentreiben konnten. Während Juden der Mittelschicht aus Polen und Deutschland in Tel Aviv und Haifa Hotels bauten und Geschäfte eröffneten, tauchten die meisten illegalen Einwanderer wie Abba in dem sich ausweitenden Netz der jüdischen Siedlungen unter. Nach einigen Tagen Arbeit im Kibbuz war Abba braun genug geworden, um wie ein Ortsansässiger auszusehen, und zog mit gefälschten Papieren nach Haifa. Von dort fuhr er mit dem Zug zum See Genezareth nach Hatzer Kinneret, in eine Siedlung aus den ersten Jahren des 20. Jahrhunderts, die als landwirtschaftliche Ausbildungsstätte für Siedler und angehende Kibbuzim gebaut worden war. Hier traf er seinen Freund Jonah Rosen aus Cluj wieder. Aus Büchern und in langen Diskussionen bis in die Nacht machten sie sich mit den Idealen der Kibbuzim vertraut. Dem

Privateigentum schworen sie ab. Selbst ihre Kleider auf dem Leib waren nun Eigentum der Gemeinschaft. Fotos aus diesen Tagen zeigen Abba mit seinen Freunden: Burschen im Teenageralter, mit nacktem Oberkörper und einem strahlenden Lächeln auf dem Gesicht. Mit dabei standen Frauen, mit gebräunten Armen und gestärkt von der Feldarbeit.

In seinem Notizblock schilderte Abba einen Besuch in Jonahs Haus in Cluj kurz vor der Abreise der beiden nach Palästina. Hier sah er erstmals meine Mutter, Jonahs dreizehnjährige Schwester Varda Magdalana. Mutter hatte mir von dieser ersten Begegnung erzählt. Sie habe sich, so sagte sie, schon damals in Abba verliebt, aber er habe einige Jahre gebraucht, um die Liebe zu erwidern. Anfang 1938 flehte Jonah seinen Vater in Cluj an, Varda nach Palästina zu schicken, weil es für junge Juden in diesem Winkel Europas keine Zukunft mehr gebe. Der Vater stimmte unter der Bedingung zu, dass Jonah ihr nachkommen würde. Er wollte sie nicht allein durch Palästina vagabundieren lassen. Da sie zum Studieren kam, konnte sie legal einreisen und brachte in einer großen Holzkiste ihre Aussteuer mit: ein handbemaltes Teeservice aus Porzellan, bestickte Tischdecken und Tafelsilber. Sie trat in eine landwirtschaftliche Hochschule am Rand von Jerusalem ein, betrieben von Rachel Janait Ben Zvi, der Frau des künftigen israelischen Präsidenten Jitzchak Ben Zvi.

Ich erinnere mich, wie meine Mutter – Imma – in meiner Kindheit die Hochschule und vor allem Rachel Ben Zvi und ihre hybride Ideologie aus Sozialismus und Nationalismus in höchsten Tönen lobte. Sie habe ihren Schülern »das wunderbare Gefühl der Neugeburt in unserem Heimatland« gegeben, wie sie es nannte. Ohne dass ihre kindliche Schwärmerei für Jitzchak einen Deut nachgelassen hätte, schloss sich Varda noch am Tag ihres Abschlusses freudig Jonah im Kibbuz an. Mein Vater erwiderte schließlich ihre Liebe, auch wenn seine Aufzeichnungen dazu kaum schmackhafte Details preisgaben. Beide bezogen ein Doppelzelt und heirateten im Stil des Kibbuz: ein Treffen unter Freunden, Wein, aber ohne Rabbi. Ihre eheliche Unterkunft bestand aus einem engen Raum, erleuchtet von Petroleumlampen.

Anders als Abba, der jeden Tag seines Aufenthalts im Kibbuz genoss, konnte sich Imma mit diesem Leben im Grenzbereich in Hatzer Kinneret nie so ganz arrangieren. Hier, 213 Meter unter dem Meeresspiegel, geriet die Sommerhitze zum Inferno. Die ausgedörrte Landschaft mit Skorpionen und Malariamücken war nicht das Land, in dem Milch und Honig flossen. Auch für die endlosen Debatten über den radikalen Sozialismus konnte sie sich nicht erwärmen. Vater opferte ihm alle seine Besitztümer, sogar den Ring seiner Mutter, und blickte nie zurück: nicht nach Europa, nicht zu seiner Familie, nicht zum Komfort der Mittelschicht. Dagegen brachte Mutter die Kiste mit ihrer Aussteuer bei bürgerlich lebenden Verwandten in Haifa unter, damit Abba sie nicht verkaufte, um Saatgut oder eine Astschere für den Kibbuz zu bezahlen.

Meinen Namen erbte ich von einem jüdischen Jungen aus einem Nachbarkibbuz, den arabische Pferdediebe erschossen hatten, um an sein Pony zu kommen. Ami, die Kurzform von Amichai, wörtlich »meine Leute leben«, war nach dem Holocaust zu einem beliebten Namen geworden. Varda Magdalena war noch mit mir schwanger, als meine Großmutter, einen Tag vor der Befreiung durch die Rote Armee, in den Baracken von Auschwitz an Typhus starb.

Unmittelbar nach meiner Geburt schickte Ben-Gurion meinen Vater auf eine dreijährige Mission nach Ungarn, um eine Operation zu leiten, bei der einige der Hunderttausenden jüdische Flüchtlinge und Holocaust-Überlebende nach Palästina geschleust werden sollten. Abba sprang für Jonah ein, der die Leitung ursprünglich übernommen hatte, aber verhaftet worden und als mutmaßlicher britischer Spion in einem russischen Gefängnis gelandet war. Damals änderte mein Vater seinen Namen von Hirsch in Ajalon. Er war Hebräer, sprach Hebräisch und trug einen hebräischen Namen.

Ich begann mein Leben im kommunalen Kinderhort, in dem die Kleinsten auf Sperrholzplatten schliefen, um auf die Art, so die Theorie des Kibbuz, eine Generation aus abgehärteten Pionieren heranzuziehen. Erst nachdem meine Cousine Ruthi, Onkel Jonahs Tochter, beinahe erfroren wäre, bekamen wir eine Matratze.

Obwohl ich diese Zeit mit drei Jahren nur verschwommen im Gedächtnis behielt, erinnere ich mich an den Tag, als ein lächelnder Mann in den lichtdurchfluteten Kinderschlafsaal hereingeschlendert kam, meine Hand ergriff und mich zum Ufer des Sees Genezareth führte. »Ich bin dein Vater«, sagte er und umfasste meine Schultern. Wie gefährlich Abbas Rückreise gewesen war, erfuhr ich erst aus seinem Notizbuch. Nach der Ankunft im Hafen war er im Panzerwagen durch die Jesreel-Ebene gefahren, weil arabische Heckenschützen Juden ins Visier nahmen.

Abba war gleich nach dem Abzug der Briten und dem Ausbruch des Israelischen Unabhängigkeitskrieges nach Palästina zurückgekehrt. Die syrische Armee besetzte die ehemals britische Polizeistation in Samach, einer arabischen Stadt mit dreitausend Einwohnern am Ufer des Sees Genezareth. Von dort aus bedrohte sie sämtliche Siedlungen im Jordantal. David Ben-Gurion ließ uns Kinder ins sichere Haifa bringen. Mutter begleitete mich. Meinen Vater, mit dem ich eben erst wiedervereint worden war, sah ich mehrere Monate nicht mehr. Als die Briten im April 1948 aus Palästina abgezogen waren, beteiligte er sich an den Kämpfen, die zwischen unseren Streitkräften und der jordanischen Armee um die Polizeistation von Gescher am Jordan ausbrachen. Syrische Panzerverbände rückten bis zum nahe gelegenen Kibbuz Degania vor, wurden aber von den Kibbuzniks aufgehalten. Laut der Geschichte, die ich als Kind hörte, waren die arabischen Einwohner angeblich aus Samach geflohen, nachdem die Syrer die Schlacht verloren hatten. Dagegen höre ich heute von unvoreingenommenen Historikern, dass alle, die die Stadt nicht verlassen hatten, von israelischen Streitkräften vertrieben wurden. Der Vormarsch der Syrer endete mit der Schlacht um Degania, worauf sich ihre Streitkräfte auf die Golanhöhen zurückzogen. Als die Kämpfe in den umliegenden Gebieten abflauten, war Samach eine leicht einzunehmende Geisterstadt. In dem einstigen britischen Stützpunkt schlugen jetzt die »Israelischen Verteidigungsstreitkräfte« (IDF) – vormals die sogenannte Hagana – ihr Lager auf.

Nach dem Krieg verließen Abba und seine Kameraden Hatzer Kinneret und wollten auf frisch erobertem Land einen Kibbuz gründen. Nachdem die Briten und ein Großteil der arabischen Bevölkerung verschwunden waren, stand Boden reichlich zur Verfügung. Sie entschieden sich für eine ehemalige britische Basis am See Genezareth, auch wegen der Nähe zu einer kostbaren Ressource – Wasser –, aber vor allem, um die umstrittene Grenze zwischen dem neuen Staat Israel und Syrien zu sichern.

Endlich konnten mein Vater Jitzchak und sein bester Freund Jonah verwirklichen, was sie sich in ihren Träumen im Chaluz-Lager in Rumänien ausgemalt hatten: unser uraltes Erbe wieder unter jüdische Herrschaft bringen. Um einen Staat für das jüdische Volk aufzubauen, mussten bewaffnete Bauern an der Frontlinie einen Kibbuz errichten. Keinem von ihnen wäre im Traum eingefallen, den Siedlungsbau auf die Zone innerhalb der Demarkationslinie zu begrenzen, die sie für willkürlich gezogen ansahen. Sie suchten nach jeder Gelegenheit, um die Grenzen des Staates Israel auszuweiten.

Sie nannten den Kibbuz *Maagan,* »Hafen«. Unser Speisesaal lag in einem ehemaligen Militärgebäude, und bis die Pioniere einfache Unterkünfte aus Beton errichtet hatten, dienten uns die Baracken der Soldaten als Zuhause. Um sich gegen eindringenden Syrer oder Jordanier zu wappnen, besetzten Männer den Wachturm und patrouillierten rund um die Uhr am Stacheldrahtzaun entlang, der unseren neuen Kibbuz umgab.

Über die Jahre nach dem Unabhängigkeitskrieg verrät Abbas Notizblock nur wenig. Aber damals war ich alt genug, um mitzubekommen, dass mein Vater und seine Genossen jedes Mal, wenn sie die Felder im Niemandsland zwischen uns und den syrischen Stellungen bestellten, von der syrischen Armee mit Mörsergranaten beschossen wurden.[2]

Wir begruben unsere Toten und verlegten die Schule in einen Bunker, arbeiteten aber rastlos weiter daran, noch mehr Land »zu befreien«. Als ich in unserem improvisierten unterirdischen Klassenraum saß, hatte ich keine Ahnung, dass die einstigen Einwohner Samachs in Zeltlagern jenseits der feindlichen Linien hausten. Während uns unsere Lehrer nur Alte Geschichte – mit Josua, den Makkabäern und weiteren hebräischen Helden – lehrten, nahmen die Kinder jenseits der Grenze ein Ereignis aus jüngerer Zeit durch: die Nakba, die Katastrophe, die Geschichte ihrer Diaspora.

Kapitel 2

Meir Shalev und der Fanta-Mann

Mein Vater war weder ein Dichter noch ein Mann der großen Innenschau. Als er die Geschichte seiner Familie niederschrieb, beschränkte er sie auf eine zeitliche Abfolge von Ereignissen. Wie sich jemand fühlte, erwähnte er selten. Hoffnungen, Träume, Ängste – all dies fehlte in seiner Erzählung. Sah sich mein Großvater im Stich gelassen, als Abba aus Rumänien auswanderte? Juden lebten seit Jahrhunderten in Siebenbürgen. Wie stand mein Großvater zum Zionismus und dazu, dass sich sein Sohn als illegaler Einwanderer aus dem Staub machte? Wie nervös war Abba, als er wie ein Verbrecher mit gefälschten Papieren durch Palästina reiste?

Das Gefühl, das ich am meisten zu verstehen versuchte, war seine glühende, fast instinktive Liebe zum Land Israel. Da sein Notizblock in diese entscheidende, motivierende Begeisterung keinerlei Einblick gab, beschloss ich, mich hilfesuchend an den Romancier Meir Shalev zu wenden. Shalev schreibt über Galiläa und die Generation der Pioniere, die alles – ihre Muttersprache, ihre Familien in Europa und sogar ihre Namen – aufgegeben hatten, um sich dort niederzulassen. Kritiker vergleichen ihn oft mit William Faulkner, der in seinen Büchern die Seele der Menschen seiner Heimat Mississippi plastisch hervortreten lässt. Ausgiebiger als jeder andere israelische Romanschriftsteller erzählt Shalev die Geschichte der Pioniersiedlungen, die unsere Elterngeneration errichtet hat: ihre Hartnäckigkeit angesichts der scheinbar unüberwindlichen Hindernisse, ihre ideologischen Zwistigkeiten, ihre Träume und Manien.

An dem Tag im Juli 2017, an dem ich mit Shalev verabredet war, musste ich noch frühmorgens mit meiner Biba Arbeiten erledigen. Israel stöhnte unter einer Hitzewelle: Wir mussten dafür sorgen, dass unsere Anlage zur Tröpfchenbewässerung die Wurzeln unserer Olivenbäume gut durchfeuchtete, und durstige Unkräuter ausreißen.

Um sieben klingelte zum ersten Mal das Telefon. Sicher ein Journalist. Wie in den meisten Demokratien bitten Presseleute in Israel in der Regel »Experten« um eine Stellungnahme zur jeweiligen Krise, die gerade die Nachrichten beherrscht. Einige Tage zuvor hatte es auf dem Tempelberg einen Terroranschlag gegeben. Dieses zwölf Hektar große Plateau gilt den Juden als heiligste und den Muslimen als drittheiligste Stätte auf Erden, als *al-Haram asch-Scharif*, das erhabene Heiligtum. In Jerusalem hatte die Stimmung den Siedepunkt erreicht, weshalb mir seit Tagen Journalisten hinterherjagten, um einen Kommentar zu bekommen.

Mit den religiösen, politischen und kulturellen Empfindlichkeiten, die mit dem Tempelberg, dem symbolträchtigen Felsendom und zahlreichen bedeutenden Bauten verbunden sind, habe ich mich beruflich eingehend befasst. In den späten 1990er-Jahren hatte ich die israelische Regierung sowie den CIA-Direktor und amerikanische Spitzendiplomaten vor israelischen Aktionen auf dem Tempelberg gewarnt, weil sie eine Explosion der Gewalt – eine neue Intifada – auslösen konnten. Seitdem sich diese Vorhersage auf albtraumhafte Weise erfüllt hatte, behielt ich die Stätte im Auge. Vor einigen Jahren hatten sich um die al-Aqsa-Moschee Tausende Mitglieder der islamistischen Gruppe Hizb ut-Tahrir versammelt, um an einem Aufruf an die »islamische Nation und die muslimischen Armeen« teilzunehmen, »das Kalifat zu errichten und Armeen in Marsch zu setzen, um die al-Aqsa-Moschee und das übrige Palästina von der jüdischen Besatzung zu befreien«. Der Gründer der Gruppe, Taqi ad-Din an-Nabhani, stammte aus der arabischen Ortschaft Ijzim, dem heutigen Kerem Maharal, aus dem er 1948 mit seiner Familie geflohen war.[3]

Ich hatte kein Interesse daran, auf der ständig verstopften Schnellstraße zwischen Haifa und Tel Aviv zwei Stunden lang Abgase einzuatmen, um in einem Radio- oder TV-Studio über den Irrsinn der Regierungspolitik zu diskutieren. Eine Talkshow war im Übrigen auch gar nicht das richtige Forum, um die Israelis auf die Bruchlinien hinzuweisen, welche die Sicherheit unseres Landes gefährdeten. Eine gerechte Behandlung des Themas erforderte eine komplexere und differenziertere Diskussion. Folglich hatte ich allen Anfragen eine Absage erteilt.

An diesem Morgen lud mich ein Produzent zu einer der beliebtesten Radiosendungen in Israel ein. Die Moderatoren, ein Rechter und ein Linker, unterhielten eine Million Zuhörer auf ihrem Weg zur Arbeit damit, sich zu streiten, sich anzuschreien, zu lachen und sich gegenseitig und ihren Gästen ins Wort zu fallen.

»Suchen Sie sich einen anderen«, sagte ich kurz angebunden, aber der Produzent zeigte sich so hartnäckig, als hinge die Zukunft des jüdischen Volkes in Israel von meinen weisen Ratschlägen ab. Ich könne den Anruf doch von zu Hause aus oder im Schatten eines fünfhundertjährigen knorrigen Olivenbaums beantworten. Ich gab nach.

»Sicher«, sagte ich.

Pferdebremsen abwehrend, verfolgte ich die Sendung, in der die Moderatoren ein paar Informationen zum Hintergrund gaben: Am 14. Juli hatten drei israelische Araber, aufgestachelt von der Hizb ut-Tahrir, Maschinenpistolen vom Typ Carl Gustaf und eine Pistole auf den Tempelberg geschmuggelt und zwei drusische Polizeibeamte erschossen, Angehörige einer kleinen arabischsprechenden ethnischen Gruppe von den Golanhöhen, deren Religion sich vor Jahrhunderten von der Hauptströmung des Islams abgespalten hatte. Die meisten dienen in den israelischen Streitkräften. Ein Opfer, Sergeant Kamil Schinan, war der Sohn eines alten Freundes von mir gewesen.[4]

Als Israels Behörden als Reaktion Metalldetektoren am Eingang zum Moscheebereich installieren ließen, gerieten die Palästinenser mit einem Großteil der muslimischen Welt in Aufruhr. Bei Ausschreitungen nach dem Freitagsgebet wurden drei Palästinenser von israelischen Sicherheitskräften erschossen und zahlreiche weitere verletzt. Noch am selben Abend schlich sich ein palästinensischer Terrorist aus dem Westjordanland in die jüdische Siedlung Halamisch ein, um »die jüdische Übernahme von *al-Haram asch-Scharif* zu rächen«. Er erstach drei Mitglieder einer Familie, während sie die Geburt eines Enkels feierte.

Nachdem die Moderatoren einige Minuten übereinander geredet hatten, wollten sie von mir wissen, wie ich die Entscheidung der Behörden einschätzte, diese Metalldetektoren aufzustellen. Ich hätte vieles sagen können. Aus meinen Jahren als Leiter des Schin Bet wusste ich besser als die meisten, wie blitzartig Jerusalems heilige Stätten Gemüter erhitzen konnten. Sollte eine Apokalypse über unsere Region hereinbrechen, dann würde sie innerhalb der heiligen Mauern der Jerusalemer Altstadt ihren Ausgangspunkt nehmen.

»Na ja«, sagte ich, »Metalldetektoren sind nicht das eigentliche Problem. Der Vatikan schützt mit ihnen die Sixtinische Kapelle, und wir in Israel müssen bei jedem Kinobesuch durch welche durch.«

»Warum randalieren dann die Araber?«, fragte der rechtsgerichtete Moderator mit einem höhnischen Unterton beim Wort »Araber«.

»Weil die Aufstellung der Metalldetektoren mit niemandem abgesprochen war, weder mit den Jordaniern noch mit den Palästinensern. Einseitige Entscheidungen machen es den Islamisten leicht, aus legitimen Sicherheitsvorkehrungen eine Verschwörung zu konstruieren, wonach wir uns ihre heilige Stätte unter den Nagel reißen wollten.« Das Geschehen in Jerusalem an diesem Tag, so meine Meinung, sei sogar gefährlicher als die verschiedenen Aufstände und der Terror, die wir in den 1990er-Jahren erlebt hatten. Damals habe sich der Konflikt um Grenzen gedreht – um deren endgültigen Verlauf zwischen Israel und Palästina. Ohne gangbaren Friedensprozess sei die Lage explosiver geworden.

Meine düstere Einschätzung entfachte zwischen den beiden Interviewern eine hitzige Debatte. Wie vom Skript abgelesen, folgte der Rechtsgerichtete in einer Predigt die Standardlinie im heutigen Israel, wonach der Konflikt religiös motiviert und deswegen unlösbar sei. Wie könnten wir mit Leuten verhandeln, die unser gottgegebenes Recht auf dieses Land in Abrede stellten? Palästinenser seien »Terroristen« und »Sicherheitsrisiken«. Sie bekämen, was sie verdienten.

»Sie irren sich«, sagte ich und versuchte, die Empörung in meiner Stimme zu unterdrücken. »Es sei doch Demagogie, alle Palästinenser, die immerhin unter einer Besatzung leben, für die mörderischen Akte einer Minderheit verantwortlich zu machen. »Wir haben arabische Partner.« Ich erinnerte ihn daran, dass die Bewegung People's Voice, die ich Jahre zuvor mit Sari ins Leben gerufen hatte, fast eine halbe Million Unterschriften gesammelt hatte. 275 000 stammten von Israelis, 200 000 von Palästinensern. »Die Umfragen sagen uns, dass die meisten Palästinenser immer noch an eine Zweistaatenlösung glauben. Sie ist die einzige Möglichkeit, Israel als jüdische Demokratie aufrechtzuerhalten. Es ist unverzichtbar, dass wir mit Palästinensern zusammenarbeiten. Andernfalls zerstört womöglich ein Religionskrieg alles, was wir aufgebaut haben.« Sicher enttäuschte ich die Radiomoderatoren, weil ich mich an ihrem Gezänk nicht beteiligen wollte, insbesondere angesichts meiner Vergangenheit als Mann der Tat. Ich nähme es dem Produzenten nicht übel, wenn er mich nie wieder einladen würde.

Ich beendete meine Arbeiten und ging nach Hause. Für den Rest des Morgens ignorierte ich die ständigen Anrufe von Journalisten und bereitete meinen nachmittäglichen Besuch bei Meir Shalev vor. Biba, die aus einer literarisch gebildeten Familie stammt, drängt mich immer dazu, mehr Belletristik zu lesen. Als Kind bin ich Jules Verne in unbekannte Regionen unter dem Meer und Isaac Asimow in den Weltraum gefolgt, aber nach meinem Eintritt in die Kampfschwimmereinheit 1963 habe ich mir hauptsächlich nur noch »beruflichen« Lesestoff zu Gemüte geführt. Diese Fehlentscheidung mag erklären, warum ich so lange brauchte, um zu verstehen, welcher Aufruhr unter der Oberfläche meines Landes schwelte.

Später am Nachmittag, nach unserem üblichen sommerlichen Mittagessen aus Gazpacho und kaltem Bier, setzte ich mich in meinen Toyota und fuhr zum galiläischen Dorf Alonei Abba. Im Radio hörte ich Meldungen weiterer Angriffe und Gegenangriffe in Jerusalem. Erinnerungen an brennende Überlandbusse und die Verhöre wurden wach, die unter meiner Aufsicht im Schin Bet stattgefunden hatten: an Gefangene, die mit Kapuzen über dem Kopf an Stühlen festgekettet waren.

Ich wechselte den Sender und hörte klassische Musik, während ich mit dem Verkehr durch die Jesreel-Ebene zentimeterweise vorankam. Durch die Fenster bewunderte ich das boomende Israel: Links ein neues Gaskraftwerk und rechts Zulieferbetriebe für die Tech-Unternehmen an der Küste. In meiner Kindheit hatte Israel Jaffa-Orangen exportiert, und mehr auch nicht. Heute sind wir eine Start-up-Nation, eine Erfolgsgeschichte, auf die wir Israelis eigentlich stolz sein müssten. Würden Israels führende Politiker unseren wunderbaren Errungenschaften nur nicht das Grab schaufeln.

Ich bog von der Schnellstraße ab und fuhr eine halbe Stunde lang durch die Berge bis Alonei Abba. Ich kannte das Dorf aus Shalevs Roman *Fontanelle*, eines der Bücher, das ich vor meinem Treffen mit dem Autor auf Bibas dringende Empfehlung hin gelesen hatte. Der Deutschritterorden hatte es in osmanischer Zeit als »Waldheim« gegründet. Nachdem die Briten die Deutschen im Zweiten Weltkrieg vertrieben hatten, ließen sich dort Mitglieder der zionistischen Jugendbewegung nieder und gaben ihm seinen hebräischen Namen. Heute sind in dem bukolischen Ort bekannte jüdische Künstler und Schriftsteller zu Hause.

Als ich zu seinem Haus hochfuhr und aus dem Wagen stieg, wurde ich schon von Shalev erwartet. Mit seiner runden Brille, seinem T-Shirt und den abgeschnittenen Hosenbeinen vermittelte er das Idealbild eines Bohème-Romanciers, eines Erzählers mit Fantasie, eines Architekten von Gegennarrativen. Genau die Art Person, mit der ich reden musste.

Ich folgte Shalev durch einen Garten in einen Bungalow, der für einen so gefeierten Autor bescheiden wirkte. Ein schlichter Holztisch mit Stapeln loser Papiere – Ausdrucken seines neuesten Romans, wie ich annahm – beherrschte den Eindruck in seinem Wohnzimmer. Regale mit seinen Büchern, darunter übersetzte Ausgaben in zahlreichen Sprachen – Deutsch, Niederländisch, Koreanisch, Englisch und Französisch – reihten sich an den Wänden entlang. Ich erkannte, *Esaus Kuss, Alone in the Desert, Der Junge und die Taube* – von dem Biba schwärmt – und seinen letzten Roman *Ginat Bar* (»Mein wilder Garten«) sowie seine Memoiren *Meine russische Großmutter und ihr amerikanischen Staubsauger.* Das Ambiente war angemessen spartanisch für einen Mann, der sich in seinen Schriften so sehr mit dem Leben im Moschaw identifiziert.

Wie saßen uns auf Sofas gegenüber – vor uns ein Tisch und Kaffee. Meir und ich waren uns schon mehrfach begegnet, hatten aber noch nie ein richtiges Gespräch geführt. Am Telefon hatte ich ihm erklärt, warum ich ihn treffen wollte.

»Sie schreiben also Memoiren, aber nicht über sich?«, fragte er und setzte seine Brille ab. Zum ersten Mal fiel mir auf, dass er dunkle Augen hatte, so braun wie bestellter Boden.

Ich erklärte ihm, dass sie nur insoweit von mir handelten, als mein Leben zu einem großen Teil das widerspiegele, was sich in Israel in den letzten siebzig Jahren abgespielt hat. Ich verzichtete auf Einzelheiten dazu, wie manche Aspekte von Chaim Gans Werk dramatisch mein Denken geprägt hatten oder welche Mission ich mit dem anvisierten Buch verfolgte.

Ich wollte von ihm keine Gesprächstherapie wegen der tragischen Unzulänglichkeiten, die ich in meiner eigenen Geschichte entdeckt hatte. Ich wollte zuhören und lernen. »Ich möchte ein anderes Israel entwerfen«, erklärte ich. Aber dazu brauchte ich die Unterstützung anderer, die mir mit Ideen und Fachwissen weiterhelfen konnten. »Ich möchte Ihre Geschichte in meine hineinnehmen, wenn Ihnen das irgendwie sinnvoll erscheint.«

Er fixierte mich mit einem unsicheren Blick und wechselte das Thema: »Ich bin ein schrecklicher Gastgeber«, sagte er freundlich. »Darf ich Ihnen etwas Starkes zum Essen anbieten?«

»Etwas Starkes zum *Essen?*«

»Sie werden sehen.« Kurz in die Küche entschwunden, tauchte er mit einem Tablett wieder auf: mit einer Flasche Arak mit schlankem Hals und einer Schüssel mit frischgepflückten Feigen aus dem eigenen Garten. Er öffnete die Flasche, goss Arak über die Feigen und steckte sich eine demonstrativ in den Mund. Nacheinander stopfte ich mich wie mit Popcorn mit einem Dutzend Feigen voll. Der Alkohol löste mir die Zunge. Ich versuchte, mein Bedürfnis zu erklären, mein Buch an seiner Perspektive festzumachen. Romanschriftsteller und Lyriker besitzen Kenntnisse und Fähigkeiten, die mir abgehen. Sie wissen, dass ein und dieselbe Erzählung unterschiedliche Versionen haben kann. Mit ihrer Vorstellungskraft helfen sie uns, alternative Deutungen der Geschichte zu sehen. Ich war mit nur einem der vielen Narrative großgeworden, die sich aus demselben Satz aus handgesägten Puzzleteilen zusammenlegen lassen.

Meirs Vater, der wie meiner Jitzchak hieß, war ein prominenter israelischer Dichter gewesen. Ich erzählte Meir, dass ich seinen Onkel Mordechai an der höheren Schule als Lehrer gehabt hatte. In unserer Klasse hatte er ein Gedicht seines Bruders vorgelesen, eine Huldigung an den endgültigen Sieg der Juden über die europäischen Kreuzfahrer. In ihm wendet sich der französische Kreuzritter Raymond de Saint Gilles an Tankred, den normannischen Fürsten von Galiläa, mit den resignierten Worten:

Es scheint, als hätten wir die gesamte Gemeinschaft verbrannt,
In einer einzigen Synagoge

Und alle, die entkamen,
Wurden niedergemetzelt
Und jetzt, so sieh,
Weht ihre Flagge über der Festung
Und unsere ist eingeholt.

Auf dieses Gedicht komme ich häufig deshalb zurück, weil Mitglieder von Bibas Familie mütterlicherseits während des Holocausts mit der übrigen jüdischen Gemeinde in einer Synagoge zusammengetrieben und verbrannt worden waren. Und meine Kommandoeinheit, die Schajetet 13, hat auf der alten Kreuzfahrerburg Atlit ihren Stützpunkt.

»Ihr Onkel Mordechai«, sagte ich, »sah mich immer als eine seiner Erfolgsgeschichten an.« Nicht wegen meiner Leistungen im Unterricht, mit denen ich gerade so durchkam, sondern wegen meines Dienstes als Kampfschwimmer in der Schajetet 13. Diese Wertschätzung änderte sich allerdings, als ich mit Sari Nusseibeh den Frieden voranzubringen versuchte. ›Wie kannst du das tun, Ami‹, maßregelte er mich einmal am Telefon. ›Du, der du die Araber doch immer bekämpft hast, tanzt jetzt Walzer mit ihnen. Das ist mehr als schändlich.‹«

»Überrascht mich nicht«, sagte Shalev. »Mein Onkel war wie mein Vater. Nationalistisch bis ins Mark.«

Sein Vater Jitzchak aus Jerusalem war Mitglied der Lechi gewesen, der paramilitärischen Gruppe, die auch als Stern Gang bekannt war. Sie hatte für die Vertreibung der Briten gekämpft. Als Ideologe kämpfte er allerdings nicht mit der Waffe, sondern mit der Feder. Seine Mutter stammte aus Nahalal, dem Heimatdorf Mosche Dajans, und ein Verwandter von ihm hatte den Mossad mitgegründet.

»Und was ist mit Ihnen?«, fragte ich ihn. »Wann und wo sind Sie geboren?«

»1948.«

»Dann bin ich drei Jahre älter als Sie.«

»Alter Mann, nehmen Sie doch bitte noch eine Feige.« Meir reichte mir die Schüssel.

»An welchem Tag?«, erkundigte ich mich?

»Am 19. Juli.«

»Also mitten im Krieg, nicht?«

»Eigentlich während des zweiten Waffenstillstands. Ich bin ein Friedenskind, könnte man sagen.« Er lachte sarkastisch in sich hinein: Wir wussten beide, was während der kurzen Feuerpause geschehen war. Folke Bernadotte, Graf von Wisborg, der schwedische Diplomat, der während des Holocausts Hunderte Juden aus Theresienstadt gerettet hatte, brachte um diese Zeit den Gedanken einer Teilung Palästinas ins Spiel. Jordanien und Ägypten sollten die Wüste Negev erhalten, Israel dagegen ganz Galiläa und die Küste. Jerusalem sollte eine internationale Stadt werden. Vertriebene, Araber wie Juden, sollten in ihre Städte und Dörfer zurückkehren können oder entschädigt werden. Beide Seiten lehnten den Plan ab. Und Folke Bernadotte wurde von vier Mitgliedern der Lechi, Jitzchak Shalevs Terrorgruppe, bei einem Überfall erschossen.

Meir wuchs als Junge einige Jahre in Nahalal heran, bis sein Vater mit der Familie nach Jerusalem übersiedelte. »Aber wir machten dort bei jeder möglichen Gelegenheit Besuche.«

»Wieso haben Sie so ausgiebig über Nahalal geschrieben?«

»Als Kind habe ich die begeisternde Ausstrahlung dieses Ortes geliebt. Ich erinnere mich, als ich dreizehn Jahre alt war, wollte jemand einen Abend um den amerikanischen Song ›Kisses Sweeter than Wine‹ organisieren. Kennen Sie ihn noch? ›When I was a young man never been kissed ...‹ Egal, jedenfalls sprengten zwei alte zornige Männer die Party, weil so ein Ständchen auf Englisch die hebräische Revolution beleidigte.«

Meirs Talent als Romancier war nicht der einzige Grund, warum ich ihn aufgesucht hatte. Sein Vater und sein Onkel hingen dem auf »Siedlung und Sicherheit« ausgerichteten Zionismus an, einer Weltsicht, die lange Zeit auch meine gewesen war. Die Zweite Intifada hatte mich davon »geheilt«. All dies erklärte ich nun Meir, der sich mit hinter dem Kopf verschränkten Händen in seinem Stuhl zurücklehnte. Er schaute durch die Glasschiebetüren in die galiläische Landschaft hinaus und erzählte mir, wie sein Vater die Bibel in einen nationalistischen Text umgedeutet hatte.

»Als ich zehn war, hat er mich zu einem Aussichtspunkt in Westjerusalem mitgenommen, von dem aus wir über die sich durch die Stadt ziehende Barriere aus Stacheldraht und Beton hinwegsehen konnten. Er führte mich eine Treppe hoch aufs Dach des Gebäudes, das dem Vatikan gehörte, und deutete auf die Klagemauer und den Felsendom. ›Eines Tages‹, sagte er und ergriff meine Schulter, ›gehört das alles wieder uns‹. Mir zugewandt, sagte er so ernst, dass sich seine Stimme überschlug: ›Du wirst heranwachsen, Soldat werden und dies für uns befreien.‹ Vater hasste die Waffenstillstandslinie von 1948, weil sie uns von unseren biblischen Wurzeln in Judäa und Samaria abgeschnitten habe. Sie habe uns kastriert.«

»Und Sie?«

»Er hat mir die Liebe zum Land Israel beigebracht«, sagte Meir. »Mit der Bibel in der einen und einer Landkarte in der anderen Hand hat er mich zu jeder biblischen Stätte im Land geführt, und dafür bin ich ihm dankbar. Dieses Land ist mir wie in die Seele gebrannt. Ich werde Israel niemals verlassen. Selbst wenn ich wegen meiner Bücher auf Reisen gehen muss, kann ich nie länger als einige Tage wegbleiben.«

Der Wunsch von Meirs Vater, dass sein Sohn Soldat würde, ging in Erfüllung. Meir sagte dazu: »Ich wurde 1966 in einem Land zum Militärdienst eingezogen und zwei Jahre später in einem anderen Land wieder entlassen.«

Gedient hat er in der Golani-Aufklärungseinheit, einer Elitetruppe der Golani-Brigaden. Als ich ihn mir in Unform vorstellte, musste ich lächeln.

»Sie erinnern sich an die Zeit vor 1967!«, fuhr er fort. »Israel war ein ärmlicher Ort, eine Art jüdisches Montenegro.« Dann kam der Sechstagekrieg. Die Golani-Brigaden bekämpften die Syrer auf den Golanhöhen, auf denen einige der verlustreichsten Schlachten ausgefochten wurden. Die arabischen Anwohner waren schon aus ihren Dörfern geflohen. »Ungefähr sechs Wochen später bin ich in Judäa und Samaria gelandet. Es war meine erste Begegnung mit Palästinensern. Ohne Checkpoints und bei ruhiger Lage konnte ich ungehindert die Ortschaften und Städte durchstreifen. *Mein Gott,* sagte ich mir, *diese ganzen Araber,* Zigtausende von Menschen, und so verstört wie wir. Was zum Teufel würden wir mit ihnen anstellen? Sie einbürgern?«

Dann schilderte er eine Szene, die er miterlebt hatte und die ihn seither verfolgte. »Ich sah einen alten Mann. Er schob einen Karren mit Fanta-Flaschen und einem Eimer Eis vor sich her«, sagte er. »Er versuchte, mit

Verkäufen an Soldaten ein bisschen Geld zu verdienen. Zunächst beachtete ich ihn gar nicht – bis ich aus dem Augenwinkel einen Reservisten, einen wohl vierzigjährigen Offizier, auf den Fanta-Mann zumarschieren sah, als sei er ein großes Sicherheitsrisiko. ›Was machst du hier?‹, fragte er.« Der alte Mann habe nur zurückgestarrt, weil er kein Hebräisch verstanden habe, erklärte Meir. »Und was tat dieser Offizier? Er stieß mit einem Tritt den Karren um. Da merkte ich es plötzlich. Das konnte Macht mit uns anstellen. Uns alle in diesen Offizier verwandeln, der den Karren eines alten Mannes umkickt, einfach, weil er es kann.«

Ein flinker Tritt eines Offiziers hatte Meir über eine Schwelle gestoßen, jenseits von der es für ihn kein Zurück mehr gab. Die Begeisterung über den Sieg, die fast jeder in Israel, auch mich und meine sämtlichen linksorientierten Freunde im Kubbuz in einen Taumel versetzte, war ihm entrissen worden. Meir erkannte, dass uns unsere siegreiche Armee einen vergifteten Kelch gereicht hatte.

»Als ich mehrere Wochen später für ein paar Tage auf Urlaub nach Hause fuhr«, erzählte er weiter, »war mein Vater begeistert. Seine Träume waren in Erfüllung gegangen. Jetzt war das Land Israel vereint – alles gehörte uns. ›Vater‹, sagte ich, ›wir werden uns daran noch verschlucken.‹«

»Haben Sie ihn gefragt, wie wir seiner Meinung nach mit den Arabern verfahren sollten? Wie wir mit den Leuten in den eroberten Gebieten umgehen würden?«

»Seine Lösung war einfach. Wieder tun, was wir '48 getan hatten.«

»Sie rausschmeißen?«

»Richtig. Er begann von einem ›Transfer‹ zu reden. Nach einem Wochenende mit dem Irrsinn meines Vaters war ich froh, wieder zu meiner Einheit zu kommen.«

»Ich habe sicherlich viele Szenen wie die mit dem Offizier und dem Fanta-Mann gesehen«, gestand ich Shalev. »Ich habe sie nicht bewusst wahrgenommen. 1967 ging ich zur Klagemauer, unmittelbar bevor die IDF das arabische Viertel vor der Mauer mit Bulldozern platt walzte, weil General Dajan wie ich und fast jeder sie als unseren Besitz ansah. Wir kannten sie aus Josephus, unserer Schullektüre.

»In Judäa und Samaria sah ich nichts als Felsen, Bäume und unbebautes Land, auf dem wir siedeln konnten. Irgendwie ist mir nie aufgefallen, dass dort Menschen lebten. Das einzige, was mich daran hinderte, Siedler zu werden, war mein Militärdienst. Jemand musste ja das befreite Land verteidigen.«

Bei einer erneuten Umschau im Raum entdeckte ich weitere Einzelheiten. An einem Haken an der Wand hing ein Hut mit weißer Krempe. Meirs Hände auf seinem Schoß waren dick und voller Schwielen wie die eines Mannes, der Holz hackt, um sich in Form zu halten. Irgendwo hatte ich gelesen, er erlege die Ratten und Vipern, die vom Tal hochkämen, mit bloßen Händen.

Als draußen die Sonne unterging, machte ich mit einem Klatschen aufs Knie deutlich, dass ich jetzt gehen musste. Ich dankte Meir für seine Zeit.

»Ami«, sagte er eindringlich, als müsse er einen Gedanken loswerden, der ihm im Kopf herumspukte. Wie ein Pokerspieler, der Jetons platziert, legte er die Hände auf den Tisch. »Wenn ich an die Zukunft unseres Landes denke, sehe ich schwarz. Rabenschwarz. Sicher, vielleicht finden wir ja einen Weg aus dem Schlamassel. Irgendwie sieht es ja immer so aus. Aber da ist so viel Sprengstoff, so wie diese Ereignisse vor ein paar Tagen in Jerusalem. Stellen Sie sich bloß vor, ein paar irre Fanatiker werfen eine Granate in die al-Aqsa-Moschee.«

Shalevs schmale dunkle Augenbrauen hoben und senkten sich, während er seiner Sorge Luft machte. »Mir macht dieses magische Denken Angst – der Glaube, dass Gott herabsteigt und uns rettet.« Irgendwie resigniert klingend, blickte er mich direkt an. »Haben Bibi [Netanjahu] und unsere Hightech-Tycoons eine langfristige Strategie für den Frieden und unser Überleben hier? Das sehe ich nicht. Die messianische Religion der Siedler, das wird unser Untergang. Ich habe immer daran geglaubt, Ami, dass wir Judäa und Samaria an die Palästinenser übergeben würden. *Da, bitte schön!* – das sollten wir zu ihnen sagen. Aber ... ist es nicht schon zu spät? Bitte sagen Sie den Arabern«, meinte er zu mir, als hätte ich den direkten Draht zu den Massen, »sagen Sie ihnen, dass sie uns nicht loswerden können. Wir sind hier, um zu bleiben.«

Zurück in meinem Toyota mit Meirs finsteren Ahnungen im Kopf, fuhr ich an der verlassenen lutherischen Kirche vorbei. Vielleicht war es ihr Anblick, der Meir ständig über die Tragödien des Lebens nachgrübeln ließ. Die Deutschen, die diesen Steinbau errichtet hatten, waren sicher auch davon ausgegangen, dass sie bis ans Ende der Zeiten hierbleiben würden.

Kapitel 3

Tante Hava und der lange Schatten des Holocaust

Als ich am nächsten Morgen vor Sonnenaufgang vor die Tür trat, um meine tägliche Ausgabe der *Haaretz* hereinzuholen, schaute ich wie so oft auf die osmanischen Ruinen auf der anderen Straßenseite. Der verlassene Khan mit Kuppeldach hatte einst Reisende und ihre Kamele beherbergt. Als ich einen Blick auf die Zeitung in meiner Hand warf, stach mir ein Artikel ins Auge. »Der Mistkerl«, murmelte ich. Einer unserer messianischen Parlamentarier versuchte, aus der jüngsten Gewalt in Israel Kapital zu schlagen mit der Forderung, »die jüdische Souveränität« über den Tempelberg wiederherzustellen.

Meirs Fanta-Mann wollte mir nicht aus dem Kopf gehen. Ich war ausgebildet worden, um Bedrohungslagen aufzuspüren und zu neutralisieren. Der Fanta-Mann von 1967 war keine Bedrohung gewesen, und falls ich ihn wahrgenommen hätte, wäre er sofort wieder aus meinem Bewusstsein verschwunden. Dass dieser Zwischenfall Meir nicht nur aufgefallen war, sondern dass er sogar den Lauf seines Lebens verändert hatte, bestätigte meine Entscheidung: Es war klug gewesen, zu Beginn meiner Suche nach Stoff für meine Memoiren mit einem Romanschriftsteller zu reden.

In den nachfolgenden Tagen saß ich meistens zu Hause herum, ignorierte Anrufe von Journalisten, bekämpfte Unkraut und passte an einem heißen Samstagnachmittag auf unsere Enkel und ihre Freunde auf, während sie mit Strandtüchern wie Superhelden unter Capes um unseren Swimmingpool herumtobten. Das Bild, das ich mir von dem Fanta-Mann vor meinem geistigen Auge erschaffen hatte, beschäftigte mich ständig weiter. Während ich auf der Terrasse am Pool saß, an einem kühlen Bier nippte und lachend die Kinder herumplanschen sah, fiel mir wieder eine Unterhaltung ein, an die ich seit über fünfzig Jahren nicht mehr gedacht hatte. 1963 war ich in die Kampfschwimmer eingetreten, die IDF-Einheit mit der höchsten Besoldungsstufe. Kurz bevor ich unseren Kibbuz verließ, um meinen Dienst anzutreten, sagte mir Hava, die Frau meines Onkels Jonah, die in der Betonunterkunft gleich neben uns wohnte, sie müsse mir etwas mitteilen. Verblüffend klar erinnerte ich mich wieder daran, wie ich Hava mit ihrem adretten Dutt und ihrer karierten Schürze angeschaut hatte, als sie mir schilderte, wie ihr ein deutscher Soldat während des Holocausts das Leben gerettet hatte. Ich reagierte auf ihre Offenheit mit einem Achselzucken. Ihr Leben in Europa interessierte mich nicht im Geringsten.

Hava tauchte auf der Liste der Leute, die ich für dieses Buch interviewen wollte, deshalb nicht auf, weil sie 2006 gestorben war. Aber ich war auch nicht auf den Gedanken gekommen, nach Holocaust-Überlebenden zu suchen – ein vielsagendes Versäumnis. Und jetzt dachte ich unablässig daran, wie ich als junger Mann über ihre persönliche Erzählung achselzuckend hinweggegangen war, als ich den Kibbuz verlassen hatte, um mich militärisch ausbilden zu lassen und dann zu töten oder getötet zu werden. Mit dem dringenden Bedürfnis, mehr über Hava und ihr Leben in Europa zu erfahren, suchte ich an diesem Nachmittag die Telefonnummer ihres Sohnes aus erster Ehe heraus: Und dieser Dani Keidar, ein Architekt in einem Moschaw auf der Nordseite des Sees Genezareth, stimmte zu, mich einige Tage später in seinem Büro zu treffen.

Um von Kerem Maharal nach Tiberias zu gelangen, musste ich Emek Israel, unser landwirtschaftliches Kernland, passieren und anschließen zum See Genezareth hinabfahren. An diesem Tag herrschte wieder drückende Hitze, die für mich noch drückender wurde, weil es steil bergab ging: Tiberias liegt über hundert Meter tiefer als das Tal des Todes. Auf der Fahrt in die Senke bot sich mir ein Panoramablick auf die Landschaft meiner Jugend. Unten änderten einige verstreut liegende Hotels nichts daran, dass das Leben hier gemächlich verlief und Veränderungen noch gemächlicher erfolgten, so ganz anders als an der Küste mit ihrem Tech-Boom.

In diesem Winkel liegt der Kinneret-Friedhof, die letzte Ruhestätte der verehrten Toten des Kibbuz-Zionismus. Voller behauener Kalksteingräber, die – entgegen der jüdischen Glaubensvorschrift – nicht nur nach Jerusalem, sondern nach überall hin ausgerichtet sind, ist er eine rein weltliche Ruhestätte. Nach den traditionellen Symbolen des Judentums sucht man auf den nackten Grabsteinen vergeblich: Dichtung, Philosophie und Sozialismus haben Jahrtausende vergeblicher Sehnsucht abgelöst.

Dieser strenge Säkularismus spiegelt die Geisteshaltung der meisten Prominenten wider, die hier beigesetzt sind: Träumer wie Moses Hess, der Verfasser von *Die heilige Geschichte der Menschheit,* ein Mitarbeiter von Karl Marx, der, wie manche behaupten, seine symbolträchtige Zeile »Religion ist das Opium der Massen« von ihm bezogen haben soll. Hess' Forderung nach einem jüdisch sozialistischen Commonwealth in Palästina inspirierte Herzl zu seinen Schriften *Der Judenstaat* und *Altneuland,* in dem der künftige jüdische und demokratische Staat Juden, Muslimen und Christen sowie allen übrigen gleiche Rechte zubilligen würde. Neben Hess begraben liegt Nachman Syrkin, der Visionär eines »zionistischen Judentums«, das »das religiöse Judentum mit der Wurzel herausreißt« und durch eine »Ideologie« ersetzt, »die in den Status einer Religion erhoben werden kann«.[5]

Hier ist auch unsere Nationaldichterin Rachel Bluwstein beigesetzt. Mit einer Eisenkette ist an ihrer wuchtigen Grabplatte einer ihrer Gedichtbände befestigt, die Seiten ausgebleicht und zerschlissen durch die Berührung der Hände Tausender von Pilgern. Als Kind habe ich mir ihre Zeilen eingeprägt:

Ich habe dein Lob nicht gesungen,
Und nicht gepriesen deinen Namen
In Sagen der Tapferkeit
Und in Kriegen.
Einen Baum nur habe ich gepflanzt
An des Jordans Ufern.

Dani hat sein Büro in einem Betonbau im Stil des Brutalismus der 1960er-Jahre. Ohne die voll aufgedrehte Klimaanlage hätten wir die Fenster öffnen und das sanfte Plätschern der Wellen des Sees Genezareth hören können. Ich saß Dani, der wie ein Rugbyspieler aussieht, an seinem

Schreibtisch gegenüber und erzählte ihm von der Szene, an die ich mich am Swimmingpool wieder erinnert hatte. Bei der Terminvereinbarung am Telefon hatte ich ihm erklärt, dass ich hoffte, von ihm mehr über Havas Erlebnisse während der Kriegszeit erfahren zu können. Er deutete auf einen dicken Ordner vor ihm und erklärte, er habe einen schriftlichen Bericht über das Leben seiner Mutter in Europa verfasst. »Das ist alles, was ich habe«, sagte er und schob mir den Ordner zu.

Er enthielt neben seinem Bericht auch einen Stapel Fotos, den ich nach dem Öffnen herauszog. »Die habe ich bei einer Reise nach Ungarn und Rumänien 2010 aufgenommen«, erklärte Dani. Der Stapel enthielt mehrere Aufnahmen vom Haus und der Schuhfabrik der Familie in Budapest. Er deutete auf einen älteren Mann in Uniform. »Das ist Havas Vater, dem die Schuhfabrik gehört hatte. Sie war dreizehn, als er in die ungarische Armee eingezogen wurde. Er starb im Kampf für die Achsenmächte, während sie Stalingrad belagerten.« Obwohl in Ungarn zu Unerwünschten geworden, kämpften und starben Juden weiterhin für ihr Land.

»Für Trauer war keine Zeit«, fuhr Dani fort. Ein Jahr später, im März 1943, marschierten die Deutschen in Ungarn ein. Fast sofort organisierte Adolf Eichmann den Abtransport der Juden in die Vernichtungslager. Im April 1943 landete Hava mit ihrer Mutter, ihrer Schwester Lilli und ihrem Bruder Ascher in einem jüdischen Ghetto. Im Januar 1944 trieben die Nazis und ihre ungarischen Kollaborateure die Familie und ihre Cousine Judith in einen Viehwaggon, der für Auschwitz-Birkenau bestimmt war. Mit einem Klemmbrett bewaffnet, erwartete sie dort Josef Mengele, der sie und ihre Cousine dann in ein Arbeitslager schickte. Die gesamte übrige Familie wurde in den Gaskammern ermordet. Ich schaute mir eingehend die Fotos an, die Dani 2014 in Auschwitz aufgenommen hatte.

Nach ungefähr drei Monaten im Frauenlager C wurden Hava und Judith nach Bergen-Belsen verschickt – zur Arbeit in einer Flugzeugfabrik bei Leipzig. Sie waren dort zur gleichen Zeit wie Anne Frank interniert. Im Januar 1945, beim Vormarsch der Roten Armee auf die deutschen Grenzen, zwang die SS Hava und die anderen weiblichen Gefangenen, darunter Judith, auf einen sechzehntägigen Todesmarsch nach Theresienstadt. In Lumpen gehüllt, schleppten sich die halb verhungerten Frauen durch den Schnee. Gefangene, die nicht schnell genug hinterherkamen, wurden erschossen. An einem Punkt geriet Hava ins Straucheln und stürzte. Ihr wurde von Judith rasch wieder aufgeholfen, verlor bei dem Sturz aber ihre Schuhe. Mit erfrorenen Füßen wäre sie nicht weit gekommen. Ein Soldat der deutschen Wehrmacht rettete sie vor der Erschießung durch die SS. Entgegen dem Befehl seines Kommandeurs, ihr eine Kugel durch den Kopf zu verpassen, forderte er sie zum Weitermarsch auf. Er reichte ihr ein Paar Schuhe, das er einer Toten abgenommen hatte, und legte ihr seinen Wollmantel über die ausgezehrten Schultern.

Sie schaffen es bis Theresienstadt, wo die Sowjets das Lager befreiten. Hava und Judith waren jetzt frei, aber ganz allein auf der Welt. In Budapest hatte Hava nur noch die Schuhfabrik ihrer Familie. Aber was fing ein traumatisiertes junges Mädchen mit einem Betrieb an? In der ungarischen Hauptstadt Budapest beteiligte sie sich an den von Onkel Jonah geleiteten Anstrengungen, jüdische Flüchtlinge nach Palästina zu schleusen. Am Ende verschlug es sie und Judith in den Kibbuz Maagan.

Den Papierrollen mit Entwürfen auf seinem Schreibtisch nach zu urteilen, war Dani ein viel beschäftigter Mann. Ich wollte ihn an einem Arbeitstag nicht länger aufhalten. Ich dankte ihm für seine Zeit und verließ ich das Büro mit einem Arm voller fotokopierter Aufzeichnungen von Geschichten aus Havas Leben. Dann machte ich mich auf den kurzen Weg zu dem Friedhof, auf dem meine Eltern neben Jonah, Hava und Judith ruhen. Alle fünf hatten ihr Leben im Kaiserreich Österreich-Ungarn begonnen und lagen jetzt unter einer Reihe identischer Grabsteine nebeneinander begraben.

Ich legte einen kleinen Stein auf Havas Grab und überquerte die Straße zum Kibbuz. Die Tore im rostigen Maschendrahtzaun, der fünfzig Jahre zuvor errichtet worden war, um mögliche Eindringlinge von jenseits der Waffenstillstandslinie abzuwehren, standen weit offen. Beim Eintreten hörte ich Hühner gackern. Im Kibbuz hatte sich seit meiner Kindheit wenig verbessert. Ich suchte vergeblich nach Anhaltspunkten für das heutige israelische Leben im Wohlstand. Keine deutschen Luxuslimousinen. Keine Kletterwände für Kinder.

Maagan ist bis zum heutigen Tag mein geistiges Zuhause geblieben, für mich das Symbol für die Freiheit meiner Kindheit, umherzustreifen, zu schwimmen und von einer besseren Welt zu träumen. Trotz des ständigen syrischen Mörserbeschusses strahlte er Optimismus aus, am besten verkörpert in Hava, einer Frau, die trotz der entsetzlichen Erlebnisse im Krieg keinerlei äußerliche Anzeichen eines Traumas, weder Verbitterung noch Fatalismus zeigte. Sie suchte und fand in allen das Beste, auch in dem Wehrmachtssoldaten, der sie nicht erschossen, sondern ihr Schuhe geschenkt hatte. Sie leitete eine Schule und lehrte Generationen von Kindern im Jordantal, an sich selbst, die Zukunft und den Frieden zu glauben.

Nach Abbas Tod kehrte ich selten nach Maagan zurück und kenne die Leute nicht, die jetzt in dem alten schmucklosen Betonbungalow meiner Eltern wohnen. Mit Schweiß in den Augen blinzelnd, fragte ich mich staunend, wie wir es ohne eine Klimaanlage ausgehalten hatten. Entsprechend dem sozialistischen Lebensstil kamen meine Eltern mit Möbeln aus rohem Pinienholz aus, mit wenig Büchern – die gut bestückte Bibliothek des Kibbuz hatte den Kult der bürgerlichen Privatbibliotheken der Diaspora abgelöst –, und ohne schmückende Extras – keine Ölgemälde europäischer Landschaften, kein Sofa vor dem Fernsehgerät und keine Küche mit Espresso- und Geschirrspülmaschine, wie Biba und ich sie hatten.

Wie jeden Nachmittag im Sommer frischte der Wind auf. Ich schälte mich aus meinem Hemd und trottete ein Stück über verdorrtes Gras zum Ufer, um Abkühlung zu bekommen. Auf dem Weg zum Strand spähte ich durch die staubverschmierten Fenster des heruntergekommenen Hauses der Kultur, in dem jetzt Spinnen und eine Familie herrenloser Katzen hausten. Wehmütig lächelnd erinnerte ich mich an die Versammlungen nach dem Mittagessen, als ich jung war, an die Spiele, Filme und Konzerte, Theateraufführungen und Volkstänze sowie an diese ganzen Debatten von Frauen und Männern, die von dem Glauben erfüllt waren, das wir das Banner der Menschlichkeit vorantrügen – Idealisten, die über alternative Formen der Befreiung diskutieren: für die Frauen, die Arbeiterklasse, die Unterdrückten der Welt.

Ehe ich mir die Hosen auszog, um mich nackt ins Wasser zu stürzen, machte ich einen kurzen Halt vor einem Denkmal Peretz Goldsteins, des Palmach-Kämpfers, der 1944 zusammen mit Jonah mit dem Fallschirm über Jugoslawien abgesprungen war. Auch wenn wir keinen Gott verehrten, hielten wir unsere Helden hoch, und als Kibbuz-Leiter war Abba entschlossen gewesen, ein Heiligtum zu errichten, das dem tapfersten Versuch von Juden in Palästina huldigte, während des Holocausts Leben zu retten.

Obwohl wir als Kinder von der Judenvernichtung nichts wussten, konnten wir Onkel Jonahs tollkühne Taten bis ins Kleinste nacherzählen. So tatkräftig wie mein Vater, war er ein Abenteurer, der den Nervenkitzel und den Adrenalinstoß liebte. Die letzte Phase des Zweiten Weltkrieges verbrachte er bei der Spezialeinsatztruppe SOE, die die Briten für Spionageoperationen, Sabotage und Aufklärung im besetzten Europa aufgestellt hatten. Ihm und Goldstein schloss sich die Dichterin Hannah Szenes an.

Sie sprangen hinter den feindlichen Linien in Jugoslawien ab, worauf Partisanen zu ihnen stießen. Hannah las am Abend vor ihrem Grenzübertritt nach Ungarn laut ein Gedicht vor, das sie soeben verfasst hatte. Goldstein geriet in Gefangenschaft und trat die Reise ins Vernichtungslager an. Hannah wurde ebenfalls gefasst, gefoltert und von den Nazis im Gefängnis hingerichtet. Goldsteins und Hannahs Verhaftung, Folterung und Ermordung verwandelten das Gedicht in eines der berühmtesten Lieder im Unabhängigkeitskrieg 1948: »Gesegnet im Marsch, verzehrt in lodernder Flamme.«[6]

Ich stürzte mich in den lauen und von der Algenblüte ölig gewordenen See. Als ich ins tiefere kühlere Wasser hinausschwamm, kehrten ganze Ströme der Erinnerung aus meiner Schulzeit zurück. Angesichts der syrischen Geschütze, die vom Golan aus auf uns zielten, identifizierten wir Kindern uns mit den heldenhaften Figuren aus der Bibel oder aus Josephus, aus denen uns unsere Lehrer jeden Morgen beim Frühstück einen Abschnitt vorlasen.[7] Dagegen hatten wir an der zweitausendjährigen Vergangenheit des rabbinischen Judentums so wenig Interesse wie an den europäischen Schuhfabrikanten oder den Mühlenbesitzern und im Übrigen auch an Moses Mendelsohn oder Martin Buber. Diese Strichmännchen verkörperten Schwäche, nicht Stärke. Wir identifizierten uns mit antiken Kämpfern und Rebellen wie denen, die sich im Untergrund gegen die Römer erhoben hatten. Wir bewunderten Kraft. Samson der Held war uns lieber als Jehuda ha-Nasi, der die Redaktion der Mischna vollendet hatte. Die Lehrer hielten uns bei der Stange, wenn sie uns mit Geschichten jüdischer Kriegshelden beschenkten, der Vorläufer des Palmach und der Elitekommandos der IDF, mit Erzählungen, wie wir Juden mit Schwertern Feinde besiegt hatten.

Wir, nicht Gott waren die Hauptfiguren unserer revolutionären Befreiungssaga. In *unserem* Seder zum Pessach-Fest waren es die Hebräer selbst, die sich aus der altägyptischen Gefangenschaft führten.[8] Wir waren die *Chaluzim*, die ihre Ketten abschüttelten, ins Land Israel einmarschierten und Heldentaten vollbrachten. Und die Befreiungskriege dauerten fort, mit jedem Olivenbaum oder jeder Sanddüne, die wir vom Feind eroberten.

Mein bester Freund im Kibbuz war Israel Guttman, den wir alle mit dem üblichen Spitznamen für »Israel« Srulik nannten. Mit nur drei Tagen Abstand zueinander zur Welt gekommen, hatten wir als sieben- oder achtjährige Buben mehr miteinander gemein als nur unser Alter und unseren Schlafsaal. Srulik war schlichtweg so wie ich. Wir liebten nichts mehr, als im Wasser Ringkämpfe miteinander auszutragen oder Krieg zu spielen, wobei einer der Gute, der edle Israeli, und der andere der gemeine Araber war, der aus seiner Position im Golan angeschlichen kam.

Leider wurde Srulik Anfang der 1950er-Jahre von seinen Eltern wegen ideologischer Streitereien im Kibbuz in der Stadt Kirjat Tiw'on untergebracht. Schwatzhaft und streitsüchtig, konnten sich unsere sozialistischen Eltern nicht auf die geeignete Formel für die universelle Brüderschaft einigen.[9] Nichtsdestotrotz besuchten die Guttmans unseren Kibbuz jeden Sommer, sodass Srulik und ich wie Huck Finn und Tom Sawyer am Mississippi wieder die Wildnis durchstreifen konnten, die sich nur wenige Schritte vom Kibbuz entfernt ausbreitete. Wir durchkämmten jeden Tag das Ufer und entdeckten neue Schätze: eine osmanische Münze, eine alte Bierflasche von einem englischen Soldaten, den von der Sonne ausgebleichten Schädel eines Hasen, eine verrostete Kugel aus dem Unabhängigkeitskrieg.

Schon als barfüßiger Junge, der in den Fluten des Sees Genezareth planschte, träumte ich davon, in die Schajetet 13 einzutreten, deren Stützpunkt in Atlit bei Haifa lag. 1291 hatten ihn die Kreuzritter als ihren letzten Außenposten im Heiligen Land geräumt. Ich war besessen von den Erzählungen über die geheimste Einheit in den israelischen Verteidigungsstreitkräften und wollte ihr unbedingt beitreten. Weniger verliebt in die See, entschied sich mein Kumpel Srulik für eine Eliteeinheit in den Landstreitkräften.

Ich sah Srulik einige Jahre nicht mehr, weil Abba im Jahr 1959, als ich vierzehn Jahre alt wurde, Imma und mich nach Argentinien auf eine Mission mitnahm, angeblich für die Kibbuzbewegung. Ich hatte den Verdacht, dass mehr dahintersteckte. Zwei Jahre später, als ich endlich gut genug Spanisch sprach, um in der Nachbarschaft Freundschaften anzuknüpfen, endete das Abenteuer abrupt. Abba weckte mich eines Nachts auf und teilte mir mit, dass wir die Koffer packen müssten. Wie ich später aus seinen Aufzeichnungen erfuhr, war er in die mysteriöse Entführung Adolf Eichmanns verwickelt gewesen. Nachdem Eichmann sicher verschnürt im Heck eines Flugzeugs nach Israel verfrachtet worden war, wo ihn ein Prozess wegen nationalsozialistischer Kriegsverbrechen und der Galgen erwartete, galten wir bei der argentinischen Regierung als Personae non gratae. Wir entkamen in dieser schrecklichen Nacht per Boot über den Río Uruguay.

Imma nutzte die Rückreise nach Israel, um mich ein wenig in ihre europäische Kultur einzuführen: Sie bestand auf einem Abstecher nach Florenz, um Michelangelos *David* zu besichtigen. Sie kaufte mir sogar eine Miniaturversion der Statue, damit ich niemals vergesse, wie Schönheit aussehen konnte.

Zurück in Israel ging es mit der Freundschaft mit Srulik weiter. Er besuchte ein Militärinternat in Haifa und verbrachte seine Wochenenden im Kibbuz. In unserem letzten Schuljahr schnallten wir uns Rucksäcke um und marschierten von Maagan bis ganz zum Karmelgebirge, ein zermürbendes, mühseliges Abenteuer, mit dem wir uns aufs Militär vorbereiten wollten.

Als ich achtzehn Jahre alt geworden war, meldete ich mich augenblicklich für die Schajetet 13. Als Einzelkind, das in eine operative Einheit und noch dazu in diese Eliteeinheit eintreten wollte, benötigte ich die Unterschrift beider Elternteile. Abba, der von seinem Sohn nichts anderes erwartete, hatte keinerlei Einwände. Hatte er nicht sein eigenes Leben riskiert, als er Flüchtlinge geschleust und bei der Belagerung des Kibbuz

Gescher im Unabhängigkeitskrieg Iraker bekämpft hatte? Einen Kibbuz in Reichweite schießfreudiger Syrer aufzubauen, war jedenfalls nichts für lammfromme Männer gewesen.

Das Problem war Imma. Dass ich unserem Land dienen musste, nahm sie mit grimmiger Schicksalsergebenheit noch hin. Aber bei den Kampfschwimmern zog sie eine rote Linie. Hatte sie nicht genug Opfer gebracht? Sie hatte die grünen siebenbürgischen Berge gegen eine moskitoversuchte Sumpflandschaft eingetauscht, ihren Schmuck hergegeben, um einen Traktor für unseren Kibbuz zu kaufen, und, am schlimmsten, gegen ihre innerste Überzeugung eingewilligt, dass ich in unserem sozialistischen System im Kinderschlafsaal übernachtete, als gehörte ich dem Kollektiv und nicht zu ihr. Jetzt, 1963, dachte sie gar nicht daran zuzustimmen, dass ihr einziger Sohn ohne Not, nur weil er es so wollte, auf tollkühnen Missionen sein Leben aufs Spiel setzen würde. »Wie kommst du dazu, mich um so eine Unterschrift zu bitten?!«, sagte sie und schob das Blatt zu mir zurück. Imma waren Familie, Kinder, Theater und Musik immer wichtiger als Sozialismus gewesen. Sie hatte fast alles geopfert, weil sie sich in einen Ideologen verliebt hatte. Bei ihrem einzigen Sohn war Schluss.

Wir standen im Betonbungalow. In der gnadenlosen Hitze rann ihr der Schweiß über die zerfurchte Stirn. Ich wollte ihr ganz sicher nicht wehtun. Aber ich war eben mit den glorreichen Legenden der Makkabäer und des Palmach großgeworden, und von meiner Mutter eine Erlaubnis einholen zu müssen, war ein erniedrigendes Gefühl. Es war mein Leben, und wenn ich zum Anbringen einer Haftmine unter ein Schiff tauchen oder auf feindliches Gebiet vordringen wollte, um einen Fernmeldeturm zu fotografieren, dann war das meine und nicht ihre Entscheidung.

Nachdem ich sie vergeblich umzustimmen versucht hatte, stellte ich ihr ein Ultimatum, von dem ich wusste, dass es wirken würde. »Imma«, begann ich die grausamsten Worte, die ich je über die Lippen gebracht habe, »wenn ich auf einer Mission bin, ja, dann kann es passieren, dass ich getötet werde. Aber wenn ich deinetwegen nicht in die Schajetet 13 eintreten kann, dann siehst du mich zu hundert Prozent nicht wieder.« Mit Tränen in den Augen unterschrieb sie das Formular.

Meine letzte Hürde war der Kibbuz. Auch die Mitglieder verlangten

Mitsprache bei meinem Plan und stimmten auf der Versammlung im Haus der Kultur dagegen. Vielleicht war Imma hinter den Kulissen gegen meine Entscheidung aktiv geworden. Ich weiß es nicht. Die Kibbuzim verweigerten mir die Einwilligung, in eine Organisation einzutreten, die sie als beispielgebend für einen Individualismus ansahen, den sie verachteten: Der *Neue Mensch* war nicht als tollkühner Kerl gedacht, der auf Nervenkitzel aus war. Wie alle sollte auch ich ins reguläre Militär eintreten.

Sie gaben mir die Chance zu einer Stellungnahme. Ich stellte ihnen mehr oder weniger das gleiche Ultimatum wie zuvor Imma. Ich blickte meine Eltern und ihre Genossen an, Leute, die ich bewunderte, weil sie eine Hölle aus Ödnis und Malariamücken in ein Paradies verwandelt hatten. »Ich möchte den Kibbuz nicht verlassen«, teilte ich ihnen mit, »aber eure Entscheidung bedeutet einen Verrat an allem, was der Kibbuz mir zur Verteidigung unseres hart erkämpften Landes gegen unsere Feinde beigebracht hat. Was ist mit den Syrern?«, sagte ich und deutete dabei in Richtung von deren Stellungen auf dem Golan. »Riskiert ihr nicht jedes Mal euer Leben, wenn ihr einen Traktor über die Grenze fahrt? Was ist an eurem Kampf, um unser Territorium auszuweiten, anders als an dem, zu dem ich mich entschlossen habe, nämlich es zu verteidigen?« Ihre Bananen konnten sie ja nur solange anbauen, wie andere sie beschützten und mit Glück sogar neues Land eroberten.

Jonah spürte, dass ich es ernst meinte und dem Kibbuz tatsächlich für immer den Rücken kehren würde, sollten sie nicht einlenken. Er überzeugte die Leute, das Verbot zurückzunehmen. Ich war frei.

Kapitel 4

Die Stillen

Bevor ich vom Kibbuz aus nach Kerem Maharal zurückfuhr, legte ich einen Stopp bei einem Schnellrestaurant auf dem einstigen Gebiet von Samach ein. Nach einem Biss in meinen Cheeseburger bemerkte ich, dass mich ein Gast beobachtete. Er sagte etwas zu seiner Frau, die den traditionellen Hidschab der Drusen trug, stand auf und bewegte sich mit einem soldatischen Schritt auf meinen Tisch zu. Er trug sein dunkles, fast schwarzes Haar militärisch kurz geschoren. »Herr Ajalon«, sprach er mich an und stellte sich als ehemaliger Offizierskamerad vor, »haben Sie einen Augenblick Zeit für mich? Ich möchte nur sagen, wie sehr ich mir wünsche, dass Sie in die Politik zurückkehren. Israel braucht einen Premierminister wie Sie.«

Ich deutete auf den leeren Platz neben mir, aber er wollte lieber stehen. »Danke«, erwiderte ich, »aber für Politik bin ich wirklich nicht geschaffen.« Ich erklärte, so gut ich konnte, dass mir die notwendige moralische Flexibilität fehle. Er lachte anerkennend über meinen Sarkasmus. Abschließend machten wir ein Gruppenfoto mit seiner Frau und seinem Sohn.

Auf dem Nachhauseweg hatte ich in Staus ausreichend Zeit, um meine Gedanken schweifen lassen. Erinnerungen, scharf wie Stacheldraht, schnitten mir ins Fleisch. Direkt hinter den vorüberziehenden Hügeln lag auf dem Friedhof des Kibbuz Ein Harod mein Freund Chaim Sturman begraben. Mit seinen funkelnden dunklen Augen, seinem koboldhaften Lächeln und seinem kantigen stoppelbärtigen Kinn hatte Chaim das zionistische Ethos verkörpert, mit dem ich aufgewachsen war. Seine Beerdigung hatte ich verpasst, weil ich im Krankenhaus lag. Ich war in derselben Schlacht verwundet worden, in der er umgekommen war. Die

Zeremonie war ein nationales Ereignis, weil er in dritter Generation seiner Familie für Israel und die jüdische Selbstbestimmung gestorben war, der Erbe einer Art Heldentum, wie es seit den Königreichen Davids und Salomons wohl nicht gesehen wurde.

Chaims gleichnamiger in der Ukraine geborener Großvater hatte sich mit Genossen aufgemacht, das Sumpfland zwischen dem Karmelgebirge und dem See Genezareth trockenzulegen, und zur Gründung des Kibbuz Ein Harod beigetragen, den der israelische Journalist Ari Shavit in *Mein gelobtes Land* als »in die Psyche jedes Israeli eingebrannt« beschreibt. Er sei »in einem gewissen Sinne unsere Quelle, der Punkt, an dem alles begann«. Den Kibbuzniks sei bewusst gewesen, »dass das, was sie zu tun vorhatten, möglicherweise die Anwendung von Gewalt nötig machen würde«. Shavit fand »Belege für ihre Entschlossenheit, dieses Tal zu erobern, mochte kommen, was wolle«.

Chaim Seniors friedliebender Idealismus prallte auf die Realität vor Ort. Als die Araber während ihres großen Aufstands Mitte der 1930er-Jahre Angriffe auf jüdische Gemeinschaften starteten, schloss er sich als einer der ersten der paramilitärischen Untergrundorganisation Hagana an und kämpfte für die Errichtung von Turm-und-Palisaden-Siedlungen, genossenschaftlichen Bauernhöfen, die sich mit Zäunen und Wachtürmen vor Überfällen schützten. Als er 1938 in einem Jeep im Tal um Bet Schean Land für einen neuen Kibbuz erkundete, fuhr er auf eine Landmine und kam dabei ums Leben. Gelegt hatten sie Anhänger Izz ad-Din al-Qassams, des syrischen islamistischen Erweckungspredigers, der dschihadistische Terrortaktiken erst gegen die Franzosen im Libanon und dann gegen Juden in Palästina einsetzte. Chaims Sohn Mosche erbte die Pistole seines Vaters. Als er 1948 bei Bet Schean im Kampf gegen die Araber starb, ging die Waffe auf seinen dreijährigen Sohn Chaim über.

In der Schajetet 13 war ich Chaims Kommandeur und Ausbilder. Wir wurden enge Freunde. Hatten die Navy SEALs ihre »Hell Week«, so mussten wir gleich einen ganzen »Höllenmonat« durchstehen, dreißig Tage körperlicher und psychischer Strapazen mit dem Ziel, alle außer den Entschlossensten aussortieren. Nach dieser Feuerprobe erwartete die Übriggebliebenen eine dreimonatige Ausbildung bei der Infanterie und an Waffen, im Fallschirmspringen, im Seekrieg, in Schiffsoperationen, in der Handhabung von Sprengstoffen und in Sabotageakten. Am Ende mussten wir über mehrere Monate bei Tag und Nacht Tauchgänge auf offener See durchstehen, um Angriffe auf Schiffe und landgestützte Ziele durchzuführen.

Um unsere Tapferkeit auf den Prüfstand zu stellen, warteten wir für unsere Übungen auf die perfekten Stürme – auf Kaltfronten aus dem hohen Norden, die als Regen auf die Küste niederpeitschten und als Schneegestöber über den Golan hinwegfegten. Tief in der Nacht kämpften wir uns in Schlauchbooten durch zehn Meter hohe Wellen und ließen uns vor der Küste bei Atlit mit dreißig Kilo Gepäck auf dem Rücken ins Wasser platschen. Dabei waren es weder die Kälte noch dieses Gewicht, an dem die meisten Rekruten zerbrachen. Es war die radikale Isolation bei stundenlangen Tauchgängen durch die tiefen Gewässer in der Bucht, die so finster waren, dass man beim Navigieren auf seinem Weg kaum den Kompass und den Tiefenmesser erkennen konnte. Wir fühlten uns wie Männer mit einer Augenbinde in einem Whirlpool. Sie nannten uns die Stillen, weil man tief unter Wasser überhaupt nichts hört. Diese gnadenlose Auslese überstanden nur die Widerstandsfähigsten. Und viele unserer neuzeitlichen Samsons hielten gerade einmal eine Stunde durch.

Die es geschafft hatten, erwartete weiteres Training. Wir praktizierten die Ausspähung feindlicher Verteidigungsanlagen an der Küste oder manövrierten schwerfällige, mit Wasserballast beladene Mini-U-Boote durch anrennende Wellen an Felsklippen. Nach einem Kampf gegen Strömungen, die uns auf die offene See hinauszuziehen drohten, landeten wir am Strand. Wir kraxelten Lastennetze empor und wieder hinab, hangelten uns an Seilbrücken entlang, rannten Berge hinauf und hinunter, robbten schlängelnd durch Minenfelder, übten das Legen von Sprengfallen und Sprengladungen oder erklommen Bordwände mit Schalldämpfern in der Hand.

Ehrlich gesagt, wurden wir weder von der zionistisch-sozialistischen Ideologie des Neuen Menschen noch vom Post-Holocaust-Ethos des Nie-Wieder angetrieben. Alles lief auf Nervenkitzel, auf Abenteuer und Gefahr, den Adrenalinkick des Kampfs und das Bedürfnis hinaus, die eigenen Grenzen auszuweiten. Schneller schwimmen, tiefer tauchen, flinker rennen und nicht überlegt, sondern nach Instinkt und Intuition das

Feuer eröffnen – all dies bildete die Überlebensformel. Wer in diesem Geschäft zögerte, wurde von seiner Zielperson umgelegt.

Nach dem Krieg von 1967 taten sich für meine Mission neue Aktionsbereiche auf. Hatten unsere Hauptfeinde, die Syrer im Golan, die Jordanier im Westjordanland und die Ägypter in Gaza und im Sinai Israel vom Land her bedroht, so wurde jetzt das Rote Meer vor Ägypten zu unserer gefährdetsten Grenze. In dem von Gamal Abdel Nasser angezettelten Abnutzungskrieg wurden wir Elitesoldaten der Marine für Spezialoperationen gebraucht.

Die immer häufigeren und tödlicheren Angriffe der Ägypter sorgten in Israel für wachsende Panik. Obwohl ich wegen der Herausforderung und des Nervenkitzels in die Schajetet 13 eingetreten war, hatte mir die Entwicklung bis zum Sechstagekrieg erstmals vor Augen geführt: Unsere Unternehmungen bildeten eine Fortsetzung der Kriege, die unsere Eltern gegen die britische Blockade, die arabischen Aufständischen und das arabische Bündnis geführt hatten, das nach dem UN-Teilungsplan von 1947 und Israels Unabhängigkeitserklärung von 1948 entstanden war. Unsere Feinde lehnten das Existenzrecht unseres Staates immer noch ab. Meine Kameraden und ich glaubten, den Kampf solange fortführen zu müssen, bis unsere Stärke sie dazu zwinge, sich mit Israel als unumstößlicher Realität abzufinden. Mit dem Sieg im Sechstagekrieg konnten wir unsere Bestimmung erfüllen, das Land Israel zu befreien – durch die Besiedlung von Judäa, Samaria, den Golan, Gaza und den Sinai. Und in diesem elementaren Kampf spielte die Schajetet 13 jetzt eine entscheidende Rolle.

Am 10. Juli 1969 überquerten feindliche Kommandosoldaten in Schlauchbooten den Suezkanal, sickerten beim Stützpunkt Mezach, nahe der Mole, in der südlichen Kanaleinfahrt durch unsere Linien und griffen unsere Panzerverbände an. In den brennenden Panzern starben fünf israelische Soldaten, neun wurden verwundet und einer geriet in Gefangenschaft. Die Schajetet 13 wurde mit der israelischen Antwort beauftragt.

Am 19. Juli, am Tag vor Neil Armstrongs Mondlandung mit einem »kleinen Schritt für einen Menschen, einem großen Sprung für die Menschheit«, trafen wir Elitesoldaten nach Einbruch der Dunkelheit in Ras Sudr zusammen, einer Beduinenregion mit einem Labyrinth aus Schluchten in der Sinai-Wüste südlich des Suezkanals – damals eines der strategisch wichtigsten Gewässer der Welt. Bei der sogenannten Operation Bulmus 6 sollten wir durch die ägyptischen Verteidigungsanlagen schlüpfen und die Soldaten im Green Island Fort ausschalten, eine Festung auf der ägyptischen Insel al-Dschasira al-Chadraa. Diese war angeblich so uneinnehmbar wie die Anlagen in *Die Kanonen von Navarone*, dem Kinofilm mit Gregory Peck und Anthony Quinn. Wenn meinen Freunden und mir dieser Coup gelingen würde, hätten wir – biblisch gesprochen – eine neuerliche Plage über das Haus Ägypten gebracht. Die Festung war im Zweiten Weltkrieg von britischen Militäringenieuren errichtet worden – zum Schutz des Suezkanals, der für das britische Empire allerhöchste strategische Bedeutung gehabt hatte. Wir würden den Ägyptern die nachhaltige Botschaft verabreichen, dass keine ihrer Positionen, egal wie gut befestigt, außerhalb unserer Reichweite lag. Keine feindlichen Soldaten, auch keine Elitekämpfer, die sich in den Pyramiden von Gizeh versteckt hielten, würden sich schlafen legen oder pinkeln gehen, ohne die zermürbende Angst, dass wir jederzeit auftauchen und sie niedermähen konnten.

Der Überfall sollte als erster Angriff dieser Größenordnung in die Geschichte des Seekriegs eingehen. Unser Ziel war, eine Radarstation auszuschalten, dort die 37-mm-Kanonen und die vier 85-mm-Flugabwehrgeschütze, schwere und leichte, zu zerstören und die meisten der Kämpfer auf der Insel zu töten. Unser Schlachtplan für diese amphibische Operation verlangte, uns zunächst schwimmend und dann tauchend auf unser Ziel zuzubewegen, dies durch Gewässer, die für ihre tückischen Strömungen berüchtigt waren. Sobald wir vor den Mauern der feindlichen Kaserne den Kopf aus dem Wasser hoben, mussten wir auf Angriffsmodus umschalten. Weder die amerikanischen SEALS noch die italienische Decima Flottiglia oder ihre britischen, deutschen oder sowjetischen Entsprechungen hatten sich je in einer so blitzartigen Verwandlung aus einem Tauchanzug herausgeschält, um sofort in einen Nahkampf einzutreten.

Wir trainierten an der Polizeistation von Gescher, die als als Übungsort für Green Island Fort passend umgebaut worden war. In Gescher war mein Vater 1948 stationiert gewesen. Laut unseren Geheimdienstberichten wurde Green Island, das die Form eines Hundebeins hatte und nicht größer als ein Fußballfeld war, von feindlichen Streitkräften durch drei Reihen Stacheldrahtspiralen um zweieinhalb Meter hohe Mauern geschützt, die sich direkt aus dem Wasser erhoben. Fenster, ähnlich den Schießscharten mittelalterlicher Burgen, ermöglichten das Feuer auf angreifende Soldaten. Über den Mauern auf einem weiten Flachdach waren mehr als ein Dutzend Maschinengewehrnester verteilt. In den Betonbunkern darunter, mit Blick auf das Innere der Insel, war die Garnison aus mindestens achtzig Soldaten und vierzig Elitekräften der Einheit al-Saiqa, »der Blitz«, untergebracht. Erst bei den Recherchen zu diesem Buch stieß ich darauf, dass diese Einheit nach einer Militärabteilung des Pharaos Ramses II. benannt ist. Von Alter Geschichte sind in diesen Gefilden alle besessen.

Nach ihrem Angriff vor neun Tagen waren die Ägypter entschlossen, israelische Vergeltungsaktionen abzuwehren. Unsere Gruppe Kampfschwimmer sollte sich mit den Sajeret Matkal, der Spezialkräfteeinheit 269, die normalerweise Geheimdienstoperationen auf feindlichem Boden im Zusammenhang mit Geiselbefreiung durchführt, in zwölf Schlauchbooten bis zur Hälfte des Weges der Insel annähern. An dem Punkt sollten die Kampfschwimmer in vier Fünferteams, bewaffnet mit Gewehren, Granaten, Hunderten Patronen Munition und Walkie-Talkies ins Wasser gleiten und den Rest der Strecke unter der Oberfläche zurücklegen. In unseren schwarzen Taucheranzügen würden wir nicht aufspürbar sein.

Unsere Ankunft war für rund 00:30 Uhr bis spätestens 01:30 Uhr vorgesehen. Wenn wir die Insel bis dahin nicht erreicht hätten, sollten wir die Mission abbrechen, weil keine Zeit blieb, um sie vor Morgengrauen abzuschließen.

Die einzige Chance für zwanzig Kommandosoldaten, gegen ein so großes Kontingent anzukommen, war die totale Überraschung. Wir mussten unserer Devise alle Ehre machen: »Wie die Fledermaus aus der Dunkelheit auftaucht.« Die Festung hatte eine einzige Schwachstelle, die wir auszunutzen gedachten. Nach der Landung sollten wir uns den Weg aufs Dach freischießen und den Nordteil der Festung säubern, um einen Brückenkopf für die Einheit 269 zu schaffen, die wenige Minuten nach uns auf der Insel eintreffen würde. Sie stürmte dann über das Dach bis ans

Ende der Plattform, überquerte die Betonbrücke, erledigte die Ägypter in den Unterkünften und setzte die Sabotageoperation fort. Sofort nach dem Ende der Kämpfe, wenn wir die Artilleriepositionen der Insel in die Luft gesprengt hätten, würde ein Evakuierungsteam unsere Verwundeten oder Toten zu den Schlauchbooten zurückbringen.

Ich höre noch die Abschiedsworte des Stabschefs Chaim Bar-Lev, des Zweiten in der Kommandokette nach Mosche Dajan, unserem Verteidigungsminister mit Augenklappe. Er wünschte uns für die Mission Glück. Auf einem Klappstuhl sitzend, hielt er eine rot glühende Zigarre zwischen Zeige- und Mittelfinger in der linken Hand. »Jungs«, hob er an, während er aus seinen Lippen strudelnden Rauch in die Höhe blies, »wenn ihr auf erbitterten Widerstand stoßt, wenn Männer verwundet werden, zieht euch einfach zurück.« Er pickte sich einen Tabakkrümel von der Zunge. »Das ist nicht die Zeit für einen Sieg um jeden Preis«, schloss er, stand abrupt auf und steuerte den Ausgang an.

»Was zum Teufel!«, murmelte ich in mich hinein. Hatte er wirklich »nicht um jeden Preis« gesagt? Der General schickte uns auf diese Mission, bei der entweder die Ägypter oder wir ums Leben kommen würden. Erkannte er wirklich nicht, dass es für uns kein Zurück mehr gibt, sobald wir das Feuer eröffnet haben? Wenn Ägypter am Leben blieben, während wir von der Insel zu fliehen versuchten, würden sie uns vom Dach herab mühelos niedermähen. Hatte er überhaupt begriffen, worum es hier ging?

Als die IDF im Sechstagekrieg 1967 zwei Jahre zuvor die Araber an allen Fronten niedergewalzt und Judäa und Samaria sowie den sagenumwobenen Sinai befreit hatte, waren wir von den Marineeinsatztruppen geradezu untätig geblieben. Sechs Angehörige unserer Gruppe fielen den Ägyptern in die Hände und endeten als Kriegsgefangene. Und wir Übrige hatten schlicht unsere Mission nicht erfüllt. Dieses Gefühl, versagt zu haben, hing über mir, als ich Chaim, der mir beim Erklimmen des Dachs als menschliche Leiter dienen sollte, und Zalman »Zali« Rot, einem weiteren Freund aus dem Kibbuz Afikim im Jordantal, zurief: »Hört mal, vergesst Generalleutnant Bar-Lev. Wie wir's auch drehen: Entweder die oder wir.«

Chaim grinste kurz, wie um zu sagen: *Denen zeigen wir's.*

Wir stocherten in unserer letzten Mahlzeit herum, stiegen in die Laster und holperten eine halbe Stunde lang über einen Pfad aus Sand und

Schiefer nach Ras Massalla, unserem Startpunkt. Ich erinnere mich, wie ich hinten aus dem Laster auf den noch dunkler werdenden Himmel schaute, in dem sich wenige Sterne und ein paar Satelliten zeigten. Neil Armstrong, dachte ich bei mir, sei jetzt irgendwo da oben.

Im Laster war nur das Brummen des Motors zu hören. Ich meine mich zu erinnern, dass Dani Levi mit Galgenhumor, seinem Markenzeichen, ein paar Takte aus Bob Dylans »The Times They Are A-Changin« zu schmettern begann: *Schwimm jetzt mal besser oder sauf ab wie ein Stein …*

»Halt' die Klappe, Dani«, blaffte jemand. Die wiedereingekehrte Stille ließ uns mit unseren Ängsten allein.

Punkt 20:30 Uhr kamen wir am Ausgangspunkt an. Wir stiegen rasch in die Schlauchboote und luden unsere gut zwanzig Kilogramm schweren Kampfgürtel mit Schusswaffen, einem Dutzend Magazinen (jedes mit dreißig Patronen), Granaten, unsere Tauchausrüstung und Flossen ein. Nach zwei Stunden Fahrt auf den Booten waren wir bis auf eine Seemeile an Green Island herangerückt.

Einheit 269 beobachtete uns, als wir die Riemen unseres schweren Gepäcks um unsere Schultern schnallten und uns lautlos, die Sauerstoffflaschen für den Kampfeinsatz voran, ins finstere, laue Wasser des Roten Meeres gleiten ließen.

Die Strömung war stärker als erwartet. Um ihr auszuweichen, tauchten wir ungeplant bis auf eine Tiefe von knapp 20 Meter hinunter, gefährlich mit unseren Kreislauftauchgeräten, die schwer wie Anker waren. Nur von einem kleinen schwach erleuchteten Kompass und den Handsignalen unseres Leutnants Dov Bars durchs rabenschwarze Gewässer gelotst, näherten wir uns mit einem mühseligen Schwimmzug nach dem anderen langsam der Insel. Kurz vor dem Ziel tauchten wir auf und erkannten knapp hundert Meter vor uns den in die Höhe ragenden schwarzen Koloss. Wir lagen gefährlich hinter dem Zeitplan zurück. Die Chancen, die Insel noch vor 1:30 Uhr zu erreichen, um die Operation nicht dem Befehl zufolge abbrechen zu müssen, lagen klar bei null. Ich erinnere mich noch an die Erschöpfung, die sich im Licht des Halbmonds auf den Gesichtern der anderen zeigte. Dov verzog seine Augenbrauen drohend zu einer Pyramide und kniff entschlossen die Nasenlöcher zusammen: »Ich weiß, einige von euch meinen, wir sollten zurückkehren, wenn wir die Insel nicht rechtzeitig erreichen. Keine *verdammte* Verspätung hindert uns heute Nacht am Kämpfen. Wir haben nur eine Richtung vor uns«, sagte er und deutete aus dem tintenschwarzen Wasser in die Ferne. »*Kadima*« – vorwärts –, selbst wenn wir die Insel am Morgen erreichen.«

Wir tauchten erneut ab, um näher heranzukommen, und langten unter dem Nordturm an. Dort legten wir lautlos unsere Taucherausrüstungen und Flossen ab. Jetzt, um 1:38 Uhr, lagen wir schon eine Stunde und acht Minuten hinter dem Zeitplan zurück, aber unsere Verspätung erwies sich als Glücksfall. Dank der weiter vorangeschrittenen Flut konnten wir den gesamten Weg bis an die Felsen herantauchen, auf denen die britischen Militäringenieure die hohen Betonwände errichtet hatten. Ich schlang mein Gewehr, eine AK-47, und einen Gurt mit einem Dutzend Magazinen um Schultern und Brust. Trotz der Erschöpfung nach der zurückgelegten Tauchstrecke war ich erleichtert, dass zumindest der Kampf gegen die Strömung hinter uns lag. Ich atmete die salzige Luft ein. Jetzt ging die Vorstellung los.

Die erste Gruppe, geführt von Oberleutnant Ilan Egozi, einem der Gefangenen in ägyptischer Hand nach dem Sechstagekrieg, schnitt sich durch die äußere Reihe des Stacheldrahts. Die Schnitte durch die dickere innere Spirale wurden offenbar von einem der Wachposten auf dem Dach gehört: Als wir rasch durch die Lücke im Draht schlüpften, bemerkten wir, dass unten in Wachlokal ein rotes Licht anging. Ich sah den Wachposten, wie er aus dem Raum herauskam und sich mit einer Taschenlampe anschlich. Aus Angst, er könne uns entdeckt haben, hob Egozi seine Waffe und feuerte auf ihn, für uns eine diffuse Gestalt in der Nacht. Das Rattern dieses ersten Feuers erschien lauter als ein Überschallknall. Als ein zweiter Wachposten den Körper seines Kameraden zu Boden sacken sah, warf er eine Granate in unsere Richtung. Egozi wurde von einem Splitter, groß wie ein Silberdollar, getroffen, rappelte sich aber mühselig wieder auf und feuerte zurück.

Vom Dach zweieinhalb Meter über uns hörten wir Schritte und gedämpfte Gesprächsfetzen auf Arabisch. Binnen Sekunden prasselten Salven feindlicher Kugeln ins Wasser und prallten von Felsen ab. Das Einzige, was mir jetzt, eher instinktiv als überlegt, in den Sinn kam, war, die Mauer zu erklimmen, um aufs Dach zu gelangen. Jede Verzögerung, auch nur um Sekunden, würde heißen, dass wir zwischen Meer und Mauer in einer Falle saßen, in der wir den Kommandos der al-Saiqa-Einheit schutzlos ausgeliefert wären.

Mit Chaim und Zali hinter mir rannte ich die Betonrampe hinauf, die zur Umfassungsmauer führte, und feuerte derweil auf den Stacheldrahtzaun vor der Nordwand. Ich drehte mich um und winkte Chaim heran, damit er sich als menschliche Leiter für mich aufstellte. Erst jetzt fiel mir auf, dass ich beim Sturm über die Rampe einen Stiefel verloren hatte. Ich zog auch den anderen aus und kletterte barfuß auf Chaims stämmige Schultern. Oben konnte ich den Hals über die Mauer recken und das Dach ausspähen, das immer wieder von Mündungsfeuer erhellt wurde. Einige ägyptische Soldaten rannten aus ihren Unterkünften zu den Maschinengewehrnestern, andere, scheinbar die halbe Garnison, kamen direkt auf uns zugelaufen und feuerten alles, was sie hatten, auf uns ab – von Maschinengewehren bis zu Gewehrgranaten. Das Getöse der Explosionen schwoll zu einem gewaltigen Gewitter an.

Mein Kopf wurde zur Seite gerissen, und ich sah plötzlich Sterne. Direkt unter dem Haaransatz hatte mich ein Querschläger getroffen, hätte es aber fast nicht bemerkt, während ich aus meiner Tasche eine Handgranate herausangelte. Wieder in der Balance, zog ich den Stift und schleuderte sie in einem perfekten Bogen auf mein Ziel. Sie landete in einem Maschinengewehrnest, explodierte aber nicht. Als ich es mit einer zweiten versuchte, erwies sie sich ebenfalls als Blindgänger. Und ebenso die Rauchbombe. Bei der dritten Granate merkte ich, dass sie feucht war. Offenbar hatte Salzwasser die verdammten Dinger unbrauchbar gemacht.

Ich schrie durch das Getöse Zali zu: »Mir nach!« Unmittelbar vor uns lag ein Unterstand für Wachposten, bemannt mit zwei Soldaten, die im allgemeinen Chaos hektisch die Köpfe hin und her drehten. Wenn wir es nur schafften, den Posten einzunehmen, bekämen wir freie Schussbahn auf die heranstürmenden Ägypter. Mit einem Satz von Chaims Schultern zog ich mich zur Plattform hoch, worauf mir Zali nachfolgte.

Ohne Stiefel sprintete ich mit ihm auf die beiden Ägypter zu. Der Abzug meiner AK-47 fühlte sich heiß an. Kaum abgedrückt, taumelte meine erste Zielperson nach hinten, krümmte sich zusammen und stürzte seitlich zu Boden. Zali schoss der zweiten Wache in die Brust.

Wir rannten in den Unterstand und gingen neben den beiden Leichen zusammengekauert in Deckung. Überall um uns herum schlugen Gewehrgranaten in den Betonwänden ein und sprengten Bruchstücke, scharf wie Dolche, aus ihnen heraus. Der eingenommene Posten bot ausreichend Schutz, um auf die Ägypter weitere Salven abzufeuern. Wenn sie nicht niederfielen, suchten sie irgendwo Deckung. Damit konnten weitere Kameraden die Mauer erklimmen und ins Gefecht eintreten. Nach unserem minutiös ausgearbeiteten Plan musste das Team der Einheit 269 jeden Augenblick eintreffen.

Vor uns lag ein Maschinengewehrnest. »Wir müssen es einnehmen«, schrie ich Zali ins Ohr, als eine weitere Granate so nahe vor uns explodierte, dass wir die Erschütterung spürten. »Scheiße!«, ächzte Zali auf, ließ die Waffe fallen und hob seine Hand hoch. Zwei Finger fehlten, säuberlich abgetrennt. Sein Daumen war hinter dem Kopf eines toten Ägypters gelandet.

»Kannst du noch schießen?«

Mit schweißüberströmtem Gesicht schluckte er heftig und nickte. »Könnte schlimmer sein«, sagte er. »Ich hab' ja noch drei.«

Aus den Augenwinkeln sah ich, wie Chaim und seine Gruppe, die bis dahin am Fuß der Mauer ausgeharrt hatten, aufs Dach geklettert kamen. Chaim machte sich daran, das zweite Maschinengewehrnest an der Nordwestecke des Dachs zu säubern. Er dachte wohl, wenn es seine Gruppe durch dieses konzentrierte Flankenfeuer schaffte, könnte sie die Stellungen selbst außer Gefecht setzten.

Um ihnen beim Vorrücken Deckung zu geben, schleuderte ich eine meiner wenigen trockenen Rauchgranaten. Damit war den Ägyptern in den Maschinengewehrnestern die Sicht auf meine Freunde genommen, als sie an ihnen vorüberrannten, und auf mich, als ich barfuß über die heiße Blechabdeckung lief und dabei Salven auf ihre Nester abfeuerte. Bruchstücke von Beton schnitten mir in die Fußsohlen, aber das Adrenalin betäubte jeden Schmerz.

Schließlich waren die meisten von uns Froschmännern auf dem Dach und lieferten sich mit den Ägyptern wie in einem Wildwest-Saloon Schusswechsel aus nächster Nähe. Dov schickte nochmals ein grünes Leuchtgeschoss in die Höhe – als Signal an die Männer der Einheit 269, um so schnell sie konnten zur Insel vorzustoßen. Wo zum Teufel blieben sie? Wenn sie nicht bald auftauchten, dachte ich, ging uns die Munition aus, und der Feind würde sich neu formieren, ehe wir entkommen konnten.

»Bewegung«, sagte ich zu Zali und deutete mit dem Lauf meiner Waffe auf das nächste Maschinengewehrnest. Mit Zali, der seine blutverschmierte Waffe umklammert hielt, hinter mir, rannte ich hektisch und Haken schlagend auf die Maschinengewehrschützen zu. Ich legte mein letztes Magazin ein und schoss drauflos, mit meinem Kopf über den Sandsäcken im Schussfeld. Wir näherten uns der Position des 85-mm-Flugabwehrgeschützes. An diesem Punkt bemerkte ich, dass die Verstärkung durch die Einheit 269 Mann für Mann endlich auf dem Dach auftauchte. Mit meiner AK-47 winkte ich ihnen, sich uns anzuschließen.

Plötzlich fühlte ich mich wie von Dunst umhüllt. Das Getöse der Schlacht verstummte, und eine unheimliche Stille senkte sich über mich herab. Wie bei der Wunde an meiner Stirn und den Schnitten in meinen Fußsohlen hatte ich nichts gespürt, als mich ein Granatsplitter an der Halsschlagader traf. Im Schock wurde mir schwarz vor Augen. Ich geriet ins Taumeln und verlor das Bewusstsein.

Ich lebe noch, dachte ich eine oder zwei Minuten später. Staub wegblinzelnd, öffnete die Augen und sah nur, dass ich in Blut lag, das sich aus meinem Hals ergoss. Ich hörte röchelnde Laute, die sich mir für die nachfolgenden Jahre lauter und eindringlicher einprägen sollten als das Donnern des Geschützfeuers. Auf dem Rücken liegend und kurz vor einer weiteren Ohnmacht, bemerkte ich Zali, wie er mit seinen drei verbliebenen Fingern auf den Feind feuerte. Ich schaute mich um, sah aber niemanden röcheln. Dann dämmerte es mir: Einen Monat zuvor war ich während einer Sabotageoperation gegen eine Küstenradarstation in Adabiya unter Beschuss geraten, als ich Stacheldrahtspiralen durchtrennt hatte.[10] Ich hatte aus kurzer Entfernung geschossen und zwei Männer zu Boden gestreckt. Die Zielpersonen, namen- und gesichtslos, waren eliminiert. Zumindest glaubte ich dies, bis ich den einen würgen hörte, als ersticke er an Blut. Ich schoss nochmals, und nicht nur ein- oder zweimal, sondern mein ganzes Magazin leer, bis das schreckliche Röcheln verstummt war.

Schließlich bemerkte ich, dass diesmal ich im Sterben lag. *War's das jetzt?*, fragte ich mich. Kein Abschied, keine letzten Worte, mein Leben mit nicht einmal fünfundzwanzig Jahren zu Ende.

Entschlossen, meinen letzten Minuten Geltung zu verschaffen, leerte ich den Rest meines Magazins in Richtung unserer Feinde, die unsichtbar in der pechschwarzen Nacht lauerten. Als ich sah, dass die ägyptische Geschützstellung in unserer Hand war, nutzte ich meine AK-47 als Krücke, reckte mich auf die Beine und schleppte mich auf meinen zerschundenen Füßen über das Dach, während Kugelsalven weiter durch den höllischen Rauch und das Feuer flitzten. Ich wankte bis dahin zurück, wo ich auf Chaims starken Schultern gestanden hatte. Kameraden halfen mir vom Dach und weiter ins Schlauchboot. Dort griff ich in meine Tasche, zog Morphium heraus und dröhnte mich zu.

Die Dosis tat offenbar ihre Wirkung, denn ich entsinne mich nicht, dass ich irgendwelche Schmerzen verspürt hätte, und behielt von der Rückfahrt nur verschwommene Erinnerungen zurück.

Von meinem Dämmerzustand blieb mir allerdings noch im Gedächtnis, wie mir Dr. Slavin, der Arzt unserer Einheit, eine Infusionsnadel in den Arm schob, während Soldaten meine Freunde ins Schlauchboot trugen, die offenbar noch übler zugerichtet waren als ich. Ein Soldat landet mit einem Plumps neben mir. Er rührte sich nicht mehr. War er bewusstlos? Auch Chaim lag reglos da, aber ich spürte die Wärme seines Körpers. »Warten Sie«, lallte ich den Arzt an. Ich verstand nicht, warum er sich um mich kümmerte, während andere seine Hilfe eindeutig dringender benötigten. Mit einem Nicken richtete Slavin seine Aufmerksamkeit murmelnd auf meinem Hals. »Die Scheißkerle«, sagte er und meinte die Militärführung, die uns diese Aktion eingebrockt hatte. »Wie gottverdammt sinnlos.«

Kapitel 5

Der Block der Getreuen

Inspiriert von meiner Unterhaltung mit Meir Shalev stieg ich wieder in meinen Wagen, um diesmal auf die Golanhöhen zu fahren. Die erste Etappe führte am See Genezareth entlang und am Kibbuz Maagan vorbei. Als ich mich dem Golan näherte, leuchteten Wolken pfirsichfarben am Horizont: Wahrscheinlich brannten irgendwo Felder ab. Die Außentemperatur näherte sich der Marke von vierzig Grad. Als Buben hatten Srulik und ich zu dem rostfarbenen zerklüfteten Rücken des Golan hinaufgeschaut, auf das Gras und Gestrüpp, das damals auf dem noch syrischen Felsboden wuchs, und uns vorgestellt, wie wir auf feindliche Soldaten losballerten. Was wusste ich in diesen Tagen schon von den zweihundert arabischen Dörfern, Ortschaften und Bauernhöfen, die auf dem Golan lagen. Und was kümmerten sie mich? Ich ging als Kind in einem Bunker zur Schule. Ich brachte den Golan nur mit syrischen Raketen in Verbindung.

Meine Fahrt führte an Hamat Gader vorbei, einem Erlebnisbad, errichtet auf den Ruinen des arabischen Dorfs Al-Hamma. Der Ort war schon in der Römerzeit für seine Bäder berühmt gewesen.

Als nächstes fuhr ich durch den Kibbuz Tel Katzir. In der Schlacht, die 1967 hier ausgetragen worden war, hatte der Mann mitgekämpft, den ich nächste Woche treffen wollte: Pinchas Wallerstein, das organisatorische Gehirn hinter der Siedlerbewegung. Pinchas war mit seiner Brigade unter Artillerie- und Maschinengewehrfeuer geraten und schwer verwundet worden. Mein Vater war von Maagan angereist, um bei der Evakuierung der verletzten Soldaten zu helfen. Israel behielt die Oberhand, sodass wir nicht mehr mit gepanzerten Traktoren ins Niemandsland fahren mussten. Der Golan war unser.

Mit frischen Bildern vom einstigen Schlachtfeld auf dem Golan im

Kopf, machte ich mich in der Folgewoche zu Pinchas auf, der in einer Siedlung im Westjordanland lebte. Die meisten meiner linksgerichteten Freunde, einschließlich meiner Frau Biba, hatten nie verstanden, wieso ich mich mit Siedlern von der Westbank an einen Tisch setzte. Für die Linken waren sie Unkraut und Krebsgeschwüre. So hatte sie einst Rabin und zehn Jahre später mehr oder weniger auch Ariel Scharon bezeichnet, weil sie Israel mit ihrer schleichenden Aushöhlung der Demokratie in einen Apartheidstaat zu verwandeln drohten. Aber meine Geschichte schließt auch *sie* ein. Dabei berücksichtige ich, was der rechte Siedleraktivist Uri Elitzur einst als Reaktion auf den Hass sagte, mit dem die israelischen Linken seiner Lebensart begegneten: »Ihr habt die Palästinenser 1948 vertrieben. Ihr habt ihnen keine Rückkehr zugestanden; ihr habt auf allen ihren Dörfern Ortschaften errichtet. Danach habt ihr einen Trennzaun hochgezogen, und dann wollt ihr uns Vorwürfe machen, obwohl wir noch nie auch nur ein einziges Dorf im Westjordanland zerstört haben, um eine Siedlung zu bauen.«

Auch wenn die Wahrheit deutlich komplexer ist, sind Kibbuzniks und Siedler gleichermaßen überzeugt davon, dass Juden ein Anrecht auf das Land Israel haben. Die Leute vergessen, dass die säkulare Kibbuzbewegung, unterstützt von der Arbeitspartei, nach 1967 die ersten Siedlungen angelegt hat. Und diese Bemühungen habe viele Jahre auch ich mit ganzem Herzen unterstützt.

Die Straße zu Pinchas Ortschaft Ofra, dem Kronjuwel der israelischen Siedlungen in Judäa und Samaria, sowie zu dem pulsierenden Herzen des Gusch Emunim – des Blocks der Getreuen –, führte vorbei an Megiddo, besser bekannt unter dem griechischen Namen Armageddon. Heute erhebt sich dort jenseits der Straße mit der Tankstelle und der McDonalds-Filiale ein Militärgefängnis. Die israelisch-arabischen Ortschaften Umm al-Fahm und Tira hinter mir lassend, fuhr ich ins Westjordanland hinein. Hätte ich meine Fahrt weiter nach Osten fortgesetzt, wäre ich zu den Siedlungen im Jordantal gelangt, die meine Freunde nach dem Sechstagekrieg errichtet hatten.

Auf dem Hügelland wurde die Luft trockener. Ich konnte schließlich die Scheiben des Fahrzeugs herunterlassen. Die langen Bergketten beiderseits der Straße bilden das Herzstück des biblischen Gelobten Landes. Auf einer der vielen Erhebungen entdeckte ich Bet El, eine in die Landschaft wuchernde Siedlung aus rotgedeckten Häusern, die die Stätte markieren, an der einst Jakob seinen Traum gehabt haben soll: »Er sah eine Treppe, die auf der Erde stand und bis zum Himmel reichte …« Jedes rotgedeckte Haus, das in die Hügel schnitt, verkörperte für mich das Fortleben des Idealismus, mit dem ich auf einer kleinen Bananenplantage erzogen worden war. Wie einst meine Eltern sind diese messianischen Siedler überzeugt, dass sie das Land Israel befreien.

Ich fuhr am Wachhaus in Ofra vorbei und weiter entlang eines Straßenzugs aus identischen gipsverputzten Häusern mit adrett gestutzten Hecken und Rasenstücken, die von Sprinkleranlagen bewässert wurden. Israelische Flaggen, mindestens eine vor jedem Haus, flatterten im scharfen Wind.

Ich klingelte. Pinchas, die Kippa mit einem Clip am Rest seines grauen Haares befestigt, begrüßte mich herzlich. »Tut gut, dich wieder zu sehen, Ami. Wie lange ist das her, zehn Jahre?« Mit seinem karierten blauen Kurzarmhemd und der legeren Hose hätte er als Ex-Bankvorstand in einer Rentnersiedlung durchgehen können.

Ich folgte ihm nach drinnen. Wir setzten uns an den Küchentisch. Auf dem Tresen stand eine Kanne mit Nescafé neben dem Mikrowellenherd und eingerahmte Fotos von Kindern und Enkeln. Durch die gläsernen Schiebetüren sah ich zottelige Pinien stehen, jene Art, die Siedler pflanzen, damit sie selbst schnell Wurzeln schlagen. Ihre neue Ortschaft soll aussehen, als stünde sie hier seit eh und je.

Wie Dani war Pinchas auf unser Gespräch gut vorbereitet. Über einer Tasse Kaffee öffnete er ein dickes gebundenes Buch mit Schwarz-Weiß-Fotos ganzer Generationen der Wallersteins. Sein Vater war 1936 – illegal wie Bibas Mutter Rachel – aus Polen eingewandert, den britischen Mandatsträgern in die Fänge geraten und in einem Flüchtlingslager in Atlit interniert worden: In diesem Gebiet liegt übrigens heute das Hauptquartier der Schajetet 13. Schließlich kam er frei und landete in der Stadt Kfar Atta bei Haifa, nahe der Mittelmeerküste. Dort trieb er irgendwie Geld für ein Pferd auf und verdiente seinen Lebensunterhalt damit, umliegende Dörfer mit Brot zu beliefern.

Anders als meine Eltern, die ihre Religion in Europa zurückgelassen hatten, praktizierte Pinchas weiterhin das orthodoxe Judentum. Während seines Militärdienstes vor dem Sechstagekrieg beackerte er Felder in einem Kibbuz. Die Erfahrung mit den wie wahnsinnig schuftenden Kibbuzniks und ihren antibürgerlichen Idealen prägte sich tief in seine Seele. Nach seiner Verwundung auf dem Golan brachte er ein Jahr in einem Gipskorsett zu und träumte davon, seine versehrten Beine wieder nutzen zu können. Schließlich, aus dem Krankenhaus entlassen, machte er sich schnurstracks auf den Weg zum religiösen Kibbuz Maale Gilboa, der auf den Ruinen des arabischen Dorfs Khirbat al-Jawfa errichtet worden war. Wie im Kibbuz Maagan herrschte in Maale Gilboa eine zionistische Kultur, geprägt durch harte Arbeit, die Lieder Naomi Schemers – *Hurshat Ha'Eucalyptus*, »Der Eukalyptushain« – und die Rebellion gegen den individualistischen Lebensstil der Mittelschicht. Alles atmete den zionistischen Imperativ, aufzubauen, Land zu besiedeln und die Gemeinschaft zu verteidigen.

Ich sagte Pinchas, dass ich zwischen der Kibbuz- und der religiösen rechten Siedlerbewegung Gusch Emunim lange Zeit Parallelen gesehen hatte. »Ist das reiner Zufall, oder ist da mehr?«

Pinchas lächelte. »Habe ich dir je gesagt, dass wir unsere Helden, bar Kochba und die Makkabäer, von der Kibbuzbewegung bezogen haben?« Den säkularen Teil der zionistischen Revolution – nämlich wie meine Eltern die zweitausendjährige Geschichte des rabbinischen Judentums auslöschten – ließen Pinchas und seine Freunde natürlich respektvoll beiseite. Was wir ihnen mitgaben, war der Antrieb, in Geschichtsbüchern nach den eigenen »Wurzeln« zu graben. Hasmonäische[11] Herrscher aus dem Altertum wie Johannes Hyrkanos und Alexander Jannäus, unbekannte Figuren, die nur Geschichtsbegeisterten, Archäologen und uns säkularen Zionisten ein Begriff waren, wurden zu ihren Vorbildern.

Weil Pinchas wegen seiner Kriegsverletzungen zu der körperlichen Arbeit, die das Kibbuzleben verlangte, unfähig war, ließ er sich nicht in Maale Gilboa nieder, sondern zog wie ein Wandergeselle von Kibbuz zu Kibbuz: Im Mandatsgebiet Palästina erfüllten die Kibbuzim die Rolle der Forts im Wilden Westen, weshalb wir sie Turm-und-Palisaden-Siedlungen nannten.

Im Jahr 1969 hatte er beschlossen, einen Universitätsabschluss in Landwirtschaft zu erwerben. Das Familienalbum lag offen vor uns auf dem Tisch. Pinchas blätterte einige Seiten weiter bis zum Foto der jungen Frau, die er geheiratet hatte. Kennengelernt hatten sie sich an der Universität. Wie Biba war sie bereit gewesen, den verrückten Träumen eines Mannes zu folgen, der sich in diesem Alter, so Pinchas, »zum Stadtmenschen noch nicht eignete. Ich wollte Abenteuer, wollte am Aufbau des Staates teilhaben.« Er wusste nur nicht, wie er dies anstellen sollte: Auf den frisch eroberten Gebieten wurden alle Kibbuzim von der Kibbuzbewegung gegründet, also von säkularen Sabbat-Verächtern. In seinen ersten drei Ehejahren beklagte sich Pinchas bei seiner Frau, dass er ein Kibbuznik ohne Kibbuz sei.

»Alles fing nach dem Jom-Kippur-Krieg an«, erklärte er weiter. »Wegen unserer Verluste war ich noch enttäuschter als sonst. Ich saß zu Hause herum, als es an der Tür klopfte. Es war Chanan Porat.«

Ich nickte wissend: Mit Porat, einem charismatischen Genius, hatte ich mich in meiner Zeit in Schin Bet eingehend auseinandergesetzt: Nach Rabins Ermordung war ich erpicht darauf, die Ideologie der Siedlerbewegung nachzuvollziehen, und er war einer ihrer Führer. Als Soldat hatte er im Sechstagekrieg in Jerusalem gekämpft und war an der Eroberung des Tempelbergs beteiligt gewesen. Im Jom-Kippur-Krieg wurde er schwer verwundet. Kaum erholt, rief er die messianische Bewegung Gusch Emunim ins Leben, inspiriert von Gottes Versprechen an Abraham in Genesis 15,18: »Deinen Nachkommen gebe ich dieses Land ...«

»Chanan war mir damals kein Begriff«, sagte Pinchas und erzählte weiter. »Aber irgendwie kannte er mich und wusste, was ich wollte. An diesem Abend erfuhr ich erstmals von einer Kerngruppe weiterer thoratreuer Gläubiger voller Tatendrang. Auch wenn ich gegenüber diesem völlig unbekannten Menschen Vorbehalte hatte, wie hätte ich Nein sagen können nach all den Bauchschmerzen, die mir die fehlenden Entfaltungsmöglichkeiten für meine Träume bereitet hatten?«

Porat erläuterte Pinchas seine Idee, eine religiöse Siedlung in der arabischen Stadt Sebastia im Westjordanland zu errichten. Sebastia hat eine weit zurückreichende Geschichte, so gewunden wie das Geäst meines knorrigsten Olivenbaums. Eine kurze Liste ihrer Gründer, Eroberer und Zerstörer umfasst die Kanaaniter, Israeliten, Alexander den Großen, Johannes Hyrkanos, Pompeius, Kaiser Augustus (der die Stadt Herodes dem Großen schenkte) und einen Bischof in Kreuzfahrerreich Jerusalem.

Auch wenn 1975 nach wie vor säkulare Leute wie Mosche Dajan und Schimon Peres von der Arbeitspartei am Ruder waren, hatte eine Gruppe religiöser Israelis keine Schwierigkeiten, ihre Mission zu starten. Um Palästinenser an Plünderungen zu hindern, musste die israelische Armee um die Ruinen eines Bahnhofs aus osmanischer Zeit einen Zaun errichten. Pinchas und seine Gruppe, angeführt von Chanan Porat, waren Freiwillige. Monatelang schaufelten sie allmorgendlich Gräben aus, errichteten Abschnitte mit Draht und kehrten anschließend nach Jerusalem in ihr Zuhause zurück. Irgendwann kaperten sie eine ehemalige jordanische Polizeistation und schlugen dort ein Lager auf – vielleicht inspiriert durch meinem Vater und seine Freunde, die ein verlassenes britisches Armeecamp besetzt hatten, um den Kibbuz Maagan zu gründen.

»Nicht, dass wir illegale Siedler gewesen wären«, erklärte Pinchas. »Wir haben Leuten bei der Armee und in der Regierung gesagt: Wenn ihr dagegen seid, verschwinden wir. Sie hatten keine Einwände.«

»Ein Wink an euch, weiterzumachen«, fügte ich hinzu. Heute bin ich überzeugt, dass die Regierung der Arbeitspartei stillschweigend Raum für Siedlungen schuf, unter direkter Verletzung internationalen Rechts, das jeder Besatzungsmacht Bautätigkeiten auf erobertem Gebiet ausdrücklich untersagt. Als Mitglied dieser Regierung hätte ich auch so gehandelt. Je mehr Siedlungen, desto geringer die Wahrscheinlichkeit, dass uns ein künftiger amerikanischer Präsident zwingen würde, Land unserer Vorväter an unsere Feinde zurückzugeben, so wie es Eisenhower 1956 mit Blick auf die Sinai-Halbinsel getan hatte.

Wie Pinchas die Geschichte erzählt, glaubten Dajan und Peres, dass es die Araber nicht stören würde, wenn wir auf kahlen Hügeln Bauten errichteten, schon deshalb nicht, weil die von uns gezogene Verbindungsstraße von Israel zu den neuen Siedlungen auch den Palästinensern nutzte, die in israelischen Fabriken arbeiteten. Sebastia war natürlich nur der Auftakt zu einer ganzen Besiedlungswelle. Als Menachem Begin und die Likud-Partei 1977 die Macht übernommen hatten, machten sie sich für die Siedler als Pioniere für Zion stark.

Pinchas warnte allerdings davor, die Rolle des Likud zu überschätzen. »Begin konnte nicht oft genug betonen, dass Judäa und Samaria uns gehörten, hatte aber nicht die geringste Ahnung von der Besiedlung und

Verteidigung eines Territoriums. Politiker des Likud, zumeist Städter, schwadronierten in ihren Reden lang und breit über Siedlungen, hatten die Bewegung aber nicht im Blut. Glaubst du, unsere Rabbis seien irgendwie besser gewesen? Von wegen. Erstens unterstützte uns nur eine Handvoll von ihnen. Also baten wir einige deiner Freunde im Kibbuz Merom Golan um Hilfe, Leute mit Erfahrung, Tatendrang und organisatorischen Fähigkeiten. Sie kamen nach Ofra und machten uns vor, wie man Land besiedelt, Morgen um Morgen, Graben um Graben, Haus um Haus. Wie man vor Ort Fakten schafft. Erst als wir Erfolg hatten, ließen sich die Rabbis und Politiker bei uns blicken.«

Und die Arbeitspartei setzte ihre Unterstützung über Jahrzehnte fort. »Auch wenn uns Rabin als Unkraut bezeichnete, baute er Umgehungsstraßen, Tunnel und Brücken, die uns eine florierende Entwicklung ermöglichten. Nach seiner Ermordung, die mich so geschockt hat wie die meisten, ging ich für drei Tage in einen Hungerstreik, weil uns die Armee aus irgendeinem Grund daran hinderte, eine Straße zu befestigen. Schimon Peres, damals Ministerpräsident, lud mich in sein Büro ein, und weißt du was? Wir kriegten unsere Straße.«[12]

Von linken wie von rechten Regierungen unterstützt, erhoben Pinchas und seine immer größer werdende Gruppe fast lebenslang Anspruch auf Boden, den sie als rechtmäßiges Eigentum unseres Volkes ansahen, unter Berufung auf nichts Geringeres als auf das mächtige Wort Gottes in der Bibel: »Verteilt das Land durch das Los an eure Sippen [als Erbbesitz]!«

Ich hatte es eilig, wieder loszufahren, bevor auf der Route 6 die Rushhour einsetzte. Aber vor meinem Händedruck zum Abschied fragte ich Pinchas noch, was er täte, wenn es eine landesweite Volksabstimmung geben und sich eine Mehrheit zugunsten der Zweistaatenlösung entscheiden würde: für einen jüdischen und einen palästinensischen Staat, mit kleinen Anpassungen beruhend auf dem alten Grenzverlauf von 1967. Würde er sich Räumungen widersetzen?

Pinchas erhob sich so feierlich, als wolle er eine Flagge salutieren. »Würde das jüdische Volk in einem Referendum eine solche Lösung unterstützen, würde ich diese Entscheidung als die Stimme Gottes betrachten und mich fügen. Unsere nationale Souveränität ist wichtiger als die Gebiete von Eretz Israel.«

»Wichtiger als Sebastia und Ofra?«

»Ami, ich habe mich mit jüdischer Geschichte eingehend auseinandergesetzt. Nach meiner Lesart unserer dreitausendjährigen Geschichte seit Davids Königreich verwirken wir unsere Souveränität immer dann, wenn wir uns untereinander bekämpfen. Also ja, ich würde mich dem Willen der Mehrheit beugen.«

Als er dies sagte, erinnerte ich mich selbst daran, dass er kein nicht ethnisches demokratisches Gemeinwesen im Sinne hatte, wie Herzl es sich in *Altneuland* vorgestellt hatte. Das Referendum, an das er dachte, war eines nur für Juden. Dic arabischen Bürger Israels hätten keine Stimme. Aber wenn es zum Schwur käme, wäre ihm immerhin die Einigkeit der israelischen Juden wichtiger als die Träume, Davids Königreich wiederherzustellen.

Natürlich sind nicht alle Siedler dieser Ansicht. Im Schabak traf ich mich mit den radikalsten messianischen Rabbis und machte deutlich, dass es für mich zwischen jüdischem und arabischem Terrorismus keinen Unterschied gibt. Morde jüdischer Terroristen an arabischen Zivilisten sind die gleichen Verbrechen wie Morde arabischer Terroristen an jüdischen Zivilisten. Wenn ich ihnen dies ins Gesicht sagte, sah ich jedes Mal Entsetzen in ihren Augen. Daraufhin versuchten sie ausnahmslos, mich darüber aufzuklären, dass wir das auserwählte Volk seien und Zion errettet werden müsse. Jehuda Etzion, ein Führer der Siedler und Leiter einer Terrorgruppe im Untergrund, schilderte mir gegenüber einmal detailreich, wie er den Altar und die Opfergesetze für den Dritten Tempel vorbereite, der einst auf den Ruinen des Felsendoms und der al-Aqsa-Moschee errichtet werden solle. Vor diesen Leuten sollten wir uns wirklich fürchten.

Kapitel 6

Wenn Ihr wollt ...

Auf der Fahrt nach Hause hielt ich unmittelbar unter dem Hügel von Ofra an einem Humus-Restaurant an, das ich in meiner Zeit im Schabak häufig besucht hatte. Obwohl von Palästinensern betrieben, essen dort Siedler mit gestrickten Kippas und geladenen Pistolen im Holster gerne zu Mittag. Ich biss in meine Falafelkugel – außen perfekt knusprig, innen cremig, genau so, wie ich es liebe – und dachte darüber nach, wie viel Pinchas und ich miteinander gemein hatten. Dass ich aus einem sozialistischen Kibbuz stammte, während er religiös aufgewachsen war, spielte dabei paradoxerweise kaum eine Rolle: Wir waren beide dazu erzogen worden, Land zu besiedeln und zu verteidigen, von dem wir meinten, es sei historisch gesehen und rechtmäßig unser Eigentum.

Zudem waren Pinchas und ich beide bei der Verteidigung unserer Ideale verwundet worden. Er hatte nach Monaten im Krankenhaus eine Odyssee angetreten, um sich innerhalb der religiösen Kibbuzbewegung selbst zu finden. Mich hatten die Verluste auf Green Island, verbunden mit dem nationalen Trauma des Jom-Kippur-Krieges, auf ein Gleis gesetzt, bei dem ich fast zwanzig Jahre lang in der Schajetet 13 an zahllosen Kommandomissionen teilnahm, die sich gegen Jassir Arafat und seine PLO-Terroristen richtete. Ohne diese Kampfeinsätze hätte ich mich wahrscheinlich meinen Freunden beim Aufbau neuer Siedlungen angeschlossen.

Ich erinnere mich nur noch an Gesprächsfetzen aus der Zeit unmittelbar nach meiner Evakuierung von Green Island im Schlauchboot. Als ich im Assaf Harofeh, einem medizinischen Versorgungszentrum bei Tel Aviv, die Lider aufschlug, blickte ich in die Gesichter von Krankenschwestern. »Ami, können Sie mich hören«, fragte eine und schnippte mit dem Finger. Ich blinzelte.

Ich fühlte mich wie der Rip Van Winkle aus Washington Irvings Kurzgeschichte, der nach einem Vierteljahrhundert aus dem Schlaf erwacht war. Infusionsbeutel hingen an Haken, Schläuche liefen in meine Venen, und meine Wunde bedeckte eine Bandage, so dick aufgepackt wie eine Halskrause. Überraschenderweise konnte ich sprechen, wenn auch mit Schmerzen, die vom Hals aus bis in die Augenhöhlen, die Schädelbasis und in die Beine ausstrahlten.

»Wo sind die anderen«, fragte ich und meinte Chaim und die übrigen Kameraden von der Schajetet 13. Die Krankenschwester wechselte das Thema. »Wieso sind Ihre Füße total zerschnitten?«

»Barfuß gekämpft«, brachte ich mühsam hervor. Beim Sprechen hatte ich ein Gefühl, als steckten Rasierklingen in meiner Kehle.

Die Verletzungen und Schnitte waren bedeutungslos im Vergleich zur Nachricht, dass von den zwanzig Froschmännern, die mit mir zur Insel getaucht waren, die meisten verwundet und drei getötet worden waren.[13] Chaim und Dani, zwei der Toten, hatte ich persönlich angeworben und ausgebildet. Ein guter Zentimeter in die eine oder die andere Richtung, und der Granatsplitter hätte auch mich umgebracht.

An diesem Nachmittag fuhr Onkel Jonah, stolzer Besitzer des einzigen Privatwagens im Kibbuz, meine Eltern und Hava mit seinem Ford zum Krankenhaus. Nach den erschreckten Blicken zu urteilen, mit denen mich die vier beim Eintreten ins Krankenzimmer anstarrten, musste ich ausgesehen haben, als sei ich durch einen Fleischwolf gedreht worden.

Während Immas Gesicht blankes Entsetzen verriet, gab sich Abba stoisch wie immer. Er umfasste meinen Arm, der sich im Infusionsschlauch verheddert hatte, und flüsterte mit erstickter Stimme: »Bin stolz auf dich.« Onkel Jonah blickte mit einem aufglimmenden Ausdruck der Anerkennung auf mich herab.

Während Immas Schluchzer immer lauter wurden und ihre Tränen auf meine Bandagen tropften, schüttelte Tante Hava nur den Kopf. Was musste sie, eine Auschwitzüberlebende, von jungen Männern gehalten haben, die alles daransetzten, sich gegenseitig umzubringen?

Als meine Familie ging, drängte eine Schar Krankenschwestern ins Zimmer und ließen sich auf dem Bett nieder. Das einzige Fernsehgerät im Krankenhaus stand zufällig in meinem Zimmer. Als ich fragte, was das solle, blickte mich die Oberschwester wie einen Idioten an. »Wieso? Jetzt kommt unser Mondspaziergang.«

Während wir Neil Armstrong dabei zuschauten, wie er seinen »kleinen Schritt eines Menschen« tat, der ein »großer Sprung für die Menschheit« sei, stützte ich mich mit einer Hand am Bettgestänge ab. Jeder Bewegung der Matratze verschlimmerte meine Schmerzen. Von dem Ereignis, das als eines der bedeutendsten der Menschheitsgeschichte bezeichnet werden sollte, bekam ich fast nichts mit: Meine Freunde waren tot.

Im Radio hörte ich einige Tage später General Mosche Dajan auf ihrer Beisetzung reden. »Auf den Schultern der gefallenen Soldaten ruht der Siegespreis«, hob er zu seiner Gedenkrede an. In einer Variation von Herzls Motto, »Wenn ihr wollt, ist es kein Märchen«, spendete er dem israelischen Volk Trost. »Träume sind zur Realität der Unabhängigkeit, der Heimat, Jerusalems und der Siedlungen in den Bergen und Wüsten geworden, des Pflanzens von Bäumen und Blumen; aber auch zur Realität von Blut und Opfern.« Ich stimmte jedem Wort zu. Der Tod meiner Freunde bestärkte mich nur noch mehr darin, den Arabern zu zeigen, dass sie uns aus unserer Heimat nicht vertreiben konnten.

Meine nächste Station war das Beit Kay, das von Abraham S. Kay gestiftete militärische Reha-Zentrum in Naharija. Eines Morgens Anfang August 1969 schaute mein Kommandeur Zeev Amog vorbei, um sich ein Bild von meinen Genesungsfortschritten zu machen und mich mit Blick auf die Schajetet 13 auf dem Laufenden zu halten. Der gut aussehende Zeev mit den blauen Augen hatte eine sanfte Stimme. Er ragte nicht nur wegen seiner Fähigkeiten als Kommandeur heraus, sondern entstammte auch einem anderen Umfeld als die meisten von uns Kibbuzniks. Er war in einer religiösen Familie großgeworden, auf eine religiöse Schule gegangen und hatte über den religiös-zionistischen Jugendverband Bnei Akiva den Weg in die Armee gefunden.

Ein fahles orangefarbenes Licht schimmerte durch die Vorhänge. Noch hatte die Mittagssonne den Raum nicht in ein Dampfbad verwandelt. Ich hatte in der Nacht wenig geschlafen, war mehrmals aufgewacht, weil ich es gar nicht erwarten konnte, wieder auf die Beine kommen und mit den Kameraden auf unserem Stützpunkt in Atlit zu trainieren.

Zeev bat die Krankenschwestern, draußen zu warten und die Tür hinter sich zu schließen. In seinem abgehackten militärischen Tonfall hob er an: »Wir haben ein Problem, und zwar ein großes.«

Ägyptens starker Mann, Gamal Abdel Nasser, reagierte auf den Angriff auf Green Island offenbar mit einer Intensivierung seiner Strategie des Abnutzungskriegs. In Kairo erklärte er unseren Angriff zur »kriminellen Aggression« und präsentierte der internationalen Presse die Schwimmflossen und Sauerstoffgeräte, die wir auf der Insel zurückgelassen hatten. Dann wandte er sich an die Sowjets mit der Bitte um Waffen, darunter moderne Luftabwehrgeschütze und MiG-23-Jagdbomber. In aufrüttelnden Reden in seinem melodiösen Arabisch hatte dieser Pharao mit Schnauzbart, den seine Untergebenen den »Rais«, den »Anführer«, nannten, die ägyptischen und die arabischen Massen auf seine Mission eingestimmt: die Region von der zionistischen Geißel zu befreien. Die arabische Welt unter ägyptischer Führung dachte gar nicht daran, sich mit Israels Existenz abzufinden, und gelobte dessen Zerstörung.[14]

Die Augen fest auf mich geheftet, erklärte Zeev, dass General Dajan beschlossen habe, als Antwort darauf Nasser noch heftigere Schläge zu verabreichen. Bar-Lev und Jeschajahu Gavisch, der Befehlshaber des Südkommandos, hatten mit den Planungen zur Operation Nieselregen begonnen. Diese ausgeklügelte List erforderte, dass sich unsere Soldaten als Ägypter getarnt in sechs Kampfpanzern und Amphibienfahrzeugen sowjetischer Bauart, alle von arabischen Streitkräften im Sechstagekrieg erbeutet, auf feindliches Gebiet vorwagten. In einer Art Mini-D-Day, der ersten derartigen Operation in der kurzen Geschichte des Staates Israel, sollten sie den Golf von Suez überqueren und ägyptischen Militäranlagen verheerende Schäden zufügen. Wegen des Angriffs auf Green Island hatten die Ägypter vor Ras Sudar an der Westküste der Sinai-Halbinsel zwei P-183-Torpedo-Boote chinesischer Bauart stationiert und in höchste Alarmbereitschaft versetzt. Die IDF brachten Panzer und Soldaten auf Landungsbooten auf die andere Seite des Golfs, und dafür, musste unsere Kampfschwimmereinheit die beiden Torpedo-Boote versenken und nördlich des Landungspunktes für Ablenkung sorgen. Unsere Mission war bis zum Äußersten riskant. Laut Geheimdienstinformationen waren die Schiffe mit Maschinengewehren, 43-cm-Torpedos, modernster Detektionselektronik sowie mit Massen von Sprengsätzen für ungebetene Besucher unter Wasser bewaffnet. Um Sprengladungen am gepanzerten Rumpf eines P-183 anzubringen, brauchte es ein Team aus Kampftauchern, die mit Kleinst-U-Booten ausreichend nahe an ihr Ziel herankamen. Aber wer sollte eine solche Mission ausführen? Viele aus unserer Kommandogruppe waren entweder tot oder humpelten wie ich in einem Krankenhaus oder Reha-Zentrum herum.

»Für euch Jungs ist das doch wohl ein Spaziergang«, hatte Stabschef Bar-Lev meinem Kommandanten Zeev versichert, obwohl wir eine derart komplexe und schwierige Operation noch nie durchgeführt hatten. Und um Zeev die Dringlichkeit der Lage deutlich zu machen, fügte er hinzu, dass Operation Nieselregen für den 9. September anberaumt sei. Bis dahin müsse unser Team die Schiffe versenkt haben, sonst würde die Operation abgeblasen. Nasser einzuhegen und abzuschrecken, hing vom Erfolg der Schajetet 13 ab. Wir seien »die Speerspitze der IDF«.

Die Mission, wie Zeev sie erklärte, erforderte zwei Unterwasserfahrzeuge (UWF), die jeweils mit vier Mann besetzt sein würden: zwei für die Navigation und zwei zum Tauchen, um die Haftminen am Rumpf der beiden P-183 anzubringen. (Diese *limpet mines*, wie sie im Englischen heißen, sind nach den Napfschnecken benannt, die sich an Felsen oder anderen harten Oberflächen anheften). Rafi Milo, der Kommandeur der Kleinst-U-Boot-Einheit, sollte den Einsatz leiten.[15]

»Wer macht im Team noch mit?« Mein Puls beschleunigte sich. Fast einen Monat lang war ich in einem Krankenhaus und einem Reha-Zentrum mit einem Schwarz-Weiß-Fernseher und Würfelpoker als einziger Ablenkung festgenagelt gewesen. Ich musste wieder in einen Taucheranzug schlüpfen.

Zeev listete fünf Namen auf.

»Planen Sie mich ein«, sagte ich.

Zeevs verwirrter Ausdruck sah so aus, als habe er nicht recht gehört.

»Ich schließe mich der Operation an.«

Sie sind von allen guten Geistern verlassen, Ami.« Seine Reaktion war verständlich: Ich hatte immer noch Bandagen um den Hals, und jede Drehung des Kopfs fühlte sich an, als würde mir die Kehle aufgeschlitzt.

»Sie kriegen das nicht hin ohne mich.« Er hatte nur sechs der acht benötigten Männer beisammen, und nur zwei Sabotageexperten, die zum Tauchen von U-Booten aus qualifiziert waren.

Mit zusammengezogenen Falten um die Augen nahm er mich intensiv in den Blick. »Sie können ja kaum laufen«, sagte er.

Um ihm das Gegenteil zu beweisen, sprang ich auf die Füße und schluckte schwer, um mir die Schmerzen nicht anmerken zu lassen. »Immerhin«, fügte ich hinzu, »muss ich bei der Operation ja keinen Marathon hinlegen, oder?«

Einen Tag später wurde ich entlassen und kehrte nach Atlit zurück.

Meine Kameraden und ich konnten zwar beide Schiffe versenken – wie viele feindliche Seeleute an dem Abend umkamen, kann sich jeder denken –, aber wir verloren drei unserer Leute. Auf der Rückfahrt zum Stützpunkt explodierte überraschend das Unterwasserfahrzeug: Rafi, der Kommandeur des Einzelkämpferlehrgangs, der erst wenige Tage zuvor in den Dienst zurückgekehrt war, um die Operation zu leiten, sowie Schlomo und Oded, Freunde und Kampfgenossen, starben. Ich nahm an ihrem Militärbegräbnis teil. Mosche Dajan hielt eine Gefallenenrede, die eines Perikles würdig gewesen wäre. »Soldaten«, sagte er vor den trauernden Eltern und Freunden, »bauen Häuser, und manche kehren nicht in sie zurück.«

Kapitel 7

Die Zukunft liegt in unserer Hand

Srulik, meinen Kumpel aus Kindertagen, hatte ich zum letzten Mal lebend unmittelbar nach dem Sechstagekrieg gesehen, auf einem offenen Feld bei Ramallah, im frisch eroberten Judäa und Samaria. Während unsere Luftwaffe, Panzerdivisionen, Infanterie und Kommandosoldaten an allen Fronten einen Blitzkrieg gegen unsere Feinde führten, war Srulik mit seiner Kompanie hauptsächlich auf dem Sinai im Einsatz. Irgendwann kämpfte er in der Region um Jerusalem und Ramallah. Nach dem Ende des Krieges marschierte seine Kompanie zur Fassungslosigkeit der Einwohner im Triumph durch das palästinensische Ostjerusalem.

Zwei Jahre später, 1969, schied er aus dem Militär aus, um Zeit mit seiner Frau und seinem neugeborenen Kind zu verbringen, kehrte aber wenige Wochen später wieder zurück: General Dajan brauchte im Abnutzungskrieg die besten Kämpfer und hatte ihn persönlich gebeten, sich als Offizier wieder der Panzerdivision anzuschließen.

Im Mai 1970, zwei Monate vor dem Waffenstillstand, der diesen Krieg beenden sollte, war ich frisch von einer Aufklärungsoperation auf ägyptisches Territorium zurückgekehrt, als ich von Sruliks Tod durch ägyptischen Beschuss erfuhr. Obwohl wir uns nach unseren Jugendjahren so selten gesehen hatten, hatte ich das Gefühl, einen Bruder verloren zu haben. Ich erhielt die Genehmigung, meinen Posten zu verlassen und seinem Militärbegräbnis mit zahlreichen Reden beizuwohnen. Wie gewohnt behielt ich meine Tränen bei mir. Mich machte es immer wütend, wenn ich auf Beisetzungen Soldaten in Uniform weinen sah. Sie sollten Eltern, Ehefrauen und Kindern Trost spenden, anstatt sich selbst zu bemitleiden. Für Tränen war später, im Privaten, noch alle Zeit der Welt.

Die Zusammenkunft zum Abschluss der Scheloschim, der dreißigtägigen Trauerzeit, fand in unserem Kibbuz statt. Als einer Grundschullehrerin meine Uniform auffiel, nahm sie mich beiseite und fragte mich in einem gedämpften Ton, ob wir reden könnten. Kinder an ihrer Grundschule hätten israelischen Soldaten an der ägyptischen Front Briefe und Care-Pakete geschickt. Ein Junge habe Srulik auf typisch patriotische Weise gepriesen: »Sie beschützen mich – Sie beschützen uns alle vor den Feinden … Sie müssen alle Araber töten.«

Anders als die meisten Soldaten, mich eingeschlossen, die nie auf den Gedanken kamen, auf Briefe und Geschenke zu reagieren, schickte Srulik eine Antwort. Sie traf einige Wochen später ein. Die Lehrerin zog den Brief aus ihrer Tasche und reichte ihn mir. Er war einen Tag nach seinem Tod abgestempelt worden. Beigefügt war eine Mitteilung der IDF, wonach der Absender, Hauptmann Guttman, an dem Tag gestorben sei, an dem er den Brief geschrieben habe. Die Lehrerin sagte mir, sie sei vor der Klasse in Tränen ausgebrochen, als sie Sruliks Worte vorgelesen habe.

Zögernd faltete ich den Brief auf und begann zu lesen. Er dankte dem Jungen für seine Mitteilung und die Geschenke, schwenkte dann aber auf unerwartetes Gebiet über. »Lass mich dir etwas sehr Wichtiges sagen«, schrieb er in seiner eleganten Handschrift. »Du darfst nicht denken, dass alle Araber böse sind. Auch sie haben Familien. Sie sind schlicht so wie wir. Wir wollen sie nicht töten, wir wollen Frieden.«

Ich las den Brief immer und immer wieder und kämpfte gegen Tränen an. Heute gebe ich bereitwillig zu, dass ich damals nicht begreifen konnte, wie Srulik diese Worte hatte schreiben können. Die Araber wollten uns auslöschen, und allein unsere Einsatzbereitschaft, Mut, flinkes Reaktionsvermögen und Intelligenz hinderten sie daran, uns ins Meer zu treiben. Hatte die Vaterschaft seine Einstellung gegenüber unseren Feinden verändert? Hatte er sie deshalb als Menschen sehen können?

Ein Jahr später lernte ich meine zukünftige Frau Biba kennen, die mit ihrer dunklen Erscheinung und ihrem sturen Willen auf mich noch heute so betörend wirkt wie an dem Tag, als ich sie an der Universität Haifa traf. Ich hatte in Erwägung gezogen, mich meinen Freunden anzuschließen und neue Kibbuzim auf dem eroberten Boden von 1967 zu errichten, wusste aber auch, dass Israel eine schlagkräftige Seekommandotruppe brauchte, um weiterhin den Feind zu bekämpfen, der unsere Vernichtung betrieb. Also entschied ich mich zum Verbleib im Militär. Im Übrigen hatte ich insgeheim den Ehrgeiz, die Schajetet 13 zu befehligen, behielt meinen Wunsch aber für mich: Ich war von Sozialisten erzogen worden, die Reden für nutzlos hielten. Starke Menschen handelten.

Für so eine Zukunft brauchte ich freilich die entsprechende Ausbildung. Kibbuzniks lehnten es damals ab, die Reifeprüfung für die Universität abzulegen. Solche Tests standen im Ruch des elitären Denkens der Klassengesellschaft, von der ihre Bewegung die Menschheit befreien wollte. Wir lernten, um praktische Fähigkeiten zu erwerben, nicht um uns prüfen zu lassen. Allerdings hatte die Universität Haifa ein Programm, das Kibbuzniks, die zwölf Schuljahre absolviert hatten, eine Hintertür öffnete. Also schrieb ich mich ein.

Und da saß sie eines Tages, in der ersten Unterrichtsstunde im Mittelkurs Englisch, neben mir mit ihren dunkelbraunen, alles in sich aufnehmenden Augen. Als wir zum ersten Mal in der Cafeteria zusammen zu Mittag aßen – mein Herz pochte wie das eines verknallten Schuljungen –, entdeckte ich, dass wir aus ähnlichen Welten stammten. Biba war im Kibbuz Merhavia aufgewachsen, gegründet 1929 von osteuropäischen Intellektuellen, Akademikern und Schriftstellern, die daran glaubten, dass Kultur und Ideen ebenso wichtig seien wie Obstbäume und Schusswaffen. Damals arbeitete sie im Kuhstall ihres Kibbuz und hatte ihre Liebe zu Tieren entdeckt. Entgegen ihren frühen Plänen, eine Ausbildung in Sozialarbeit zu machen, zog sie jetzt ein Studium in Veterinärmedizin in Erwägung. Am Ende entschied sie sich doch für die Sozialarbeit und dafür, im Kibbuz eine Familie mit Kindern zu umsorgen.

Trotz unseres ähnlichen familiären Hintergrunds gestaltete sich ihre Eroberung schwieriger als meine meisten Militäroperationen. Sie hatte als Offizierin auf dem Sinai gedient und sich geschworen, niemals mit einem Militär auszugehen.

Nach ein paar Verabredungen legte sie die Skepsis beiseite. Wir mieteten eine winzige Wohnung, einige Kilometer vom Hafen von Haifa entfernt. Nach Abschluss meines Programms in Haifa entschied ich mich für die Fortsetzung meines Dienstes in der Marine und besuchte einen achtzehnmonatigen Offizierslehrgang. Nach dem Abschluss heirateten wir, kurz entschlossen, im Kibbuz Merhavia. Das Fest endete im Morgengrauen, als meine Kameraden, die meisten betrunken, von der Wiese verscheucht wurden, auf der wir gefeiert hatten. Biba und ich verbrachten die Nacht in einer Hütte.

Als wir am nächsten Tag fertig aufgeräumt und das von unseren Freunden hinterlassene Chaos beseitigt hatten, fuhr ich nach Haifa, um eine Prüfung für ein Kommando über ein Kanonen-Schnellboot abzulegen. Knapp einen Monat lang befehligte ich daraufhin ein achtzehn Meter langes Boot der Dabur-Klasse in Haifa, gefolgt von achtzehnstündigen »Flitterwochen« am Stand. Dann reiste ich nach Scharm asch-Schaich am Roten Meer, um das Kommando über ein Kanonenbootgeschwader zu übernehmen – ein Riesenschritt weg von dem Kampfmesser und der AK-47, aus denen anfangs meine Ausrüstung bestanden hatte. Angesichts der Hunderte von Kilometern, die zwischen Merhavia in Nordisrael und dem Sinai lagen, waren mein einziger Kontakt zu Biba gelegentliche Anrufe und Briefe. Und ich schrieb so sporadisch, als wäre ich auf einer Apollo-Mission.

Verglichen mit meiner Dienstzeit im Abnutzungskrieg gegen Ägypten war mein zweiter Aufenthalt auf dem Nordsinai ein Strandurlaub. Anstatt zu kämpfen, stand ich lange Abende auf der Kommandobrücke und schaute aufs Meer und die eintönige Landschaft: Staubteufel und Steppenroller, die über den uferlosen Sand jagen, zerklüftete rötliche Wüstenberge, schwarze Beduinenzelte, verstreut über erodierte Hügel, und ausgemergelte Ziegen, die an Dornbüschen knabberten. Meine Männer und ich rauchten stangenweise Zigaretten weg und leerten Kisten Makkabäer-Bier. Und ich entdeckte wieder das Meer, seine Schönheit und Grausamkeit. Bei Flut oder Sturm auf dem Roten Meer verschwinden die Koralleninseln, die einen überwältigen, aber auch das Schiff versenken können.

Ich entrann der Langeweile für einige Tage, als ich im Frühjahr 1972 zum israelischen Unabhängigkeitstag nach Jerusalem reiste. Ein Foto von diesem Ereignis zeigt mich in einer frischgewaschenen weißen Uniform, mit geöffnetem Kragenknopf im israelischen Stil, strammstehend am Sitz des Staatspräsidenten in der Jabotinsky-Straße in Jerusalem. Im Hintergrund ist in einem Buntglasfenster der vom Himmel herabsteigende Prophet Elija dargestellt. Meine gestärkten Hosen, die Bügelfalten rasiermesserscharf, fallen mit ihrem genau einen Zoll breiten Saumumschlag wie ein Vorhang auf die Marinestiefel herab.

Vor Präsident Salman Schasar, Ministerpräsidentin Golda Meir und dem Verteidigungsminister Dajan mit Augenklappe bekomme ich für meine Verdienste auf Green Island die Tapferkeitsmedaille mit gelbem Band an die Brust geheftet. Meine Eltern sitzen in der ersten Reihe – Abba strahlend, Imma mit ausdruckslosem Gesicht. Die Medaille ist Israels höchster Orden und wird an diejenigen verliehen, die »äußerste Heldenhaftigkeit gegen feindliches Feuer« unter Beweis gestellt haben. Seit dem Sechstagekrieg war ich der erste Empfänger.

In diesem Sommer schaute ich mir am Suezkanal, ganz im Westen des Sinai, eine Vorstellung des Antikriegsstücks *Malkat Ambatja*, »Die Königin der Badewannen« von Hanoch Levin an, Israels Bertolt Brecht. Sie verschaffte meinen Männern und mir die spannendste Ablenkung, die uns in unserer Langeweile zuteilwurde. In Israel hatten rechte Kräfte Aufführungen mit Stinkbomben gesprengt. Einige forderten, Levin nach sowjetischer Art in einer psychiatrischen Anstalt unterzubringen. Im Sinai spotteten wir über das Schauspiel. In einer Szene versuchen Israelis unter Berufung auf die »Staatssicherheit« Gott seine Zehn Gebote zurückzugeben. In einer anderen greift Golda Meir, die Titelheldin des Stücks, ihrem Außenminister Abba Eban in den Schritt, um ihn von einem Friedensangebot abzuhalten. Meirs Verteidigungsminister Dajan hatte bekanntermaßen gewitzelt: »Besser Scharm asch-Scheich ohne Frieden als Frieden ohne Scharm asch-Scheich«. Der Sinai gehörte uns, und damals sah es ganz so aus, als würden wir niemals von ihm lassen.

In einer hitzigen Diskussion mit der Besatzung an Bord verteidigte ich Henoch Levin und andere linksgerichtete Schriftsteller. Nur unseretwegen, so sagte ich zu den Männern, könnten Schriftsteller uns und die politische Führung verspotten. Darum gehe es doch in der Demokratie.

Im Spätsommer 1973 bekam ich von der Eintönigkeit im Sinai genug, vor allem, als meine ehemaligen Kollegen von der Schajetet 13 mit ihren Schlauchbooten und Waffen gegen Arafat und seine Bande zu Felde zogen, die sich in libanesischen Flüchtlingslagern versteckt hielten. Mit meinen achtundzwanzig Jahren war ich noch zu jung und zu ehrgeizig, erlebnishungrig und abenteuerlustig, um auf tage- und nächtelangen Fahrten zur See Schmuggler, Eindringlinge und ägyptische Spionagekommandos abzuschrecken. Letztere durchquerten den Golf von Suez, um Informationen für einen Krieg zu sammeln, von dem wir noch nicht ahnten, dass er kurz vor dem Ausbruch stand. Er sollte unser Leben für immer verändern. Ich beschloss, an einem weiteren Führungs- und Stabslehrgang in Tel Aviv teilzunehmen. Dort konnten Biba und ich zusammenleben, während ich mich für ein Kommando auf einem raketenbestückten Schiff qualifizierte, um Jagd auf PLO-Terroristen zu machen.

Drei Wochen nach meinem Umzug nach Tel Aviv, am Donnerstag vor Jom Kippur, dem heiligsten Feiertag des Judentums, war in Geheimdienstberichten von ägyptischen Truppenbewegungen die Rede. Aber an diesem Abend stellte Brigadegeneral Shalev (nicht verwandt mit Meir) – der als Chef der Abteilung für militärische Aufklärung für die Einschätzung der Lageberichte zuständig war – in einer Ansprache fest, dass keine neuen Kämpfe drohten. Wir könnten fasten und in Frieden unsere Sünden bereuen.

Wie üblich, kam zu Jom Kippur das gesamte Land zu Stillstand. Um die Mittagszeit klingelte bei mir das Telefon. Lustlos griff ich zum Hörer.

»Ami am Apparat.«

»Sie haben Order, nach Scharm asch-Scheich zurückzukehren.«

»Worum geht's überhaupt?« Ich dachte an einen Streich.

»Herr Ajalon.« Eine lange Pause folgte. »Uns steht Krieg ins Haus.«

Krieg? Nassers Nachfolger, Anwar as-Sadat, der lesewütige Kerl mit dem schwarzen Gebetspunkt auf der Stirn, startete einen Angriff auf uns? Mir blieb die Sprache weg.

»In dreißig Minuten holt Sie ein Wagen ab.« Klick. Ich stand reglos da, hielt den Hörer vor mich hin, als stehe er kurz vor der Explosion. »Endlich«, rief ich aus, »ein echter Krieg!« Green Island war meiner Meinung nach eine feine Operation gewesen, aber kein ausgewachsener Krieg. Der von 1967 war natürlich ein echter gewesen, aber die einzige Aktion, an der wir Kommandosoldaten der Schajetet 13 beteiligt gewesen waren, endete im Desaster. Jetzt hatte ich die Chance, mich in einem waschechten Krieg zu beweisen, von der Art, aus der die Legenden gemacht sind.

Ich lief in der Wohnung herum, stopfte Kleider in meinen Seesack, küsste zum Abschied eine sprachlose Biba, spurtete an den Straßenrand und stieg beim Fahrer ein. Der sammelte in einem Kibbuz nahe der Stadt Afula einen weiteren Offizier auf. Als wir in Tel Aviv eintrafen, war der Krieg bereits ausgebrochen. Militärfunk berichtete von Luftkämpfen zwischen unseren Streitkräften mit ägyptischen MiG-21, die unseren Flughafen in Scharm asch-Scheich angriffen. Tatsächlich tobte die Luftschlacht schon in einer Größenordnung, die unsere gesamte Flotte erforderte, um die Ägypter anzugreifen. Und wir hatten noch die Fahrt bis zum Sinai vor uns. Mein erstes Kommando im Krieg übte ich über drei Busse, voll besetzt mit schwer kontrollierbaren Reservisten, aus, während sie über Land in Richtung Scharm holperten. Auf der Fahrt über Nacht tat ich kein Auge zu aus Sorge, die Sache könne wie 1967 ausgehen. Damals hatten die Sowjets und Amerikaner einen raschen Waffenstillstand durchgesetzt. *Wenn dieser gottverdammte Schrottbus keinen Zahn zulegt*, so dachte ich, *verpasse ich noch meinen Krieg!* Diesmal hatten die Ägypter uns mit einem Überraschungsangriff überrumpelt, und ich war entschlossen, sie das teuer bezahlen zu lassen.

Als wir um 7:00 Uhr unseren Stützpunkt erreichten, sahen wir über den Trümmern unserer Hangars und Kasernen Rauch aufsteigen. Meine Männer, die im Bus noch großspurig aufgetreten waren, erstarrten jetzt vor Angst. Nach dem Sechstagekrieg war am Ostufer des Kanals entlang eine Kette von Befestigungsanlagen aus Beton, Stein und Sand errichtet worden. Und diese angeblich uneinnehmbare Bar-Lev-Linie, benannt nach dem zigarrenrauchenden stellvertretenden Stabschef, der ihren Bau beaufsichtigt hatte, hatten die ägyptischen Streitkräfte nun durchbrochen und drangen auf den Sinai vor. Sie erwies sich als so effizient wie die Maginot-Linie, mit der die Franzosen nach dem Ersten Weltkrieg die Deutschen vor einer Invasion abzuschrecken gehofft hatten. Die Gefahr, umzingelt und ausgelöscht zu werden, war mit Händen zu greifen.

Den Sinai zu verlieren, war an diesem Tag 1973 nicht unsere einzige Befürchtung. Angesichts der syrischen Angriffe von Norden her stand offenkundig der Fortbestand Israels auf dem Spiel. Aus dem Verteidigungsministerium kamen verwirrende und widersprüchliche Befehle – erst nach dem Krieg sollten wir erfahren, wie panisch Dajan damals reagierte. In den ersten paar Tagen hatte ich keine reale Vorstellung von der Größenordnung der Katastrophe. Ich wusste nur, dass die IDF entlang des Kanals geschlagen worden waren.

Für die Dauer der Kämpfe musste ich angesichts des Chaos im Verteidigungsministerium außerhalb der üblichen Kommandokette operieren. Auf mein Ersuchen hin betraute Zev Almog, der Kommandeur in der Zone, mich mit der Aufgabe, die ägyptischen Kommandos daran zu hindern, israelische Stützpunkte entlang der dreihundert Kilometer langen Küste des Sinai anzugreifen.

Mit einer Mini-Armada aus fünf Schiffen und einem weiteren, das bald von Norden her eintreffen sollte, trat meine handverlesene Besatzung – die meisten davon Abgänger der Marineakademie – mit mir in Aktion. In der ersten Kriegswoche bestand unsere Hauptaufgabe darin, das ägyptische Kanonenboot *De Castro* zu zerstören: Es beherrschte den nördlichen Golf von Suez und bedrohte die in Ras Sudar stationierten israelischen Schiffe. Das Schiff war unserem an Größe, Schnelligkeit und vor allem Feuerkraft deutlich überlegen mit seinen beiden mehrläufigen 23-mm-Kanonen, eine am Bug und eine am Heck, sowie mit leichten Maschinengewehren beiderseits der Brücke. Entgegen den Befehlen führte ich den Angriff mit zwei Booten der »Darbur«-Klasse durch – mit der einfachsten und grundlegendsten Form des Nahgefechts, einem Schusswechsel. So, wie wir unser Schiff manövrierten, zwangen wir den Feind in eine Position, in der er eine perfekte Zielscheibe hergab. Wir eröffneten das Feuer, trafen direkt die Geschütze und feuerten anschließend ausreichende Salven ab, um die *De Castro* auf den Meeresgrund zu schicken.

In den nächsten drei Wochen der Gefechte kehrten wir nur zwei Mal zum Marinestützpunkt in Scharm asch-Scheich im Golf von Suez zurück, hauptsächlich um uns mit neuer Munition zu versorgen. Derweil versenkten wir Dutzende ägyptischer Schiffe, von denen die meisten versuchten, Waffen und Kämpfer auf die israelische Seite zu verlegen.

Meine Männer, die tapfer und mutig in diesen Nahgefechten kämpften, waren nicht von abstrakten Vorstellungen eines zionistischen Patriotismus und der Liebe zum Land Israel beseelt. Und sie hatten auch kein Vertrauen in unsere obersten Militärführer. Nein, sie kämpften so erbittert, weil sie an sich, ihre Kameraden und die Kommandeure glaubten, die sie in die Schlacht führten.

Neunzehn Tage nach Beginn der Feindseligkeiten zwangen US-Präsident Nixon und der sowjetische Diktator Breschnew die Israelis und Ägypter, einer Feuerpause zuzustimmen. Die Kämpfe hatten einen meiner Männer das Leben gekostet, und es gab zahlreiche Verletzte. Der Tribut war ebenso physischer wie psychischer Art. Während ich gut zehn Kilo abgenommen hatte, litten andere unter Posttraumatischen Belastungsstörungen. Zum ersten Mal bekam ich mit, wie Traumata Seelen zerstören können.

Am Ende des Krieges erhielt ich ein Kommando für Marineoperationen auf dem Stützpunkt von Ras Sudar im Norden des Golfs von Suez. In der neuen Position unterstanden mir Landungsboote, Kriegsschiffe und Hunderte von Männern. Als ich mich in meine neuen Verantwortlichkeiten eingearbeitet hatte, erwartete mich eines Tages eine willkommene Überraschung.

»Ami, du bekommst Besuch!«, sagte einer meiner Männer. »Sie sagt, sie sei deine Frau.«

Nachdem ich zum Hafen geeilt war, stieg Biba aus einem Hercules-Transporter.

Das Wiedersehen war überwältigend, aber mein Freudentaumel wurde durch Ängste getrübt. Seit unserer Hochzeitsnacht hatte sie sich mit den seltenen Besuchen, der schlechten Bezahlung und einem spartanischen Leben arrangiert. Ich hatte Biba während des Krieges ein einziges Mal geschrieben. Ich hatte wohl Sorge, Briefeschreiben könne mir Unglück bringen wie einst Srulik.

Als ich Biba fragte, warum sie gekommen sei, sagte sie mir unverblümt: »Du stirbst vielleicht in dem Krieg, und wenn ich daran schon nichts ändern kann, kann ich trotzdem etwas tun.«

»Und was?«

»Ein Kind von dir bekommen.«

Dem guten Beispiel meiner disziplinvergessenen Besatzung folgend, verstieß ich gegen das Protokoll und ließ sie bei mir bleiben.

Drei Monate später, Anfang 1974, kehrte ich zu Biba und zur Schajetet 13 zurück. Während die arabischen Erfolge im Jom-Kippur-Krieg Pinchas und seine religiösen Freunde dazu anspornte, ihre aggressiv expansionistische Siedlerbewegung zu organisieren, hatten sie auf die alte Garde der Kibbuzniks und Sozialisten die gegenteilige Wirkung. Wir zogen aus dem Desaster die Botschaft, dass Israels Stärke begrenzt war. Hybris konnte zu katastrophalen und demütigenden Ergebnissen führen.

Als sich Jahre später junge Leute kurz vor ihrer Einziehung bei mir nach dem Jom-Kippur-Krieg erkundigten, nannte ich von den Kampfhandlungen selbst keine Details. Stattdessen sagte ich ihnen, dass ich in diesem Konflikt den naiven Glauben verloren hätte, der mich seit meiner Kindheit im Staat Israel begleitet hatte, verkörpert im Ministerpräsidenten, der seit meinem zehnten Geburtstag Ben-Gurion geheißen hatte. Abba hatte mir als Junge erzählt, dass der »Alte Mann«, wie er ihn nannte, in einem großen weißen Gebäude in Jerusalem lebe. Er sitze im Obergeschoss am Ende eines langen Gangs hinter einer Tür und wäge dort sorgfältig Entscheidungen ab, von denen er wisse, dass sie jeden Einzelnen von uns beträfen. Inzwischen war ich nicht mehr sicher, dass jemand Verantwortung übernahm.

In den Monaten nach dem Jom-Kippur-Krieg wurde ich wie nie zuvor mit Todesnachrichten konfrontiert. Tausende waren umgekommen oder verwundet worden, ein Land voller hinterbliebener Frauen, Kinder und Eltern. Auch viele Freunde waren betroffen. Und ich erkannte: Wenn ich umkommen würde, gäbe es da eine Person, deren gesamte Welt zusammenbrechen würde: Biba.

Was diese Auseinandersetzung mit dem Tod so bitter machte, war der Hochmut unserer Führung. Golda, Dajan, Shalev, Bar-Lev und eine Menge anderer hatten den Krieg als eine Art Gesellschaftsspiel betrieben. Golda und Dajan hatten im Kabinett niemals auch nur die Möglichkeit ins Spiel gebracht, mit den Ägyptern zu verhandeln. Dajan hatte jede diplomatische Lösung, die eine Rückgabe von Gebieten vorsah, rundweg zurückgewiesen: »Ich werde Konzessionen jeder Art ablehnen, und wenn die Araber Krieg wollen, bekommen sie ihn.«

Als ich später Barbara Tuchmans *Die Torheit der Regierenden* über den Vietnamkrieg las, fragte ich mich, warum ich auch in der Parade mitmarschiert war, die ins Desaster führte.

Kapitel 8

Fatah-Land

Es wurde spät. Dr. Yehuda Melamed erwartete mich in En Hod, dem Künstlerdorf auf der anderen Seite der sanften Hügel von Kerem Maharal. Ich manövrierte meinen Prius aus der Kiesauffahrt und fuhr bei Sonnenuntergang zwanzig Minuten die Küstenstraße entlang. Noch brauchte ich keine Scheinwerfer, als ich an der lebensgroßen Messingfigur einer nackten Tänzerin vorbei durch den Ortseingang nach En Hod hineinfuhr. Irgendwo nahe der alten Moschee, die inzwischen als Cocktailbar dient und nach dem Vorbild des Züricher Theaters Cabaret Voltaire eingerichtet ist, bog ich in Yehudas enge Gasse ein.

Ich stellte den Wagen vor seinem Haus ab, stieg aus und bewunderte den Ausblick. En Hod, hebräisch für »Frühling der Pracht«, war 1948 von Palmach-Kommandos erobert worden. Die arabischen Einwohner flohen auf einen Hügel knapp einen Kilometer entfernt und gründeten dort En Jud, eine Ortschaft, die erst vor wenigen Jahren staatlich anerkannt worden ist und Zugang zur Elektrizitätsversorgung erhalten hat. In En Hod siedelte der Staat jüdische Flüchtlinge aus Algerien an, worauf in den 1950er-Jahren eine Gruppe israelischer Künstler in die arabischen Häuser einzog und sich dort festsetzte.

Yehuda, mit breiter Brust und einem T-Shirt mit dem Aufdruck I ♥ NY, kam federnden Schrittes eine Reihe von Steinstufen herabgelaufen, die Arme weit ausgebreitet für eine bärenstarke Umarmung. Heutzutage ist er Direktor des Instituts für Überdruckmedizin im Elisha Hospital in Haifa. Als ein Fan klassischer Musik dirigierte er sogar schon das Symphonieorchester der Armee bei einer Aufführung von Strauss *Unter Donner und Blitz*. Er hielt öffentliche Vorträge zu einem meiner Lieblingsbücher aus der Schulzeit, zu Jules Vernes *Zwanzigtausend Meilen unter dem*

Meer. Zu seinen weiteren Hobbys zählen Gärtnern, Winzern und, wie ich entdecken sollte, Geschichtenerzählen.

Wir saßen auf hochwertigen Ledersofas, während unten vom Tal herauf der Duft von Zypressen – gepflanzt vom jüdischen Nationalfonds – durch die weit offenstehenden Fenstertüren hereinwehte. Nur mühsam brachte ich meine Erinnerungen an den AK-47 schwingenden Arzt im Taucheranzug mit diesem Mann in Einklang, der jetzt in einem Interieur vor mir saß, das die Seiten des *Architectural Digest* hätte zieren können. Wenn er mich mit meinen Enkeln im Swimmingpool planschen sähe, könnte er über mich wohl dasselbe sagen.

Er stellte eine Flasche Cabernet Franc vom eigenen Weinberg sowie eine Schale Oliven aus seinem nahe gelegenen Hain auf den langen, offenbar handgefertigten Tisch aus Mahagoni.

Mein Freund ist eine geradezu homerische Erscheinung, ein Mann, hoch in den Siebzigern, der herumrennt wie ein Sportler, in donnerndes Gelächter ausbricht und mit der Faust auf sein Knie pocht, um seinen Worten Geltung zu verschaffen.

Ich stimmte meine übliche Hymne darauf an, dass er Teil meiner Lebensgeschichte und der Geschichte Israels war. Vor allem wegen unserer gemeinsamen Jahre des Kampfs im Libanon bei der Schajetet 13 war er der geeignetste Kandidat, um mir für mein Buch auf die Sprünge zu helfen, mit Aspekten aus meinem persönlichen Leben, die ich selbst vielleicht vergessen hatte. Wir leerten eine Flasche Wein, während er mir die Vorgeschichte seines Eintritts in die Spezialkräfte im Sommer 1974 erzählte.

Vor dem Medizinstudium hatte er als Offizier in einem Elitekommando im Süden gedient und für eine Geheimdienstoperation, an der er teilgenommen hatte, eine Auszeichnung erhalten. Bei Ausbruch des Jom-Kippur-Kriegs beendete er gerade seine Assistenzzeit und wurde als Militärarzt Ariel Scharons Einheit im Sinai zugewiesen. Sein Stützpunkt bekam die volle Wucht des ägyptischen Raketenfeuers zu spüren, weil die Ägypter wussten, dass ein Sieg über die IDF davon abhing, dass seine Einheit ausgeschaltet würde. Bei dem Gemetzel musste er Hunderte Verwundete versorgen. Tag und Nacht hagelte es Raketen. »Es war wie diese Szene in *Apocalypse Now*«, sagte er, »als das vietnamesische Dorf von Kampfhelikoptern zu den Klängen des ›Ritts der Walküren‹ bombardiert wird. Ein Wunder, dass jemand überlebt hat.«

Nach dem Krieg zog er sich ins zivile Leben zurück. Nach sechs Monaten Arbeit in einem regulären Krankenhaus hielt er es nicht mehr aus. »Ich sagte dem Chef meiner Abteilung: ›Ich komme damit nicht klar. Ich will in einem Krankenhaus nicht arbeiten.‹ Überzeugt, dass ich unter einer Posttraumatischen Belastungsstörung litt, schickte er mich für längere Zeit auf Urlaub. Und ich? Ich kehrte in den Sinai zurück, zum Stützpunkt, auf dem ich im Krieg gedient hatte. Hier in der Wüste hatte ich viel Zeit zum Nachdenken. Ich beschloss, wieder als Militärarzt in eine aktive Kampfeinheit einzutreten. Ich hörte mich um, und als mir Leute sagten, in der Schajetet 13 seien die Einsätze am gefährlichsten, wusste ich, dass ich genau das brauchte.«

Und so lernten wir uns kennen. Nach dem Abnutzungs- und dem Jom-Kippur-Krieg war klar geworden, dass es in der Struktur der Seekommandos Veränderungen geben musste. Um bei der Umsetzung mitzuhelfen, kehrte ich von meinem Posten in Scharm asch-Scheich zur Einheit zurück. Als sich der Kampf gegen die PLO verschärfte, erkannte ich rasch, dass wir bei der Rekrutierung, Ausbildung, Ausrüstung und Bewaffnung neue Ansätze benötigten. Obwohl der Krieg das Land fast ruiniert hatte, wurden Gelder mobilisiert, weil viel auf dem Spiel stand.

Der Grund für unseren Handlungsdruck war Jassir Arafat, der Guerillaführer mit dem dicken schwarzen Schnauzbart und der karierten Kufiya. Arafat und seine Fatah-Faktion innerhalb der PLO hatten dem bis dahin traditionellen Konflikt zwischen Staaten ein neues Gesicht gegeben. Seine Terrorgruppe schlug Kapital aus dem zerfallenden Staat Libanon, um die Flüchtlingscamps unter UN-Verwaltung in ein bewaffnetes Lehen zu verwandeln. Arafats Männer, die sich selbst Freiheitskämpfer nannten, schmuggelten Waffen, woher auch immer, häufig von Zypern aus über das Meer in die Flüchtlingslager. Mit rivalisierenden Terrorgruppen startete Arafats Fatah vom Meer aus Angriffe auf Israel.

Arafats erklärte Agenda eiferte der erfolgreichen Strategie nach, mit der die Algerier die Franzosen aus dem Land geworfen hatten, und verfolgte ein klares Ziel: »Das Grundanliegen der palästinensischen Revolution besteht darin, das zionistische Gebilde mit der Wurzel auszureisen und unser Land zu befreien.«

Einen Monat nach der Waffenstillstandsvereinbarung mit Ägypten entführten Terroristen der PLO Verkehrsflugzeuge der TWA und der Pan Am. Kurz darauf ermordeten PLO-Agenten mit einer Granate zwei israelische Kinder. Ein noch grauenhafteres Blutbad richtete ein rivalisierender Ring der marxistisch-leninistischen Volksfront zur Befreiung Palästinas (PLFP) an: Die Terroristen, die sich vom Libanon aus über die Grenze geschlichen hatten, feuerten auf der nahe gelegenen Straße zum Moschaw Avivim Bazooka-Granaten auf einen Schulbus ab. Zwölf Menschen, darunter acht Kinder, kamen um.

Eine Mission von uns bestand darin, die Schmuggelrouten zu Arafats Stützpunkten zu unterbrechen. Als eine weitere mussten wir Waffenlager in den Camps sabotieren. Anders als im klassischen Krieg, in dem sich Kämpfer auf Schlachtfeldern gegenüberstehen, hatten sich unsere Feinde in dicht besiedelten Gebieten eingenistet. Wir kämpften gegen Leute ohne Uniform unter einer Bevölkerung, in der Kombattanten von Nichtkombattanten schwer zu unterscheiden waren. Ein Apotheker bei Tag konnte sich nachts in einen Terroristen verwandeln, der sich im Keller einer UN-geführten Schule verkroch. Da Luftflotten und Panzerdivisionen für diese Art Kampf ein grobes Instrument waren, entdeckte die Militärspitze in den Einsatzgruppen ihre Männer für schwierige Fälle, die sich für zielgenaue Nacht-und-Nebel-Aktionen nutzen ließen. Fallschirmjäger, die aus Helikoptern absprangen, kämpften in der Gebirgsregion des Libanon. Die Schajetet 13 operierte in mondlosen Nächten gegen die Terrorstützpunkte entlang der Küste.

In der alten Welt des Krieges kämpfte man im vollen Bewusstsein, möglicherweise umzukommen als Preis, den der einzelne Soldat für einen entscheidenden Sieg zu bezahlen riskierte. Aber im Libanon gab es keine Kapitulationen, keine kriegsentscheidenden Militäraktionen, keinen endgültigen Sieg. Nach jeder Operation stand die nächste an, und dann eine weitere und noch eine. Unsere Mission bestand nicht darin, sämtliche Bedrohungen zu beseitigen, weil das Nachschubpotenzial an feindlichen Kämpfern unerschöpflich war. Der Gedanke bestand darin, Terrorangriffe auf israelische Zivilisten dadurch zu verhüten, dass wir ein Ziel trafen und wieder verschwanden, bevor irgendjemand im Flüchtlingslager das Feuer auf uns eröffnete.

Als ich mein Team aufbaute, wollte ich keine psychopathischen Serienkiller dabeihaben, die es juckte, alles niederzumähen, was sich bewegte. Ich wollte kampferfahrene, aber sensible Männer, die sich zurückhalten konnten – die wussten, wer zu töten und wer zu schonen war –, wenn sie mit Tarnfarbe im Gesicht aus dem Meer auftauchten und in die Hinterhöfe der Terroristen, die Treppen hinauf und, wenn es sein musste, in ihre Badezimmer stürmten. So wie König Salomo sagte: »Denn durch Überlegung *[Tachbulot]* gewinnst du den Kampf.« (Sprichwörter, 24,6).

Als Yehunda mit einem Arztkoffer in der einen und einer AK-47 in der anderen Hand bei mir aufkreuzte und fragte, ob er in die Schajetet 13 eintreten könne, war er genau der Typ Bewerber, nach dem ich suchte.

Wir führten zahlreiche gemeinsame Operationen durch. Die gefährlichsten Missionen verlangen von uns, durch eine aufgewühlte See zu schwimmen, an Land zu gelangen und sofort unsere Granaten, Berettas mit Schalldämpfer und Maschinenpistolen auspacken. Dann stürmten wir auf unser Ziel los.

Einmal überfielen wir eine Guerillabasis und erledigten fünfzehn Terroristen. Laut unseren Informationen vom Mossad und vom Schin Bet hätten sie Stunden später einen Plan umgesetzt, über die Grenze zu schlüpfen, um israelische Zivilsten zu töten.

»Erinnerst du dich an den Jungen?«, fragte Yehuda mit einem abrupten Themenwechsel.

»Welcher Junge?«

»Dieser junge Kerl im Lager al-Raschidija. Weißt du nicht mehr? Nach dem Einsatz, kurz bevor wir zu den Schlauchbooten zurückschwammen, hast du mich gefragt, ob du das Richtige getan hättest?«

Er meinte einen Zwischenfall 1975, an den ich seit Jahren nicht mehr gedacht hatte. Wir hatten Befehle gehabt, einen Sabotageakt an einem Gebäude durchzuführen, das von einem PLO-Kommandeur im Flüchtlingslager al-Raschidija südlich von Tyros genutzt wurde. Die in der Eisenzeit gegründete Stadt war zum Aufnahmeort von fast zwanzigtausend palästinensischen Flüchtlingen und zu einer Brutstätte für militante Kämpfer geworden.

Raketenschiffe brachten uns bis in libanesische Hoheitsgewässer. Weiter mit Schlauchbooten fuhren so nahe ans Ufer heran, dass wir den Rest des Weges schwimmen konnten. Tief in der Nacht gingen wir an Land. Yehuda schloss sich der größeren der beiden Gruppen an: Mehr beteiligte Männer hieß wahrscheinlich auch mehr Verwundete, die er später würde zusammenflicken müssen. Ich eilte mit meinen Kämpfern über die holprigen Pfade, vorbei an elenden Betonbehausungen, Schrottautos und verrammelten Geschäften. Außen an dem Gebäude, das den Terroristen laut unseren Geheimdienstinformationen als Hauptquartier diente, brachten wir Sprengsätze an und rannten zurück zum Strand, um uns vor der Explosion in Sicherheit zu bringen.

Die Detonation riss das gesamte Lager aus dem Schlaf. Rufe tönten aus den umliegenden Gebäuden, und zweifellos waren schon Guerillakämpfer mit Maschinenpistolen in unsere Richtung unterwegs.

An dem Punkt hörte ich ein Schreien, das sich wie das eines kleinen Buben anhörte. Vielleicht hatte ihn die Druckwelle aus einem Fenster geschleudert. Als ich ihn vor mir auf dem Boden liegen sah, war ich wie gelähmt. Stehen bleiben hieß alle in Gefahr bringen, aber ihn einfach blutend seinem Schicksal zu überlassen, konnte ich nicht.

Das Prasseln von Schüssen schien näher und näher zu kommen, als sei die Hälfte der Männer im Lager auf den Beinen. In der pechschwarzen Nacht gab keiner von uns einen Laut von sich. Ich wies einen zum Sanitäter ausgebildeten Kämpfer an, sich um den Jungen zu kümmern, und zwar schnell. Da sich uns Stimmen näherten, mussten wir schleunigst wieder verschwinden.

Zurück am Strand, erwartete uns Yehudas Gruppe.

»Wir hatten schon befürchtet, dass ihr in einen Hinterhalt geraten seid », erinnerte sich Yehuda mir gegenüber auf dem bequemen Ledersofa. »Und als wir uns gerade ins Wasser stürzen wollten, hast du mich so an der Schulter gepackt ...«

Yehuda griff über den Tisch und drückte mit seinen großen Händen meine Schultern. »Es war stockdunkel«, fuhr er fort. »Ich konnte dein Gesicht nicht erkennen, hörte aber die Aufregung in deiner Stimme. Ich erinnere mich deshalb so gut, weil ich so etwas von dir nur ein einziges Mal gehört habe. Du hast mir gesagt, dass du deinen Sanitäter angewiesen hattest, den Jungen zu verarzten, und wolltest wissen, ob das angesichts des Risikos richtig gewesen sei. Diese zusätzlichen Minuten setzte das Leben aller aufs Spiel.«

»Und weißt du noch«, fragte ich, »was du geantwortet hast?«

»Ich glaube, ich hab dich nur kurz umarmt.«

Ich hob mein leeres Glas zum Nachfüllen hoch und forderte ihn mit einer Geste zum Weitererzählen auf.

»Erinnerst du dich an unsere Lagebesprechung bei Eitan vor der Operation in Tyros?«, fragte Yehuda. »Als du ihm gesagt hast, dass er dich ›mal kann‹. Daran muss ich immer denken.«

Generalstabschef Rafael »Raful« Eitan war Bauer, Zimmermann, Veteran des Palmach und ein erbitterter Kämpfer. Sein Kopf sprühte wie eine Rakete vor Ideen für Operationen. Und er war ein ausgekochter Fanatiker. Auf einem Raketenschiff, vor einer Operation in einem Flüchtlingslager, fragte ihn einmal einer, wie wir unsere Zielpersonen identifizieren sollten. Raful antwortete mit einem Grinsen: »Wenn sie nicht gerade Luftballons für ein Geburtstagsfest in der Hand halten, sind sie Terroristen. Haltet drauf!«

Auf der Besprechung unmittelbar vor der Operation 1980 in Tyros hatte uns Raful die Anweisung erteilt, einen von Arafats hochrangigen Kommandeuren zu beseitigen. Der Mann hatte zwei Jahre zuvor eine Gruppe Terroristen im Schlauchboot losgeschickt, um israelische Zivilisten, darunter Kinder, zu ermorden. Wir hatten jedes Recht, ihn zur Strecke zu bringen: Er schickte immer noch Terroristen über die israelische Grenze.

Für die Operation hatten wir hervorragende nachrichtendienstliche Informationen: Wir wussten genau, wie er aussah, und kannten seinen allabendlichen Platz im selben Café an der Hafenmole. Der Plan für den 5. August sah vor, dass wir uns in Schlauchbooten bis auf einen knappen Kilometer dem Strand annähern und ihn mit Ferngläsern eindeutig identifizieren würden. Dann sollten wir bis an Land tauchen und auf den Hafendamm klettern: Zwei Kugeln eines Scharfschützen würden ihn erledigen.

Raful fügte dem Plan eine Wendung hinzu. Sobald wir uns davon überzeugt hätten, dass die Zielperson getroffen war, sollten wir sämtliche anderen Personen im Café mit Pistolen und Maschinengewehren niedermähen und an der Mole Sprengladungen anbringen.

»Herr Generalmajor«, teilte ich ihm mit, »das werden wir nicht tun.«

»Was soll das heißen? Das ist ein Befehl.«

»Herr Generalmajor, bei dieser Operation geht es darum, einen Terroristen zu töten, keine Familien im Café oder umherspringende Kinder auf dem Hafendamm.« Im Gegensatz zu den Terroristen, auf die wir Jagd machten, hielten sich die Killerkommandos unter meiner Führung bei ihren Operationen an die ethischen Grenzen, die ich damals abgesteckt hatte. Mein Vorbild war der japanische Samurai, ein edler Kämpfer, der einem Verhaltenskodex gehorchte. Mein hebräischer Samurai führte Tötungen gezielt, präzise und intelligent durch.

Der General rollte die Augen und legte nach. Wir müssten »den Rückzug sichern«.

»Herr Generalmajor, wenn wir massiv das Feuer eröffnen, machen wir unser gesamtes Umfeld auf uns aufmerksam.« Es sei doch deutlich besser, nur den Mann mit einigen Kugeln aus einem Präzisionsgewehr mit Schalldämpfer auszuschalten.

Raful versteifte sich auf ein rücksichtsloses Gemetzel, worauf unser Streit, ausgetragen vor einem Dutzend unserer Kämpfer, hitzige Züge annahm. Ich starrte ihn mit offenem Mund an, blickte auf seine Stirnglatze und die von allzu viel Sonne geröteten Wangen. Sein mokanter Ton, als seien wir Schädlingsbekämpfer im Einsatz, forderte einen noch schärferen Widerspruch heraus. Für ihn machte es ehrlich keinen Unterschied, ob man mit chirurgischer Präzision einen Terroristen unschädlich machte oder unter Zivilisten ein Blutbad anrichtete.

»Herr Generalmajor, wenn sie alle tot sehen wollen, brauchen Sie doch nicht uns. Schicken Sie die Luftwaffe. Eine Ein-Tonnen-Bombe aufs Pier, und alles ist vorbei.«

Angesichts des geringen Werts, den er dem Leben von Arabern beimaß, legte ich sorgfältig meine Gegenargumente dar. Es sei wirkungsvoller, ganz allein den PLO-Kommandeur ins Visier zu nehmen. Zwei Kugeln eines Scharfschützen, abgefeuert bei Dunkelheit von der Mole, hinterließen so gut wie keine Spuren. Eine saubere Operation verbreite Angst. Unsere Feinde würden davon ausgehen, dass wir allwissend, allmächtig seien. *Wenn ihr eure Hand gegen uns erhebt, finden wir euch, und ihr zahlt den Preis.*

Am Ende führten wir die Mission auf meine Art aus und machten den Mann unschädlich, allerdings nur vorübergehend: Er war verletzt, aber nicht getötet worden.

Um Mitternacht verabschiedete ich mich von Yehuda. Als ich die nächsten paar Tage mit Biba auf den Feldern arbeitete, dachte ich viel nach über diesen Streit mit Raful. Yehuda hatte es so dargestellt, als sei ich ein großer Kämpfer für die Menschenrechte gewesen, der auf einen kaltblütigen Killer herabschaute, aber ich wusste es besser. In einer entscheidenden Hinsicht hatte ich mich damals nicht von Raful unterschieden. Wir waren beide davon überzeugt gewesen, dass wir auf der Seite der Gerechtigkeit stünden, in unserem edlen Kampf gegen Feinde, die Kugeln verdienten, weil sie uns dabei im Weg standen, die rechtmäßige Herrschaft über das Land Israel auszuüben. Es brauchte eine Erfahrung fernab des Schlachtfelds, um mich von dieser Überzeugung abzubringen.

Kapitel 9

Meine »Fanta-Mann«-Erlebnisse

Im Jahr 1981 beendete ich nach über zweieinhalb Jahren meinen Dienst als Kommandeur der Schajetet 13 und kehrte in die Marine zurück. Wenig später zog ich mit Biba und den Kindern in die USA, weil mich meine Vorgesetzten zum Studium am US Naval War College nach Newport, Rhode Island, schickten. Erstmals seit Jahren musste Biba unsere beiden Söhne Nir und Guy nicht mehr fast ganz alleine aufziehen und dazu als Sozialarbeiterin in Haifa vollzeitarbeiten, damit ich meinen Master und damit einen guten Karrieresprung machen konnte. In Newport bekamen wir ein Haus nahe dem Stützpunkt gestellt und richteten uns in einem amerikanischen Leben ein.

Die Kurse an dieser Seekriegsakademie gaben mir ganz neue Einblicke in die Welt der Strategie und Geopolitik. Im Weißen Haus saß Ronald Reagan. Die Sowjetunion, das »Reich des Bösen«, wie er es nannte, steckte im Morast von Afghanistan fest. Die Berliner Mauer stand noch, als ein sichtbares Zeichen des Eisernen Vorhangs, der die kommunistischen Länder von der freien Welt trennte. Und die Gefahr eines Atomkriegs lag spürbar in der Luft.

Ein Seminar zum U-Boot-Krieg lehrte mich, wie wichtig es war, über die richtigen Sensoren zu verfügen, um Bedrohungslagen zu erkennen. Ein direkt unter der ruhigen Wasseroberfläche lauerndes U-Boot hatte womöglich ausreichend Sprengstoff an Bord, um Manhattan Dutzende Male zu zerstören. U-Boote wurden für mich zu nuklearbewaffneten Versionen von Kampftauchern: lautlos auf der Lauer liegend und tödlich. Aufzuhalten waren sie nur, wenn man sie herannahen sah.

Am besten erinnere ich mich an den Kurs zur Militärstrategie, in dem es um die Aufgabe der Institutionen ging, die Einhaltung ethischer

Maßstäbe im Krieg zu überwachen, so der Internationale Gerichtshof, die Genfer Konventionen und das Internationale Rote Kreuz. Meine bisherige »Kriegsethik« hatte ich aus klassischen Geschichten über edle Krieger – die Makkabäer und die Meister der Samurai –, aber nicht aus dem Völkerrecht bezogen. Meine Ablehnung, mutwillig Zivilisten ins Visier zu nehmen, hatte auf meiner Erziehung im Kibbuz und einem persönlichen moralischen Kompass, nicht auf Theorien zu Menschenrechten beruht.

Zu meinen Kommilitonen zählten hochrangige Marineoffiziere aus muslimischen, zumeist verfeindeten Ländern. Ich lernte einen ägyptischen U-Boot-Kommandeur, den Kommandeur eines sudanesischen Patrouillenboots und einen jordanischen Marineoffizier kennen, der später zum Befehlshaber der jordanischen Kriegsmarine aufstieg.

Eines Tages kam ein pakistanischer Oberst auf mich zu und warnte mich ohne Umschweife: »Ihr müsst verhindern, dass sich der israelisch-palästinensische Konflikt zu einem Kampf zwischen dem Judentum und dem Islam ausweitet.« Seine Stimme, ein tiefes Brummen, klang wie ein Torpedo kurz vor dem Einschlag. »Öffnet nicht die Büchse der Pandora. Wir können mit Israel leben. Und euer Kampf mit den Palästinensern ist für Pakistan ohne Interesse. Treibt mit den islamischen heiligen Stätten einfach keinen Unfug und missbraucht nicht die Religion zur Rechtfertigung eurer Ansprüche.«

»Religion hat mit unserem Konflikt nichts zu tun«, versicherte ich ihm mit einem Schulterklopfen. »In Israel ist Religion Privatsache, und Politiker werden sie niemals für ihre Zwecke nutzen.«

Wie sehr ich mich getäuscht hatte.

Am stärksten beeinflusst wurde ich auf der Kriegsakademie durch die Theorien des preußischen Denkers Carl von Clausewitz aus dem 19. Jahrhundert, dem Vater der militärstrategischen Forschung, insbesondere von seinem Diktum, wonach »[d]ie Strategie [...] ursprünglich nur den Sieg, d. h. den taktischen Erfolg, als Mittel und [...] die Gegenstände, welche unmittelbar zum Frieden führen sollen, als Zweck« habe. Israels Friedensvertrag mit Ägypten gab dieser Maxime ganz bestimmt recht. Aber ich hätte nie in Erwägung gezogen, es mir zur Aufgabe zu machen, mit Terroristen Frieden zu schließen. Ihre Taktik bestand darin, Frauen und

Kinder ins Fadenkreuz zu nehmen, und meine zielte immer noch darauf ab, sie auszuradieren.

Am 3. Juni 1982 – Biba, die Jungs und ich hatten Pläne, uns wenig später in unseren Ford LTD zu quetschen, um auf einen Sommerurlaub quer durchs Land zu fahren – näherte sich dem israelischen Botschafter im Dorchester Hotel in London ein Terrorist und schoss ihm eine Kugel durch den Kopf – losgeschickt von Abu Nidal, dem Chef einer palästinensischen Terrorgruppe und ein verhasster Rivale Arafats und seiner PLO. Von den Debatten im israelischen Kabinett, wie auf diesen Mordversuch zu reagieren sei, bekam ich nichts mit. Ich erfuhr nur die Ergebnisse: Bei schweren israelischen Angriffen auf PLO-Ziele im Libanon kamen zweihundert Menschen um. Zur Vergeltung feuerte die PLO Raketen über die Grenze nach Galiläa ab. Am nächsten Tag, dem 4. Juni, gab Ministerpräsident Menachem Begin die Order, die terroristische Infrastruktur im Libanon zu zerstören, mit Verteidigungsminister Ariel Scharon als Verantwortlichem. Die Invasion, so Begin, diene dem Zweck, ein »weiteres Treblinka zu verhüten«. Arafat sei der »Hitler von Beirut«.

Scharon, ein aggressiver Taktiker, mobilisierte das Land, um in den Libanon einzumarschieren und den für ständigen Ärger sorgenden Arafat mitsamt seiner PLO aus dem Land zu jagen. Damals wusste ich nicht, dass Arafat und die PLO mit dem Anschlag in London gar nichts zu tun gehabt hatten. Dieser musste nur als Vorwand für die gewaltige Operation herhalten, auf deren Start Politiker wie Scharon schon seit Langem erpicht waren.

Ich wurde unverzüglich nach Israel zurückbeordert. Vor meiner Abreise stellte mich mein Zimmerkamerad Sam Hans, Kommandeur der norwegischen U-Boot-Flotte und künftiger stellvertretender Oberbefehlshaber der norwegischen Kriegsmarine, zur Rede: »Warum zum Teufel wollt ihr wegen eines stümperhaft ausgeführten Mordanschlags auf einen Mann den Libanon erobern?«

»Hans«, antwortete ich, ohne nachzudenken, »wir Israelis zählen anders als ihr Europäer: Ihr zählt eure Toten an einer Hand ab: eins, zwei, drei – während wir unsere ab der Zahl sechs Millionen zählen. Stell dir vor, sechs Millionen und zwei Norweger würden getötet. Dann wärt ihr wie die Wikinger. Natürlich würdet ihr in den Krieg ziehen.«

An seiner verblüfften Miene erkannte ich, dass wir von der Realität eine unterschiedliche Wahrnehmung hatten. »Euer Botschafter lebt noch, Ami. Und die Palästinenser sind keine Nazis.«

Erst auf dem Rückflug nach Israel fragte ich mich, warum ich im Gespräch mit Hans reflexartig den Holocaust ins Feld geführt hatte. Bestimmt nicht, weil ich mit diesem Thema aufgewachsen war. Keineswegs. Hatte ich die wild zur Judenvernichtung entschlossenen Nazis und die PLO-Kämpfer, die Israel sein Existenzrecht absprachen, unbewusst gleichgesetzt? Möglicherweise, aber wenn schon. Ich bestellte ein Getränk und versuchte etwas zu schlafen.

In den Gefechten kommandierte ich den Marinestützpunkt in Aschdod und war für Landeoperationen in Beirut und anderswo verantwortlich. Ich unterstützte die Blockade der einstmals phönizischen Häfen. Wie jeder Offizier befolgte ich Befehle. Wie viele Kollateralschäden – getötete und verletzte Zivilisten – diese Mörserangriffe kosteten, war unmöglich kalkulierbar. Ich war schließlich zum Kämpfen und nicht zum Philosophieren da. Hatte ich im Lehrgang über Clausewitz nicht soeben eines gelernt? Als Offizier strebte ich taktische Siege an und trug so zum strategischen Ziel des Friedens bei. Im Übrigen nahmen wir im Gegensatz zu Terroristen Zivilisten nicht *absichtlich* ins Visier.

Meine erste Einsicht in die wahre Natur des Konflikts mit den Palästinensern – mein erstes »Fanta-Mann«-Erlebnis, wie man sagen könnte –, hatte ich vor der Küste Israels, unmittelbar nördlich der Grünen Linie, der Waffenstillstandslinie von 1949, die Israel vom Gazastreifen trennt. Als sich die Front im Libanon beruhigt hatte, war ich von den Gewässern vor der Stadt Haldera zwischen Haifa und Tel Aviv an die ägyptische Grenze im Süden versetzt worden. Von 1982 bis 1985 lautete mein Auftrag, Schmuggler und Terroristen daran zu hindern, über die Grenze nach Israel einzusickern.

Von meinem Stützpunkt Aschdod aus verhinderte ich Angriffe durch die strenge Überwachung der Militärzone vor dem Gazastreifen. Gazas glatte, flache Küste bietet keinen natürlichen Tiefwasserhafen und keinen Schutz vor Winden. Deshalb mussten die Fischer ihre Netze häufig weit draußen auswerfen, um den Wellen und Strömungen zu entgehen. An einem Tag auf Patrouille begegneten wir einem alten Mann in einem klapprigen Boot, der in Richtung der israelischen Stadt Aschkelon trieb. Ich steuerte mein Schiff auf ihn zu, um ihm den Weg abzuschneiden. Mit Warnschüssen in die Luft versuchten ihn meine Männer vergeblich zur Kursänderung zu bewegen. Wir schossen erneut. Er ignorierte uns immer noch. Ich kurvte nach Süden an seine Steuerbordseite heran, nahe genug, um seine sehnigen Arme und seine dunkelbraune Haut sehen zu können. Er erinnerte mich an den Santiago aus Hemingways *Der alte Mann und das Meer*. Da schändlicherweise keiner von uns Arabisch sprach, konnten wir ihm nur mit Gesten bedeuten, dass er umkehren sollte.

»*La*«, sagte er, »Nein«. Auch ohne Dolmetscher verstand ich, dass er gar nicht daran dachte nachzugeben.

Einer meiner Männer hob seine Waffe hoch – als Botschaft, dass wir das Feuer eröffnen würden, sollte er nicht nach Gaza zurückkehren.

Mit entschlossenen kohlrabenschwarzen Augen breitete der Mann mit dem nackten Oberkörper seine Arme weit aus. *Nur zu,* drückte diese Geste aus, als habe er nichts zu verlieren.

Sich in einer Militärzone Befehlen zu widersetzen hatte für Palästinenser oft den Tod zur Folge. Aber was trug es zu Israels Sicherheit bei, das Feuer auf einen alten Mann zu eröffnen, der einfach nur seine Familie ernähren wollte?

Ich ging zum Bug vor, um nachzudenken, und als ich zurückkehrte, warteten meine Männer darauf, was ich tun würde.

Gottverdammt, murmelte ich in mich hinein, *beweg dein Boot da weg!*

Er warf sein Netz aus, als seien wir gar nicht da. Raful Eitan sagte immer, dass israelische Soldaten feindliche Positionen deshalb erstürmten, weil sie die Kameraden mehr als den Feind fürchteten. Und tatsächlich hatte ich einen Moment lang Angst, Schwäche vor meinen Männern zu zeigen und einen Machtkampf mit einem zahnlosen Fischer zu verlieren. Aber einen Mann töten, nur um deutlich zu machen, wer der Chef ist? Stände ich dann stärker oder schwächer als der alte Mann da?

Ich wandte mich an meine Männer und sagte: »Verschwinden wir von hier, zum Teufel.«

Wenig später, 1987, brach die Erste Intifada aus.

Ein IDF-Soldat in Gaza hatte die Kontrolle über seinen Lastwagen verloren, war im Lager Dschabaliya von der Straße abgekommen und durch eine Menschenmenge gepflügt. Vier Palästinenser kamen uns Leben. Der Aufstand, den dieser tragische Unfall auslöste, überraschte mich ähnlich wie einst der Jom-Kippur-Krieg, weil er aus heiterem Himmel zu kommen schien. Nach einer kurzen Dienstzeit als Kommandeur eines Geschwaders aus Raketenschiffen war ich damals schon Brigadegeneral und Marinekommandeur des Nordens. Auf der Fahrt des Einsatzschiffs für das Nordkommando hörte ich zu meinem Erstaunen den neuen IDF-Generalstabschef Dan Schomron sagen, die Intifada sei ein Aufstand der Massen und könne nicht vom Militär mit Kugeln aus der Welt geschaffen werden. Wie Feuerwehrleute, die einen gewaltigen Flächenbrand nicht unter Kontrolle brächten, könne die Armee allenfalls versuchen, die Flammen einzudämmen. Es sei an den Politikern, die eigentlichen Ursachen angehen.

Einen derartigen Defätismus war ich nicht gewohnt. Weniger überraschte mich dagegen Verteidigungsminister Rabin, als er die Soldaten anwies, den Palästinensern mit Knüppeln Gefügigkeit beizubringen. Rehavam »Gandhi« Zeevi, ein weiterer General, bezeichnete die Palästinenser als »Läuse«. Ich las von gebrochenen Knochen und anderen Akten einer Politik der harten Hand, die uns nur noch tiefer in diesen Konflikt hineinrissen. In *Haaretz* beschrieb der Journalist Ari Shavit das »Gaza-Strand-Internierungslager« mit seinen Dutzenden Wachtürmen und den »schrecklichen Schreien«, die er nachts hörte, weil Agenten des Schin Bet »einige Jugendliche im Verhörtrakt zu brechen versuchten«.

Jahre zuvor hatte ich als damaliger Kommandant des Stützpunkts Aschdod einige Zeit an der Küste von Gaza verbracht und war mit Fischern in Kontakt gekommen. Wir tranken Kaffee in der Nähe des Hafens, und ich versuchte – auf Hebräisch, das viele sprachen – unsere Befehle Männern zu erläutern, deren Vorfahren seit der Eisenzeit in diesem Gewässer gefischt hatten.

So wie sie bei ihrem Hummus lächelten, meinte ich, dass sich die Palästinenser mit uns arrangiert hätten. Ich stellte mir vor, sie wüssten, dass wir in einer rauen Umgebung unser Bestes zu tun versuchten. Anders als die Franzosen in Algerien waren wir keine Kolonialherren. Wir befreiten Land, das uns seit der Antike gehört hatte. Gegenüber den Palästinensern seien wir »aufgeklärte Eroberer«. Wir hatten ihnen doch

Universitäten und Straßen gebaut und eine moderne Landwirtschaft eingeführt.

In einem Musterbeispiel kolonialen Wunschdenkens nahm ich an, Armut, nicht Patriotismus treibe die Palästinenser zur Gewalt an. Wenn wir nur ihre Wirtschaft ankurbelten, würden sie sich unserer Herrschaft unterstellen und am Ende einen Frieden zu unseren Bedingungen anstreben.

Eines Tages Anfang 1988 machte ich mich als damaliger stellvertretender Marinechef mit einem Fahrer und meiner vertrauten AK-47 in einem ungepanzerten Jeep auf den Weg, um eine Gruppe von Fischern zu treffen. Um die Mittagszeit fuhren wir los. Von Marinestützpunkt Erez aus nahmen wir die Straße, die an der Grünen Linie zwischen Gaza und Israel entlang führte, um zum Hafen zu gelangen. Von der Hauptstraße für die Siedler, die mit Stacheldraht und mit bis zum Hals reichenden Stapeln aus Sandsäcken von den Palästinensern abgetrennt war, bogen wir in einen zweispurigen Holperweg in Richtung des Flüchtlingslagers Shaati ein.

Bei der Einfahrt ins Camp gab ich dem Fahrer Anweisungen, wie er zum Treffpunkt am Hafen gelangen würde. Rauch von brennendem Müll hing in der Luft. Illegal angeschlossene Stromleitungen liefen von einer Elendsbehausung zur nächsten. Vor einer verfallenden Schule des UN-Hilfswerks für Palästinaflüchtlinge sickerte Abwasser in den Boden. Plötzlich umstellte ein Pulk von Leuten von allen Seiten her unser Fahrzeug – ein paar alte Männer auf Eselskarren, aber vor allem Frauen und fahrradfahrende Kinder.

Diese menschliche Straßensperre war das erste Anzeichen dafür, dass ich meinen Plausch mit den Fischern würde verschieben müssen. Und als ein noch deutlicher Hinweis ging plötzlich von allen Seiten her ein Hagel aus Schlackenbeton auf unseren Jeep nieder, Bruchstücke von Blöcken prallten vom Dach ab. Hatte unweit dieser Stelle einst Samson den Tempel des Dagon niedergerissen, so war jetzt ich im Begriff, von Kindern und Großmüttern gesteinigt zu werden. Ein Molotow-Cocktail hätte genügt, um uns in diesem Jeep einzuäschern.

Ich vergesse nie die hasserfüllten Augen eines höchstens fünfzehn Jahre alten Jungen. Sein starrer Blick fühlte sich wie eine Kriegserklärung an und traf mich härter als damals dieser Granatsplitter auf Green Island.

Da wir den Wagen in der schmalen Gasse nicht zurücksetzen konnten, wies ich den Fahrer an, das Gaspedal durchzutreten, um durch den Steinhagel zu entkommen.

Erst später in der Nacht bekam ich Zeit, über das Geschehene nachzudenken. Zwanzig Jahre nachdem Meir Shalev sein »Fanta-Mann«-Erlebnis im Westjordanland gehabt hatte, blickte ich durch die Augen dieses Burschen auf mich selbst. Im Kibbuz war ich dazu erzogen worden, den Unterdrücker zu hassen und die menschliche Würde und Freiheit über alles zu schätzen. Getreu dieser Werte musste ich dem Jungen im Lager recht geben: Ich war ein hassenswerter Unterdrücker von Millionen von Palästinensern, die nach politischer Unabhängigkeit strebten.

Wer bin ich?, fragte ich mich nun. Ich hatte die Makkabäer in meinem Blut, außerdem Masada und diese Worte unserer Unabhängigkeitserklärung: »Das Land Israel war die Geburtsstätte des jüdischen Volkes. Hier wurde seine spirituelle, religiöse und politische Identität geprägt.«

Aber wie brachte ich das mit dem Hass in den Augen dieses Jungen zusammen? Ich wusste es immer noch nicht.

Kapitel 10

Die Thora des Königs

Biba hielt mich für übergeschnappt, als ich ihr von meinen Plänen erzählte, nach Jerusalem zu fahren und mit Rabbi Jitzchak Schapira zu reden.

»Was erhoffst du dir von ihm«, fragte sie.

Als treue Leserin der Literaturbeilage der *Haaretz* war ihr das berüchtigte Buch des Rabbis – *Torat Hamelech,* »Die Thora des Königs« – durchaus ein Begriff. Schapira rechtfertigt in ihm ethnische Morde nicht nur, sondern ermuntert sogar zu ihnen. Er behauptet, seine Argumentation beruhe auf den moralischen Grundlagen einer jahrhundertealten rabbinischen Exegese. »Wenn wir einen Nichtjuden töten, der gesündigt oder gegen eines der sieben Gebote verstoßen hat – denn die Gebote sind uns wichtig –, ist an der Tötung nichts Unrechtes.«[16] In einem weiteren Schritt gibt Schapira sogar grünes Licht für den Mord an nichtjüdischen Säuglingen, da arabische Neugeborene wahrscheinlich die gleichen Sünden wie ihre Eltern begehen würden.

Mit Schapira und seiner Sekte innerhalb der Lubawitscher Gemeinschaft hatte ich mich erstmals in meiner Zeit beim Schin Bet befasst. Damals hatte es zu meinen Aufgaben gehört, jüdische Terroranschläge wie die Ermordung Jitzchak Rabins zu verhindern. Ich besuchte Schapira im September 1996 am Josefs-Grab in Nablus, wo er als Leiter einer Talmud-Hochschule, der Jeschiwa Od Josef Chai (Josef lebt), wirkte. Ich wollte unter anderem mit ihm über die Angriffe von Siedlern in Jitzchar, einem Dorf nördlich von Nablus, auf benachbarte Palästinenser diskutieren. Auf sie folgten Racheakte – Terror gebiert Terror.

Ich hatte mich über die Jahre für den Rabbi und seinen Zirkel auch weiterhin interessiert, weil er für mich ein untrennbarer Teil von Israels Schicksal ist und ich gegen eine Zukunft arbeiten will, wie Amos Oz sie befürchtet hat: »Die Lehen der Jiddischkeit werden Region um Region annektieren, und wir schauen taub und stumm zu.«

Um meine Mission mit diesem Buch zu erfüllen, musste ich nachvollziehen, wie Schapira eine Rechtfertigung für Aktionen finden konnte, die ich als Verbrechen ansah. Schließlich sind wir beide israelische Juden, und wenn wir uns nicht zusammensetzen und offen miteinander reden können, werden wir nie begreifen, wie wir aus unserer Falle herauskommen.

Der Rabbi lebte in einem verfallenden Gebäude zwanzig Minuten Fußweg vom Mahane-Yehuda-Markt entfernt, auf dem ein Selbstmordattentäter in meiner Zeit beim Schin Bet Dutzende Menschen mit einer Bombe in den Tod gerissen hatte. Ich stellte meinen Wagen am Bordstein ab und versuchte, meine Gedanken zu ordnen. Ich wollte das Büro des Rabbi möglichst unvoreingenommen betreten.

Als ich die Treppe hochstieg, erwartete mich, schmächtig und gebrechlich, der Rabbi vor seiner Tür. Mit seinem flaumigen Bart und den dunklen Ringen um die Augen wirkte er wie ein Besucher aus einer jenseitigen Welt. In Birkenstocks ließ er mich in sein leeres Arbeitszimmer ein. Er hatte sich von allem Überflüssigen getrennt und sagte scherzhaft: »Ich habe zwölf Kinder, Herr Ajalon, und lassen Sie mich jetzt bloß nicht von meiner Horde Enkelkinder anfangen!« Der Rabbi redete in einer sanften, trällernden Stimme. Vielen gilt er als der erlesenste Schüler Yitzchak Ginsburghs, der in St. Louis zur Welt kam und wie ein Guru verehrt wird.

»Nennen Sie mich Ami.«

Ein Foto von Rabbi Ginsburgh, den ich nach Rabins Ermordung für ein Verhör hatte festnehmen lassen, weil er mit seinen Lehren, wie ich es sah, zur Gewalt aufstachelte, bildete den einzigen Schmuck an den ansonsten kahlen Wänden. »Wenn ein Jude eine Leber braucht«, hatte Ginsburgh rhetorisch gefragt, »darf man dann die Leber eines unschuldigen nichtjüdischen Passanten nehmen, um ihn zu retten? Die Thora würde das wohl erlauben. Jüdisches Leben hat einen unendlichen Wert. Jüdisches Leben ist unendlich heiliger und einzigartiger als nichtjüdisches Leben.« Einige von Ginsburghs hitzköpfigen Studenten deuteten seine Lehre zum biblischen Begriff der »Rache« als einen Freibrief, das Gesetz in die eigene Hand zu nehmen und Palästinenser zu töten, die sie für Terroristen hielten.

»Ehe wir beginnen: Wann haben Sie denn zum letzten Mal Tefillim angelegt?«, fragte Schapira.

Ich murmelte etwas von meiner Bar Mitzwa. Die Wahrheit ist, dass ich Tefillim – Gebetsriemen und die kleinen lederne Kapsel mit Thora-Passagen auf Pergamentrollen, die sich orthodoxe jüdische Männer vor dem Beten an den Kopf schnallen – in meinem Leben nur wenige Male angelegt habe: zum ersten Mal vor meiner Bar Mitzwa, bei einem Besuch mit meinem Vater bei einem Freund und praktizierenden Juden, den er in seiner Zeit in einem Moschaw, einer typisch israelischen Siedlung, kennengelernt hatte. Abba wollte mir zeigen, wie eine religiöse Familie in Israel lebte, und mir beibringen, die jüdischen religiösen Bräuche zu ehren, auch wenn wir sie im Kibbuz nicht praktizierten.

»Macht es Ihnen etwas aus, wenn wir Tefillim anlegen? Ich finde das immer die beste Art, Geist und Seele zu reinigen.«

Ich war seltsam erleichtert, dass mich der Rabbi nicht als Eindringling in seine Welt der Thora betrachtete. Nach meinem Nicken umwickelte er meinen Arm mit Lederriemen und befestigte die Gebetskapsel an meiner Stirn. *»Baruch atah adonei …«* Wie ein kleines Kind in einer Synagoge beobachtete ich Schapira staunend beim Beten. Wie um alles in der Welt hatte dieser Mann, der wie ein Asket in seiner einfachen Wohnung lebte, das Judentum, eine Grundlage des Humanismus, so verdreht, dass ein Machwerk wie *Die Thora des Königs* dabei herausgekommen war?

Sobald der Rabbi fertiggebetet hatte, löste ich den Lederriemen von meinem Unterarm und erklärte, warum ich ihn um ein Treffen gebeten hatte. Er nickte leutselig, während ich redete. Als ich ihn nach seinem Werdegang fragte, trat ein Funkeln in seine Augen.

Geboren in Kfar Pines, gehörte Schapira zu den ersten Siedlern, die nach 1967 nach Hebron ins Westjordanland gezogen waren. Kurz darauf packte er mit an, um die Siedlung Ofra aufzubauen. Später verlegte er seinen Wohnsitz nach Jamit, in die Siedlung, die meine Freunde auf dem Sinai errichtet hatten. Als der Sinai durch das Friedensabkommen mit Sadat an Ägypten zurückfiel, kehrte er nach Judäa und Samaria zurück. Durch den Friedensvertrag mit Ägypten in Alarmstimmung versetzt, schwor sich die Siedlerbewegung, alles Menschenmögliche zu unternehmen, um eine ähnliche Evakuierung aus der Westbank zu verhindern. Radikale gründeten eine jüdische Untergrundbewegung, die Terrorakte gegen Araber beging. Einige heckten sogar ein apokalyptisches Komplott aus, um den Felsendom in die Luft zu sprengen.

Schließlich fand der Rabbi den Weg in eine neue Siedlung, bei deren Gründung der Personenkult um Rabbi Ginsburgh eine zentrale Rolle gespielt hatte. In der Welt der Lubawitscher bemaß sich die Nähe zu Gott an der zum »Rebbe« Menachem Schneerson, und in Israel stand dem Rebbe niemand näher als Ginsburgh. Im Jom-Kippur-Krieg hatte der ihn gebeten, Ariel Scharon in dessen belagerter Militärbasis seine Segnungen und Gebete zu überbringen.

Erneut mit dem Segen des Rebbe nahm Ginsburgh das Josefs-Grab in den Blick, das mitten in Nablus, einer Stadt mit hundertzwanzigtausend Einwohnern im Westjordanland, und Seite an Seite mit einem Flüchtlingslager liegt, das in jüngerer Zeit als Hochburg von Hamas-Unterstützern hervorgetreten war. Anfang der 1980er-Jahre bauten seine Gefolgsleute neben dem Josefs-Grab die Jeschiwa Od Josef Chai auf.

Schapira brachte bei Ginsburgh zehn Jahre zu, während derer er in der nahe gelegenen Siedlung Jitzchar lebte. Hier veröffentlichte er 2010 denn auch *Die Thora des Königs*. Gingburgh und weitere prominente Rabbis des religiösen zionistischen Lagers feierten das Buch als Meisterstück des talmudischen Kommentars, während es von Israels Öffentlichkeit mehrheitlich verdammt wurde. Die israelische Zeitung *Maariv* nannte es gar eine »komplette Anleitung zur Tötung von Nichtjuden«.

Bevor ich die Labyrinthe seiner Theologie erkundete, wollte ich mit Schapira über die Palästinenser reden. Mit nichts hinter dem Berg haltend, teilte ich ihm meine Überzeugung mit, dass eine Zweistaatenlösung unseren hundertjährigen Krieg mit den Arabern, die den Boden von Eretz Israel mit uns teilen, beenden könne. Zu meiner Überraschung löste das Wort Palästinenser bei ihm nicht sofort Erbitterung oder Kriegslüsternheit aus. »Treffen wir eine Abmachung«, sagte Schapira mit einer unverändert mystischen Miene. »Wenn Sie mir sagen, woran Sie glauben, verrate ich Ihnen, wo wir das Prinzip von Auge um Auge sehen. Womöglich stellen wir fest, dass ich ein Linker wie Sie bin.«

»Klingt fair. Aber fürs Protokoll: Ich bin weder ein Linker noch ein Rechter. Wenn Sie mir ein Etikett anheften wollen, nennen Sie mich einen pragmatischen Humanisten.«

»Um so besser«, sagte er so genüsslich, dass ich fast schon Applaus von ihm erwartete. »Ich halte mich nämlich auch für einen Humanisten. Wenn Sie mir jetzt noch sagen, was Sie unter einem Humanisten verstehen, stellen wir vielleicht fest, dass wir uns wie ein Ei dem anderen gleichen.«

Ich blickte kurz auf das gerahmte Foto Ginsburghs und teilte ihm meine Sichtweise vom Humanismus mit, den des felsenfest im Judentum verankerten Glaubensdaran, dass das Individuum, seine Würde und Freiheit im Mittelpunkt der menschlichen Gesellschaft stehen müssten. Der Mensch ist sein eigener Herr.

»Meine Eltern und andere Kibbuzim«, fuhr ich fort, »haben den Zionismus keine Sekunde als etwas anderes als einen Humanismus betrachtet. Das jüdische Volk zu erretten, hieß für sie, den Staat Israel als einen Ort aufzubauen, in dem Gleichheit und der Schutz von Rechten fest verankert sind, eine Gesellschaft, die sich auf die Vision unserer Propheten zurückbesann und die den Werten unserer Unabhängigkeitserklärung verpflichtet ist. Sie hatten bloß einen blinden Fleck: die Araber. Nicht, dass sie sie verabscheut hätten. So, wie sie uns aufgezogen haben, schienen bei ihnen die Araber schlicht nicht vorzukommen.«

Mein Endziel besteht darin, die humanistischen Werte meiner Eltern aufrechtzuerhalten. Und ich bin zu dem Schluss gelangt, dass der einzige Weg dorthin darin besteht, eine jüdische Mehrheit im Staat Israel zu bewahren. Ich teilte Schapira meine Überzeugung mit, dass der in Oslo angestoßene Friedensprozess eine Chance biete, Israels Identität als einen jüdischen und demokratischen Staat zu bewahren.

Mitten in meinem Monolog erlosch sein Lächeln. Seine Augen musterten mich vom Gesicht bis zur Brust, als befände ich mich in einer polizeilichen Gegenüberstellung. Meine Rückenmuskeln spannten sich an, aber er blieb ruhig wie ein Boxer, der sicher darauf zählt, seinen Gegner K. o. zu schlagen, egal wie viele Runden es dauert.

»Sagen Sie mir, Ami«, sagte er ohne einen Anflug von Groll wie ein Therapeut dem Ratsuchenden, »ist das orthodoxe Judentum nach Ihrer Sicht humanistisch oder antihumanistisch?«

»Das kommt darauf an. Ich kenne viele orthodoxen Juden, von denen ich glaube, dass sie Humanismus so definieren würden wie ich, zum Beispiel Rabbi Jonathan Sacks in England, dessen Bücher ich gelesen habe, oder die Professoren an der Hebräischen Universität Mosche Halbertal und Rabbi Benjamin Lau.«

»Danke, Ami. Jetzt verstehe ich.« Der Rabbi legte die Handflächen auf den Tisch, zog sie zurück und fuhr sich an den Schläfen durch sein kurz geschnittenes Haar. Mit geschlossenen Augen hielt er kurz inne, griff mit beiden Händen nach dem Wasserglas neben dem Aufnahmegerät und leerte es mit einem einzigen langen Zug. »Ich muss Ihnen sagen«, meinte er schließlich, »dass nach unserer Sicht der Dinge das, was Sie soeben geäußert haben, überhaupt nicht humanistisch ist. Es ist das genaue Gegenteil.«

»Wieso das?«

»Zunächst einmal zur Frage der historischen Objektivität«, sagte er. »Oslo hat nicht deshalb einen Teil des Landes Israel an Arafat überantwortet, weil wir Kolonisatoren waren. Das hätten wir unmöglich sein können, denn rechtmäßigen Besitz kann man nicht kolonisieren. Wir haben unser Land auf der Suche nach Frieden und Sicherheit weggegeben, und die Palästinenser haben es uns mit Mord, Tod, Zerstörung und Pogromen vergolten.«

Obwohl ich die Darstellung des Rabbis als Geschichtsklitterung ansah, hielt ich mich mit einer Antwort zurück. Eine Streiterei hätte nur abgelenkt. Ich war zum Zuhören gekommen. Gewiss war der palästinensische Terrorismus der Hauptgrund dafür, dass viele Israelis das Vertrauen in die Oslo-Abkommen verloren hatten. Aber die Palästinenser, die ein Ende unserer Besatzung und den Aufbau des eigenen Staates neben Israel wollten, hatten in den letzten zwanzig Jahren nur noch mehr Siedlungsbau, mehr israelische Übergriffe und eine verschärfte Besatzung erlebt. In ihren Augen waren wir die Verräter, der Verhandlungspartner, auf den kein Verlass war. Schmerz und Leid auf beiden Seiten machten es unmöglich anzuerkennen, was wir einander antaten.

Der Rabbi spielte jetzt an dem Aufnahmegerät vor sich herum, als wolle er sichergehen, dass es auch jedes seiner Worte erfasste. »Es gibt einen weiteren Grund, warum das, was Sie sagten, kein Humanismus ist«, sagte er. »Beim Humanismus geht es um Gerechtigkeit, oder nicht?«

Mit einem Nicken forderte ich ihn zum Fortfahren auf, obwohl ich in Gedanken immer noch bei unserer selbstgerechten Unfähigkeit war, die Motive der Palästinenser zu verstehen.

»Wir wissen alle, dass es zwischen Gerechtigkeit und Thora keinerlei Widerspruch geben kann«, redete er weiter. »Wie kann die Gerechtigkeit vom jüdischen Volk dann verlangen, sich gegen die Thora aufzulehnen, indem sie das Land Israel verrät?«

Er sagte dies nicht im Tonfall eines Fanatikers, der blinden Glauben verlangt, legte seine Position aber als eine Art unanfechtbare Wahrheit dar. Ich war mir nicht sicher, ob ich bei jedem seiner rhetorischen Schritte mitkam, hatte aber keinen Zweifel, dass sich sein Zionismus radikal von dem unterschied, den die Humanisten meiner Elterngeneration praktiziert hatten. Sie hatten es als unsere Pflicht gesehen, das eigene Schicksal in die Hand zu nehmen, anstatt auf Gottes Befehl oder auf die Ankunft des Messias zu warten.

Es war Zeit, das Thema zu wechseln. Irgendwann nach meinem Ausscheiden hatte der Schin Bet Rabbi Schapira verhaftet. Ich fragte ihn warum.

»Wegen der *Thora des Königs*«, sagte er mit einem friedfertigen Lächeln. »Der Schabak hat mich mitten in der Nacht festgenommen und verhört, mich aber nie wegen eines Verbrechens angeklagt.« Darauf war er sichtlich stolz.

»Können wir über das Buch reden?«

»*Beezrat HaSchem.*«

Im Stillen wiederholte ich seine fromme Antwort: »Mit Gottes Hilfe«.

»Gut«, fing ich an, »denn da steht so einiges drin, was ich nicht verstehe. Es gibt da eine Stelle, an der Sie die Tötung arabischer Säuglinge für zulässig erklären, obwohl sie keine der sieben Sünden begangen haben – weil sie so böse wie ihre Eltern werden könnten, wenn sie weiterleben und aufwachsen dürften.«

Der Rabbi schreibt in der Gegenwartsform, als gebe er Jeschiwa-Schülern vor deren Einberufung theologische Ratschläge mit auf den Weg. Die nackte Aussage seiner Worte erschien klar, aber ich hatte noch einen

Zweifel, den ich zu seinen Gunsten werten wollte. Gab es vielleicht eine kabbalistische Bedeutungsebene, die ein Ungläubiger wie ich nicht entschlüsseln konnte?

Er griff in das Bücherregal hinter sich und zog ein Exemplar seines burgunderrot eingebundenen Buchs mit 230 Seiten heraus. Der Untertitel lautete *Gesetze von Leben und Tod zwischen Israel und den Nationen.* Er legte den Band zwischen uns auf den Tisch.

»Nun, was verstehen Sie denn da nicht?«

»Wie ich sagte, die Passage zur Tötung von Säuglingen. Wie bringen Sie das mit ›Du sollst nicht töten‹ zusammen?«

»Da muss man nichts zusammenbringen.«

»Ich glaube schon.«

»Das muss man deshalb nicht, weil nach der Thora und dem Konsens unserer Weisen das absolute Tötungsverbot nur für Juden gilt. Es erstreckt sich nicht auf Gojim.«

»Warten Sie! Sie sagen, Nichtjuden zu töten sei kein Problem?«

»Nicht nach der Thora. Das Gebot gegen das Töten bezieht sich auf Israeliten untereinander.«

Gewöhnlich gehe ich angemessen vorbereitet in ein Gespräch. Ich befasse mich mit dem geistigen Hintergrund der betreffenden Person und versuche, ihr Denken nachzuvollziehen. Aber nicht einmal in meiner wildesten Fantasie hätte ich je in Erwägung gezogen, dass das Judentum kaltblütige Morde nach ethnischen Kriterien rechtfertigen würde. Immerhin ist es ja der erste Eckpfeiler des Humanismus, weil es die Vorstellung eingeführt hat, wonach jeder Mensch nach Gottes Ebenbild geschaffen sei. Sicher, ich kannte die Legenden von Josua und den Kindern Israels, die die Kanaaniter auslöschten. Aber für mich haben derlei biblischen Geschichten so viel Bezug zur authentischen Geschichte wie das Gilgamesch-Epos oder das Märchen vom großen bösen Wolf. Für mich sind die Juden als Volk in Werken von Leuten wie Martin Buber oder Rabbi Jonathan Sacks definiert, der von »einer Geschichte des Exodus verschiedener Völker aus der Unterdrückung« redet, die »eine Einöde durchqueren und wiederzusammenkommen, um am Aufbau eines verheißenen Landes mitzuwirken«.

Jahrelang habe ich den Leuten erzählt, das Judentum sei der Ursprung des Humanismus. Im Navy War College erklärte ich meinem Freund Hans von der norwegischen Marine, dass seine Hörnerhelme tragenden Wikinger-Vorfahren in Höhlen gelebt hätten und aufs Meer hinausgefahren seien, während wir den Humanismus in die Welt trügen. Und jetzt erzählte mir dieser Rabbi, der in den jüdischen Quellen so beschlagen war wie ich in der Marinedoktrin, das sechste Gebot, das den Mord verbietet, sei ein stammesinterner Kodex.

Ich war zu perplex, um zu antworten.

»Nun, lassen Sie mich erklären, warum dies humanistisch ist«, sagte er, als müsse ihm jede vernunftbegabte Person zustimmen, sobald sie mit seiner Lesart der Thora in Berührung komme.

Seine Logik, so man sie so nennen kann, lautete so: Wenn Juden gegen Juden kämpfen, gilt das biblische Tötungsverbot. Die Heiden, denen das Licht der Thora fehlt, haben einen anderen Satz Regeln, der das nackte Eigeninteresse über alles andere stellt. Wir Juden sind gewissermaßen vom darwinistischen Überlebenskampf ausgenommen, während alle anderen in einer gnadenlosen Schlacht, Stamm gegen Stamm, Nation gegen Nation, gefangen seien. Das Völkerrecht, die Regeln der Kriegführung, die Genfer Konventionen und die gesamte Geschichte der Menschenrechte seien reine Kosmetik für diesen grundlegenden Egoismus. Wenn Juden gegen Gojim kämpfen, müssen sie sich an ihre Regeln anpassen. Das heißt, wenn Gojim uns bedrohen, ist es – nach deren Regeln – gerecht und moralisch notwendig, sie zuerst zu töten, und nicht nur Terroristen und Soldaten, sondern auch Frauen und Kinder, Alte und Junge, sogar Neugeborene. Für Rabbi Schapira ist es gleichgültig, ob ein militanter Kämpfer die Zielperson ist: Der Krieg dreht sich um Juden und Nichtjuden, und dieser Kampf wird ohne Samthandschuhe ausgetragen.

In was für einer total verrückten, verkehrten Welt lebst du denn, dachte ich, sagte aber, um ihn am Reden zu halten: »Ja, ich verstehe.«

Er setzte eine Lesebrille auf, blätterte in den Seiten seines Buchs und ratterte Zitat um Zitat mit der Geschwindigkeit und Präzision eines Profi-Scharfschützen herunter. Was ich aus seiner Predigt noch aufschnappte, war, dass er jeden neutralen Standard für menschliches Verhalten leugnete und jede nicht jüdische Realität auf die gandenlosen Gesetze des Dschungels reduzierte. Nur die Juden, von Gott auserwählt, um eine Heimat im Land Israel zu gründen, hätten ein Scheibchen echter Moralität, und um unser Leben und unser Land zu schützen, müssten wir mit den Regeln der Gojim spielen.

Ich wippte auf meinem billigen Klappstuhl vor und zurück und beschloss, ihm die Geschichte von dem verwundeten Jungen in dem libanesischen Lager zu erzählen, dessen Leben ich hatte retten wollen, auch mit dem Risiko, mein eigenes und das meiner Männer zu gefährden. In meiner Thora, so unterstellte ich beim Erzählen, gebe es einen Grundunterschied zwischen bewaffneten Kämpfern und Zivilisten, zwischen denen, die uns umbringen, und denen, die nur leben wollen.

Anstatt zu antworten, richtete er den Blick, immer noch mit sich bewegenden Lippen, wieder in sein Buch.

Jetzt wurde ich lebhaft auf meine Umgebung aufmerksam, auf die Gebetskapseln im Regal, auf Ginsburghs mystischen Blick auf dem eingerahmten Foto an der Wand, auf den Geruch nach osteuropäischem Essen, das durch das geöffnete Fenster hereinwehte, und dem Schweiß aus meinen Achselhöhlen. Der Raum hallte von einer stillen Verehrung wider, wie man sie im lärmenden, hektischen Israel mit seiner Ellenbogenmentalität nur selten findet.

Bevor ich mich in mein Zuhause an den Hängen des Karmel zurückflüchtete, wollte ich ihm eine letzte Frage stellen, wohl die wichtigste. Einen schurkischen Theologen kann ich ertragen: Ein Rabbi allein bedroht noch nicht den Staat Israel, und Meinungsfreiheit gilt auch für ihn. Aber seine Gedanken können tödliche Folgen haben, wenn sie, in Gesetze gegossen, von israelischen Gerichten umgesetzt werden. »Ich habe gehört« sagte ich ihm, »dass Sie und Knesset-Abgeordnete an einer Verfassung für den Staat Israel schreiben.«

Mit seiner standhaft friedfertigen Miene antwortete er, die Einzelheiten des Plans seien geheim, sodass er nicht auf sie eingehen könne, aber mit Rabbi Ginsburgh und den Mitgliedern der Partei Jüdisches Heim suche er nach Möglichkeiten, ein auf der Thora beruhendes Rechtssystem als langfristige Lösung einzuführen, um jüdische Rechte über das Land Israel auszuüben. Mit anderen Worten: Der freundliche Rabbi und seine Freunde wollten einen Gottesstaat errichten. Für israelische Araber und Palästinenser unter der Besatzung bedeutete dies die Vollendung dessen, was ich den Weg in die Apartheid und den Umbau Israels zu einem Pariastaat nennen würde, den die übrige Welt zu Recht verachtet. Niemals in meinem Leben – nicht in der Schajetet 13, nicht während der Schlachten und Operationen, nicht als Oberbefehlshaber der Marine und nicht als Chef des Schin Bet nach dem Mord an Jitzchak Rabin – hatte ich einen gefährlicheren Feind unserer Demokratie und unseres Experiments der Selbstbestimmung kennengelernt als diesen »Mann Gottes« und Vater von zwölf Kindern.

Als ich aus Jerusalem hinausfuhr, dachte ich über mein Gespräch mit Rabbi Schapira nach und staunte über sein freundliches Auftreten und seine Bescheidenheit. Trotz seines Ruhms führte er ein einfaches Leben, als habe er das Armutsgelübde eines Mönchs abgelegt. Verblüfft stellte ich fest, dass ich an dem Rabbi etwas Bewundernswertes entdeckt hatte – insbesondere seine Bereitschaft, offen mit einem Mann zu reden, der seinen Lehrer dereinst auf ein Verhör hatte verhaften lassen.

Ich gab mein Bestes, um die Dinge aus seiner Perspektive zu sehen. Er und seinesgleichen behaupten, sie kämpften für die Seele Israels, weil sie glaubten, das jüdische Volk stehe für mehr als nur für das Sodom und Gomorra von Tel Aviv und Haifa. Das auserwählte Volk bräunte sich am Strand, anstatt dem Herrn der Heerscharen zu huldigen. Ohne Gehorsam gegenüber dem Herrn wäre das Volk Israel vor Jahrhunderten untergegangen. Ist es zu viel verlangt, den Judenstaat als einen jüdischen haben zu wollen? Ist es unvernünftig, Tag und Nacht zu arbeiten, um die Ankunft des Messias und die Wiederherstellung von König Salomos Tempel einzuläuten.

Aber trotz seines heiligen Gebarens jagt mir Rabbi Schapira Angst ein. Wir leben im selben Land, sprechen dieselbe Sprache, nehmen am selben demokratischen politischen System teil und singen dieselbe Nationalhymne. Aber eine immer größere Kluft trennt uns geistig und spirituell. Der Rabbi stützt sein Denken auf religiöse Gesetze, die in der Eisenzeit ihren Sinn gehabt haben mochten. Aber diese für ein anderes Zeitalter geschriebenen Regeln müssen aktualisiert werden, um moderne Anschauungen von Recht und Gesetz zu berücksichtigen, und gerade dies lehnt er ab.

Auf der Rückfahrt über die Schnellstraße sah ich ein großes Logo für den Pharmagiganten Teva und fühlte mich an Israels wunderbare Fähigkeiten in Sachen Software, Biotechnologie und Solartechnik erinnert. Als ich Anfang der 2000er-Jahre zusammen mit Professor Nusseibeh daran gearbeitet hatte, die Bewegung People's Voice ins Leben zu rufen, war ich Vorsitzender des Verwaltungsrats von Netafim, eines Unternehmens für Tröpfchenbewässerung, gegründet von einem Kibbuz in der Negev-Wüste. Es unterstützt Hunderte von Millionen Menschen weltweit. Heute knobeln israelische Computerfreaks und Verfahrenstechniker, inspiriert von der Vision der Kibbuzbewegung zum Aufbau einer besseren Menschheit, an einigen der drängendsten Probleme der Menschheit.

Das Judentum, das ich hochhalte, ist nicht weniger fortschrittsorientiert. In meinem Moschaw begegnen sich säkulare und religiöse Mitglieder mit Respekt. An Feiertagen nehme ich mit den Gläubigen am Gottesdienst in der Synagoge um die Ecke teil. Meine Söhne lesen auf ihren Bar Mitzwas die Thora. Die Bar Mitzwa meines Enkels haben wir an der Klagemauer gefeiert. Aber Rabbi Schapiras theokratisches Komplott, um die Gesetze Israels zu verändern, würde unser Rechtssystem unterminieren und aus einem im Land Israel lebenden Araber einen *ger*, einen ortsansässigen Ausländer machen. Wenn Shapira und seine Freunde in der Knesset sich durchsetzen, wird unsere hochgelobte Start-up-Nation die Werte unserer Unabhängigkeitserklärung verraten und mit anderen Schurkenstaaten auf der falschen Seite der Geschichte landen.

Kapitel 11

Dr. Khalil Schakaki

Am nächsten Tag fuhr ich mit Biba, ihrer Freundin Chen, deren Ehemann und meinem engen Freund Orni Petruschka nochmals nach Jerusalem. Orni, ein Neffe des Romanschriftstellers Abraham B. Jehoshua, ist ein ehemaliger Kampfpilot der israelischen Luftwaffe, ein Abgänger des Technion – der Technischen Universität – in Haifa und der Cornell University, ein erfolgreicher Hightech-Unternehmer und mein Partner bei People's Voice. Orni ermöglichte das Presseinterview, das den Anstoß zur Produktion des für einen Oscar nominierten Dokumentarfilms *Töte zuerst* gab. Unter der Regie von Dror Moreh zeigt er fünf ehemalige Chefs des Schin Bet und mich, wie wir offen und ehrlich über unsere gegensätzlichen Sichtweisen mit Blick auf die Erfolge und das Scheitern des Inlandsgeheimdienstes und Israels während des Sechstagekrieges diskutieren.

Ein palästinensischer Fahrer hatte den Auftrag, uns am American Colony Hotel in Ostjerusalem abzuholen und uns über den Grenzübergang Qalandia ins Zentrum von Ramallah zu bringen – zu dem palästinensischen Meinungsforscher Dr. Khalil Shikaki. Immer wenn ich mich auf palästinensisches Territorium begebe, brauche ich dazu eine Genehmigung der Armee. Manchmal bekomme ich sie, manchmal nicht. Zweifellos fürchten die Sicherheitschefs, ich könnte an Händen und Füßen mit Klebeband gefesselt in einem Kerker der Hamas irgendwo in einem Flüchtlingslager landen.

Ein Stau am Checkpoint gab mir Gelegenheit, mich mit unserem Fahrer Ihsan bekannt zu machen und seine Einschätzung der politischen Lage in Jerusalem zu hören. In makellosem Hebräisch teilte er mir mit, wie wenig er darauf vertraue, dass sich für Palästinenser etwas am Leben verbessern werde. Seine Kinder studierten an deutschen Universitäten.

»Welche Zukunft haben sie denn in diesem Land?«, fragte er. Antworten konnte ich ihm nicht.

Persönlich hatte ich Khalil wie Sari Nusseibeh erst auf der Tagung in London kennengelernt, mich mit ihm und seiner Arbeit aber schon früh in meiner Zeit beim Schabak befasst. Wie ich feststellte, hatte unser Spionagewerkzeugkasten – die Abhörbänder, elektronische Überwachung, Informanten und Verhörräume – versagt, weil keine noch so gute Sammlung an Informationen einen ungeplanten Gewaltausbruch unter den Massen wie die Intifada vorhersagen kann. Deswegen hörte ich auf das, was palästinensische Autoren, Dichter und Sozialwissenschaftler über ihr Volk äußerten. Dabei waren die Meinungsumfragen, die Khalil und sein Team am Palestinian Center for Policy and Survey Research professionell und wissenschaftlich fundiert durchführten, besonders aufschlussreich.

Auch persönlich war ich von Khalil fasziniert. Er und sein Bruder Fathi, ein Kinderarzt, hatten auf den israelisch-arabischen Konflikt ganz unterschiedlich reagiert. 1948 waren ihre Eltern aus ihrer Heimat in Zarnuqa, einem ehemaligen Dorf bei der Stadt Rechovot, geflohen. Khalil studierte politische Wissenschaften an der American University in Beirut und promovierte anschließend an der Columbia University in den USA. Derweil begründete Fathi mit iranischer Unterstützung die Terrorgruppe Islamischer Dschihad mit. Kurz nachdem seine Gruppe im Januar 1995 an einer Straßenkreuzung in Beit Lid einen Selbstmordanschlag gegen israelische Soldaten durchgeführt hatte, landete sein Name auf unserer Todesliste.

Im Oktober des Jahres, einige Monate bevor ich den Schabak übernahm, folgte der Mossad Fathi nach Malta. Zwei Killer auf einer blauen Yamaha schossen ihm in den Kopf, nachdem er bei Marks & Spencer ein Geschenk für seine Frau gekauft hatte.

Bei der Durchfahrt durch Qalandia fielen mir die Zeugnisse der jüngsten Ausschreitungen auf: Tränengaskanister, überall herumliegende Steine und Metallstücke, die nach Patronenhülsen aussahen. Graffiti von Jassir Arafat und dem in Haft sitzenden Palästinenser Marwan Barghuti prangten auf der Trennmauer, die sich durch die Kontrollstellen zieht und die Westbank von Israel abtrennt.

Die Grenzpolizei am Kontrollpunkt schenkte uns kaum Beachtung.

Mit einem »Okay« wurden wir durchgewinkt. Ich öffnete einen Spalt weit die Fensterscheibe. Der Geruch brennenden Mülls flutete ins Wageninnere. Ein grellrotes Schild in Hebräisch, Arabisch und Englisch warnte uns wie Touristen auf Safari vor der »Lebensgefahr«, wenn wir palästinensisch kontrolliertes Gebiet betraten.

Nach rund zwanzig weiteren Minuten erreichten wir im Zentrum von Ramallah das Gebäude, in dessen Obergeschoss Khalils Büro untergebracht war. Nachdem Khalil uns hereingeführt hatte, entschuldigte er sich dafür, uns in einer so unpersönlichen Umgebung zu empfangen. »Zu Hause haben wir keinen Strom«, erklärte er. Stromausfälle und eine zusammengebrochene Wasserversorgung sind im palästinensischen Westjordanland an der Tagesordnung, einem Inselarchipel aus Bantustans im Stile der Apartheid gleich – zerstückelt und von israelisch kontrollierten Zonen umzingelt. »Sobald wieder Strom fließt«, sagte er hoffnungsvoll in seinem lässigen amerikanischen Englisch, könnten wir die »Party verlegen«: In seinem Haus im Dorf Atara bereite seine Frau ein Essen vor.

Khalil ist stämmig und breitschultrig, hat eisengraues Haar und ein kantiges Kinn, das ausreichend gut geformt erscheint, um jeden Treffer wegzustecken. Aber er trug keines der Anzeichen eines Mannes, der unter einer repressiven Besatzung lebt, sei es die israelische oder die korrupte Diktatur der Palästinensischen Autonomiebehörde. Er machte sich mit Orni, Chen und Biba bekannt, setzte sich bequem in einen Stuhl und bedeutete uns allen mit einer Handbewegung, ebenfalls Platz zu nehmen.

Nickend hörte er mir zu, als ich im Einzelnen seine Arbeit als Meinungsforscher würdigte, die mich im Tagesgeschäft der Terrorabwehr so sehr beeinflusst hatte. Die Analysten, die in meiner Zeit im Schabak gearbeitet hatten, Profis, die so gut Arabisch beherrschten, dass sie den gesprochenen Jargon in den angezapften Telefonleitungen verfolgen konnten, hatten nie die gleiche Qualität an Informationen geliefert wie Khalils kleines Team von Leuten, die in Flüchtlingslagern, mit Klemmbrettern und Fragebögen bewaffnet, von Haustür zu Haustür zogen. Khalil sagte mir einmal, und er hatte wohl recht, dass uns seine Umfragen vor dem Ausbruch der Intifada hätten warnen können – hätten meine Vorgänger sie nur ernst genommen.

Ich wollte zudem etwas erfahren, das mir immer ein Rätsel gewesen war. Obwohl ich Khalil seit Jahren kannte, hatten wir nie über die Umstände geredet, die zum Tod seines Bruders geführt hatten. An diesem langen Konferenztisch im grellen Neonlicht fragte ich mich, warum sich Khalil für den gewaltfreien Widerstand gegen die Tyrannei entschieden, während sein Bruder, der Kinderarzt, auf den bewaffneten Kampf gesetzt hatte.

Ich erkundigte mich bei Khalil nach seiner Erziehung. Was hatte ihn als Person so geprägt, dass aus ihm ein Gelehrter, Forscher und human eingestellter Mensch wurde?

In seiner Antwort erwähnte er seine Studienjahre an der American University in Beirut, die ihn vor dem Bürgerkrieg mit einer offenen, freien und kosmopolitischen Kultur bekannt gemacht hätte. Das Leben in New York und seine Promotion an der Columbia University – sein palästinensischer Landsmann Edward Said lehrte damals dort – vervollständigten die Reise, die im Libanon begonnen hatte. Aus diesem Werdegang kam er als ein Wissenschaftler hervor, der seine Gedanken und seinen Verstand dazu nutzt, sein Land von der Besatzung und von feudaler Rückständigkeit zu befreien.

Ich gab einen Aspekt meiner eigenen Vergangenheit preis, um eine Verbindungslinie zu ziehen. In meinen ersten Tagen beim Schabak hatte die Hamas eine Serie von Selbstmordanschlägen verübt. Dutzende Israelis waren dabei ums Leben gekommen, darunter die Tochter eines Freundes. Ich wusste, dass meine größte Herausforderung darin bestehen würde nachzuvollziehen, was diesen Hass und diese Verzweiflung hinter den barbarischen Angriffen ausgelöst hatte. Aber wie? Mir war klar, dass Israel den Terror nicht würde besiegen können, ohne die Psychologie und die Kultur der Terroristen zu durchschauen: Was erzeugte und befeuerte Hass und Gewalt? Aber ebenso offensichtlich war für mich die Schwierigkeit, an zuverlässige Informationen zu gelangen, um ein genaues Bild einer Welt zu erstellen, von der ich überhaupt nichts wusste.

»An dem Punkt bin ich auf deine Meinungsumfragen gestoßen«, sagte ich.

»Und was haben sie dir verraten?«

»Dass Palästinenser Frieden mit uns wollten, wenn wir nur den Stiefel von ihrem Nacken nehmen würden.«

»Und so war die Stimmung«, sagte er, »als es noch einen gangbaren politischen Prozess gab, auf den die Leute vertrauten.« Als Rabin und Arafat im Rosengarten vor US-Präsident Clinton die Hände schüttelten, akzeptierten und unterstützten die meisten Palästinenser den Gedanken an zwei Staaten für zwei Völker.

Orni, der ehemalige Kampfpilot, hatte die Ohren gespitzt, ohne sich einzumischen. »Und was ist heute?«, fragte er jetzt.

Khalil lehnte sich in einem Stuhl zurück und zog die Augenbrauen hoch. Vielleicht zehn Sekunden lang wirkte er ganz in Gedanken verloren. Am Ende deutete er ein Lächeln an und antwortete: »Nun ja, Menschen verhalten sich nach ihren Erwartungen. In unserer letzten Umfrage haben wir festgestellt, dass die meisten Palästinenser eine Zweistaatenlösung nicht mehr unterstützen. Sie wollen einen einzigen Staat zwischen Mittelmeer und Jordan. Sie wollen ins Jahr 1948 zurück. Wir haben uns auch unter den Israelis umgeschaut. Zum ersten Mal seitdem ich vor siebzehn Jahren jüdische Israelis zu befragen begann, glauben diese nicht mehr daran, dass Politiker eine Zweistaatenlösung erreichen werden. Darin sind sich Juden und Palästinenser einmal einig.«

Khalil ließ sich aus dem Sekretariat eine Kopie des Berichts bringen, der für das Crown Center for Middle East Studies an der Brandeis University erstellt worden war. Übersetzt lautete der Titel: »Israel und die Palästinenser: Abgleiten in eine Ein-Staat-Realität.«

»Wie ihr da lesen könnt,« – Khalil deutete auf den Bericht – »glauben die Palästinenser nicht mehr daran, dass Abbas und seine Kumpane ihre Interessen vertreten. Vor zehn Jahren wurden unsere Führer nur von einer Minderheit als Kollaborateure im Dienst der israelischen Besatzung angesehen. Inzwischen sind es 60 Prozent. Vor allem die Kooperation im Sicherheitsbereich gilt in der breiten Bevölkerung als ein gemeinsames israelisch-palästinensisches Komplott, um unsere Unabhängigkeit zu verhindern.«

Ein Anflug von Melancholie lag in Khalils Stimme. Biba, die den veränderten Ton bemerkt hatte, fragte, warum die Leute seiner Meinung nach die Hoffnung verloren hätten.

»In den 1990er-Jahren wussten alle, wie korrupt Arafats Regime war. Korruption war nicht einfach ein Nebenprodukt von Arafats Inkompetenz: Er nutzte sie als Mittel, um Loyalität aufzubauen. Das wusste jeder Gemüsehändler im Suk. Ich bekam Einblick in diesen Sumpf, weil mich die US-Denkfabrik Council on Foreign Relations gebeten hatte, einen Bericht mit einer Einschätzung zur Stärke der öffentlichen palästinensischen Institutionen zu schreiben. Ich muss sagen, es war eine Horrorshow. Aber der Punkt ist: Trotz der ganzen Korruption hatte Arafat das Vertrauen der meisten Leute, weil er nie einen Dollar in die eigene Tasche gesteckt hat.«

»Und heute«, fragte Biba.

»Heute? Man muss sich nur in Ramallah umschauen, wie viele blinkende schwarze Mercedes-Limousinen Angehörigen der Autonomiebehörde gehören. Ich erzähle euch eine Geschichte. Vor Kurzem hat unsere Obrigkeit Hamas-Aktivisten wegen illegalen Waffenbesitzes festgenommen und sie auf Druck ihrer Familien wieder freigelassen. In der Minute, als sie auf freien Fuß kamen, hat Israel sie getötet. Man ahnt, welche Gerüchte sich darum ranken.«

»Vermutlich hat es geheißen, eure Sicherheitskräfte hätten sie an der Wand aufgestellt und uns die Rolle des Erschießungskommandos überlassen«, sagte ich.

»Richtig. Es wird sogar noch schlimmer. In einem wahrhaft kafkaesken Schritt stehen die Männer immer noch unter Anklage, obwohl sie schon tot sind. Erst vergangenen Montag gab es in Ramallah deswegen eine Großdemonstration gegen die Autonomiebehörde.«

Khalil griff nach einem kleinen Glas mit starkem arabischen Kaffee und rührte ein Päckchen Zucker hinein. »Die Umfragen, die wir durchführen, sind politisch – wir wollen unsere Politiker aufrütteln«, sagte er. »Ich kenne alle persönlich. Was meinst du, wie Abbas seinen Posten bekommen hat? Weil die Europäer über meinen Korruptionsbericht geschockt waren und Arafat massiv unter Druck gesetzt haben, einen kompetenten Ministerpräsidenten zu berufen. Heute sage ich Abbas und seinen Männern: ›Wenn ihr die Unterstützung der Leute behalten wollt, müsst ihr mehr Rückgrat zeigen. Bietet den Siedlern Paroli, blockiert die Siedlungen und stellt euch gewaltfrei der israelischen Kolonisierung entgegen.‹« Khalil schüttete den Kaffee in sich hinein und schmatzte genüsslich. »Und sie müssen auch etwas gegen die Gauner auf unserer Seite unternehmen.«

Gemäß den Osloer Abkommen steht Area C, also der Großteil der Westbank, unter vollständiger israelischer Kontrolle. Die palästinensische Polizei kann da gerade einmal Strafzettel austeilen. Und weil sich israelische Polizisten in diese Gebiete nicht hineinwagen, entwickelt sich Area C zu einem Paradies für das organisierte Verbrechen.

»Wie reagiert unsere Regierung?«, fragt Khalil rhetorisch. »Mit Worten und Slogans, und Abbas hält vielleicht wieder eine Rede vor den UN. Warum wohl schreiben die Leute die Zweistaatenlösung ab? Damit ist es klar. Ihnen ist ein einziger Staat zwischen Mittelmeer und Jordan lieber, weil Israel zumindest den eigenen Bürgern einen Rechtsstaat bietet.«

»Das würde das Ende Israels als jüdischer Staat bedeuten«, sagte ich.

Khalil goss sich ein weiteres Glas Kaffee ein. »Ami, mein lieber Freund«, sagte er, »die meisten Palästinenser denken gar nicht so weit voraus. Sie wollen einfach nur leben, ohne den Stiefel der IDF im Nacken zu spüren.«

Khalils Frau rief an. In Atara gebe es wieder Strom, und das Mittagessen sei fast fertig. Unser Fahrer folgte Khalil aus Ramallah hinaus nach Norden in das hügelige Land, das Raja Shehadeh mit seinen *Wanderungen in Palästina* bekannt gemacht hat. An diesen altehrwürdigen Hügeln, die, wie Shehadeh sagt, 1967 für Jesus Christus und Rabbi Hillel nach zweitausend Jahren immer noch erkennbar gewesen wären, wurden zahlreiche Sünden begangen: Siedlungen, israelische Umgehungsstraßen, IDF-Stützpunkte und eine wildwuchernde palästinensische Bebauung haben die Landschaft zugrunde gerichtet.

Atara liegt ganz oben auf einem hohen Berggrat, einen knappen Kilometer von der glühend heißen Küstenebene entfernt. Ich spürte die erste kühle Brise seit einem Monat. Wie so viele Ortschaften in unserer Weltregion erhebt sich das Dorf über zahlreichen historischen Schichten, beginnend mit der Eisenzeit über das Königreich Judäa, die Perser, Griechen und Römer bis zu den Byzantinern und Mamluken. Im 19. Jahrhundert brachte der amerikanische Entdecker und Bibelgelehrte Edward Robinson das Dorf mit Atarot aus dem Buch Josua in Verbindung. Die hiesigen Muslime beten am Schrein eines Sufi-Derwischs. Christen in der Region strömen zu einem Steinhaufen, geweiht der heiligen Katharina, einer Märtyrerin aus dem vierten Jahrhundert, die von einem römischen Kaiser zum Tod verurteilt worden sein soll.

Nicht die Knochen von Heiligen hatten Khalil und seine Frau hierher gelockt, um sich ein Stück Land mit Ausblick auf das ferne Mittelmeer zu kaufen. Wegen seiner Frau seien sie hierhergekommen, erklärte Khalil. Ihre Familie sei vor hundert Jahren aus Bosnien eingewandert, habe am Hafen von Caesarea ein Dorf gegründet, sei dann aber nach Tulkarm ins Westjordanland geflohen. Erzählungen ihrer Eltern über die sanften Wellen des Meeres, die von ihrem Elendsviertel nicht sichtbar waren, hatten in ihr die gleiche Liebe zum Wasser geweckt, der auch ich erlegen war. Als sie Khalil heiratete, bestand sie darauf, ein Haus auf einem so hohen Berg zu bauen, dass sie das Meer würden sehen können.

Vom obersten Balkon ihres Hauses deuteten Khalil und seine Frau im seidenen Hidschab mit engen Jeans auf den diesigen Westhimmel. An klaren Tagen, so versicherten sie uns, könnten sie die israelischen Luxushotels am Strand sehen. Nach einem Rundgang durchs Haus setzten wir uns zu Tisch für ein Mittagessen, das im palästinensischen Stil serviert wurde: ein Hauptgericht aus Hühnchen und Reis mit Beilagen aus verschiedenen Salaten, Humus, Falafel, gefüllten Zucchini und Paprika. Wieder verschob ich es, Khalil nach seinem ermordeten Bruder zu fragen – wohl ein eher unpassendes Thema zum Mittagessen –, staunte aber im Stillen darüber, dass dieser Freund, der mir Speisen auf den Teller lud, mit einem Bruder aufgewachsen war, der im März 1996 einen Selbstmordattentäter losgeschickt hatte, der die Tochter meines Freundes in den Tod gerissen hatte.

Kapitel 12

Die Spielverderber

Die meisten Bücher, die sich in unseren Regalen zu Hause aneinanderreihen, sind Bibas. Bände über Psychologie und Sozialarbeit stehen neben Literaturkritik und Werken ihres Vaters David. Schöne Literatur, hauptsächlich in Hebräisch, nimmt dort den meisten Raum ein. Meine Militaria stehen im Esszimmer, damit ich an meinem Arbeitsplatz am langen Holztisch leicht auf sie zugreifen kann. An dem Morgen nach unserem Besuch bei Khalil zog ich ein paar Bände heraus, die ich in meiner Zeit an der Harvard Kennedy School Anfang der 1990er-Jahre angeschafft hatte. Ein Buch, in dem ich häufiger herumlese, als meinem Blutdruck zuträglich ist, ist die Originalausgabe von Barbara Tuchmans meisterhaftem *Die Torheit der Regierenden: von Troja bis Vietnam*. In den 1990er-Jahren hatte ich die Zeile unterstrichen: »Eine Vorrangstellung unter den Kräften, die die politische Torheit beeinflussen, nimmt die Herrschsucht ein, von Tacitus die ›schändlichste aller Leidenschaften‹ genannt.«[17]

An diesem Morgen zog ich einen weiteren Band heraus, der ebenfalls auf dem Lehrplan der Kennedy School gestanden hatte: Neil Sheehans *Die große Lüge*, eine klassische Studie zum Vietnamkrieg. Auf die Ränder gekritzelte Anmerkungen und gelbe und blaue Unterstreichungen im Text fassten meine geistige Verfassung im damaligen akademischen Jahr 1992/93 zusammen. »Die Wahrheit«, hatte ich auf die hintere Umschlagklappe geschrieben, »ist oft nur für ›Außenstehende‹ erkennbar«. Ich denke, beim Lesen von Sheehans Buch war mir erstmals bewusst geworden, dass Leute außerhalb der Militärhierarchie, so Journalisten oder akademische Forscher, über andere »Sensoren« als Offiziere oder Politiker verfügen. Mit deren Hilfe durchschauen sie die Lügen und Märchen, die wir uns, im Krieg verstrickt, doch so gerne erzählen.

Palästinenser finden in meinen Notizen keine einzige Erwähnung, auch wenn ich inzwischen erkenne, dass Israels Einstellung ihnen gegenüber ebenfalls als eine »große Lüge« gelten kann.

Mein Aufenthalt in Cambridge – Biba und unsere drei Söhne waren bei diesem Abenteuer mit von der Partie – erfolgte in spannenden Zeiten: Der Eiserne Vorhang war gefallen, die Apartheid in Südafrika vorüber, und für die anstehenden Präsidentschaftswahlen in den USA sagten die Meinungsumfragen einen Sieg Bill Clintons voraus, eines jungen liberalen Politikers mit Visionen. Die Stimmung war berauschend.

Einige der weltweit klügsten Politologen tüftelten auf dem Campus von Harvard aus, wie die Welt nach dem Kalten Krieg aussehen würde. Samuel Huntington legte letzte Hand an seinen monumentalen Essay »Kampf der Kulturen?«, der in der Urfassung 1993 in *Foreign Affairs* erscheinen sollte. Der Artikel entstand weitgehend als Reaktion auf das Buch *Das Ende der Geschichte. Wo stehen wir?*, das sein Starstudent Francis Fukuyama veröffentlicht hatte. Im Café Algiers in der Brattle Street hatte es bei türkischem Kaffee hitzige Debatten entfacht. »Erwartet bloß nicht zu viel«, sagte ich Leuten, die daraus zitierten, wonach »die Universalisierung der westlichen liberalen Demokratie als endgültige Form menschlicher Regierung« zu betrachten sei.

In der Zeit meines Masterabschlusses rief mich mitten in der Nacht mein Kollege Generalstabschef Ehud Barak an, mit dem Angebot, die Führung der israelischen Marine zu übernehmen. Die Ernennung zum Admiral der Marine war die Krönung einer dreißigjährigen Dienstzeit. Diese Ehre und die damit einhergehende Verantwortung lösten in mir Gefühle aus, die ich kaum in Worte fassen konnte.

Meine Vereidigung nach meiner Rückkehr nach Israel war ein weiterer Anlass für meine Eltern, mit mir vor der Kamera zu posieren. Diesmal zeigte sich sogar Imma stolz, und wie ich vermute, war sie auch erleichtert. Die Büroarbeit im Marinehauptquartier an der alten Templersiedlung in Tel Aviv hielt mich von gefährlichen Einsätzen fern.

Jitzchak Rabin, der Schamir als Premierminister ablöste, hatte den Israelis im Wahlkampf versprochen, mit den »Lügnern und Lumpen« der PLO niemals in ein Gespräch einzutreten. Ein Jahr nach Amtsantritt überraschte er uns allerdings alle, als er eine Sitzung des vollständigen

IDF-Generalstabs einberief, um uns mitzuteilen, dass der ehemalige Erzfeind nun sein Partner geworden sei. Er werde mit Arafat Frieden schließen. Der Staat Israel und die PLO würden sich gegenseitig als legitime Vertreter ihres jeweiligen Volkes anerkennen. Arafat und seine Männer von der Fatah sollten die Erlaubnis erhalten, ins »befreite Palästina«, wie sie es sicher nennen würden, zurückzukehren.

Ihre Regierung, die sogenannte Palästinensische Autonomiebehörde, bekäme die Verwaltung eines Teils von Gaza und der Stadt Jericho übertragen und würde ihre Herrschaft später über weitere Gebiete ausdehnen können. Wir würden schließlich sämtliche Orte räumen, abgesehen von den Militäranlagen und Siedlungen. Aber was war mit der »Sicherheitszone«? Wie man so schön sagte, steckte der Teufel immer in Detail. Binnen fünf Jahren, so hieß es, sollten Gespräche über endgültige Statusfragen die heikelsten Probleme aus der Welt schaffen: Jerusalem, die Sicherheit, die Grenzen, die palästinensischen Flüchtlinge und die jüdischen Siedlungen.

Völlig verblüfft, schauten wir Mitglieder des Generalstabs uns wortlos an. Wie zum Teufel sollte das gehen? Erwartete der Ministerpräsident tatsächlich von uns, dass wir die Bedingungen eines inoffiziellen Friedensabkommens umsetzten und erzwangen? Die Übereinkunft war in einem norwegischen Wald ausgeheckt worden, ohne jede Konsultation von Sicherheitsexperten.

Auch wenn es keiner laut auszusprechen wagte, rührte unser Unbehagen im Kern von der allgemein menschlichen Schwierigkeit her, sich einen Feind als Partner vorzustellen. Wie konnten wir Arafat den roten Teppich ausrollen, dem Mann, der Jordanien und den Libanon in Hochburgen von Terroristen verwandelt hatte? Die italienische Journalistin Oriana Fallaci sagte über Arafat einmal, er »spielt immer ein Doppelspiel, lügt sogar, wenn man ihn nach der Uhrzeit fragt«. Und ihm sollten wir jetzt als einem Partner vertrauen?

Die Oslo-Abkommen waren für mich so verrückt wie für Tausende andere Militärs. Immerhin war ich durch die Sümpfe des Fedajin-Terrors gewatet, um die Fatah aus nächster Nähe zu bekämpfen. Ja, die Intifada hatte mir die Augen geöffnet, dass die palästinensischen Bevölkerungen in Judäa, Samaria und Gaza unmöglich zu kontrollieren waren.

Ich wusste, dass es für die Politiker die Quadratur des Kreises bedeutete, dem jüdischen Volk mit grausamer Herrschaft eine Rückkehr auf seine angestammten Gebiete zu ermöglichen. Nie in Erwägung gezogen hatte ich, dass Arafat und seine Terrorbande dabei sogar als Teil der Lösung betrachtet würden. Jahrelang hatte ich fast die gesamte Region durchstreift – das Adriatische Meer, das westliche Mittelmeer, Tunesien, Libyen und einen großen Teil sämtlicher anderer arabischer Staaten –, um gerade diese Männer zu töten. Erst fünf Jahre zuvor hatte ich auf Rabins Befehl hin daran mitgewirkt, gegen Abu Dschihad, Arafats Stellvertreter und Mitbegründer der Fatah, einen Schlag auszuführen.

Als Rabin uns Offiziere Platz nehmen ließ und diesen Deal erklärte, griff er viele meiner Besorgnisse auf. Ich blieb skeptisch, vertraute ihm aber als einem Falken dabei, dass er Israels Sicherheit mit keinem Schritt gefährden würde. Sorgen machte ich mir darüber, wie wir mit den palästinensischen Organisationen umgehen würden, die sich dem Abkommen widersetzten, einschließlich der Hamas, einer führenden Kraft des Terrors in den besetzten Gebieten.

Eine ganz andere Frage war, wie wir um alles in der Welt die jüdischen Siedler im Zaum halten sollten. Sie würden sich – und zu Recht – verraten fühlen, nachdem sie die Politiker und jede israelische Regierung sie seit 1967 belogen hatten. Auf einer Tagung, auf der Schimon Peres, damals Außenminister, einen Vortrag hielt, fragte ich ihn, wie wir mit den unvermeidlichen Protesten umzugehen hätten. Dabei erwähnte ich den Jüdischen Untergrund, eine Terrororganisation, die sich als Reaktion auf den Friedensvertrag mit Ägypten und den Abzug aus dem Sinai formiert hatte.

»Schauen Sie«, sagte Peres, »ich bin ein Busfahrer und muss das Fahrzeug mit allen Passagieren an einen sicheren Ort bringen. Gewiss, hinten im Bus sitzen vielleicht einige, die Ärger machen. Aber ich kann nicht jeden Reisenden nach seiner Meinung fragen. Meine Aufgabe ist, auf die Straße zu schauen.«

»Aber Sie haben während der Fahrt das Ziel geändert, nachdem die Fahrgäste einen Fahrschein gelöst hatten«, wandte ich ein. »Sie haben Sie als Fahrer gewählt, weil Sie versprochen hatten, sie irgendwohin zu bringen. Sie verdienen es, wenigstens ihre Meinung zu äußern. Was die Siedler angeht, so haben Sie sie entführt, und jetzt fühlen sie sich wie Geiseln, die an ein Ziel gebracht werden, das sie sich nicht ausgesucht haben.« Peres zuckte die Achseln und wechselte das Thema.

Da die Marine in den Gewässern vor Gaza patrouillierte, war Oslo jetzt teilweise mein Problem. Würde Arafat vor Gazas Küste Hoheitsrechte ausüben? Wie würden wir seine Leute daran hindern, Waffen einzuschmuggeln? Was geschähe, wenn wir ein Schiff innerhalb der von ihm kontrollierten Gewässer stoppen würden? Wir würden uns sehr bald mit PLO-Leuten, Experten in Sachen Waffenschmuggel, zusammensetzen und ein gemeinsames Sicherheitssystem planen müssen.

Kaum war die Tinte unter dem ersten Osloer Abkommen trocken, erhielt der Terrorismus massenhaft Zulauf, wie viele von uns befürchtet hatten. In den 1980er-Jahren, während der Intifada, waren Terrorangriffe, einschließlich eines vom Islamischen Dschihad organisierten Selbstmordanschlags, nur vereinzelte Episoden gewesen. Nun begann die Hamas, bis zum Ende des Jahrzehnts nach außen eine islamische Wohlfahrtsorganisation, Oslo mit der Ermordung israelischer Zivilisten zum Scheitern zu torpedieren. 1993 packte der Bombenbastler Yahya Ayyasch Sprengstoff in einen VW-Bus und verletzte bei einem Anschlag bei Beit El acht israelische Soldaten.

Arafats halbherzige Entschlossenheit, den islamistischen Terror im Zaum zu halten, löste sich vollends in Luft auf, als im Februar 1994 der in den USA gebürtige Siedler Dr. Baruch Goldstein, Abgänger des Albert Einstein College of Medicine, aus Rache für palästinensische Terroranschläge bei Hebron zur Tat schritt: Er feuerte das gesamte Magazin seines vom Staat ausgegebenen Galil-Sturmgewehrs auf Muslime ab, die in der Höhle der Patriarchen in Hebron zum Freitagsgebet niederknieten. Neunundzwanzig starben und 125 wurden verletzt. Das Gemetzel ereignete sich zu Purim, dem jüdischen Verkleidungsfest, mit dem Juden die Vernichtung des bösen Haman begehen. Rache für den Terror der Hamas war dabei nur ein Motiv gewesen. Hauptsächlich ging es Goldstein darum, den Oslo-Prozess zu zerstören, indem er einen Religionskrieg entfachte.

Sofort zogen Hamas-Leute gegen Arafat zu Felde – mit der Verbrennung von Arafat-Puppen in einem Dutzend Flüchtlingslager, die ihnen als Hochburgen dienten. Im Spätsommer und Frühherbst folgte eine von der Hamas gesteuerte Serie von Selbstmordanschlägen, die im Massaker auf der Dizengoff-Straße in Tel Aviv gipfelten. Ein Arbeitsloser aus Gaza stieg in einem Bus, zündete den Sprengstoff, den er in seinem Gürtel um die Taille geschnallt hatte, und riss zweiundzwanzig Israelis in den Tod. Fünfzig weitere wurden verletzt – der erste erfolgreiche Selbstmordanschlag in Tel Aviv. 1994 starben durch die Hand der Hamas insgesamt fast vierzig Israelis. Seit dem Unabhängigkeitskrieg waren bei Terroranschlägen nicht mehr so viele Zivilisten umgekommen. Wie alle Israelis hatte ich bei jedem Klingeln des Telefons Angst vor der Nachricht, eines meiner Kinder oder Biba seien Opfer eines Anschlages geworden.

Ende 1994 führte ich mit Ehud Barak in Rabins kargem Büro oben im Verteidigungsministerium eine Diskussion, die sich um Israels langfristige Sicherheit drehte. Ich vertrat die Position der Marine, die für eine moderne U-Boot-Flotte mit der Fähigkeit optierte, die israelische Schlagkraft und Abschreckung regional nach außen zu tragen. Barak war anderer Auffassung. Er glaubte, dass wir eine bessere Landstreitmacht bräuchten. Ich konterte, dass von unseren Hauptfeinden keine Grenzdurchbrüche mit Panzern zu befürchten seien. Am Ende schlug sich Rabin auf die Seite der Marine.

Nach der Diskussion bat mich der Ministerpräsident um ein Gespräch unter vier Augen. Barak nickte und schloss die Tür hinter sich. Die Hände hinter dem Rücken verschränkt, blieb ich aufmerksam stehen, bis mich Rabin – ein knappes Jahr vor seiner Ermordung – Platz nehmen hieß.

»Kaffee?«

Ich nickte. Rabin schenkte zwei Tassen ein, zündete sich eine Zigarre an und kam zur Sache. »Ich hätte gerne, dass Sie den Schin Bet übernehmen, Ami.«

»Wie bitte, Herr Ministerpräsident?« Fast hätte ich meinen Kaffee wieder ausgespuckt.

»Hören Sie, Sie haben ihre Aufgabe als Oberkommandierender der Marine erfüllt, und die Frage der U-Boote ist gelöst. Ich brauche Sie im Schin Bet.« Er aschte in seine leere Kaffeetasse und wartete auf meine Antwort.

Ich saß sprachlos da. Baraks Anruf mitten in der Nacht, um mir einen Posten anzubieten, auf den ich mich mein ganzes Berufsleben vorbereitet hatte, war nichts gewesen im Vergleich zu diesem Angebot. Einen wie mich in die Führung des Schabak zu berufen, erschien so absurd, dass ich nicht wusste, was ich sagen sollte.

»Denken Sie einfach darüber nach, Ami«, sagte Rabin.

Warum der Schin Bet frisches Blut brauchte, musste er nicht erklären. In den eineinhalb Jahren, seitdem er Arafat im Rosengarten des Weißen Hauses die Hand gedrückt hatte, waren Heerscharen von Dämonen über Israel hergefallen – in Gestalt von Hamas und Islamischem Dschihad auf palästinensischer und von Baruch Goldstein auf israelischer Seite.

Rabin wies Arafat wegen des Bombenanschlags auf den Bus keine Schuld zu und war entschlossen, den Friedensprozess weiter voranzutreiben, als »gebe es keinen Terror«, und »den Terror zu bekämpfen, als gebe es keinen Friedensprozess«. Aber sein Ansatz erwies sich als doppelter Fehler: Er versäumte es, Arafat ein Ultimatum zu stellen und anzudrohen, den Friedensprozess zu beenden, sollte er nicht ernsthaft gegen den Terrorismus vorgehen. Gleichzeitig sorgte seine Strategie dafür, dass die israelische Rechte, insbesondere die Siedlerbewegung, die jetzt über eine Viertelmillion Menschen zählte, weiteren Zulauf erhielt. Eine Fotomontage auf einer Protestaktion gegen den Osloer Friedensprozess zeigte Rabin, der Arafats Kufiya um den Kopf geschlungen hatte. Auf einem weiteren Plakat erschien er in Nazi-Uniform mit Hakenkreuz-Armbinde. »Mit Blut und Feuer jagen wir Rabin davon«, skandierten mit erhobenen Fäusten junge Radikale. Zeitungen der Siedler verglichen die Partnerschaft von Rabin und Arafat mit Marschall Pétains Kollaboration mit Hitler. Auf einer Versammlung schaute der Jungpolitiker Benjamin Netanjahu im Beisein Ariel Scharons kommentarlos zu, wie Menschenmassen einen Sarg auf den Schultern trugen und zwei Stunden lang »Tod für Rabin« schrien.

Angesichts eines Schin Bet, der darin versagte, dem schlimmsten Ausbruch terroristischer Gewalt in Israels Geschichte Einhalt zu gebieten, brauchte Rabin einen neuen Mann am Ruder, einen Außenstehenden, der die Behörde aufrütteln konnte.

Mit versteinertem Gesicht und feuchtkalten Händen bewegte ich mich unbehaglich auf meinem Stuhl hin und her. *Warum ich?*

Wir schwiegen uns Gott weiß wie lange an – vielleicht eine Minute – an. *Auf gar keinen Fall*, dachte ich. Ich wusste genug vom Schabak, um mir im Klaren darüber zu sein, dass man als sein Direktor nicht auf See, sondern in einem Abwasserkanal eingesetzt wird. Ich operierte noch weitgehend in einer schlichten Welt aus Freund oder Feind. Einem feindlichen Gegner in Uniform eine Kugel zu verpassen war etwas ganz anderes, als einen Ladenbesitzer mit einer Kapuze über dem Kopf oder einen Jugendlichen in einen Verhörraum zu zerren, um Informationen aus ihm herauszuquetschen, mit Raffinesse oder Gewalt. In diesen Tagen der Massenproteste gegen den Oslo-Prozess stellte sich auch die Aufgabe, jüdische Mitbürger auszuspionieren. Als Jugendlicher hatte ich Orwell gelesen und war nicht eben scharf darauf, Big Brother zu spielen.

»Herr Ministerpräsident«, sagte ich schließlich und blickte ihm direkt in die Augen. »Danke für Ihr Vertrauen. Ich glaube einfach nicht, dass ich für die Aufgabe der richtige Mann bin.«

Rabin nickte und drückte seine Zigarette aus.

Ein Jahr und zahlreiche Terroranschläge später blickte ich aus den Fenstertüren in der US-Marineakademie in New Port, Rhode Island, auf die Narragansett Bay hinaus. Ganz in Gedanken, bemerkte ich gar nicht, dass der Marineattaché der israelischen Botschaft mit strammen Schritten auf mich zutrat.

An diesem Nachmittag des 4. November 1995 – mitten im Indian Summer – war ich gut aufgelegt. Am darauffolgenden Tag sollte das International Seapower Symposium eröffnet werden, die weltweit bedeutendste Tagung von Oberbefehlshabern der Marine. Ich war stolz darauf, Israel in diesem exklusiven Kreis von Admirälen zu vertreten. Zum Symposium eingeladen hatte mich der amerikanische Chef der Marineoperationen, Admiral Mike Boorda, der erste Jude, der in der US-Marine auf einen so hohen Posten gelangt war und jetzt die Zweireiher-Uniform mit goldenen Streifen an den Ärmeln trug. Als Mike einige Jahre zuvor, damals noch ein US-Marine-Kommandeur, Israel besucht hatte, war ich sein Gastgeber gewesen. Wir hatten Freundschaft geschlossen. Seeleute, fiktive wie reale, haben alle eine gewisse Gelassenheit gemein, von Odysseus und Kapitän Ahab bis zu Admiral Nelson und dem florentinischen Entdecker Giovanni da Verrazzano, der 1524 als erster in die Narragansett Bay hineingesegelt war. Ihre stoische Haltung rührt daher, dass sie den Naturgewalten ausgesetzt sind.

Der Marineattaché sollte mich gleich daran erinnern, dass das Leben als Israeli so ist, als sitze man auf einem Schiff und wisse, dass gleich ein Torpedo einschlagen wird, aber nicht, aus welcher Richtung er kommt.

»Admiral«, sprach mich der Marineattaché mit einer untypischen Förmlichkeit für einen Israeli an. Er ergriff meine Schulter, und ich drehte mich zu diesem großen und bärenstarken Mann in der schneidigen blauen Uniform um. Wie er so mit blassem Gesicht und zitteriger Stimme vor mir stand, erinnerte er mich irgendwie an den Sensenmann. Er hatte einst unter meinem Kommando als Kapitän eines Raketenschiffs gedient. Ich spürte einen Kloß im Magen.

»Ja, was gibt's?«

»Auf den Ministerpräsidenten ist ein Terroranschlag verübt worden.«

»Auf Rabin?« *Ist ein palästinensischer Terrorist an Rabin herangekommen?*, fragte ich mich.

»Wie soeben bekannt wurde, ist er erschossen worden.«

»Wovon zum Teufel reden Sie da?«

»Auf der Friedenskundgebung in Tel Aviv.«

»Rabin ... erschossen?«

»Admiral, er wurde vor einigen Minuten für tot erklärt.«

Ich erstarrte mit offenem Mund. Im Militär gewöhnt man sich an die finstere Kriegskunst so sehr, dass man ohne eine Träne am Grab eines Freundes stehen oder sich eine Zigarette anzünden kann, wenn man gerade über die Leiche eines Feindes hinweggestiegen ist. Aber der gewaltsame Tod eines Ministerpräsidenten riss mich aus der Vertäuung. Noch heute spüre ich, wie sich meine Augen weiteten, wie ich blass wurde und mir unwillkürlich an die Brust fasste.

»Erschossen!«, stammelte ich und geriet fast ins Taumeln.

Dann fasste ich mich wieder. »Die Hamas?«, fragte ich. »Der Islamische Dschihad?« Irgendwie musste es ein irrer Islamist, als Peacenik getarnt, an Rabins Personenschützer vorbeigeschafft haben. Ein Terrorist, der die israelischen Sicherheitsvorkehrungen überwand, wäre ein Desaster gewesen für den Schin Bet, der unter anderem für den Schutz des Ministerpräsidenten zuständig war.

»Admiral, sagte er kopfschüttelnd. »Der Killer war kein Palästinenser, sondern ein Jude.«

»Ein Jude?«

»Ein israelischer Jude.«

»Was zum Teufel«, murmelte ich vor mich hin. Die Vorstellung, ein Landsmann könne auf den Ministerpräsidenten zielen und den Abzug bedienen, war mir nie in den Sinn gekommen. Natürlich wusste ich, dass Juden zum Terror fähig waren: Anfang der 1980er-Jahre hatten Mitglieder des jüdischen Untergrunds Bürgermeister palästinensischer Städte zu ermorden versucht, palästinensische Studenten an der Universität von Hebron erschossen und Pläne geschmiedet, arabische Bussen mit Bomben zu präparieren. Bei einem weiteren Komplott hätten die beiden Moscheen auf dem Tempelberg in die Luft gejagt werden sollen. Aber solche Terroristen waren in meinem Kopf eine Randgruppe aus Verrückten. *Und* sie nahmen Araber, nicht Juden ins Visier.

Ich sagte das Treffen mit Admiral Boorda später am Nachmittag ab, eilte mit einem Botschaftsfahrzeug zum JFK-Airport nach New York und nahm die nächste Maschine nach Tel Aviv. Eine schlaflose Nacht im Flugzeug gab mir ausreichend Zeit, das Undenkbare zu erwägen.

Kapitel 13

Buslinie 18

Rabins Mörder, der zartgliedrige Jigal Amir, der in Israel geborene Sohn eines koscheren Metzgers jemenitischer Abstammung, hatte als Kampfsoldat in den Golani-Brigaden gedient und an der Bar-Ilan-Universität Jura studiert. In seiner Zelle bat er die Polizeiwachen um ein Glas Schnaps zum Prosten auf seine Tat. Für ihn war Rabins Ermordung, die vom *The New Yorker* als einer der »effizientesten politischen Morde der Geschichte« bezeichnet wurde, ein Grund zum Feiern.

Amir hatte an der Beisetzung Baruch Goldsteins teilgenommen, des Arztes, der die Muslime in Hebron erschossen hatte, und schriftlich gelobt, die notwendige chirurgische Radikaloperation vorzunehmen, um den Verlust der Herrschaft über Judäa und Samaria zu verhindern. Seine Entscheidung begründete er mit dem altüberlieferten theologischen Prinzip des *din rodef*, »dem Gesetz des Verfolgers«, das jeden zum Tod verurteilt, der als »Verfolger« klassifiziert wird. In Amirs wirrem Kopf und in den Köpfen der extremistischen Rabbis war das *din rodef* deshalb auf Rabin anwendbar, weil der Oslo-Prozess die Übergabe von Teilen des Landes Israel an Terroristen vorsah, die daraufhin Juden töten würden.

All dies war beim Schabak aktenkundig gewesen, aber er hatte den Mann nicht gestoppt. Agenten hatten ihn als den »kleinen Jemeniten« abgetan, der »auf der Toilette behauptete, er würde Rabin ermorden«.

All diese Details waren mir noch nicht bekannt. Aber Zeitungsberichte über Siedler, die Dankesgebete für Rabins Ermordung sprachen, während Millionen Israelis, darunter ebenfalls Siedler, zum Gedenken an ihren Märtyrer Kerzen entzündeten, machten die tiefe Spaltung des Landes deutlich. Ich hatte immer angenommen, Israel sei wie das antike Israel oder wie Sparta eine hinter einer Klasse aus Siedler-Kriegern geeinte Gesellschaft, angetrieben nicht von Gier oder Eigennutz, sondern von den gemeinsamen Idealen unserer Nation. Trotz der Risse, die sich nach 1967 mit jedem Jahr vertieften, wäre mir nie in den Sinn gekommen, dass ein Jude einen Ministerpräsidenten ermorden könnte.

Erst jetzt begann ich zu begreifen, dass sich unser Land aus rivalisierenden Stämmen zusammensetzte. Und zudem waren wir, die Kibbuzniks, die wiedergeborenen Makkabäer, die in den Eliteeinheiten dienten und den exponiertesten und gefährdetsten Boden besiedelten, nicht mehr die Avantgarde. Israel hatte sich verändert und war jetzt ein apokalyptischer Ort, zerrissen zwischen sich bekriegenden Faktionen.

Zu Rabins Beisetzung in Jerusalem reisen Staatschefs aus aller Welt an, darunter Präsident Clinton und das ehemalige Staatsoberhaupt der Sowjetunion Michail Gorbatschow. Als Oberbefehlshaber der Marine fuhr ich nach Tel Aviv zum Haus von Rabins Witwe Leah, um ihr während der Schiwa, der einwöchigen Trauerzeit, mein Beileid zu bekunden. Während meines Besuchs tauchte Arafat im grünen Kampfanzug auf. Aus Respekt hatte er sein »Gewehr des Freiheitskämpfers« in Ramallah zurückgelassen und seine Kufiya abgelegt. Mit Glatze wirkte der Ex-Terrorist klein und harmlos wie ein pensionierter Postangestellter. An Leah gewandt, sagte er mit Tränen in den Augen über ihren getöteten Ehemann: »Er war ein Held des Friedens, und er war mein Freund.« Hinter Arafats vielfältigen Masken – Revolutionär, Gangster, Architekt einer Nation – steckte offenbar ein Mann mit Gefühlen.

»Mein Ehemann«, antwortete sie, »hat Sie als seinen Partner im Frieden betrachtet.«

Derweil stand mein Ausscheiden aus der Marine in knapp zwei Monaten bevor, und ich hatte keine Ahnung, was ich danach tun würde. Was ich nicht wollte, war, wie so viele Offiziere im Ruhestand, Waffenhändler oder Militärberater für den Chef einer Junta in Afrika oder Lateinamerika werden. Tatsächlich wollte ich dem Militär ganz den Rücken kehren. Mein Temperament hatte in die Hierarchien und den Konformismus des Militärs nie so richtig hineingepasst. Und ich bin nicht der Typ, der seine glorreichen Tage wiederaufleben lässt, indem er seine alte Uniform auf Paraden und Versammlungen zur Schau stellt. Ich hatte das Kriegsgeschäft lange genug betrieben. Jetzt verbrachte ich meine Zeit lieber bei der Familie oder mit Tümmlern, Delfinen und anderem Meeresgetier als mit bewaffneten Männern. Also mottete ich am 1. Januar 1996 meine Uniform ein, verstaute meine Ehrungen in einer Schuhschachtel und tauchte meine Khaki-Hosen gegen ein Paar Jeans und ein T-Shirt ein. Endlich konnte ich ein guter Ehemann und Vater sein, mit Biba die Hunde ausführen, unsere Olivenbäume beschneiden und Bücher übers Tauchen auf den Seychellen lesen.

Diese grandiose Freiheit währte genau eine Woche.

Um zehn Uhr abends erhielt ich einen Anruf von Avi Gil, einem Freund, den ich beim gemeinsamen Studium an der Kennedy School kennengelernt hatte, und einer der Unterhändler der Oslo-Abkommen.[18] Avi war damals Stabschef im Büro des Ministerpräsidenten und arbeitete jetzt für Schimon Peres, weil dieser nach Rabins Ermordung dessen Posten bis zu den Wahlen Ende Mai übernommen hatte. Wie Truman nach Roosevelts Tod oder Lyndon B. Johnson nach Kennedys Ermordung kümmerte er sich um die Staatsgeschäfte. Peres hatte die IDF angewiesen, sich gemäß den Bedingungen der Oslo-Abkommen aus Nablus zurückzuziehen. Während die Palästinenser Jericho und Teile Gazas bereits kontrollierten, war die Übergabe von Nablus mit Risiken behaftet: Im Zentrum der Stadt lag das Josefsgrab, eine heilige jüdische Stätte, und die umliegenden Flüchtlingslager waren Hochburgen der Hamas, aus denen Selbstmordattentäter entsandt wurden.

Avis Tonfall bereitete mich auf Unangenehmes vor. »Was gibt's?«, fragte ich. »Peres will dich sprechen, Ami.«

»Peres?«

»Richtig. Der Ministerpräsident.«

»Worüber will er mit mir reden.«

»Das erfährst du, sobald du herkommst.«

»Gut, gleich morgen früh.«

»Komm' sofort.«

»Jetzt?«

»Jetzt.«

Da ich keinen Chauffeur mehr hatte, setzte ich mich selbst ans Steuer und brauste los. Auf der Fahrt über die steil bergaufführende Straße nach Jerusalem versuchte ich es mir zu verkneifen, über die Gründe für diese

»Vorladung« zu spekulieren. Was es auch war, ich spürte, dass es mit meiner neuerlichen Freiheit nicht in Einklang zu bringen sein würde.

Avi erwartete mich beim geschäftsführenden Ministerpräsidenten in der Residenz des Außenministers, in der Peres nach wie vor wohnte. Die Regale standen voller Bücher in Sprachen, die dieser polyglotte Mann beherrschte. Eher zur Generation meines Vaters als zu meiner gehörig, hatte Peres eine lange und bewegte Laufbahn hinter sich. Bevor er zu einer treibenden Kraft bei den Verhandlungen in Oslo geworden war, hatte er maßgeblich in der Arbeitspartei die Siedlerbewegung unterstützt. Peres, der Architekt des von ihm so benannten »neuen Nahen Ostens«, hatte Angst bekommen. Nach fünfzig Jahren in der israelischen Politik wusste er, dass die sich rasch fortsetzenden Selbstmordanschläge mit Sprengstoff den Friedensgegnern in die Hände spielten. Deswegen hatte er mich herbestellt. Er teilte mir zunächst mit, dass der Chef des Schabak zurückgetreten sei. Damit übernahm er die Verantwortung für die nachlässigen Sicherheitsvorkehrungen, die es Jigal Amir ermöglicht hatten, Rabin zu töten. Dann wiederholte Peres fast Wort für Wort Rabins Bitte von vor einem Jahr an mich, die Führung des Schabak zu übernehmen. Peres war sich meines wichtigsten Einwands damals – warum ich? – bewusst und hatte eine Antwort parat. Der Dienst brauche eine neue Denkweise, sagte er, jemanden, der Palästinenser nicht nur als Terroristen, sondern auch als Partner im politischen Prozess sehen könne. Er brauche einen Außenstehenden wie mich.

Angesichts der Schockstarre des Schabak über das eigene Versagen, den Ministerpräsidenten und israelische Zivilisten vor dem Terror zu schützen, betrachtete ich es diesmal als meine Pflicht einzulenken.

»Herr Ministerpräsident«, sagte ich im feierlichsten Ton meines Lebens, »ich muss meine Familie fragen. Können Sie mir vierundzwanzig Stunden für eine Entscheidung geben?«

»Natürlich. Nehmen Sie sich einen Tag.«

Immer noch bei Dunkelheit kehrte ich nach Kerem Maharal zurück. Biba erwartete mich, während unsere drei Söhne noch schliefen. Ich weckte einen nach dem anderen auf und bat sie, zu mir in die Küche hinunter zu kommen. Als ich eine Kanne Tee aufbrühte und die Schritte meiner Söhne auf der Treppe hörte, wurde mir das Herz schwer. Mehr als alles andere wollte ich erstmals in meinem Leben ein Familienmensch werden. Aber ich wusste, dass ich nicht konnte.

Als alle ein heißes Getränk in der Hand hielten, berichtete ich ihnen von Peres Anfrage.

Mit ihrer üblichen Gelassenheit, wenn ich mich wieder wegen einer Mission zur See für lange Zeit davongemacht hatte, sagte Biba, sie stehe hinter jeder meiner Entscheidungen. Roy, mein Jüngster, der noch nicht auf die höhere Schule ging, nickte ein: Er wollte nur zurück ins Bett. Was ihn an dem Angebot für den Posten als Einziges störte: Wir würden womöglich einen geplanten Skiausflug absagen müssen.

Ich wandte mich unserem ältesten Sohn Nir zu. Er hatte soeben seine vier Jahre im Schaldag, einer strenggeheimen Eliteeinheit der Luftwaffe, abgeschlossen. »Vergiss es, Abba«, sagte er mit einem Anflug Bitterkeit in der Stimme. »Das ist so, als wärst du nach sechzig Kilometern Marsch mit vollem Gepäck auf dem Rücken in dein Zelt gekrochen, und dann verlangen sie von dir, aufzustehen und gleich wieder auf Mission loszuziehen. Sag' Peres, er soll sich einen anderen Idioten suchen.«

Unser zweiter Sohn Guy, der in wenigen Monaten seinen Dienst im Militär antreten musste, meldete sich mit einem überzeugenden Gegenargument zu Wort. »Sie haben Rabin ermordet«, sagte er in einem Ton, der aus tiefstem Herzen zu kommen schien. Wer »sie« waren, sagte er nicht, aber mir war klar, dass er die jüdischen und palästinensischen Terroristen meinte, die entschlossen waren, eine bessere Zukunft für beide Völker zu zerstören. »Abba, lass *sie* damit nicht durchkommen. Du hast keine Wahl.« Ich war derselben Meinung.

Obwohl schon im Ruhestand, brauchte ich in der Marine noch einen Monat, um einige Dinge zu erledigen. Als Abschiedsgeschenk vom Generalstabschef erhielt ich die 9-mm-Browning-Pistole, mit der einst ein Fatah-Terrorist beim Aufbringen seines Schiffs auf offenem Meer auf meinen Kopf gezielt hatte. Rätselhafterweise hatte er nicht abgedrückt.

Meine Vorbereitungen auf den neuen Posten wurden von dem unangenehmen Gefühl überschattet, dass ich mein eigenes Land nicht mehr verstand. Ich war im Glauben erzogen worden, dass wir selbst und nicht Gott uns aus der ägyptischen Gefangenschaft befreit hatten. Wie konnte ich da Verständnis haben, dass strenggläubige Juden Rabins Ermordung als einen Akt göttlichen Eingreifens deuteten?

Nach einer Tradition, die im Schabak, im »Dienst«, wie er zuweilen hieß, seit den 1940er-Jahren herrschte, hätte mein Codename aus dem ersten Buchstaben meiner Initialen, also dem hebräischen Alef, bestehen müssen. Dass es anders kam und ich und meine Familie deshalb unsere Privatsphäre verloren, hatte einen einzigen Grund: Mehrere israelische Zeitungen hatten unter Umgehung der Zensur meinen Namen veröffentlicht, als sie meine Ernennung auf den Posten meldeten. Binnen einer Stunde waren Fotografen zu unserem Haus geströmt und warteten auf der Straße darauf, dass ich mein Gesicht zeigen würde.[19] Biba rief aus dem Esszimmer, jemand sei am Telefon.

»Wer denn?«

»Woher soll ich das wissen?«, zischte sie noch wütend über die lästigen Paparazzi auf der Straße.

»Ami am Apparat.«

Der Mann am anderen Ende der Leitung stellte sich als Noam Livnat vor. Seine Schwester Limor Livnat war eine prominente führende Likud-Politikerin. Noam aus der Siedlung Jitzchar sah sich selbst als »radikal rechter Messianist« und Anhänger Rabbi Ginsburghs.[20] Jigal Amir war einer seiner glühenden Bewunderer. Livnat fragte, ob wir reden könnten, ehe »der Schin Bet Sie einer Gehirnwäsche unterzieht, was uns angeht«. Ich war der Ansicht, dass ich nichts zu verlieren, aber vielleicht etwas zu gewinnen hätte, wenn ich mich mit jemandem aus einer Gemeinschaft zusammensetzte, deren Unterwanderung demnächst zu meinen Aufgaben gehörte.

Kaum hatte ich aufgelegt, erhielt ich einen zweiten Anruf. Jemand vom Schin Bet forderte mich auf, weder das Haus zu verlassen noch mit Fremden am Telefon zu reden. »Sicher«, sagte ich. Mir wurde sofort klar, dass mein Gespräch mit Livnat abgehört worden war.

Jahrelang war ich der abwesende Ehemann und Vater gewesen, der gelegentlich im Morgengrauen seinen Hund spazieren führte. Da mein Name öffentlich geworden war, schauten mich jetzt von der Seite her Leute an, wenn ich im Geschäft gegenüber einkaufen ging. Ich war nun der Mann, der sie vor dem Terror beschützen sollte. Ganz andere Blicke trafen mich am Gemüsestand in der arabischen Nachbarstadt Fureidis. Wie Meinungsumfragen unter israelischen Arabern zeigten, war der Schin Bet für sie so etwas wie die Stasi in Ostdeutschland: ein Instrument des Staatsterrors.

Ich war so sichtbar geworden, dass die staatlichen Stellen darauf bestanden, um unseren Garten herum einen hohen weißen Zaun zu errichten, um uns gegen die Außenwelt abzuschotten: Biba hatte es abgelehnt, vor unserem Haus einen Personenschützer postieren zu lassen. Eines Tages tauchte ein Sicherheitsbeauftragter auf mit Anweisungen, wie wir unser Tor zu öffnen und zu schließen hätten. Wir sollten uns nicht nach draußen bewegen, um die Post zu holen oder die Morgenausgabe der *Haaretz* zu schnappen. Make-up-Künstler zeigten mir, wie ich inkognito unter Leute gehen konnte. Die Kiste mit den Perücken, den Brillen, dem Make-up, den falschen Bärten und lächerlichen Hüten, die ich während meiner Amtszeit benutzte, habe ich bis heute aufgehoben.

Ich traf Livnat in einem Café an der Schellstraße zwischen Tel Aviv und Haifa. Der große Mann mit den kohlrabenschwarzen Augen trug einen rotbraunen buschigen Bart und die übliche Tracht der Orthodoxen mit gestrickter Kippa, dunklen langen Hosen und einem weißen durchgeknöpften Hemd, aus dem Tzitzit – Gebetsfransen – heraushingen. Im Rollstuhl sitzend, schob er sich selbst zu mir an den Tisch hinten im Restaurant. Auffallenderweise trug er anders als viele Siedler keine Pistole mit sich herum.

Aus seinen Äußerungen wurde sofort klar, warum er um dieses informelle Gespräch gebeten hatte. Livnat hatte Sorge, der Schabak könne sich an den Siedlern rächen. Ich schaute ihm bewusst in die Augen und hörte mir respektvoll den gefährlichen Unsinn an, den er meiner Meinung nach von sich gab. Es gebe zwei Schin Bets, sagte er, den guten, der die Araber bekämpfe, und den üblen, der es auf ihn und seine Glaubensgenossen, die Gottes Werk vollbrächten, abgesehen habe. Offenbar meinte er, ich würde demnächst Tausenden von jüdischen Landsleuten schwarze Kapuzen über den Kopf ziehen und sie in Verhörräume schleppen lassen.

Livnat meinte, ich müsse die Kerker den Arabern vorbehalten. »Als Jude ist es Ihre Aufgabe, uns vor *denen* zu schützen.«

Sich aus Büchern über die Siedler und ihre Geisteshaltung zu informieren, war eine Sache, mit jemandem am Tisch zu sitzen, der aufrichtig daran glaubte, dass Gott ihm eine Verfügungsgewalt über Araber gegeben habe, eine ganz andere. Zum ersten Mal hörte ich jemandem zu, der Zustände rechtfertigte, die nur als Apartheid bezeichnet werden können: zwei unterschiedliche Systeme aus Gesetzen, Regeln und Standards sowie getrennte Infrastrukturen. Wenn die Araber sich anständig benahmen und unsere Herrschaft akzeptierten, würden sie von uns Zugang zu Wasser und etwas Elektrizität erhalten. Dass wir sie noch nicht über die jordanische Grenze getrieben hätten, sah er als ein Zeichen unserer Güte an.

»Warten Sie eine Sekunde«, sagte ich Livnat, unsicher, ob sich ein Versuch lohnen würde, ihn zur Vernunft zu bringen. »Meine Aufgabe ist, Leute, Juden genauso wie Araber, daran zu hindern, Gewalttaten zu begehen.« Zudem ließ ich ein paar Hinweise aufs Völkerrecht und ethische Grundsätze fallen. Dass ich gar nicht daran dachte, mich der Idee anzuschließen, wonach die Juden durch ein kosmisches Gesetz Vorzüge genießen dürften, weil das Land Israel laut Gott und Geschichte unser Besitz sei, gefiel ihm gar nicht.

Tage vor meinem nächtlichen Gespräch mit Ministerpräsident Peres, als er mir die Leitung des Schin Bet antrug, hatten israelische Agenten ein Mobiltelefon Jahija Ajaschs mit 85 Gramm Sprengstoff präpariert. Dieser sogenannte »Ingenieur« war ein Mitbegründer der Kassam-Brigaden, einer Untergrundorganisation der Hamas, und zeichnete für den Tod von rund hundert Israelis bei Terroranschlägen verantwortlich. Mit der Aktion, ihm den Kopf wegzublasen, hatte sich mein Vorgänger aus dem Dienst verabschiedet.

Bei meiner zeremoniellen Vereidigung konnte ich nur daran denken, welche Rachepläne die Hamas wegen dieses Anschlags schmieden würde. So nervös, wie ich war, konnte ich kaum mit einem Schmunzeln reagieren, als Staatspräsident Ezer Weizman scherzte, jetzt sehe er mich erstmals in Anzug und Krawatte.

Demütig machte mich auch, wie wenig ich über den Schabak wusste. Um Avigdor Feldman, den Menschenrechtsanwalt zu zitieren, der ihn 1999 wegen Folterungen an Gefangenen vor Gericht gebracht hatte: »In der Verhöreinrichtung ist der Schabak König, und niemand, weder der Justizvollzugsdienst noch die israelische Polizei, hat Zugang ohne Genehmigung der zuständigen Person vom Schin Bet.« Was für eine Verhöreinrichtung galt, galt noch mehr für den Apparat insgesamt. Alle früheren Direktoren waren aus den eigenen Reihen aufgestiegen. Bis jetzt war der Schabak ein geschlossenes Netzwerk gewesen, das seine Geheimnisse eifersüchtig hütete. Ich war als Fremder, als Außenstehender angeheuert worden, um einen Wandel einzuleiten.

An meinem ersten Tag im Dienst, einem Freitag, berief ich sämtliche Abteilungsleiter ins Hauptquartier des Schin Bet im Norden von Tel Aviv zu einer Besprechung ein. Ich kannte nur einige auf der gehobenen Kommandoebene, alles Männer, mit denen ich in der Marine gemeinsame Militäroperationen durchgeführt hatte. Mit der Geschichte des Dienstes hatte ich mich inzwischen eingehender auseinandergesetzt. Auch wenn ich mitbekommen hatte, dass unsere Verhörspezialisten und Agentenführer nicht unbedingt sadistische Knochenbrecher, sondern vielmehr bestens geschulte Fachleute waren, hatte man sie auch dazu ausgebildet, im Abwasserkanal, wie ich es schließlich nannte – in der Schattenwelt der Terrorgruppen – zu operieren. Und da war alles möglich. »Vergiss die Moral, wenn du den Terror bekämpft, verkündete Avraham Schalom, mein Vorgänger im Schin Bet. »Es gibt keine!«[21]

Beim Lesen von Berichten über einige zurückliegende Verbrechen des Schin Bet stellten sich mir die Haare auf, obwohl wir geradezu Samthandschuhe trugen, verglichen mit ähnlichen Diensten in den Vereinigten Staaten, Frankreich oder England.

Ich begann die Besprechung mit einem offenen Wort an die Mitarbeiter: »Meine Herren«, teilte ich mit, »ich kenne diese Organisation nicht. Ich weiß nicht, wie man Agenten rekrutiert, und habe keine Ahnung, wie man Informationen sammelt. Aber paradoxerweise bin ich für alles, was hier geschieht, verantwortlich. Also müssen wir alle zusammenarbeiten, um den Graben zwischen meinem Mangel an Wissen und Erfahrung und meiner hochgradigen Verantwortung zu überbrücken. Wenn Sie der Meinung sind, dass ich mich irgendwo täusche, dann will ich, dass Sie mir das sagen.«

»Aber alte Strategien haben versagt«, fuhr ich fort. Wir bekämpften nicht mehr die PLO, rief ich ihnen ins Gedächtnis und äußerte, was offensichtlich war: Jetzt seien islamische Terroristen unser Feind.

Um die Hamas davon abzuhalten, israelische Zivilisten zu ermorden, mussten wir insbesondere ihren militärischen Flügel, die Kassam-Brigaden, infiltrieren. Wir seien bislang deshalb gescheitert, so war ich überzeugt, weil uns die richtigen Sensoren gefehlt hätten. »Also stellen wir alles auf den Prüfstand: die Methoden der Informationsgewinnung, die der Rekrutierung und die der Vorbeugung. Wir hinterfragen jede einzelne konventionelle Praxis und jede Maxime. Was funktioniert, behalten wir bei, was nicht funktioniert, werfen wir über Bord. Nur eines will ich nicht hören«, sagte ich: »*So haben wir es doch immer gemacht.* In dieser Organisation drehen wir jeden Stein um. Vielleicht stellen wir am Ende des Ablaufs fest, dass die meisten Steine an der richtigen Stelle liegen, aber das Haus sieht danach anders aus.«

Aufrecht dasitzend, hörten mir die Männer aufmerksam zu. Am Ende meiner Ausführungen erinnerte ich sie daran, dass das Leben israelischer Bürger und das Schicksal des Friedensprozesses davon abhingen, dass wir unsere Aufgaben erledigten.

Drei Tage später, kurz nach sechs Uhr morgens, wartete ich hinter dem weißen Zaun um unser Haus – mich an die Straße zu stellen, war mir verboten – auf den Fahrer, der mich schleunigst nach Tel Aviv bringen sollte. Mit einem Ohr hörte ich den Rundfunksender der Armee, während meine Gedanken zu der Arbeit wanderten, die ich zu erledigen hatte. Ein Jude hatte Rabin erschossen. Also musste ich dem jüdischen Terrorismus deutlich größere Aufmerksamkeit schenken als meine Vorgänger – keine angenehme Aussicht angesichts einer Hamas, die eine größere Gefahr denn je darstellte. In all den Jahren, in denen ich in der Schajetet 13 Jagd auf PLO-Guerillakämpfer gemacht hatte, hätte ich mir niemals vorstellen können, eines Tages die Telefone von Siedlern abhören zu müssen. Jahrelang hatte ich in ihnen Leute gesehen, die den Zionismus meiner Eltern weitertrugen, und jetzt musste ich in ihre Kreise Informanten einschleusen.

Um 6:45 Uhr, als ich auf dem Weg nach Tel Aviv gerade zum Telefon greifen wollte, meldete das Radio einen Selbstmordanschlag. »Halten Sie eine Sekunde an«, sagte ich dem Fahrer. Er fuhr rechts heran. Das Ziel war Buslinie 18 auf der Jaffa-Straße in Jerusalem gewesen. Die Straße war seit Ende des 19. Jahrhunderts eine der belebtesten Verkehrsadern der Stadt, mit Geschäften, Falafel-Buden, Cafés, dem Busbahnhof und dem Mahane-Yehuda-Gemüsemarkt.

»Nach Jerusalem«, teilte ich dem Fahrer mit. Er schaltete Sirene und Blaulicht ein und raste die steile Schnellstraße hinauf. Trotz heulender Sirene schoben wir uns nur langsam durch den zähen Verkehr. Am Straßenrand rosteten Wracks von Halbkettenfahrzeugen aus dem Unabhängigkeitskrieg von 1948 vor sich hin. Hinter ihnen, unmittelbar über den bewaldeten Hügeln, lag Tel Gezer, der mutmaßliche Schauplatz von Josuas Entscheidungsschlacht gegen den kanaanitischen König Horam von Gezer.

In der Innenstadt angelangt, rasten wir über die Jaffa-Straße an Polizeisperren, Staus und Menschenmengen vorbei. Ich sprang aus dem Wagen in eine Szenerie wie auf dem Schlachtfeld. Rauch quoll aus dem Dach des ausgebrannten Busses, den die Explosion zerfetzt hatte. Die Toten und Verletzten waren bereits abtransportiert, aber überall lag immer noch Blut. Später teilte ein verstörter Mann auf der Straße einem Journalisten mit: »Als hätte man das Tor zur Hölle aufgestoßen.«

Mein Team stand jetzt vor der Aufgabe, die Mörder von vierundzwanzig Menschen zu ermitteln. Zwei weitere Opfer erlagen Tage später ihren Verletzungen. Anhand des verkohlten Kopfs und des Personalausweises, die am Tatort eingesammelt worden waren, identifizierten Forensiker den Sprengstoffattentäter als Ibrahim Farahneh, einen Neunzehnjährigen aus dem Flüchtlingslager al-Fawwar bei Hebron, losgeschickt von der Hamas, deren damalige Charta verkündete: »Israel existiert und wird weiter existieren, bis der Islam es ausgelöscht hat.«

Überlebende erinnerten sich, dass Farahneh in Jeans und T-Shirt mit Baseballkappe – die Kluft hatte er in der Salah a-Din-Straße in Ostjerusalem gekauft, um sich als Student zu tarnen – still hinten im Bus gesessen und eine schwarze Reisetasche auf dem Schoß gehalten hatte. Als sich das Fahrzeug dem Busbahnhof näherte, sprang er auf, schrie *Allahu akbar* – »Gott ist groß« –, drückte auf einen Knopf, der am Riemen seines Rucksacks befestigt war, und brachte knapp zehn Kilogramm Sprengstoff zur Detonation.

Unsere Aufgabe bestand darin, das Terrornetzwerk der Hamas zu durchdringen und es zu zerschlagen, eine beängstigende Herausforderung, da die Hamas, so wie einst die aufständischen Gruppen vom Vietcong bis zur algerischen FLN, in Zellen organisiert war. Weil die meisten Mitglieder die Identität der Drahtzieher nicht kannten, war es unmöglich, den Weg von einem einzelnen Attentäter, tot oder lebendig, bis zu diesen zurückzuverfolgen.

Zusätzlich erschwert wurde die Aufgabe dadurch, dass vor Beginn des Oslo-Prozesses die meisten Terroristen zur Fatah, zum Islamischen Dschihad oder zur Volksfront gehört hatten. Die Hamas, eine marginale Wohlfahrtsorganisation, hatten wir nicht auf dem Radar gehabt und deshalb so gut wie keine Agenten in sie eingeschleust. Uns fehlten die erforderlichen Sensoren, um ihre Aktivitäten unter der Oberfläche zu ermitteln – in Kellern, Garagen oder Moscheen. Diese Sensoren mussten wir erst einmal entwickeln, ein Prozess, von dem ich wusste, dass er Monate, wenn nicht Jahre in Anspruch nehmen würde.

Binnen einiger Tage erhielten wir Informationen, die uns auf eine Studentengruppe der Hamas aufmerksam machten, die das Lehrerkolleg in Ramallah besuchte. Ihre Mitglieder waren in einer Moschee im Flüchtlingslager al-Fawwar unmittelbar südlich von Hebron rekrutiert worden. Wie die Informationen zudem zeigten, hatte die Zelle, die hinter dem Anschlag am Mahane-Yehuda-Markt gesteckt hatte, weitere Angriffe zu einem baldigen Zeitpunkt in Vorbereitung. Nach dem Operationsplan, der auf meinem Schreibtisch landete, sollten die Studenten am Freitag, bei ihrer Rückkehr in ihr Dorf al-Fawwar bei Jerusalem gefasst werden.

Aber an diesem Freitag fuhren sie nicht nach Hause.

Am Sonntag, eine Woche nach dem ersten Anschlag, war ich wieder auf dem Rücksitz meines Dienstfahrzeugs zum Hauptquartier des Schin Bet unterwegs, als ich die Radiomeldung eines erneuten Anschlags hörte, wieder auf einen Bus der Linie 18, in Jerusalem. Diesmal hatte ein junger Selbstmordattentäter in der Nähe des Generali-Gebäudes in der Jaffa-Straße neunzehn Zivilisten in den Tod gerissen.

Zwischen den Anrufen, die ich auf dem Weg nach Jerusalem erledigte, sagte mir im tiefsten Inneren mein Instinkt, dass einer der Studenten des Lehrerkollegs den Sprengstoffanschlag ausgeführt hatte. Wir hatten sämtliche notwendigen Informationen gehabt, um die Gruppe im Unterricht in Ramallah verhaften zu können, aber nicht schnell genug reagiert – mein erster schwerer Fehler als Direktor des Dienstes. Die Frustration machte mir schwer zu schaffen. Ich hatte Freunde im Gefecht und Kämpfer unter meinem Kommando verloren, aber noch nie hatte sich so tief in mir ein derartiges Gefühl des Versagens bereitgemacht.

Wieder im Hauptquartier des Schin Bet fragte ich mein Team, warum wir unfähig gewesen seien, die Studenten dingfest zu machen, ehe sie zuschlagen konnten. Ihre Antwort lautete, zur Planung einer Operation, um sie vor Freitag im Kolleg zu verhaften, habe die Zeit gefehlt. Eine solche brauche üblicherweise mehrere Tage, von der Zusammenstellung des Teams bis zur Anhörung verschiedener Experten und so weiter.

»Stop!«, rief ich und schlug mit der Hand auf einen Tisch neben mir. »Ich weiß nicht, wie man Agenten rekrutiert und Informationen sammelt«, sagte ich wutentbrannt. »Aber mit Operationen kenne ich mich aus. Die habe ich dreißig Jahre lang durchgeführt. Dass vierundzwanzig Stunden nicht reichen sollen, um so eine Operation auf die Beine zu stellen, ist Blödsinn.« Wenn wir in den Kommandos an einem Dienstag Informationen zu einer Terrorzelle bekommen konnten, schossen wir am Mittwoch einer Zielperson in einem Terrorlager im Nordlibanon eine Kugel durch den Kopf. Warum sollte es der Schabak nicht schaffen, im gleichen Zeitraum ein paar Jugendliche zu verhaften? Er verfügte über hundertfache Ressourcen.

Meine Vorwürfe kamen wie ein Schock über Leute, die sich gewöhnlich als Crème des israelischen Sicherheitssystems betrachteten. Aber für mich stand zu viel auf dem Spiel, um auf Gefühle Rücksicht zu nehmen.

Alle Augen im Land schienen auf mich gerichtet. Am nächsten Tag, Purim, wurde ich vor den Knesset-Ausschuss für auswärtige Angelegenheiten und Verteidigung zitiert, um Bericht zu erstatten. Wie konnte ich garantieren, dass solche Gräuel ein Ende nähmen? Warum hatte ich die Terroristen nicht schon verhaftet oder getötet?

Auf einer Kabinettssitzung sah ich mich erneut der Frage ausgesetzt, wann mit den Anschlägen Schluss sein würde. Nach den Geheimdienstberichten, die ich bis tief in die Nacht gelesen hatte, und nach meiner Intuition lautete die ehrliche Antwort: Ich konnte nicht garantieren, dass nicht noch Dutzende weitere Selbstmordattentäter unterwegs waren, um sich in Israels Straßen in die Luft zu sprengen.

Mein Bauchgefühl hat nicht getrogen. Auf dem Rückweg von Jerusalem erreichte mich die Meldung eines neuerlichen Anschlags auf einem Fußgängerüberweg vor dem Dizengoff Center in Tel Aviv. Ein Selbstmordtäter, entsandt von Fathi Schakakis Terrorgruppe, tötete mit einem mit Nägeln bepackten Sprengstoffgürtel dreizehn Zivilisten. 125 weitere wurden verletzt, manche davon schwer. Viele Opfer waren Mädchen in Purim-Kostümen. Wie ich später erfahren sollte, war unter den Toten auch Bat-Chen Schahak, die Tochter meines Freundes Zvika, eines dekorierten Soldaten, der mit mir einen Offizierslehrgang absolviert und unter meinem Kommando im Jom-Kippur-Krieg gekämpft hatte. Es war ihr fünfzehnter Geburtstag gewesen. Wie bei den Anschlägen in Jerusalem eilte ich zum Dizengoff Center, um persönlich Überlebenden zu treffen.

Im Juli des Jahres feuerten terroristische Heckenschützen auf der Straße zwischen Bet Schemesch und Bet Guvrin, nahe der einstigen Waffenstillstandslinie zwischen Jordanien und Israel, auf vorüberfahrende Autos. Bei dieser Anschlagsserie starben dreizehn Israelis. Unsere Agenten verfolgten die Spuren bis zu einer Zelle des Islamischen Dschihad aus Bet Surif zurück. Obwohl sie beim Dorf richtig lagen, observierten wir dort die falschen Terroristen. Die Hamas, nicht der Islamische Dschihad, hatte die Morde ausgeführt. Wir waren noch immer nicht gewieft genug.

Wir hatten versagt. Als ich die Abteilungsleiter deswegen zur Rede stellte und fragte, wie wir Fehler in Zukunft vermeiden könnten, verwies mich ein Kollege an die »Akten«. »Alles«, so sagte er, stehe in den »Akten«.

»Wo sind diese Akten«, fragte ich ungehalten. »Zeigen Sie sie mir.«

Betretene Stille machte sich im Raum breit. Dann gingen wir wie in einer Kafka-Erzählung Flure entlang, stiegen mehrere Treppen hinab und traten schließlich in einen Kellerraum voller deckenhoher Wandschränke ein, prall gefüllt mit Pappschnellheftern. Ich traute meinen Augen nicht. Immer wenn sich ein Agent mit einem Informanten traf, wurden seine Auskünfte ordnungsgemäß abgetippt und zu den Akten gelegt. Selbst wenn diese Berge an weggeschlossenen Akten nützliche Informationen enthielten, würden wir sie niemals rechtzeitig auswerten können, um die flink, hochflexibel und diszipliniert agierenden Terroristen daran zu hindern, schon am nächsten Tag wieder einen Sprengstoffanschlag auszuführen. Der Schabak steckte offenbar noch im Mittelalter fest. Um Juval Diskin zu zitieren, den ich zum Chef der Terrorabwehr in der Westbank ernannt hatte, hatte der Schabak viele »Muskeln« und ein »unterentwickeltes Gehirn«.

Teil des Problems war, dass die meisten Akten Material über Arafats säkulare PLO-Unterstützer enthielten anstatt über die Hunderte Jugendlichen, die Schlange standen, um sich im Namen des Islam einen Sprengstoffgürtel umzuschnallen. Selbst wenn unsere Berge staubiger Dokumente nützliche Informationen zu gewaltbereiten Islamisten bargen, würden wir diese niemals rechtzeitig ausfindig machen können, um den nächsten Anschlag auf einen Bus zu verhindern.

Das war der Augenblick, um unsere operativen Fähigkeiten auf eine grundlegend neue Basis zu stellen, eine besonders dringliche Aufgabe angesichts der immer neuen Anschläge. Wie ich rückblickend sagen kann, führte diese Entscheidung zu einer dramatische Wende dabei, wie der Schin Bet mit Informationen umging. Waren diese bislang häufig in den Aktenräumen verschwunden, so wurden sie nun zu einem zentralen Teil seines operativen Entscheidungsprozesses. Wir entwickelten uns von einer muskelbepackten zu einer denkenden, intelligenten Organisation weiter.

Kapitel 14

In den Abwasserkanal steigen und einen Partner finden

Wenn ich noch tief in der Nacht in meinem Büro saß, nahm ich oft einen Splitter einer Bombe aus einem Selbstmordanschlag in die Hand, um mich daran zu erinnern, warum ich so viel Zeit ohne Biba und meine Jungen verbrachte. Bei dem ersten Anschlag auf Linie 18 in der Jaffa-Straße hatte der Sprengstoff aus einem im Sand liegenden Blindgänger in der Sinai-Wüste gestammt, einer Mörsergranate aus dem Jom-Kippur-Krieg. Ein Kenner hatte das Geschoss zerlegt, den Sprengstoff entnommen und ihn an Schmuggler weitergereicht, die ihn dann in ein Flüchtlingslager im Westjordanland geschafft hatten. Und dann packte in einem Hinterzimmer ein Student der Ingenieurschule, der eigentlich Technik zur Verbesserung des Lebens hätte konstruieren sollen, ein Kugellager in eine Sprengstoffweste. Wer waren die Drahtzieher hinter diesen Zellen? Und worauf waren sie aus, abgesehen davon, dass sie für die Tötung ihres »Ingenieurs« Rache üben wollten? Sicher war ihnen klar, dass uns explodierende Busse niemals aus dem Land Israel vertreiben würden.

In den Kommandos und später in der Marine hatte ich über die Leute, die ich umbrachte, nichts gewusst, und das brauchte ich auch nicht. Sie waren einfach Zielpersonen. Im Schabak hatte ich diesen Luxus nicht. Um den Feind zu bekämpfen, benötigte ich sämtliche Informationen über ihn, auch die über den Ursprung des Leids, das hinter diesem Hass steckte. Um die Geisteshaltung von Terroristen zu verstehen, musste ich mich eingehend mit ihrem Hintergrund auseinandersetzen – mit ihrer Familiengeschichte, damit, wer ihre Nachbarn waren, und mit den Menschen, mit denen sie in der Moschee beteten. Saß ein Bruder oder Onkel eines Terroristen – oder auch einer Terroristin – in einem israelischen Gefängnis?

Hatten wir einen Freund getötet? All dies hieß natürlich nicht, dass ich mich mit ihren Überzeugungen identifizieren musste. Aber um eine effiziente Strategie der Terrorabwehr zu ersinnen, musste ich lernen und verstehen.

Viele dieser Kamikaze-Kämpfer, so stellte ich fest, stammten aus Flüchtlingsfamilien von 1948. Die Familie Ibrahim Farahnets, der sich im Bus der Linie 18 in die Luft gesprengt hatte, kam aus Ajjur, einem Dorf, das nach dem Unabhängigkeitskrieg abgerissen worden war, um Platz für jüdische Einwanderer aus dem Irak zu schaffen.

In meinen ersten beiden Wochen als Chef des Schabak waren bei Selbstmordanschlägen und Schießereien, zumeist verübt von der Hamas, neunundfünfzig Israelis getötet und über zweihundert verletzt worden. Angesichts eines Landes im Ausnahmezustand bestellte mich Ministerpräsident Peres in sein Büro in der Balfour-Straße ein, die außerhalb der Altstadt mit ihren verehrten Steinen und der Grabeskirche lag. Ich wusste, dass mich Peres durch die Mangel drehen würde, um sich ein Bild zu machen, was ich gegen den Terror zu tun gedachte.

Zittrig von einem Übermaß an Koffein trat ich in das Büro des Ministerpräsidenten ein. Peres stand auf und begrüßte mich. Bei ihm fühlte ich mich an meinen Vater und meinen Onkel Jonah erinnert, die er aus seiner Zeit im Kibbuz Alumot mit Ausblick auf den See Genezareth beide gut gekannt hatte. Peres war Staatsmann, ein eloquenter Redner und bis ins Mark Europäer. An diesem Tag war ihm eindringlich bewusst, dass er mit dem Rücken zur Wand stand. Der Oslo-Prozess war seine Initiative gewesen. Rabin, der ihn unterstützt hatte, war ermordet worden, und jetzt wurden Israelis zu Dutzenden abgeschlachtet. Wie die Meinungsumfragen zeigten, erfreuten sich Bibi Netanjahu vom Likud und die nationalreligiösen Parteien im rechten Spektrum zunehmender Beliebtheit. Würde Peres den Anschlägen keinen Einhalt gebieten, würden die verängstigten Wähler sein Amt an einen Rechtsgerichteten weiterreichen, der ihnen Sicherheit versprach.

Nach einigen Höflichkeiten – er sei so froh, mich in seinem Team zu haben – kam der Ministerpräsident zur Sache. Wer von unserer Seite sei für das Versagen, Anschläge zu verhindern, verantwortlich?

»Ich, Herr Ministerpräsident.« Als Direktor des Geheimdienstes, dem die Terrorabwehr unterlag, trug ich persönlich die Verantwortung.

»Wir können wir diese Angriffe stoppen?«, fragte er.

»Wie? Wir müssen zuerst einmal den Schabak auf eine neue Basis stellen.« Wir waren in ein neues Zeitalter eingetreten – politisch, technologisch und sicherheitsstrategisch –, aber der Schabak steckte noch in der Vergangenheit fest. Der Oslo-Prozess hatte die Fatah, den alten Feind, zu einem Partner gemacht. Unser neuer Feind waren die islamistischen Gruppen, hauptsächlich die Hamas, die bislang als religiöse soziale Bewegung ohne nationale politische Bestrebungen aufgetreten war. Als Reaktion auf unsere Besatzung arbeitete sie jetzt an einem religiösen Nationalismus und war für die Welle der Terroranschläge federführend verantwortlich. Und vom palästinensischen Islamischen Dschihad ging nach wie vor eine Bedrohung aus, auch wenn wir ihm mit der Tötung seines Führers Schakaki in Malta einen empfindlichen Schlag beigebracht hatten.

Im Kampf gegen diese Feinde mussten wir den Schabak grundlegend neuaufstellen. Und ohne die Zeit, eine komplett neue Belegschaft anzuheuern und auszubilden, mussten wir diese Aufgabe mit den angestammten Mitarbeitern erledigen. Das war so, als reiße man ein Gebäude ab und nutze die Steine für einen Neubau. Zum Glück arbeiteten wir mit höchst motivierten und gut ausgebildeten Fachleuten, die verstanden, was auf dem Spiel stand.

Peres versprach einen Blankoscheck seitens der Regierung. *Geld spielt keine Rolle,* lautete die Botschaft. *Tun sie alles Notwendige.*

Ich dankte ihm für die Unterstützung und erklärte, dass Geld nicht genügen werde. »Letztlich hängt das Ende des Terrorismus von der Politik ab.« Ich zitierte Generalstabschef Dan Schomron, der zu Beginn der Ersten Intifada unseren Politikern gesagt hatte, dass der palästinensische Terrorismus kein militärisches Phänomen sei und die Armee ihn deshalb auch nicht besiegen könne. Die Armee könne die Flammen nur eindämmen, damit die Politiker Luft zum Atmen bekämen, um einen politischen Prozess anzustoßen.

»Um Terroristen zur Strecke zu bringen, brauchen wir auch Arafat«, fügte ich, eine Grimasse schneidend, hinzu: Ein solcher Gedanke verstieß gegen die jahrzehntealte sakrosankte Militärdoktrin, wonach wir uns auf niemanden außer uns selbst verlassen dürften.

Dies war natürlich die Logik des Oslo-Prozesses, die Rabin mit seinem Handschlag mit Arafat zum Ausdruck gebracht hatte. Aber Arafat begegnete dem Terror mit keiner auch nur annähernd ausreichenden Entschlossenheit, auch deshalb nicht, weil ihm dazu die Motivation fehlte. Rabins Strategie, die Terrorabwehr unabhängig vom Friedensprozess und den Friedensprozess unabhängig vom Terror zu betreiben, forderte Arafat für die dauernden Anschläge keinen politischen Preis ab. Also lautete der Ratschlag des Schabak an den Ministerpräsidenten, diesen Ansatz fallen zu lassen und Arafat erneut in die Ecke zu treiben.

Der Oslo-Prozess sah vor, der Palästinensischen Autonomiebehörde (PA) in wenigen Wochen die Kontrolle über das arabischen Viertel Abu Sneina in Hebron zu überantworten. Arafat wäre in dieser befreiten Zone dann für die Sicherheit verantwortlich. Ich riet Peres, Arafat mitzuteilen, dass er weder diesen Teil Hebrons noch irgendetwas anderes erhalten würde, sollte er nicht mit uns zusammenarbeiten. Um mein Standpunkt zu verdeutlichen, erinnerte ich ihn an die Geschichte der *Altalena*, eines Schiffs der jüdischen paramilitärischen Gruppe Irgun im Unabhängigkeitskrieg. Im Juni 1948 hatte Ben-Gurion die IDF angewiesen, das Schiff zu versenken, weil es nach seiner Strategie nur eine einzige jüdische Armee geben durfte. »Arafat muss eine *Altalena*-Aktion durchführen«, sagte ich. Der Mann, der mit Rabin den Friedensnobelpreis erhalten hatte, musste im Kampf gegen den Terror hart durchgreifen, auch wenn das hieß, gegen palästinensische Milizen vorzugehen.

Peres nickte.

Ich war zwar neu im Amt, wusste aber seit meinem missglückten Ausflug in das Flüchtlingslager in Gaza im Jeep, dass unsere Gegner mit Panzern und Verhörräumen nicht zu schlagen waren. Trotz unserer Militärmacht würden wir die Hamas allein niemals vollständig zerschlagen. Letztlich konnte nur Arafat die Hamas besiegen, weil die Palästinenser nach wie vor fast geschlossen hinter seiner Vision der nationalen Unabhängigkeit standen. Wenn uns also die Palästinensische Autonomiebehörde im Kampf gegen die Hamas unterstützte, würden wir es nicht bei der Übergabe von Abu Sneina belassen können. Wir mussten die Bedingungen von Oslo erfüllen und uns aus über 90 Prozent der besetzten Gebiete zurückziehen.

Ohne ein Ende der Selbstmordanschläge in Sicht, folgte Peres dem Ratschlag des Schabak und stellte Arafat beim ersten Treffen ein Ultimatum: »So können wir nicht weitermachen. Wenn Sie einen politischen Prozess wollen, müssen Sie für Sicherheit sorgen.« Er verschob den Abzug aus Abu Sneina solange, bis Arafat Ernsthaftigkeit im Kampf gegen den Terror unter Beweis stellen würde.

Um diese Zeit erhielt ich einen nächtlichen Anruf von Jossi Ginossar, einem ehemaligen Spitzenbeamten im Schabak. Inzwischen hatte er so gute Geschäftsbeziehungen zu Arafat, dass er ihm als geheimer Unterhändler bei Peres diente. Die Botschaft des Ministerpräsidenten hatte Arafat offenbar erreicht: Jossi teilte mir mit, der Vorsitzende habe einige hochsensible Informationen für mich. Sie könnten nicht bis morgen warten. Ich müsse sofort nach Gaza kommen, denn Arafat, der den Großteil seines Lebens im Untergrund verbracht hatte, agierte lieber im Dunkeln.[22]

Bei meiner Ankunft um 3:00 Uhr morgens am Kontrollpunkt Erez, dem israelischen Zugang zu Gaza, verfrachteten mich Leute aus Arafats Garde – ehemals Killer, denen ich von Tripoli bis Tunis nachgestellt hatte – unter höchster Geheimhaltung zum Präsidentenpalast. Arafat saß oben in seinem Büro hinter einer Art Pokertisch. Eine nackte Glühbirne am Kabel mit kaum mehr als zehn Watt tauchte den Raum in ein düsteres Licht. Eine einfache Feldjacke hing an einem Haken. In einem Regal standen ein paar Bücher. Ein Stapel Papiere war mit einer Pistole beschwert. An der Wand prangte das rot-schwarze Emblem der PLO mit zwei gekreuzten Schwertern über der Jerusalemer al-Aqsa-Moschee. Arafat hatte seinen Anhängern versprochen, dieses Bauwerk mit Waffengewalt oder mit einem Olivenzweig von uns zurückzuholen.

Der Vorsitzende rührte sich Honig in eine Tasse Tee, während er mich mit seinen hervorquellenden dunkelbraunen Augen fest in den Blick nahm. Dann stand er auf und gab mir einen überraschend schlaffen Händedruck: Von einem palästinensischen Castro hätte ich einen kräftigeren erwartet.

»Setzen Sie sich, setzten«, sagte Arafat in seinem Englisch mit starkem Akzent. Mit einem Fingerschnippen beorderte er Platten mit Speisen herbei und lud sie mir auf den Teller. Angesichts seiner vertraulichen Art wand ich mich auf meinem Stuhl und versuchte mich eisern gegen seinen berüchtigten hypnotischen Charme zur Wehr zu setzen. Hinten im Raum stand Mohammed Dahlan, Arafats starker Mann in Gaza. Ich bekam ihn erstmals zu sehen.

Nachdem wir eine Stunde lang gegessen und getrunken hatten, machte Arafat schließlich theatralisch vage Andeutungen zu irgendeinem Anschlag der Hamas, ohne Einzelheiten zu nennen. Die Vorstellung war eine Finte, um eine Einschätzung zu mir zu gewinnen. Ohne die angeblichen strenggeheimen Informationen, wegen der ich herbestellt worden war, fuhr ich aus Gaza zurück. Aber ich hatte die Botschaft verstanden, die wohl für Peres bestimmt war: Er gehe gegen die Hamas und den militärischen Untergrund des Islamischen Dschihad entschieden vor.

Im Anschluss an diese seltsame persönliche Begegnung mit Arafat musste ich eine effiziente Zusammenarbeit mit den – gerade im Aufbau befindlichen – palästinensischen Sicherheitskräften auf die Beine stellen, die von Dahlan in Gaza und Oberst Dschibril ar-Radschub im Westjordanland geführt würden. Wegen des bösen Bluts zwischen Israelis und Palästinensern war es wichtig, dass ich mit den beiden nicht nur auf einer formell institutionellen, sondern auch auf einer persönlichen Ebene operierte.

Für eine erste direkte Begegnung mit Dschibril, alias Abu Rami, fuhr ich zur »Muqataa«, einem hässlichen Zementbau in Ramallah, der den Charme eines alten Parkhauses versprüht. Die Briten hatten ihn in den 1930er-Jahren als Gefängnis errichtet. Es war ein merkwürdiges Gefühl, als ich durch die sterilen neonbeleuchteten Flure in Dschibrils Büro geleitet wurde. In früheren Jahren wäre es unser erstes und einziges Treffen geblieben: Ich hätte ihn mit geschwärztem Gesicht und meiner AK-47 erledigt.

Dschibril war stämmig wie ein Footballspieler und hatte seinen Kampfanzug längst abgelegt. Zu unserem Treffen erschien er wie aus dem Ei gepellt, mit einer direkt auf dem Adamsapfel geknoteten Krawatte. Anders als Arafat bemühte er sich nicht, mich zu umgarnen. »*T'fadal*«, sagte er und deutete auf Schalen mit Bierbrezeln und Pistazien auf einem Tisch. »Greifen Sie zu«.

»Oberst«, begann ich, nachdem ich eine Pistazie geknackt hatte, »wir sind nicht hier, um Frieden zu schließen. Das ist die Aufgabe unserer Politiker. Aber wenn wir unsere nicht erfüllen, gibt es nie einen Frieden. Wir kämpfen immer weiter. Damit will ich sagen, dass ich vor nichts Halt machen werde, um den Terror zu bekämpfen.«

Dschibrils Gesicht zeigte während meines gesamten Monologs keine Regung. Seinen kurz angebundenen Knurrlauten entnahm ich, dass er mir nicht mehr über den Weg traute als ich ihm: überhaupt nicht. Für ihn war es gewiss nicht leicht, mit einem Mann am Kaffeetisch zu sitzen, der seine Berufslaufbahn damit zugebracht hatte, kreuz und quer übers Mittelmeer zu fahren, um Jagd auf seine Freunde und Kampfgenossen zu machen, und manche auch getötet hatte. »Herr Ajalon«, sagte er schließlich und brachte seine Sicht auf den Punkt, »ich habe siebzehn Jahre im Gefängnis gesessen, aber nicht für die Hamas, um einen fundamentalistischen Staat zu errichten.« Seine Botschaft war deutlich: Er würde aus Patriotismus mit mir zusammenarbeiten, und das gefiel mir. Ich hatte den Eindruck, dass er im Kampf gegen den Terror das Notwendige tun und dabei auch weit über das hinausgehen würde, was der Schabak mit seinen relativ zahmen Verhörmethoden bewerkstelligte.

Auf Arafats Befehle hin stopften Dahlan, Dschibril und ihre Sicherheitskräfte die palästinensischen Gefängnisse mit militanten Islamisten voll. Trotzdem fand Peres immer wieder einen Grund, um den Abzug aus Abu Sneina hinauszuzögern.

Während wir uns im Kampf gegen die Hamas darauf konzentrierten, das Leben israelischer Bürger zu schützen, liefen für Arafat, Dschibril, Dahlan und ihre Männer die Aktionen gegen die Hamas auf einen wechselseitigen Vernichtungskrieg hinaus: zwischen denen, die auf dem Verhandlungsweg von Israel die 1967 eroberten Gebiete zurückzugewinnen hofften, und den islamischen Fundamentalisten, die mit Bombenanschlägen ihren Traum verwirklichen wollten, alle modernen Kreuzfahrer aus einem Palästina zu vertreiben, das vor 1948 vom Jordan bis zum Mittelmeer gereicht hatte. So legte Dahlan beispielsweise einem Ibrahim al-Makadmeh die Daumenschrauben an, einem Zahnarzt aus Gaza, der als

Mitglied des militärischen Flügels der Hamas mit der Mission aufgeflogen war, die Palästinenische Autonomiebehörde zu unterwandern und von innen her auszuhöhlen. Dr. al-Makadmeh, dessen Eltern 1948 aus dem Dorf Jibna geflohen waren, hatte während der Intifada eine achtjährige Haftstrafe in einem israelischen Gefängnis abgesessen.

Auch wenn der Schabak und die Palästinensische Autonomiebehörde zusammenarbeiteten, blieben wir unverändert wachsam. Dschibril wusste, dass wir ihn und seine Männer immer noch überwachten, wie auch wir wussten, dass sie uns zu überwachen versuchten. Und beide Seiten arbeiteten daran, die Undercoveragenten der jeweils anderen aufzuspüren. Mehr als einmal streute Dschibril in Telefongespräche Falschinformationen im Wissen aus, dass wir in der angezapften Leitung mithörten. Wir hatten dies erwartet und waren nicht überrascht. Sogar die Geheimdienste langjähriger Verbündeter wie die britischen und amerikanischen spionieren sich auf die Art gegenseitig aus.

Dies vorausgeschickt, wurde mein Vertrauen in Dschibril gestärkt, nachdem ich ihn einem Test unterzogen hatte: Bald nach unserem ersten Treffen drängte ich ihn dazu, seinen jüngeren Bruder, Scheich Nayif, zu verhaften, einen Imam und den Vorsitzenden des Imkerverbands von Hebron, der ebenfalls zur Hamas gehörte. Wie Fotos in unseren Akten zeigten, hatte er die gleiche hohe Stirn und ebenso kleine eindringlich blickende Augen wie Dschibril, dazu aber noch den dicken schwarzen Bart, den Islamisten tagen.

Bei seinen zahlreichen Anhängern galt der Scheich als bescheiden und gegen Korruption gefeit. Doch kaum bekam er ein Mikrofon in die Hand, gab er antisemitische Verschwörungstheorien von sich. Juden, die »Kinder von Schweinen und Affen«, so behauptete er einmal, spännen Ränke, um die al-Aqsa-Moschee zu zerstören und auf ihren Ruinen den Dritten Tempel zu errichten. Nach seiner Sichtweise steckten die Juden als treibende Kraft hinter der sexuellen Revolution, dem Sozialismus, der Psychoanalyse und anderen Übeln der gottlosen westlichen Gesellschaft.[23] Auch hetzte er seine Anhänger zu gewalttätigen Racheaktionen wegen der Nakba und den täglichen Demütigungen und Verlusten auf, die die Palästinenser seither erlitten hatten.

»Entweder verhaften Sie Ihren Bruder«, warnte ich Dschibril, »oder wir tun es.« Es war viel verlangt von einem Mitglied einer Gesellschaft, in der familiäre Bande wichtiger sind als Ideologie. In manchen Kreisen galt er bereits als Agent Israels, als ein Vertreter des Schin Bet und als Verräter.

Dschibril arbeitete sogar noch mit uns zusammen, nachdem wir seinen jüngeren Bruder ins Gefängnis geworfen hatten. Nach einem Monat kam er wieder auf freien Fuß und war beliebter denn je. Noch größere Erwartungen an Dschibril hatte ich nicht. Aber die Episode hatte mir gezeigt, das Dschibril bereit war, um des Friedens willen nationale Tabus zu brechen. Ab diesem Moment verstanden wir uns. Aus ihm würde kein Zionist werden, und ich würde nie eine palästinensische Flagge hissen. Aber wir mussten gemeinsam den Terrorismus bekämpfen.

Beim Spielen mit Srulik (Israel Guttman) auf einem Rasen im Kibbuz 1947.

Palästinensische Flüchtlinge verlassen fünf Monate nach Gründung des Staates Israel ein Dorf in Galiläa.

Mit freundlicher Genehmigung von Ami Ajalon.

Jitzchak Ajalon und Jonah Rosen um die Zeit, als sie aufeinanderfolgend eine Geheimmission anführten, um Juden nach dem Zweiten Weltkrieg aus Ungarn nach Palästina einzuschleusen.

Mit freundlicher Genehmigung von Ami Ajalon.

Der Autor mit einem Waffenbruder.

Mit freundlicher Genehmigung von Ami Ajalon.

Der Autor mit bewaffneten Kameraden in der Schajetet 13.

Mit freundlicher Genehmigung von Ami Ajalon.

Darstellung der Schlacht um Green Island, Juli 1969.

Mit freundlicher Genehmigung von Ami Ajalon.

Empfang der Tapferkeitsmedaille, Israels höchster Auszeichnung, von Ministerpräsidentin Golda Meir am Unabhängigkeitstag 1972.

Mit freundlicher Genehmigung von Ami Ajalon.

Der Autor mit Zev Almog während einer Landeoperation im Libanon.

Mit freundlicher Genehmigung von Ami Ajalon.

Ministerpräsident Jitzchak Rabin 1995 im Marinehauptquartier nach der Genehmigung des U-Boot-Projekts, für das sich der Autor eingesetzt hatte.

Mit freundlicher Genehmigung von Ami Ajalon.

Mit Schimon Perez und Karmi Gilon 1996 bei der Amtseinführung des Autors als Direktor des Schin Bet

Der Autor mit Bibi Netanjahu 1997 im Hauptquartier des Schin Bet.

Ministerpräsident Ehud Barak und der Autor am Ende seiner Amtszeit als Direktor des Schin Bet im Mai 2000.

Mit freundlicher Genehmigung von Ami Ajalon.

Mit Schimon Perez und Karmi Gilon 1996 bei der Amtseinführung des Autors als Direktor des Schin Bet

Mit freundlicher Genehmigung von Ami Ajalon.

Mit Schimon Perez und Karmi Gilon 1996 bei der Amtseinführung des Autors als Direktor des Schin Bet.

Training in der Schajetet 13.

In einem heruntergekommenen Viertel Ramallahs jubelt Aziz Salha, ein arbeitsloser Neunzehnjähriger, nachdem er den Leichnam des verprügelten und erstochenen IDF-Reservisten, Hauptmann Vladim Nuzhitz, in eine tobende Menge geworfen hat.

Kapitel 15

Sensoren

Dschibril sperrte am Ende mehr Terroristen ein als wir. Seit dieser Zeit blieben er und ich Freunde, weil wir gewissermaßen Waffenbrüder sind. Auch sind wir beide Zeitzeugen aus einer Ära, in der eine Lösung des Konflikts zwischen unseren beiden Völkern zum Greifen nahe erschien.

Nur um mich daran zu erinnern, dass zwischen unseren beiden Seiten dereinst Vertrauen geherrscht hat, rufe ich ihn bei jedem neuerlichen Gewaltausbruch an, oder wir verabreden ein Treffen. Dabei versuche ich nie, geheime Informationen von ihm zu bekommen: Keiner von uns beiden hat noch welche.

Eine Woche nach meinem erschreckenden Gespräch mit Rabbi Schapira beschloss ich, Dschibril in seinem Büro beim palästinensischen Fußballverband im Westjordanland in al-Ram einen Besuch abzustatten. Eine halbe Stunde Fahrt von Jerusalem entfernt, reicht die Geschichte dieser Ortschaft bis in die Eisenzeit zurück. Während der Kreuzzüge hatte Gottfried von Bouillon, der Regent des Königreichs Jerusalem, sie als ein Lehen der Grabeskirche überantwortet.

Der palästinensische Fahrer brachte mich im Range Rover über den Grenzübergang. Als wir uns al-Ram näherten, spähte ich auf ein Graffito, das Aktivisten auf die Sicherheitsmauer gesprüht hatten – einen Text des südafrikanischen Schriftstellers und Antiapartheidsaktivisten Farid Esack: MEINE LIEBEN PALÄSTINENSISCHEN BRÜDER UND SCHWESTERN, ICH BIN IN EUER LAND GEKOMMEN UND HABE SCHATTEN MEINES EIGENEN ERKANNT.

Der Sitz des palästinensischen Fußballverbands wirkt wie ein hochmoderner Klinikkomplex. Vor ihm wuschen drei Männer emsig einen brandneuen schwarzen Mercedes Sedan. Dschibrils unbewaffnete Personenschützer führten mich in sein Büro. Als ich eintrat, saß er in dem länglichen Raum ganz hinten an einem Schreibtisch. Er stand auf und trat mit ausgebreiteten Armen auf mich zu. Er trug einen Anzug und dazu Schuhe, die wie der Mercedes auf dem Parkplatz blitzten.

»*Ma nischma, Ami?*«, begrüßte er mich und erinnerte mich mit seinem fast makellosen Hebräisch einmal mehr daran, dass ich immer noch kein Arabisch gelernt hatte.

Ich erzählte ihm von dem Buch, an dem ich schrieb, und sprach ihn auf Gerüchte an, wonach er ein politisches Comeback plane und sich womöglich als Abbas Nachfolger als Präsident in Stellung bringe. Er winkte nur ab.

Er griff zu einer Zigarette. Wie er mit seinen großen Händen mit dem Feuerzeug hantierte, wirkte er wie ein Hafenarbeiter oder Boxer der Mittelgewichtsklasse – und dabei energiegeladen wie eine anfliegende Kanonenkugel. »Was meinen denn die Ärzte zum Rauchen?«, neckte ich ihn.

»Ich sehe im Raum keine Ärzte, es sei denn, du hast den Beruf gewechselt, Ami.« Er nahm einen tiefen Zug.

Wir diskutierten über den Aufruhr auf dem Tempelberg, der Ort, an dem sich wie immer das nächste apokalyptische Gewitter zusammenbraute. Mit seiner tiefen Reibeisenstimme, die an Marlon Brando in *Der Pate* erinnert, versicherte mir Dschibril, er sei noch zuversichtlich, dass die Lage unter Kontrolle sei. Die palästinensische Regierung hatte kein Interesse an einem Volksaufstand gegen Israel. Der konnte sich leicht gegen sie selbst richten.

Ein Mann kam mit Tee und Gebäck herein. Wie bei unserem allerersten Treffen deutete Dschibril auf das Tablett und grummelte: »Greif zu.« Wir plauderten über alte Freunde und Bekannte. Dann scherzte ich, man könne darauf wetten, dass die palästinensische Nationalmannschaft die nächste Weltmeisterschaft gewinne. Er prustete mit dem pfeifenden und wiehernden Lachen los, das ich an ihm schon oft gehört hatte.

»*Baruch HaSchem*«, sagte er. »Gott sei Dank!«

»Wie geht's Biba, Ami?«, fragte er mit einem Anflug Zärtlichkeit in der rauen Stimme. »Erträgt sie dich noch?«

»Überraschenderweise schon.«

Ich blickte ihn an. Wie immer musste ich unweigerlich an seinen Bruder Nayif denken – diesen Scheich, der Juden als Affen bezeichnet –, weil sich beide Brüder fast wie ein Ei dem anderen gleichen: die gleichen dunklen Augen, der gleiche Körperbau eines Footballspielers, nur dass Nayif einen ergrauten Vollbart anstelle eines ergrauten Schnurrbarts trägt. Ich habe mich oft gefragt, wie es sein musste, wenn die Bruchlinie des innerpalästinensischen Konflikts, in dem sich Nationalisten der Fatah und radikale Islamisten blutig befehdeten, direkt durch die eigene Familie verlief.

Als ich auf der Rückfahrt nach Jerusalem wieder an den aufgesprühten Worten des Südafrikaners vorbeikam, fielen mir Netanjahus Worte in einem Interview mit *Newsweek* wieder ein. »Wir errichten Mauern um Israel, um uns vor wilden Bestien zu schützen.« Wilde Bestien! Wie wäre ich einer ausländischen Armee begegnet, die mein Land in Beschlag genommen hat und es seit fünfzig Jahren besetzt hält?

Ich dachte über Dschibril und seine dreizehn Geschwister nach, aufgezogen von traditionell denkenden Eltern in einem gemauerten Haus im staubigen Dorf Dura, dem antiken Adora, das Josephus in seinem Werk *Der jüdische Krieg* erwähnt. Nach palästinensischer Überlieferung war dort Noah begraben worden. Einige Kilometer nördlich von dort, wo Dschibril aufwuchs, steht heute eine jüdische Siedlung namens Adora.

Mit vierzehn Jahren bin ich mit Srulik, der davon träumte, in Schlachten nah und fern den Helden zu spielen, im See Genezareth geschwommen. Als Dschibril, Jahrgang 1953, in diesem Alter war, eroberte Israel das Westjordanland. Ein Jahr später wurde er vom Schabak verhaftet, weil er mitgeholfen hatte, ägyptische Offiziere, die 1967 hinter den feindlichen Linien gefasst worden waren, aus Palästina auszuschleusen. Seine erste Begegnung mit Israelis hatte er, als ein IDF-Major zu seiner Verhaftung anrückte und seinen Vater vor der gesamten Familie ohrfeigte. In den vier Monaten seines Gefängnisaufenthalts in Hebron wurde er zahllos Male ins Gesicht geschlagen und verprügelt und musste weitere Demütigungen über sich ergehen lassen. Er entschloss sich zum Kampf gegen seine Peiniger. Im Gefängnis lernte er Abu Ali Schahin kennen, einen Topaktivisten der Fatah, der dort als eine Ein-Mann-Universität Teenagern wie Dschibril beibrachte, die Besatzung mit allen verfügbaren Mitteln zu bekämpfen – auch mit Waffen.

Auf freien Fuß gesetzt, kaufte Dschibril seine erste Kalaschnikow und wurde Führer der militanten Studentengruppe der Fatah-Falken. Mit siebzehn Jahren schleuderte er einen Blindgänger auf israelische Soldaten und wurde von einem israelischen Militärgericht zu lebenslanger Haft verurteilt.

Siebzehn Jahre saß er hinter Gittern und lernte dort so gut Hebräisch, dass er Menachem Begins *The Revolt*, eine Geschichte des jüdischen Untergrunds, ins Arabische übersetzen konnte. 1985 kam er bei einem Gefangenaustausch schließlich frei.

In all den Jahren hatte sein jüngerer Bruder um Politik einen Bogen gemacht. Mit der Fatah und ihrem Säkularismus wollte er nichts zu tun haben. Nayif studierte in Jordanien islamisches Recht und richtete sich in einem Leben als örtlicher religiöser Führer und Imker ein. Während der Intifada zog ihn die islamische Wohlfahrtsorganisation Hamas an, weil sie mit den Witwen, Waisen und Familien arbeitete, deren Ernährer in israelischen Gefängnissen saßen. 1992, unmittelbar vor Beginn des Oslo-Friedensprozesses, ordnete Rabin auf Betreiben Ehud Baraks als Stabschef an, Nayif und mehr als vierhundert weitere Mitglieder der Hamas und des Islamischen Dschihad festzunehmen, an die libanesische Grenze zu verfrachten und auszuweisen. Ein Jahr lang lebte er in einem Zeltlager im Bergdorf Mardsch al-Sohur. Die Deportierten brachten dieses Jahr im Schnee, im Schlamm und in der Hitze mit konspirativer Arbeit zu, um das Modell der Hisbollah für den Dschihad in Palästina zu reproduzieren.

Unmittelbar nach Unterzeichnung des ersten Oslo-Abkommens kehrte Nayif in sein einfaches Leben im Westjordanland zurück: Er reiste mit dem Bus, lebte in einem kleinen Haus in einer staubigen schlaglöchrigen Straße und kleidete sich wie die Bauern, die seine Moschee füllten, um ihn predigen zu hören. Derweil war Dschibril zum zweitmächtigsten Führer der Palästinensischen Autonomiebehörde gleich hinter Arafat aufgestiegen. Seine Position brachte Wohlstand als sichtbares Zeichen von Macht mit sich. Aber es war nicht Nayifs Bescheidenheit, deretwegen die Menschen in Scharen von der Fatah zur Hamas überliefen. Die Palästinenser strömten den Islamisten zu, weil der Terror es Peres politisch unmöglich gemacht hatte, Arafat im Zuge einer Rückgabe auch nur ein einziges steiniges Feld zu überantworten. Die harte Hand, mit der Dschibril die Hamas daran hinderte, Israelis zu ermorden, hatte nichts eingebracht.

In den nachfolgenden Jahren, in denen die Palästinenser nur Krümel von den 90 Prozent der Gebiete erhielten, die Arafat zugesagt worden waren, verwandelte sich Dschibrils Erscheinungsbild vom Helden auf der Straße, dem unbeugsamen Ex-Gefangenen, der alles Notwendige unternahm, um sein Land zu befreien, in das eines korrumpierten Funktionärs. In den Augen vieler hatte nun Scheich Nayif, der fundamentalistische Prediger und Antisemit, das Erbe des unerschütterlichen Kampfs um die palästinensische Freiheit angetreten.

Den Kamikaze-Kämpfern der Hamas Einhalt zu gebieten kostete Zeit. Es war 1996, in meinem ersten Jahr im Schin Bet, fielen mehr israelische Zivilisten Terroranschlägen zum Opfer als irgendwann seit der Gründung des Staates Israel. Überall waren tickende Zeitbomben unterwegs.

Ich verbrachte die meisten Nächte unter der Woche in einem geheimen Unterschlupf des Schabak in Tel Aviv. Tief in der Nacht saß ich im Café Apropo auf dem Ben-Gurion-Boulevard, nippte an einem Bier und versuchte, meine Gedanken zu ordnen. Ich hatte viel zu überlegen. Ich war in den Schabak als ein Außenstehender eingetreten, der viel von den Veteranen des Dienstes lernen musste. Zunächst ließ ich dessen interne Kultur, und so ihren Verhaltenskodex, noch unangetastet, obwohl ich den Verdacht hegte, dass sie letztendlich verändert werden musste. Ich musste mich erst einmal als glaubhafter Führer erweisen, bevor ich ein so sensibles Thema wie den moralischen Kompass angehen konnte.

Hatte ich in der Marine unter dem Stabschef und den Verteidigungsminister gedient, so war ich jetzt nur noch dem Ministerpräsidenten unterstellt. Die meisten meiner Entscheidungen – Telefone anzapfen, Haftbefehle ausstellen, Verdächtige Verhörspezialisten überstellen, die sie mit »maßvoller physischer Gewalt« bearbeiten würden, eine rechtliche Beschönigung für Folter – erforderte niemandes Genehmigung.

Das Café, nachts voll besetzt mit Leuten, zu deren Schutz mich mein Amtseid verpflichtete, war ein geeigneter Ort zum Nachdenken darüber, welche Gefahren Macht in sich barg. Dort wusste niemand, wer ich war oder dass – hier vielleicht abgesehen von Richtern, Journalisten und

Mandatsträgern – ein bloßer Verdacht genügte, um die Privatsphäre und Rechte von Menschen zu verletzen, auch die aller im Café. Des Kellners. Des Kochs. Des Arabisch sprechenden Paars in der Ecke. Es war erschreckend zu erkennen, dass der Schabak von seiner Anlage her ein Monster war, das die Demokratie dadurch schützte, dass er sich systematisch über deren heiligste Prinzipien der Privatsphäre und der rechtsstaatlichen Abläufe hinwegsetzte. Ich dachte oft an Orwells *1984* und die Worte des Präsidenten und Gründervaters der USA James Madison: »Ich glaube, es gibt mehr Fälle, in denen die Mächtigen die Freiheit der Menschen durch schrittweise und stillschweigende Übergriffe einschränken als durch gewaltsame und plötzliche widerrechtliche Aneignungen.«

Als mein Vater in den 1930er-Jahren illegal nach Palästina eingewandert war, hatte er einem Neuen Menschen und einer neuen Gesellschaft auf die Beine helfen wollen, sich aber sicher nicht gewünscht, dass sein Sohn zur israelischen Version des FBI-Direktors J. Edgar Hoover mit schlimmsten autoritären Zügen mutieren würde. Meine Aufgabe im Schabak war nicht, Terroristen zu töten, sondern Israel als eine freie Gesellschaft zu schützen. An meinen Wochenenden zu Hause hielt mich Biba geerdet. Diese Frau, die sich damit abfand, dass ich lange abwesend war, nervös auf und ab ging und in meinem Schrank eine Schachtel mit Verkleidungen verwahrte, würde nur eines niemals tolerieren: einen machttrunkenen Ehemann. Sie erinnerte mich bei jeder Gelegenheit daran, dass ich immer noch ein Typ war, der sich zweierlei Socken anzog und die Klobrille hochgeklappt ließ. »Ich als Einzige«, sagte sie, »sehe dich so, wie du bist«.

Beim Umbau des Schabak musste ich mir ein gründliches Verständnis dessen erarbeiten, wie wir die Terrorabwehr in der Vergangenheit betrieben hatten: welche Strategien wir ausprobiert, wo wir Erfolgt gehabt und wo wir versagt hatten.

Während der Intifada zehn Jahre zuvor hatte der Schabak eine Fallstudie darüber vorgelegt, wovor wir uns hüten mussten. Das brutale Vorgehen gegen Terrorverdächtige war nicht nur dabei gescheitert, der Intifada ein Ende zu setzen, sondern hatte durch seine Grausamkeit ihre Flammen weiter angefacht und die israelische Gesellschaft in Misskredit gebracht. Um bei Maßnahmen zur Rettung von Leben unsere Menschlichkeit zu bewahren, so meine Schlussfolgerung, brauchten wir eine klare rote Linie, die zwischen zulässigen und verbotenen Techniken trennte. Einen moralischen Kompass für den Abwasserkanal.

Ich stieß fast zufällig auf einen Hinweis, wo diese Linie zu ziehen sei. Wie ich unseren internen Statistiken entnahm, war während der Intifada die Terroraktivität in Gaza und in der Westbank ähnlich hoch gewesen. Wir hatten es mit den gleichen Leuten, den gleichen Slogans, der gleichen PLO-Führung im Exil und mit der gleichen Bevölkerung aus Flüchtlingen zu tun, die immer noch die verrosteten Schlüssel zu den Häusern ihrer Eltern oder Großeltern bei sich trugen. Aber in Gaza ging der Schabak in Verhören gewalttätiger vor. Unsere Leute hatten die gleiche Ausbildung, mussten die gleichen Verfahrensweisen einhalten und kamen aus gleichen Verhältnissen. Warum landeten dann in Gaza so viel mehr Verhaftete im Krankenhaus als im Westjordanland?

Wissenschaftler, die ich mit der Lösung dieses Rätsels betraute, lieferten keine überzeugende Hypothese. Am Ende rief ich den Chef der Verhörabteilung an. Er hatte während der Ersten Intifada ein Team für Verhöre in der Westbank zusammengestellt. »Keine Ahnung, Ami«, antwortete er mir zuerst. Ich sagte ihm, er könne die Sache überschlafen und mir am nächsten Morgen Bescheid geben. Als ich am nächsten Tag von ihm nichts hörte – er hoffte wohl, ich hätte es vergessen –, rief ich ihn nochmals an. Er teilte mir mit, er sei lange aufgeblieben und habe über meine Fragen nachgedacht. »Ich weiß nur noch eins«, sagte er. »Wenn wir von unserem Abteilungsleiter in ein Verhör geschickt wurden, wies er uns an: ›Erinnert euch bei eurer heutigen Mission daran, dass wir alle Menschen sind: Freie und Gefangene gleichermaßen.‹« Eine solche tägliche Ermahnung fehlte im Gazastreifen. Bei Verhören lautete die Denkrichtung: »Macht sie mit dem Knüppel gefügig.« Ich begann mir Gedanken darüber zu machen, wie die Ethik im Schabak am besten verändert werden musste. Daumenschrauben waren verboten, aber was war mit Schütteln? Ohrfeigen? Erpressung? Bestechung? Erniedrigung? Arglistiger Täuschung? Auch wenn es wichtig war, Ohrfeigen und Fesseln klare Grenzen zu setzen, reichte ein Verhaltenskodex für den Geheimdienst sicher nicht annähernd aus, um der Hamas das Wasser abzugraben. Wir mussten auch Mittel finden, um die Motive unserer islamistischen Feinde nachzuvollziehen. Warum schnallte sich ein vernünftig denkender Student einen Sprengstoffgürtel um und ermordete Kinder auf dem Weg zur Schule oder Gäste im Café. Als Soldat hatte ich die ganze Zeit wildfremde Männer getötet, aber sie waren Kämpfer gewesen. Zivilisten hatte ich wissentlich nie angegriffen, Leute, die für mich unbeteiligt daneben standen. Wie konnten wir die Organisation so neuaufbauen, dass wir unsere Gegner als Menschen sahen? Auf der Suche nach Antworten las ich mich durch ein Dossier, das Dr. Matti Steinberg angelegt hatte. Dieser Experte in arabischen Angelegenheiten hatte vormaligen Schabak-Direktoren als externer Berater gedient und war damals damit befasst, eine politische Biografie Arafats aufzupolieren. Viele Sicherheitsdienste setzten auf akademischen Beistand. Aber wegen der radikal anderen Kultur, durch die sich die Forschungswelt vom »Abwasserkanal« unterscheidet, landeten externe Ratschläge in der Praxis ungelesen und unbeachtet in Aktenschränken.

Als ich Steinbergs Dossier aufschlug, wusste ich sofort, dass sich dieser Experte als einer der Sensoren eignete, nach denen ich suchte.

Bei unserem ersten Treffen bombardierte ich Matti mit Fragen zur Geschichte des palästinensischen Nationalismus.[24] Er sagte mir auf den Kopf zu, dass ich die Palästinenser nie verstehen würde, ohne ihre Nationaldichter gelesen und mich mit ihren Liedermachern, Graffitikünstlern und Untergrundzeitungen vertraut gemacht zu haben. Auf meine Leseliste setzte er auch Amira Hass, die Korrespondentin von *Haaretz*, die aus Ramallah und Gaza über palästinensische Angelegenheiten berichtete. »Sie vermittelt Ihnen von der palästinensischen Straße ein aufschlussreicheres Bild als alle anderen«, sagte er mit weit geöffneten Armen, als schließe er dabei den gesamten Schin Bet mit ein. Damit formulierte er höflich, dass in einer Ära der Sicherheitskooperation mit Arafats Palästinensischer Autonomiebehörde die vormalige fünfzigjährige Arbeit des Schabak weitgehend obsolet geworden sei.

Eine weitere zentrale Quelle, so fuhr er fort, während ich mir Notizen machte, seien für mich Khalil Schakakis Meinungsumfragen. Ebenfalls durch Matti erfuhr ich von der Arbeit von Dr. Ejad Sarradsch, dem Psychiater aus Gaza. Matti machte eine einfache Ansage: Vergiss es, dir ein Verständnis vom Terrorismus erarbeiten zu wollen ohne die Bereitschaft, tief in dessen Ursachen hineinzublicken – in die ideologischen und theologischen Vorstellungen, die sich aus vergangen kollektiven Traumata speisen.

Wie ein Taucher, der sich an die Oberfläche kämpfen will, arbeitete ich mich wie besessen durch Dr. Sarradschs Berichte, eine schmerzhafte, aber sehr erhellende Lektüre. In einem Bericht schildert er, wie er zu einem IDF-Soldaten, der ihm Schläge androhte, hoch erhobenen Hauptes gesagt habe: »Nur zu. Doch bevor Sie dies tun: Ich weiß, dass in dieser Uniform ein echter Mensch steckt, und ich möchte, dass Sie mir diese Person zeigen.« Der Soldat machte sich tapfer davon.

Ebenso aufschlussreich war die palästinensische Literatur, die »Seele« der Palästinenser, wie Matti sagen würde. Zum ersten Mal las ich *A Lake Beyond the Wind* von Yahya Yakhlif, einen Roman, der die letzten Tage vor der Flucht der Familie des Autors aus der Stadt Samach 1948 schildert. »Eine Katastrophe war im Anzug, und es war, als beginne die Erde zu erzittern.« Auf dem Boden, auf dem Yakhlif mit Freunden Fußball gespielt hatte, erntete ich später als Kind Bananen.

Es war auch meine erste Begegnung mit der Dichterin Fadwa Touqan, deren Verskunst auf Palästinenser so monumental wirkte wie die Lyrik Nathan Altermans auf uns Juden.

Ich bitte nur darum, im Schoß meines Landes zu bleiben,
Als Boden, Grass, eine Blume.

Ganz oben auf der Liste der Pflichtlektüre in Mattis Crashkurs stand der palästinensische Nationaldichter Mahmud Darwisch. Er war 1948 als Siebenjähriger mit seiner Familie aus dem nordgaliläischen Dorf seiner Vorfahren geflohen, das jetzt ein Moschaw ist. Mit angehaltenem Atem las ich »Für unser Land«:

Für unser Land, und es ist eine Kriegsbeute,
ist die Freiheit, an der Sehnsucht und dem Brennen zu sterben,
und unser Land in seiner blutbefleckten Nacht,
ein Juwel, das für die Fernen über den Fernen erstrahlt
und erhellt, was außerhalb von ihm liegt.

Im Café Apropo las ich eines Abends mit trüben Augen nach einem Achtzehnstundentag eine von Darwischs erlesensten dichterischen Glanzleistungen, die Palästinensische Unabhängigkeitserklärung. Er hatte sie in Arafats Auftrag verfasst, im Mai 1988, in dem Jahr, in dem ich in Gaza fast gelyncht worden wäre. Das Dokument rüttelte mich auf: Darwisch hatte sich offenbar die israelische Unabhängigkeitserklärung zum Vorbild genommen:

»Im Herzen seiner Heimat und an seiner Peripherie, in den Orten seines Exils nah und fern, hat das palästinensische arabische Volk seinen unerschütterlichen Glauben an sein Recht auf Rückkehr nicht verloren, und auch nicht seinen festen Glauben an ein Recht auf Unabhängigkeit. Besatzung, Gemetzel und Vertreibung konnten die Palästinenser ihres Bewusstseins und ihrer Identität nicht berauben – ihr epischer Kampf hat überdauert, und die Herausbildung ihres Nationalcharakters hat sich mit der zunehmenden Eskalation des Kampfs fortgesetzt.«

Warum zitierte Darwisch fast Wort für Wort unsere Unabhängigkeitserklärung? Schrieb er auch für ein israelisches Publikum. Seine aufschlussreichsten Zeilen waren für mich die Passagen mit einem Bezug zu den UN-Resolutionen 242 und 338, die völkerrechtliche Untermauerung der Zweistaatenlösung:

»Aufder Grundlage internationaler Legitimierung, verkörpert in den Resolutionen der Vereinten Nationen seit 1947 und Kraft der Ausübung des Rechts des palästinensischen arabischen Volks auf Selbstbestimmung, politische Unabhängigkeit und Souveränität über sein Territorium: Hiermit erklärt der Palästinensische Nationalrat im Namen Gottes und für das palästinensische arabische Volk die Gründung des Staates Palästina im Land Palästina mit seiner Hauptstadt Jerusalem.«

Mein Gott!, dachte ich unwillkürlich: Arafat hatte die UN-Resolutionen seit 1947 akzeptiert und somit längst mit dem palästinensischen revolutionären Ethos gebrochen, uns das anzutun, was die Algerier einst den Franzosen angetan hatten. Mit seiner stillschweigenden Anerkennung des Staates Israel in den Grenzen von 1967 bereitete er die palästinensische Öffentlichkeit ideologisch auf den schmerzvollen Kompromiss vor, den eine friedliche Beilegung unseres Konfliktes erforderte. Warum habe man uns Offizieren 1988 noch keine Übersetzungen dieses Dokuments vorgelegt, fragte ich mich. Hätten wir Arafats strategische Wende zehn Jahre früher erkannt, wären wir jetzt vielleicht nicht mit den Selbstmordattentätern der Hamas konfrontiert. Was hatten wir damals stattdessen getan? Als Verteidigungsminister hatte Rabin über den Schabak und die Militärregierung die Hamas unterstützt in der Hoffnung, sie würde den Nationalisten der PLO das Wasser abgraben. »Wir sahen in den Fundamentalisten hauptsächlich eine harmlose soziale Kraft«, räumte einer unserer Topgeneräle ein.[25]

Von Matti bekam ich auch eine erschreckende Unterweisung in Sachen Hamas und deren islamistische Brüder. Jahrelang hatte sie ihren Einfluss ausgeweitet, nicht nur dank ihres theologischen Fanatismus, sondern auch als größte Wohlfahrtsorganisation für die palästinensischen Armen. Ihr Führer, der im Rollstuhl sitzende Scheich Ahmad Jassin, hatte seit 1989 hinter Gittern gesessen – wegen seiner Verbindung zum Terror und zum militärischen Flügel der Hamas, den Kassam-Brigaden. Er symbolisierte das Leiden und das Elend des palästinensischen Volkes und predigte den messianischen Traum vom Endsieg über die Ungläubigen. Zudem hatte er moralische rote Linien, die dem gerissenen Arafat fehlten. Sogar vom Gefängnis aus legte er die Strategie der Organisation fest und ließ wissen, wann Terrorangriffe gerechtfertigt seien.

Es gebe keinerlei Aussichten darauf, teilte mir Matti mit, dass von der Hamas jemals ein Dokument wie diese Unabhängigkeitserklärung zu erwarten sei, die Arafat in Auftrag gegeben und Darwisch ausformuliert hatte. Der Grund war einfach: Ihre Politik basierte auf Auslegungen des islamischen Rechts, wonach jedweder territoriale Kompromiss mit uns als den angeblichen neuzeitlichen Kreuzfahrern untersagt sei. In ihrer Lesart des Islams gehörte das gesamte historische Palästina, einschließlich Tel Avivs, den Muslimen: Wie es in der Charta der Hamas heißt, streben die Mitglieder »danach, das Banner Allahs über jeden Zoll Palästinas aufzurichten«, weil unter den Israelis »die Herrschaft der Wahrheit durch die des Übels« ersetzt worden sei. Sollte Arafat an der Gründung eines Palästinenserstaats scheitern, so warnte Matti finster, würden die Palästinenser in Scharen zu den Islamisten überlaufen und sich die Tore zur Hölle auftun.

Kapitel 16

Tunnelblick

Einmal im Monat traf ich mich mit Dschibril und Dahlan, um unsere Aktivitäten abzustimmen. Die Anstrengungen zahlten sich aus: Die Häufigkeit von Selbstmordanschlägen ging drastisch zurück. Während wir verstärkt die palästinensischen Terrororganisationen unterwanderten, mussten wir im Kampf gegen den jüdischen Extremismus die geheimdienstliche Aufklärung und Terrorabwehr ausbauen und rekrutierten dazu unter den Siedlern Informanten. Die radikalsten Ideologen in der Bewegung wie solche, die Dankesgebete für die Ermordung Rabins gesprochen hatten, bauten eine Spionageabwehr auf, um unsere Agenten in den Siedlungen aufzuspüren.

Jüdische Landsleute auszuspähen verschärfte zwangsläufig die kognitive Dissonanz, die altgediente Schabak-Agenten verspürten, wenn sie jetzt den einstigen palästinensischen Feinden zuhören, ihre Meinungen berücksichtigen und sich sogar auf sie verlassen mussten. Dies bedeutete, sämtliche Überzeugungen zu vergessen, die ihnen seit ihrer Zeit im Kindergarten eingeimpft worden waren.

Eines Tages geriet ich in eine ganz andersgeartete moralische Zwickmühle. Als ich einen Verhaltenskodex für den Schabak entwickelte, bat ich den Chef der Verhörabteilung, darauf zu achten, dass wir den Verhörspezialisten gegenüber eine vollkommen einleuchtende Sprache gebrauchten, und nicht etwa einen unverständlichen Jargon, wie ihn Philosophen oder Dichter in ihren Schriften nutzten. Dieser Mann, nennen wir ihn »X«, machte sich auf den Weg zu meinem Büro und teilte meiner Sekretärin mit, er wolle etwas Wichtiges mit mir besprechen.

»Sicher, führen Sie ihn herein«, sagte ich ihr. Meine Tür stand allen Mitarbeitern offen.

Der Verhörspezialist – abstehende Ohren und kurz geschnittenes dunkles Haar – trat in mein Büro. Aus seiner Akte wusste ich, dass er als Enkel eines jemenitischen Thora-Gelehrten in einem religiösen Haushalt aufgewachsen war. »Herr Ajalon«, fing er an, »Sie haben mit uns über unseren Umgang mit Gefangenen geredet.« Er spielte auf den Ausschuss an, den ich zusammengestellt hatte, um Leitlinien für Verhöre zu erstellen. »Ich habe von ihnen nicht gehört, was sie uns dabei antun.«

»Wovon reden Sie? Ich tue Ihnen gar nichts an!« Angesichts des auf dem Spiel Stehenden hatte ich für Selbstmitleid kein Verständnis.

Der Verhörspezialist schüttelte den Kopf, weil ich ihn offenbar missverstanden hatte.

Er hob zu einer Erklärung an: »Ich bin in einem Haus voller Bücher aufgewachsen. Sie standen überall, zogen sich an jeder Wand entlang. Bücher, Musik, Ideen, das war die Welt um mich herum. Aber seit meinem Eintritt in den Dienst erlebe ich nur noch Gestank, Geschrei und Gewalt. Ich weiß nicht, wie ich so weitermachen soll.«

Er meinte vielleicht eines unserer Gefängnisse, ein ehemaliges russisch-orthodoxes Kloster, das wahlweise als »Grab Gottes«, »Dunkle Nacht« und »Schlachthaus« bezeichnet wurde. Ein Gefangener, Sohn eines Hamas-Führers, beschrieb es als »schwarz, dreckig und dunkel, wie die rattenverseuchten mittelalterlichen Verliese, die man aus Filmen kennt«.[26] Vielleicht meinte er auch die Methoden, mit denen die Verhörspezialisten aus Verdächtigen Informationen herauszupressen versuchten, um Mordanschläge auf israelische Zivilisten zu verhüten, so Schlafentzug oder schmerzhafte Positionen wie die »Froschhocke«, in denen sie stundenlang ausharren mussten. (Wir wandten diese Techniken deutlich seltener an als in der Vergangenheit, aber es gab immer noch »tickende Zeitbomben«, die wir mit physischer Überredung zum Sprechen bringen mussten.) Vielleicht dachte er auch an unsere Erpressungsmethoden: Hamas-Mitglieder erhielten Zugang zu überlebenswichtigen medizinischen Behandlungen für sich oder Angehörige nur dann, wenn sie im Gegenzug militante Mitstreiter ausspionierten.

Allein die Macht über die Gefangenen schuf eine Atmosphäre der Gewalt. Nicht, dass er mit unseren Feinden Mitgefühl gehabt hätte, keineswegs. Mein Mitarbeiter fürchtete vielmehr, seine Menschlichkeit zu verlieren, also genau den Zug, von dem ich am meisten wollte, dass er ihn behielt.

»Warum arbeiten Sie dann noch bei uns?«, fragte ich.

»Weil ich Leben rette«, antwortete er mit feuchten Augen.

Ich legte ihm die Hand auf die Schulter. »In dem Augenblick, in dem Sie aufhören, sich diese Fragen zu stellen, packen Sie Ihre Sachen und gehen. Ich würde nicht mehr wollen, dass Sie Terroristen verhören.« Dann sagte ich ihm, was ich Dschibril und Dahlan gesagt hatte: Wir hier unten im Abwasserkanal erledigten Drecksarbeit, damit die Friedenswächter eine dauerhafte Übereinkunft treffen könnten. Wir seien sozusagen die Brücke über den Rubikon, den die Politiker überschreiten müssten, um ein politisches Abkommen zu besiegeln. Als den anderen Punkt machte ich deutlich, dass die tägliche Erinnerung daran, dass der Gefangene ein Mitmensch war, uns mehr als jedes Gesetz oder jede Regelung darin unterstützte, die Linie zwischen dem zu ziehen, was im Verhörraum statthaft, und dem, was verboten war.

Die Brücke über den Rubikon geriet manchmal gefährlich ins Schwanken.

Eines Tages, mehrere Monate nach meinem Amtsantritt, rief mich ein ehemaliger Kommandosoldat aus meiner Flottilleneinheit auf einer ungesicherten Leitung an und gratulierte mir zur gezielten Tötung eines Sprengstoffattentäters in Jerusalem, der an dem Anschlag auf das Dizengoff Center beteiligt gewesen war. Dieser Freund hatte in der Arbeitspartei Karriere gemacht und agierte zu der Zeit als Vorsitzender des Knesset-Ausschusses für Auswärtige Angelegenheiten und Verteidigung.[27] Wir hatten Informationen zu einem geplanten Anschlag auf das Jerusalemer Viertel Gilo erhalten, das Palästinenser als Siedlung betrachten, weil es auf 1967 erobertem Gebiet errichtet worden ist. Die Tötungsaktion gelang, ohne Zivilisten zu verletzen. Obwohl wir glücklich waren, den Terroristen unschädlich gemacht zu haben, gingen wir bestimmt nicht damit hausieren, dass wir die Hand im Spiel gehabt hatten.

»Was!« Meine Hand schloss sich fest um den Hörer. »Wer hat dir 'was von der Operation erzählt?« Wie sich herausstellte, war es Peres persönlich gewesen. Weil seine Popularität mit der wachsenden Anzahl an Terroropfern schwand, hatte er die Gelegenheit zwangsläufig beim Schopf ergriffen und sich mit einem so bedeutenden Erfolg in Sachen Sicherheit gebrüstet. »Sag keinem ein Wort«, verlangte ich.

»Keine Sorge«, beruhigte er mich. »Als Politiker gehört Lügen zu meiner Aufgabe. Deine besteht darin, die Wahrheit zu sagen.«

Die Erfolge unserer Sicherheitskooperation mit Arafat und seinen Männern kamen zu spät, um Ministerpräsident Peres bei den Wahlen im Sommer 1996 noch zu helfen. Die Meinungsumfragen hatten ihm vor Bibi Netanjahu vom Likud zwar einen klaren Vorsprung gegeben, und am Wahlabend gingen die meisten Leute in der Annahme schlafen, dass die Arbeitspartei gewonnen habe. Aber die Kampagne mit den Sprengstoffanschlägen hatte in der nationalen Psyche ganze Arbeit geleistet. Trotz rückläufiger Zahlen bei den Angriffen hatten viele Israelis den Eindruck, dass der Oslo-Prozess zu mehr Terror geführt habe und jedes unserer Zugeständnisse für die Hamas und den Islamischen Dschihad ein ideales Umfeld schuf, um weitere Attentäter loszuschicken. Die Wähler hatten sich der Rechten zugewandt. Wenn die Angst vor dem Terror die Oberhand gewann, wählten die Israelis Politiker, die nicht eine bessere, eine gerechtere Welt, sondern die Tötung des Feindes versprachen.

Netanjahu war die neue Art des israelischen Führers: jung, energiegeladen und medienaffin. Zudem präsentierte er sich selbst als Experte im Kampf gegen den Terror. In seinem ersten Buch, *International Terrorism: Challenge and Response,* äußert er die Ansicht: »Die Auswirkungen des Terrorismus, nicht nur auf einzelne Nationen, sondern auf die Menschheit als Ganzes, sind ein Übel an sich, zwangsläufig und umfassend ein Übel.« In seinem Nachfolgebuch, *Terrorism: How the West Can Win,* verunglimpft er jeden Anflug einer nachgiebigen Haltung und eines Ausgleichs als eine Neuauflage des Münchner Abkommens von 1938.

Auf der Feier des Likud am Tag nach Netanjahus Überraschungssieg war ich deshalb anwesend, weil es zu meinen Aufgaben gehörte sicherzustellen, dass unserem neuen Ministerpräsidenten Rabins Schicksal erspart blieb. An der Versammlung nahmen auch Siedler teil, mit denen ich mich getroffen hatte und die ich heimlich ausspionierte. Tausende schwarz gewandete Ultraorthodoxe schlossen sich diesem Kontingent an bewaffneten Siedlern an.

Fernab der Kameras und außerhalb der öffentlichen Wahrnehmung bestand mein Auftrag darin, dem Ministerpräsidenten die nackte Wahrheit ungeschönt ins Gesicht zu sagen. Was ich Netanjahu, einem Abgänger des Massachusetts Institute of Technology, nicht mitteilen musste: Seinen Überraschungssieg hätte er ohne die Unterstützung durch die Selbstmordattentäter der Hamas mit ihren Sprengstoffgürteln niemals errungen. Wie er auch wusste, würde sein Verbleib im Amt von Erfolg des Schabak in der Terrorbekämpfung abhängen. Deswegen nahm ich an, dass er zuhören würde, als ich ihm sagte, dass es die Terrorabwehr erfordere, unsere Sicherheitskooperation mit der Palästinensischen Autonomiebehörde fortzusetzen. Das schloss mit ein, unsere einstigen Feinde zu bewaffnen. Und Bibi würde dies seiner rechten Basis sicherlich besser verkaufen können als ich.

Weniger Vertrauen hatte ich darauf, dass er sich auch an die übrigen Bedingungen der Oslo-Abkommen halten würde, insbesondere mit Blick auf den Rückzug aus Gebieten. Das Viertel in Hebron, das Peres Arafat versprochen hatte, war immer noch unter unserer Kontrolle, und der neue Ministerpräsident hatte es mit einer Übergabe anscheinend nicht eilig. Bei Arafat löste das noch mehr Paranoia aus. Immerhin war er ein Mann, der unter jedem Stein eine Wanze des Schin Bet wähnte. Ariel Scharon, der ganze Stadtviertel von Beirut in Schutt und Asche hatte legen lassen, um ihm zu töten, erhielt in der Likud-Regierung einen wichtigen Ministerposten. Arafat befürchtete eine Falle.

Mein erstes Treffen mit Netanjahu fand im offiziellen Büro des Ministerpräsidenten statt, entworfen im anmutigen Bauhausstil der 1930er-Jahre, ein architektonischer Vetter des Guggenheim-Museums in New York. Bei der Einfahrt auf das Gelände passierte mein Fahrer die wuchtige Sicherheitsmauer, die wir nach Rabins Ermordung hatten hochziehen lassen. Jetzt wirkte die Residenz wie ein Bunker.

Oben im Büro, im Regal hinter dem Schreibtisch, fielen mir Netanjahus Bücher zur Terrorabwehr auf. Netanjahu begann die Diskussion mit einer scharfsinnigen Analyse zu den Osloer Verhandlungen und deutete an, den politischen Prozess von der Zusammenarbeit in Sicherheitsfragen abhängig machen zu wollen. Er bekundete seine Bereitschaft, die Friedensgespräche fortzusetzen, wollte sich aber offenbar auf nichts festlegen, als ich die Erwartungen der Palästinenser aussprach, was den Rückzug aus Gebieten anging.

»Für die Zusammenarbeit mit uns wird Arafat eine Gegenleistung brauchen«, sagte ich in der Mitte unserer Besprechung und erklärte, was Dschibril fast bei jedem unserer Treffen geäußert hatte: Sein Chef zahlte einen politischen Preis dafür, dass er ein Friedensabkommen mit uns geschlossen hatte und die Hamas bekämpfte. Syriens Präsident Hafiz al-Assad bezeichnete ihn als die »Hure in der arabischen Welt«. Wenn sich Arafat so weit aus dem Fenster lehnte, musste er klugerweise entschädigt werden. Entscheidend war, den Palästinenser in Worten und Taten das sichere Gefühl zu vermitteln, dass sie die versprochenen Gebiete übergeben bekämen, wenn sie die Sicherheitskooperation fortführten und den Terror weiterhin bekämpften. Noch mehr Traktoren und Kräne in die Gebiete zu schicken, würde unter ihnen nur den Verdacht erhärten, dass Oslo ein Schwindel sei. Ich warnte ihn: Sollte Arafat den Eindruck bekommen, dass wir ihn nur hinhielten, würden er und seine Männer damit aufhören, die palästinensischen Gefängnisse mit ihren Nachbarn vollzupacken.

Ja, ja, ja, sagte Netanjahu.

Ich verließ sein Büro an diesem Tag ohne eine klare Vorstellung davon, wie er meine Beratung aufgenommen hatte. Aber als ich mitbekam, dass seine Minister ihr Bestes gaben, um den Oslo-Friedensprozess zu untergraben, wurde mir klar, dass die Siedlerfraktion in seiner Regierung und seine Basis unter den rechtsradikalen Verfechtern eines Großisraels einen deutlich größeren Einfluss auf ihn hatten als wir vom Schabak. In einer Kabinettssitzung erzählte Ariel Scharon, Minister für die nationale Infrastruktur, Lügenmärchen, wonach sich Dschibril mit mir Champagner trinkend in einem Whirlpool aale. Noch beim Reden schob er mir einen Zettel zu, auf dem er sich für diese erfundene Geschichte entschuldigte. Das sei Politik, ich solle es nicht persönlich nehmen.

Bei einem öffentlichen Besuch in Ariel, einer Siedlung mitten in der Westbank, verkündete Bibi einer singenden und tanzenden Menge: »Wir bleiben auf Dauer hier.« Und er versprach den Siedlern, sich für weitere Neubauten auf Gebieten einzusetzen, auf denen die Palästinenser ihren künftigen Staat zu errichten planten.[28]

Auf unserem nächsten Treffen schlug Dschibril Alarm: »Euer Ministerpräsident behauptet, er wolle eine Einigung, und dann verspricht er weitere Siedlungen.«

»*Vielleicht*«, sagte ich. »Aber für Israelis ist es auch nicht leicht, die in die Luft gejagten Busse zu vergessen. Wir haben noch viel Arbeit vor uns, ehe Sie behaupten können, dass die israelische Regierung ihre Versprechen nicht erfüllt.«

In seiner ersten Woche im Amt suchte Bibi in einer weiteren delikaten politischen Frage meinen Rat. Er hatte im Wahlkampf versprochen, niemals Teile des »befreiten« Jerusalems an die Palästinensische Autonomiebehörde zu übergeben, und musste jetzt seinen Unterstützern zeigen, dass sie sich bei der Wahl in ihm nicht getäuscht hatten.

Mit Symbolpolitik versuchte er, die israelische Souveränität über das Muslimische Viertel in der Altstadt zu stärken, indem er einen Eingang zu einem antiken Tunnel öffnen ließ, der unter den Hasmonäern ausgeschachtet worden, also noch in der Zeit, bevor die Römer die jüdische Souveränität über das Land Israel vernichtet hatten. Einst Teil eines Abwassersystems, war er während des britischen Mandats freigelegt worden und hatte bis 1996 als eine beliebte Tourismusattraktion im Jüdischen Viertel gedient, weil er sich an der Klagemauer entlang zog. Der Aufenthalt in dem antiken Abflusskanal vermittelte Gläubigen das Gefühl, dem Allerheiligsten nahe zu sein. Bibi wollte einen zweiten Durchbruch schaffen, um Touristen die Möglichkeit zu geben, im Jüdischen Viertel in den Tunnel hineinzugehen und ihn auf voller Länge bis zu einem neuen Ausgang im Muslimischen Viertel zu durchschreiten.

Ich war mit dem Umfeld sehr gut vertraut: Angesichts der Apokalypse, die der Streit um Jerusalem heraufbeschwören konnte, hatte ich mir regelmäßige Rundgänge um die Omar- und die al-Aqsa-Moschee, die Ställe Salomos und andere heiligen Stätten angewöhnt. Wie alle Israelis meiner Generation bezog ich meine Vorstellungen zum Tempelberg aus Josephus und hatte dann vor Ort das Gefühl, in die Zeit des Zweiten Tempels zurückzukehren oder in die noch frühere, als Abraham die Opferung seines Sohnes Isaak vorbereitet hatte.

Auf diesen Rundgängen begleitete ich zuweilen den Mufti von Jerusalem, der – wie so viele andere – seltsame Verschwörungstheorien hegte. Als ich auf einer Tour zu den Ruinen unter dem Tempelberg einen Pfeiler entdeckte, den Josephus als Bestandteil des Zweiten Tempels erwähnt, erzählte ich dem Mufti: »Als Kind habe ich etwas über diesen Ort gelesen.« Mich überkam das aufrichtige Gefühl, neben einem Stück antiker jüdischer Geschichte zu stehen.

»Ihr Juden seid merkwürdig«, meinte er. »Ihr erfindet immer Historisches und glaubt allmählich selbst an die Erfindung.« Er war aufrichtig überzeugt, wir hätten uns die geschichtliche Verbindung zum Heiligen Land schlicht aus den Fingern gesogen.

Weil die heiligen Stätten ganz besonderen Sprengstoff bargen, hatte ich den Ministerpräsidenten zu äußerster Vorsicht aufgerufen. An sich sprach nichts dagegen, im Muslimischen Viertel eine zweite Öffnung zum Tunnel zu graben. Wie Rabin vor ihm hatte auch Peres eine solche Baumaßnahme erwogen, sich dabei aber gegen ein unilaterales Vorgehen entschieden, um die Friedensgespräche mit den Palästinensern nicht zu gefährden. Wenn er den Tunnel ernsthaft öffnen wolle, teilte ich Netanjahu, müsse er dies mit unseren wichtigen Partnern koordinieren: mit der Jerusalemer Waqf-Behörde, eine vom Mufti geleitete islamische Stiftung, die die *Al-Haram-asch-Scharif*-Moscheen verwaltet, sowie mit Arafat und König Hussein von Jordanien. Wenn alle an Bord seien, warum nicht? Archäologie müsse nicht politisch sein. Solange das Vorgehen koordiniert und nicht unilateral erfolge, so wiederholte ich mit Nachdruck, wo sei das Problem?

Netanjahu schien mit meinem Ratschlag zufrieden zu sein. Ich machte mir über das Thema keine weiteren Gedanken, bis ich am 24. September, dem Tag nach Jom Kippur, einen Anruf erhielt. Mein wichtigster Mann in Jerusalem hatte eine überraschende Nachricht: Die Erweiterung des Tunnels würde unter schwerer Bewachung noch am selben Tag geöffnet. Ich traute meinen Ohren nicht.

Netanjahu hielt sich zu Gesprächen mit Bundeskanzler Helmut Kohl in Deutschland auf. Ich rief seinen Stellvertreter an und merkte rasch, dass er nichts ändern konnte. In einem weiteren Telefonat teilte mir der Verteidigungsminister mit, dass Jerusalem nicht in seinen Verantwortungsbereich falle. Ihm seien die Hände gebunden.

Eine Stunde nach Beginn der Arbeiten hörten Mitarbeiter der Waqf-Behörde das Dröhnen der Hämmer im Muslimischen Viertel. Wie ein

Flächenbrand breiteten sich Gerüchte aus, dass die Juden einen Tunnel unter der Omar-Moschee grüben, um einen Angriff auf den Islam und damit auf die palästinensischen nationalen Bestrebungen zu starten.

Am nächsten Morgen bezeichnete Netanjahu, immer noch auf Staatsbesuch in Deutschland, in einer Erklärung den Tunnel als »die Grundlage unserer Existenz«. Arafat, von der Öffnung so überrascht wie die Vertreter der Waqf-Behörde, griff den Zwischenfall begierig auf, um eine Entweihung der heiligen Stätten des Tempelbergs zu geißeln und die Palästinenser zu einer Reaktion aufzurufen. »Wir können die Judaisierung Jerusalems nicht hinnehmen. Ostjerusalem ist unsere Hauptstadt!« Die von beiden Führern ausgegebenen Parolen stachelten zu erneuter Gewalt auf und unterminierten die Art Koordination, zu der ich dem Ministerpräsidenten geraten hatte.

Arafat, der seit Monaten auf weitere Gebietsübergaben wartete, nutzte die Tunnelöffnung als Chance, um die Israelis an seine chaosstiftenden Kräfte zu erinnern. Sein Büro gab eine Erklärung mit dem Aufruf an die Palästinenser heraus, »ihrem Zorn über die anhaltende Aggression auf die al-Aqsa-Moschee und die Entweihung der heiligen Stätten Ausdruck zu geben«. Er wies seine Männer an, gewalttätige Proteste zu organisieren, und die erwischten unsere Armee völlig unvorbereitet.

Die Ausschreitungen breiteten sich im Westjordanland, in Gaza und in Ostjerusalem aus und überforderten die dort stationierten IDF-Soldaten, die nach unserem Sicherheitsabkommen mit der Autonomiebehörde gemeinsame Patrouillen mit palästinensischen Sicherheitskräften durchführen sollten. Ein Generalstreik wurde ausgerufen, den Dschibril und seine Männer auch durchsetzten.

In Bethlehem und Ramallah wurden unsere Soldaten von Mobs angegriffen. Als sie die Demonstranten mit Gummigeschossen zurückzudrängen versuchten, eröffnete Arafats Polizei das Feuer auf sie. In den Schusswechseln starben Palästinenser, worauf Arafat weiteres Öl ins Feuer goss.

Hinter den Kulissen versuchte der Schin Bet im Westjordanland und in Gaza mit Dschibril, Dahlan und ihren Leuten einen Waffenstillstand zustande zu bringen. Elf Soldaten, sechs israelische Zivilisten und rund hundert Palästinenser starben in einem sich anbahnenden offenen Krieg zwischen den beiden Seiten, von denen erwartet wurde, dass sie wechselseitiges Vertrauen aufbauten und Vereinbarungen unterzeichneten. Aus innerstem Antrieb heraus wollte ich die Vernunft beiseiteschieben und die Palästinenser für die Gewalt einen hohen Preis zahlen lassen. Dabei war es doch Netanjahu gewesen, musste ich mir sagen, der mit seiner Tunnelöffnung das Chaos ausgelöst hatte.

Abgesehen von den Verlusten an Menschenleben bestand das gefährlichste Ergebnis der Kämpfe darin, dass die jeweiligen Parteien rasch ganz unterschiedliche Darstellungen der Ereignisse lieferten. Für eine wachsende Anzahl der Israelis, darunter ehemalige Unterstützer des Oslo-Prozesses, lieferten die Szenen der palästinensischen Polizisten, die mit den von uns bereitgestellten Waffen israelische Soldaten töteten, den benötigten Beweis für Arafats Doppelspiel. Er rede vom Frieden, verfolge aber seinen lange gehegten Traum, die Juden ins Meer zu treiben. Ohne den Tunnel, so sagten sie, hätte er einen anderen Vorwand gefunden. Der Slogan »Wir gaben den Arabern Land und sie uns Terror«, sollte tiefe Wurzeln schlagen.

Derweil näherte sich das palästinensische Narrativ zunehmend der Linie der Hamas an, wonach Juden nur die Sprache der Gewalt verstünden. Schießen – nicht reden – würde sie daran hindern, die muslimischen heiligen Stätte zu kapern.

Nach seiner Rückkehr aus dem Ausland bestellte mich Netanjahu in sein Büro ein, um über die Gewalt zu diskutieren. Wir hatten über die Ursache dieser sogenannten Unruhen um den Klagemauertunnel einen so grundlegenden Dissens, dass ich einen Rücktritt erwog. Und an diesem Schritt hinderte mich allein mein Pflichtbewusstsein – gegenüber der Heerschar der Schabak-Experten, die durch den Abwasserkanal wateten, und vor allem gegenüber den einfachen Israelis, die sich vorsichtig wieder in Busse und in Cafés setzten.

Der Ministerpräsident war aschfahl und roch nach Schweiß und Eau de Cologne. Ob er sich an der Macht halten würde, hing von der versprochenen Sicherheit ab, und jetzt beklagte das Land den Tod von siebzehn Israelis. Von allen Seiten heftig unter Druck geraten, war er auf dem Sprung nach Washington: Präsident Clinton wollte wissen, was er zu tun gedachte, um den Friedensprozess erneut in Gang zu bringen. Netanjahu bat mich um die Einschätzung des Schabak.

Ich hob zunächst einmal hervor, dass er bei der Tunnelöffnung ganz anders vorgegangen war, als von mir empfohlen. Bibi blinzelte ein paar Mal. »Herr Ministerpräsident«, fuhr ich fort, »Arafats Befehl an seine Männer, auf uns zu schießen, hat keinem Plan gehorcht. Er hat Angst, die Unterstützung seines Volkes zu verlieren. Die Hamas raubt ihm seinen Titel als Revolutionär und Kämpfer für die Rechte der Palästinenser, indem sie ihn als unseren Handlanger hinstellt.«

Mit seiner anstehenden Reise nach Washington, fuhr ich fort, sei für ihn der Augenblick der Wahrheit gekommen. Wenn er an den Osloer Friedensprozess nicht glaube, wie er in der Opposition bis zum Überdruss wiederholt habe, solle er Clinton wissen lassen, dass die vertrauensbildenden Maßnahmen im Zentrum des Abkommens gescheitert seien. Anstatt sich schrittweise aus Gebieten zurückzuziehen, könne er auf eine Übereinkunft in den Kernfragen dringen: Jerusalem, Siedlungen, Sicherheit und Rückkehrrecht. Erst nach einer Einigung in diesen grundlegenden Punkten sei eine Übergabe von Land an die Palästinenser möglich.

»Würde Arafat dem zustimmen?«, erkundigte er sich.

Ich sagte ihm, ich wisse es nicht. Aber »wenn Sie ihm etwas *Großes* anbieten« sagte ich, »kann er seine Leute vielleicht davon überzeugen, dass der Friedensprozess funktioniert. Dann geht er vielleicht darauf ein.«

»Groß? Wie groß?«

»Ein vollständiger Siedlungsstopp. Eine solche Ankündigung würde die Hamas schwächen und Arafat und seinen Leuten die Oberhand geben.« Er schaute mich an, als sei ihm eine Fischgräte im Hals stecken geblieben.

Was ich Netanjahu an dem Tag nicht gesagt habe – bei der Besprechung ging es um Sicherheit, nicht um Politik –, war das, was ich bei meinen vielen Aufenthalten in Gaza, Judäa und Samaria mitbekommen hatte.

Mir wurde allmählich klar, dass der Bau von immer mehr Umgehungsstraßen, militärischen Außenposten und Siedlungen am Ende jede Hoffnung auf eine Zweistaatenlösung zerstören würde. Wenn wir diese Bautätigkeit fortsetzten, würden die Palästinenser bald zum Schluss gelangen, dass wir gar nicht die Absicht hätten, die Besatzung zu beenden und einen Palästinenserstaat an der Seite Israels zu ermöglichen. Dies würde unvermeidlich zu einem Verlust von Hoffnung und einem Triumph des Terrors führen.

Nach der Rückkehr aus Washington kündigte Bibi, von den Amerikanern gedrängt, den Rückzug aus dem Stadtviertel von Hebron an. Damit sandte er an die Palästinenser die Botschaft, dass Terror sich auszahlt.

Vier Monate später richtete Bibi eine weitere Botschaft an die Palästinenser, indem er grünes Licht für den Bau einer großen neuen Siedlung, für Har Homa im besetzten Ostjerusalem, gab.

Kapitel 17

Die Awadallah-Brüder

Von Zeit zu Zeit besuchte ich mitten in der Nacht Arafat in der Muqataa. Dschibril schloss sich uns gewöhnlich an. Äußerlich begegnete mir Arafat weiterhin mit der stereotypen arabischen Gastfreundschaft, mit der er mich zum Essen drängte: *Essen Sie! Haben Sie keinen Hunger? Was ist los mit Ihnen?* Seiner Art entsprechend, sprang er wie ein Schachtelteufel von seinem Stuhl auf, legte den Kopf zur Seite und musterte mich wie eine Beute. Bald durchschaute ich seine theatralischen Gesten. Arafat war kein Dummkopf. So, wie er bei allen von mir aufgeworfenen Fragen in Sachen Sicherheit nachhakte, zeigte er sich bis ins Kleinste meisterhaft auf alles vorbereitet. Erst wenn ich einen kritischen Punkt ansprach, verschanzte sich dieser hervorragende Schauspieler wieder hinter einer Maske und täuschte Verwirrung vor.

Der gefährlichste Terrorist der Hamas sollte mir bald offenbaren, was hinter diesem Hang zur Theatralik steckte, den Netanjahu und Arafat gemein hatten.

An einem Nachmittag im Frühjahr 1997 – dem 21. März, dem Vorabend vor Purim – verließ Musa Abd al-Qadir Ghanimat das Dorf Surif in der Westbank. Bei sich trug er einen Sprengsatz, zusammengebaut von Abdel Awadallah, dem Chef der Kassam-Brigaden, des militärischen Flügels der Hamas im Westjordanland.[29] Ghanimats Ziel war das von mir regelmäßig besuchte Café Apropo auf dem Ben-Gurion-Boulevard. Minuten nachdem er das Café betreten hatte, löste ein Mittäter per Fernzündung die Bombe aus.

Als ich am Schauplatz eintraf, hing der Gestank von Schießpulver in der Luft. Gewebereste der Menschen, die ich nicht hatte schützen können, kleben überall an Wänden und Salattellern: Opfer waren drei Frauen

Anfang dreißig, darunter eine Mutter, die ihr sechs Monate altes Kind, für Purim als Clown verkleidet, mit ihrem Körper vor der Druckwelle geschützt und damit gerettet hatte.

Drei Monate später tauchten zwei Männer, die mit ihren dunklen Anzügen und Aktenkoffern wie Handelsvertreter aussahen, auf dem Mahane-Yehuda auf und jagten sich mitten auf diesem offenen Gemüsemarkt in Jerusalem in die Luft. Ihre Aktenkoffer hatten um die fünfzehn Kilogramm Plastiksprengstoff, Schrauben und Nägel enthalten. Sechzehn Menschen, darunter ein Amerikaner, fielen dem Anschlag zum Opfer, 178 wurden verletzt.

Im September schlug Abdel Awadhallah erneut zu, diesmal in der Fußgängerzone Ben Yehuda in Jerusalem. Der Selbstmordattentäter riss fünf Menschen in den Tod und verletzte 181 weitere.

Bibi berief eine Krisensitzung des Sicherheitskabinetts ein, um die erneute Anschlagswelle zu diskutieren. Während der Beratungen kam der Vorschlag auf, den geistigen Führer der Hamas, Scheich Jassin, zu ermorden. Andere verlangen von uns, Arafat zu eliminieren. Ein Ex-General meinte nüchtern: »Wir müssten Ramallah einfach mit Panzern von der Landkarte tilgen.«

Ein Angriff auf Arafats Hochburg hätte die Islamisten natürlich nur zu noch mehr Terror aufgestachelt. Ich gab mein bestes, das rasende Geschrei nach Rache zu dämpfen, und erinnerte Bibi erneut daran, dass wir uns auf weitaus mehr Gewalt gefasst machen müssten, sollte für die Palästinenser im Osloer Friedensprozess nichts mehr auf dem Spiel stehen.

Der Ministerpräsident und sein Kabinett schauten mich fast unverhohlen feindselig an, weil ich dagegen war, den Vorwand zu nutzen, um gegen Arafat und sein Regime vorzugehen und die verhassten Oslo-Abkommen aufzugeben. Die meisten glaubten, Arafat habe nicht nur Rabin und Peres, sondern auch den Chef des Schin Bet hinters Licht geführt.

Nach einem weiteren entsetzlichen Anschlag im Westjordanland berief Netanjahu seine Sicherheitsberater zu einer Sitzung zusammen. Ich sagte, ich bräuchte noch einige Tage, um zu ermitteln, wer hinter dem Angriff stecke, und würde mich melden, wenn ich Informationen für eine Handlungsgrundlage hätte.

Diese Antwort hatte Bibi nicht hören wollen. Er wandte sich folglich an Usi Dajan, Chef des Zentralkommandos und Mosche Dajans Neffe, mit der Bitte um Ideen, wie wir Rache üben könnten. Dajan schlug vor, einen militärischen Stützpunkt im Westjordanland zur jüdischen Siedlung auszubauen. Die meisten Anwesenden gratulierten ihm zu seinem Einfall für eine solch »passende zionistische Antwort« auf den Terror.

»Herr Ministerpräsident«, sagte ich, stand auf und sammelte meine Unterlagen zusammen. »Eines möchte ich deutlich machen. Wenn wir hier sind, um verschärfte Maßnahmen in Judäa und Samaria zu diskutieren – mehr Militärpatrouillen, bessere Beleuchtung auf den Fahrstraßen der Siedler –, dann ist meine Anwesenheit hier sinnvoll. Aber wenn Sie darüber reden, Siedlungen zu erweitern, dann ohne mich. Meine Aufgabe ist Beratung in Sachen Sicherheit. Der Siedlungsbau ist eine politische Entscheidung. Ich beteilige mich nicht an Aktionen, von denen ich weiß, dass sie nur weitere Gewalt auslösen.«

Noch nie in seiner Geschichte hatte der Schabak dem Ministerpräsidenten eine Abfuhr erteilt. Aber an diesem Punkt sah ich es als meine Aufgabe an, die Wahrheit auszusprechen, ohne Rücksicht auf das Denken unserer Politiker. Ich sah offenstehende Münder, drehte mich um und verließ den Raum.

Da die meisten militanten Kämpfer der Hamas hinter Gittern saßen oder tot waren, ging die größte Gefahr eines verheerenden Anschlags von Awadallah aus, der sich nach wie vor auf freiem Fuß befand. Nach zwei Jahren im Dienst hatte ich inzwischen das Gefühl, dass es Zeit war, einen Verhaltenskodex einzuführen – mit dem Ziel, effizientere Informationen zu gewinnen. Mir wurde zunehmend klar, dass Folter schlechte Informationen lieferte: Leute auf der Folterbank erzählten, was immer man hören wollte. Und Folter entmenschlichte auch den Folterer und beschädigte die Organisation, weil sie versierte Spezialisten zu Unmenschen degradierte.

Auf einen weiteren Grund, warum es einen Verhaltenskodex brauchte, stieß ich an einem späten Abend beim Essen in einem anderen Café. (Ich hatte ein neues Stammlokal finden müssen, nachdem Terroristen das Apropo in die Luft gesprengt hatten.) Bei diesem Abendessen fragte mich ein Freund, ein Anwalt und Philosoph, nach meinen Erfahrungen im Schabak. Dabei erinnerte er auch an die Geschichte eines Verhörspezialisten, der unter Eid falsch zu seinen Vorgehensweisen beim Schabak ausgesagt hatte.

Er brachte mich zum Nachdenken über all die zurückliegenden Fälle, in denen unsere Leute die Regierung, die Presse und sogar den Obersten Gerichtshof belogen hatten, was unsere Methoden anging.

Unsere Politiker waren keine Dummköpfe: Ihnen war bewusst, dass sie angelogen wurden, erhoben aber keine Einwände, weil sie sich selbst belogen. Als ich mir die Gründe für die Lügen und Selbsttäuschungen überlegte, dachte ich an die Gesetze für Roboter, ersonnen von Isaac Asimov, dem Science-Fiction-Autor, den ich als Kind gelesen hatte. Sein drittes Gesetz besagt, dass ein Roboter alles in seiner Macht Stehende unternehmen muss, um sein eigenes Überleben zu schützen.

Ich übersetzte Asimovs Gesetze für Roboter in die Gesetze für das Überleben einer Organisation. Erstens wird ein Dienst wie der Schabak alles unternehmen, um seine Mission zu erfüllen. Ein verwandtes Gesetzt besagt, dass eine Organisation in ihrer Kurzsichtigkeit mit Blick auf schnelle Erfolge – in unserem Fall beim Verhüten von Terror – alles niederwalzen wird, was sich ihr in den Weg stellt, auch Rechtsgrundsätze und Menschenrechte. Dies galt um so mehr, wenn eine verängstigte Öffentlichkeit Sicherheit über Rechte stellte, insbesondere wenn die Rechte anderer verletzt werden sollen..

Der Verhaltenskodex, den wir zu entwickeln begannen, zielte darauf ab, diesen Antrieb zum Selbstschutz mit Asimows Robotergesetzen eins und zwei zu bändigen: Ein Roboter darf keinen Menschen verletzen oder es durch Untätigkeit zulassen, dass er Schaden nimmt; ein Roboter muss den Befehlen der Menschen gehorchen, es sei denn, sie widersprechen dem ersten Gesetz. Übersetzt in die Arbeit des Schabak bedeutete dies, dass physische oder psychologische Methoden zur Informationsgewinnung als Mittel nur dann zulässig waren, wenn sie unschuldige Leben schützten. Denn unsere Arbeit hing davon ab, die Wahrheit – zuverlässige Informationen – zu bekommen. Für Lügen war in unserem Werkzeugkasten kein Platz.

Als ein Mittel beim Versuch, in den ansonsten hermetisch abgeschotteten Kreis des Schabak eine neue Kultur hineinzutragen, luden wir Außenstehende wie Philosophen, Dichter, Journalisten und Mitglieder des Obersten Gerichtshofs ein, um Beamte anzusprechen.

Eine weitere Neuerung betraf die Technik. Um die militärische Organisation der Hamas und ihre Zellen zu durchdringen, brauchten wir präzise und, soweit möglich, in Echtzeit übermittelte Informationen, und damit Technologie, die die an vorderer Stelle erwähnten »Akten« ersetzte.

Wir setzten auf Digitalisierung. Der Begriff der »Start-up-Nation« war noch nicht geprägt. Nichtsdestotrotz erlebte die Hochtechnologie bereits einen Boom, sodass ich mich außerhalb des Schin Bet, an Universitäten und in Forschungsinstituten, nach den notwendigen Fähigkeiten umschaute, um die terroristischen Netzwerke zu durchdringen und aus Rohdaten nützliche Informationen zu extrahieren.

Die Technologie hatte freilich Grenzen, weil die Terroristen ganz oben auf unserer Liste für Verhaftungen und Tötungen rasch spitzbekamen, dass wir ihren Telefonverkehr überwachten. Als einzigem Netzwerk vertrauten sie den menschlichen, Leuten, die sie nach gründlicher Überprüfung so einschätzten, dass sie loyal zu ihnen und zum islamistischen Credo eines rastlosen Dschihad gegen uns stehen würden. Musa Abd al-Qadir Ghanimat, der Selbstmordattentäter, der das Café Apropo in die Luft gesprengt hatte, war von Ibrahim Ghanimat, einem Verwandten aus dem Dorf Surif, rekrutiert worden. Und er hatte keinerlei elektronische oder schriftliche Spuren hinterlassen.

Im September 1998, zurück in Kerem Maharal, ging ich wie gewohnt frustriert im Wohnzimmer auf und ab, weil die israelischen Politiker dank der erfolgreichen Terrorabwehr des Schabak erneut in die alte Gewohnheit zurückgefallen waren, die Ursachen der Gewalt, die israelische Besatzung, zu ignorieren. Einige Monate zuvor hatte der Dichter Darwisch zum Gedenktag der Nakba, dem Jahrestag des Verlusts eines Großteils von Palästina 1948, für Arafat eine weitere Rede vorbereitet. In ihr sagte Arafat, den die meisten Israelis immer noch als Inbegriff des Bösen betrachteten: »Wir anerkennen das Leiden des jüdischen Volkes [...] Wir streben nicht danach, uns zu Gefangenen der Geschichte oder zu Opfern der Vergangenheit zu machen. Das palästinensische Volk ist zu einer erlösenden Reise in die Zukunft aufgebrochen. Aus der Asche unserer Trauer und unseres Verlusts erheben wir uns als eine Nation, die

Leben und Hoffnung feiert.« Es war Arafats bislang eindringlichste Verteidigung des Osloer Friedensprozesses, aber als ich die Rede hatte übersetzen und an Kabinettsmitglieder verteilen lassen, hatten die Leute am Tisch nur die Augen gerollt.

Nervös war ich auch deshalb, weil ich soeben die Ergebnisse einer Meinungsumfrage von Schakaki gelesen hatte. Sie bestätigte Berichte Dschibrils und unserer Informanten in den palästinensischen Städten und Dörfern, wonach die Bevölkerung mit ihrer Geduld am Ende war. Geschürt vom Siedlungsbau, machte sich immer mehr der Verdacht breit, dass die Besatzung endlos fortgesetzt würde. Die Unterstützung für den Friedensprozess bröckelte.

In der Küche klingelte das Telefon. Die Anruferkennung für die gesicherte Leitung verriet mir, dass es etwas Wichtiges sein musste: Juval Diskin rief mich zu Hause nie nur auf einen Schwatz an.

»Ich hab etwas für dich.« Der Ton seiner rauen Stimme verriet mir, dass dieses »Etwas« verwertbare Informationen waren, wie wir sie in unserem Geschäft nannten.

»Was gibt's?«

»Abdel Awadallah.«

In abgehackten Worten erklärte er mir, wir hätten »punktgenau seinen Verbleib« ermittelt.

Ich spürte ein Kribbeln auf der Haut, während ich die Nachricht aufnahm, dass wir dem Mann auf die Spur gekommen waren, der uns so lange durchs Schleppnetz geschlüpft war. Auf den Fotos, die wir in Abdel Awadallahs Akte hatten, wirkte er nicht wie ein stereotyper Fanatiker. Mit seiner streng wirkenden Stahlbrille hätte dieser ehemalige Student der Mathematik und Technik an der al-Quds-Universität unter Sari Nusseibeh auch Programmierer bei IBM sein können. Aber durch seine Jahre auf der Flucht und sein extremes Charisma war dieser Bombenbastler und Terror-Stratege der Hamas zum palästinensischen Volkshelden aufgestiegen.

Diskin schilderte mir, wie Imad Awallah, Abdels 48-jähriger Bruder, einen Monat zuvor aus einem palästinensischen Gefängnis entkommen war, in dem er wegen seiner Verstrickung in die Ermordung eines amerikanischen Archäologen gesessen hatte.[30] Dschibril hatte seine Verhörspezialisten angewiesen, aus Imad unter Folter Informationen zum Verbleib seines Bruders herauspressen, aber vergeblich. Nach seiner Flucht verfolgten unsere Analysten die Spur der beiden Brüder bis zu einem Bauernhaus in Khirbet al-Taybeh, einem Dorf bei Hebron, das ein Nest von Hamas-Unterstützern war. Zum ersten Mal hatten wir beide Brüder in Reichweite für einen Zugriff.

Als ich Diskin zu seiner guten Arbeit gratulierte, sagte er: »Und jetzt bitte einen Operationsplan.« Dann war die Leitung tot.

In meiner Küche fragte ich mich, wie viel Zeit uns zur Ergreifung der beiden Brüder blieb. Wie lang würden sie sich in dem Bauernhaus versteckt halten? Ein paar Stunden? Einen Tag? Wir durften keine Zeit verlieren.

Am nächsten Tag trat mein Führungsteam zusammen, um das Vorgehen zu diskutieren. Diskin legte einen Plan vor, um die Brüder von der Luft aus zu beseitigen, eine einfache und tödliche Operation, die unsere Männer kaum einer Gefahr aussetzte. Und da sie sich allein in dem Bauernhaus aufhielten, würden bei dieser Herangehensweise auch keine Unbeteiligten zu Schaden kommen.

Ich teilte Diskin mit, dass wir die beiden Terroristen lebend fassen würden. An dem Punkt in meiner Amtszeit hatte ich eine Strategie für gezielte Tötungen erstellt, die in das schmutzige Geschäft ein Mindestmaß an ethischen Standards einbrachte.[31] Töten durften wir nur als allerletztes Mittel. Was die Brüder anging, so würde sie ein tödlich endender militärischer Großangriff aus der Luft zu Märtyrern machen, die einer neuen Generation von Selbstmordattentätern als Vorbild dienen könnte. Es sei doch deutlich besser, so argumentierte ich, sie an einem Stuhl festzuschnallen und Informationen aus ihnen herauszuquetschen. Eine Untergrundgruppe wie die Hamas fürchtete nichts mehr als den Zusammenbruch eines ihrer Führer beim Verhör.

Sobald Diskin einen vorläufigen Plan vorgelegt hatte, rief ich in Ministerpräsident Netanjahus Büro an. Angesicht dessen, was auf dem Spiel stand, ging ich davon aus, dass die Genehmigung für die Operation reine Formsache sei.

Als ich an diesem Morgen im September 1998 Bibis Büro im Obergeschoss betrat, schaute ich mich um und bewunderte wie gewohnt das eingerahmte Foto Theodor Herzls an der Wand. Netanjahus *Terrorism: How the West Can Win* starrte mich aus dem Bücherregal an.

Hinter seinem Schreibtisch sitzend, trug der Ministerpräsident die Lesebrille mit den halbmondförmigen Gläsern, die er bei der Erledigung von Papierkram gewöhnlich aufhatte. Er schaute von seinen Unterlagen auf und bedeutete mir, mich zu setzen.

»Was haben Sie für mich, Ami?«, fragte er und beugte den Kopf tiefer, um mich über den Brillenrand hinweg in den Blick nehmen zu können.

»Awadallah«, sagte ich. »Wie haben beide Brüder aufgespürt.« Ich legte die Fakten dar, hielt einen Moment inne, um die Nachrichten auf ihn wirken zu lassen, und bat dann um die Genehmigung für unseren Plan. Netanjahu beugte sich in seinem Stuhl nach vorn. Mit den Händen auf dem langen hölzernen Schreibtisch stand er auf. Unter der Manschette seines durchgeknöpften weißen Anzugshemds wurde seine silberne Uhr sichtbar.

Er neigte den Kopf zurück und blickte unbestimmt in eine Ecke, mit einer feierlichen Miene, erhellt vom Mondlicht, das durch die Bauhausfenster hereinschien. »Nein«, sagte er schließlich und zog die Augenbrauen hoch. »Das kann ich nicht zulassen.«

Ich schluckte heftig. Bei einem gewöhnlichen Politiker hätte ich Verständnis dafür gehabt, dass ihn Panik packte beim Gedanken, ein Schlag gegen Awadallah könne eine neuerliche Welle von Racheanschlägen auslösen. Aber Netanjahu hatte Arafat vor laufenden Kameras vorgeworfen, er leiste seinen Beitrag zur Ergreifung von Terroristen nicht, und jetzt wollte er sich die beste Gelegenheit in seiner Amtszeit entgehen lassen, seinen eigenen Teil beizusteuern.

»Herr Ministerpräsident«, begann ich und wägte sorgfältig jedes Wort, »Informationen dieser Qualität tauchen nur einmal im Leben auf. Ich habe nicht die Absicht, die beiden Brüder zu Märtyrern zu machen. Wir geben unser Bestes, um sie lebend zu fassen, und wenn die Hamas zurückschlägt, dann müssen wir damit einfach umgehen. Aber die Informationen, die wir von ihnen zur Infrastruktur des Hamas-Terrors erhalten – die Sprengstoffattentäter und die Bombenbauer, die Schläferzellen und die Geldquellen – könnten uns helfen, das Ausmaß an Gewalt zu verringern.

Er drehte sich um und blickte mich an, diesmal aber ohne mir in die

Augen zu schauen. Den Blick auf meinen Hals gerichtet, schüttelte er mit finsterer Miene erneut den Kopf. »Nein.«

»Herr Ministerpräsident, wir haben sie in umstellt.«

»Ich habe Ihnen meine Antwort mitgeteilt.«

Das Leben unschuldiger Bürger lag in meinen Händen. Ich dachte gar nicht daran nachzugeben. Ich machte Netanjahu deutlich, dass es Augenblicke gab, in denen wir in ein Minenfeld marschieren mussten. Uns war klar, dass die Ergreifung der Brüder Rachemorde auslösen konnte. Vielleicht würde die Hamas versuchen, Israelis zu kidnappen, um die Brüder freizupressen. Aber wir wussten, wie wir damit fertig würden. Unsere Zusammenarbeit mit der Palästinensischen Autonomiebehörde hatte sich intensiviert, und die geheimdienstliche Unterwanderung funktionierte um Klassen besser als noch vor zwei Jahren, als die Tötung des »Ingenieurs« Sprengstoffanschläge auf Busse ausgelöst hatte.

»Okay«, dann soll sich Arafat um Awadallah kümmern«, gab er zurück. Diese Haltung hatte ich unter unseren Spitzenpolitikern schon häufig erlebt. *Wir riskieren keine Vergeltungsschläge durch die Hamas,* so der Gedankengang, *das muss Arafat machen, auch wenn es sein Regime in Gefahr bringt. Warum sollten wir uns um Arafat sorgen? Einmal Terrorist, immer Terrorist.*

»Herr Ministerpräsident«, bohrte ich weiter, ließ den Respekt beiseite und wurde direkter. »Arafat wird dies nicht für uns erledigen. Er arbeitet nicht für uns.« Im Übrigen, so erinnerte ich ihn, hielten sich die Brüder in einem Dorf auf, in dem wir für die Sicherheit zuständig waren. Die IDF würden es nicht zulassen, dass Palästinenser in Gebieten operierten, in den wir patrouillierten.

Netanjahu schürzte nur die Lippen.

Zwei Stunden lang drehten wir uns im Kreis. Als Wiederholungen und Druck nichts halfen, spielte ich meine letzte Karte aus: »Herr Ministerpräsident, keiner ist sich der Gefahr von Racheakten mehr bewusst als ich, glauben Sie mir, aber an dem Tag, an dem wir uns nicht mehr verteidigen, weil wir Konsequenzen fürchten, hissen wir die weiße Flagge. Mit allem gebotenen Respekt, was Sie mir da sagen heißt, dass die Hamas gewonnen hat! Wenn ich nicht operativ gegen den Kommandeur der Kassam-Brigaden vorgehen kann, gegen einen, der derzeit Überstunden macht, um möglichst viele Israelis zu ermorden, kann ich meine Aufgabe nicht fortführen. Wenn Sie die Operation jetzt nicht genehmigen, sehe ich mich gezwungen, meinen Posten zu räumen.«

Der Ministerpräsident blieb still. Er zündete sich eine Zigarette an, pustete nickend Rauch in die Luft und rieb sich mit einem Finger nachdenklich die Stirn. Ich nahm an, er kalkulierte die politischen Auswirkungen meines Rücktritts. »Okay«, sagte er schließlich. »Verbocken Sie es bloß nicht.«

Mit dem bereits gefassten Entschluss, die Terroristen möglichst lebend zu fassen, setzte sich unser Team zusammen, um den logistischen Ablauf mit Mitgliedern der Spezialeinheit der polizeilichen Terrorabwehr zu erörtern. Diese würde uns bei der Durchführung unterstützen. Das Ergebnis waren die Karten des Gebiets um Hebron, eine Region mit zerklüfteten Bergen, bevölkert von Heerscharen von Hamas-Sympathisanten. Die Operation musste im Schutz der Dunkelheit erfolgen, das Überraschungsmoment war entscheidend. Und wir mussten das Dorf auch wieder verlassen können, ohne dass sich uns ein Mob den Weg stellte.

Es brauchte noch mehrere Tage der Informationsgewinnung und Planung sowie schließlich auch etwas Glück, bevor wir zuschlagen konnten. Wir wussten, wo sich die Brüder aufhielten, wann sie das Bauernhaus verließen und wie sie in das Gebäude gelangten. Von Zeit zu Zeit verließen sie das Haus, und währenddessen verwandelten unsere Leute ihren Unterschlupf regelrecht in ein Fernsehstudio für eine Reality-Show. In sämtlichen Winkeln des Hauses wurden Infrarotkameras und Mikrofone installiert. Vier Tage lang belauschten wir ihre Gespräche: Diskussionen über die Herstellung von Raketen in Hisbollah-Qualität, Vorbereitungen, um fünf gewaltige Autobomben in israelischen Städten hochgehen zu lassen, Pläne, Chemiewaffen einzusetzen und Tel Avivs Trinkwasserversorgung zu vergiften. Ein weiteres Komplott sah vor, General Raful Eitan sowie meine beiden Vorgänger im Dienst, Jaakow Peri und Karmi Gilon, zu entführen.[32] Über unsere versteckten Mikrofone erfuhren wir zudem, dass die Hamas bei aller Gewaltbereitschaft auch rote Linien kannte. Als Imad feierlich gelobte, Dschibril zu töten, weil er ihn hatte foltern lassen, stieß er bei Abdel auf ein Nein: »Muslime nehmen wir nicht ins Visier.«

Sobald wir bereit waren, schickten wir unsere Kommandos los, die in der Nähe in einem Konvoi aus acht Lastwagen und Minibussen warteten, um das Bauernhaus zu stürmen.

Eine kleine Eliteeinheit, begleitet von Kampfhunden, kletterte über die Umfriedungsmauer des Anwesens und brach ins Gebäude ein. Im Kommandozentrum des Schin Bet verfolgte ich live per Video, wie Abdel nach seiner Waffe griff und einen Hund erschoss, bevor er seinerseits von unseren Männern getötet wurde. Sein aus dem Schlaf gerissener Bruder versuchte ebenfalls, an seine Waffe zu gelangen, und wurde auch erschossen.

Nach der Tötung der Brüder stellten die Kommandokräfte das ganze Haus auf den Kopf. Sie stießen auf neun Granaten, zwei automatische Waffen, zwei Pistolen, Kugeln und fünf Perücken, darunter eine blonde. Ich hätte mir die Brüder lebend in unseren Händen gewünscht, um so möglicherweise an Informationen zu kommen. Aber bei Abdel stießen wir auf etwas, das an Wert wohl alles übertraf, was ein Verhörspezialist aus ihm hätte herausholen können: An seinem Rücken hatte er mit Klebeband einen großen Beutel befestigt, mit mehreren hundert Dokumenten, die gleichsam das Gehirn und das Zentralnervensystem der geheimdienstlichen und operativen Infrastruktur der Hamas im Westjordanland kartierte. In meinen wildesten Tagträumen hätte ich mir nicht vorstellen können, dass Abel, ein altgedienter Guerillakämpfer, einen so elementaren Fehler begehen könnte. Ironischerweise vertraute er niemandem außer sich selbst, was das Material anging, von dem er fürchtete, es könne uns in die Hände fallen. Wie sich herausstellte, hatte er für diese Befürchtung gute Gründe gehabt.

Kurz vor Mitternacht, gleich nach Abschluss der Operation, rief ich Bibi an und bestand auf ein persönliches Treffen, um ihm die Umstände der Tötungen zu erklären.

Eine halbe Stunde später trafen wir uns in seinem Büro. Während ich redete, saß er vornübergebeugt, die Ellenbogen auf dem Tisch gestützt, in seinem Stuhl und blickte mich direkt an. In seiner hohen Stirn spiegelte sich das Lampenlicht. Unter dem Tisch schauten seine Hausschuhen hervor.

»Was werden Sie jetzt tun?«, fragte er.

»Wir müssen eine Presseerklärung herausgeben.«

Er stand auf, streckte Arme und Beine aus und seufzte schwer. Inmitten der äußeren Zeichen der Macht – die Flagge mit dem Davidstern hinter dem Schreibtisch, dem eingerahmten Bild Herzls an der Wand – wirkte der Ministerpräsident plötzlich verwundbar.

»Die Presse. Ja, sagen wir, es sei wieder ein Arbeitsunfall gewesen.« Wir sollten bekannt geben, dass sich die Brüder bei der Vorbereitung eines weiteren Anschlags versehentlich selbst in die Luft gesprengt hätten.

»Herr Ministerpräsident«, antwortete ich, »jeder weiß, dass wir in der Gegend waren. Über den palästinensischen Flurfunk und unter den Siedlern breiten sich wahrscheinlich schon Gerüchte aus. Sie dürfen darauf wetten, dass Journalisten bald Wind davon bekommen. Sie sind der Ministerpräsident und können der Welt jede Version liefern, die Sie mögen. Aber was mich angeht, ich lüge die Medien nicht an. Wenn wir mit Lügen kommen, glaubt uns keiner mehr irgendetwas. Es ist eine Frage der Glaubwürdigkeit des Staates Israel und des Schin Bet.«

»Glaubwürdigkeit gehört nicht zu Ihrem Ressort«, sagte Bibi. »Sie sind bei der Sicherheit.«

»Unsere Fähigkeiten hängen von Glaubwürdigkeit ab. Wie ich sagte, ich werde die Medien nicht anlügen.«

»Sie verstehen die Medien nicht«, sagte Bibi.

Netanjahu streckte wie ein Schüler im Unterricht den Finger in die Luft, änderte aber offenbar seine Meinung und legte die Hand wieder auf den Schreibtisch. Ich hörte ihn noch etwas flüstern, was sich wie ein Fluch anhörte. »Na schön, Ami«, räumte er schließlich ein, »was schlagen Sie vor, was wir tun?«

»Wir geben am Morgen eine Presseerklärung heraus. Wir müssen zudem Arafat ausreichend deutlich machen, was wir erwarten. Seine Reaktion ist von entscheidender Bedeutung, um die Hamas an Racheakten zu hindern.«

»Und wie machen wir das?«

»Ich statte ihm jetzt gleich einen Besuch ab.«

Er machte eine nickende Bewegung, als wünsche er mir Glück.

Weit nach Mitternacht rief ich Arafats Bürochef an und teilte ihm mit, dass ich unterwegs sei, um seinen Boss aufzusuchen. Ich bat um Dschibrils und Dahlans Teilnahme an der Besprechung.

Eine Stunde später kam ich in einem Zivilfahrzeug am Amtssitz des Präsidenten an. Ich hielt kurz inne, begab ich mich in die Hände der bewaffneten Wachleute und ließ mich zum Vorsitzenden nach oben führen.

Arafat nahm auf einen Blechklappstuhl Platz. Kaum hatte ich mich gesetzt, kam ein Mann mit einem Tablett mit Tee und einer Nachspeise durch die Tür geeilt. »Essen Sie!« Mit seinem vorhersehbaren Kommandoton deutete Arafat auf die Servierplatte mit Kunufa, einem Süßgebäck mit Quark, von dem er wusste, dass ich es furchtbar gerne aß. Er hatte es aus Nablus, eine Fahrstunde weiter im Norden, von einem Fahrer schleunigst heranschaffen lassen. Aber der Kloß in meiner Magengrube verdarb mir gründlich den Appetit.

Es war früh am Morgen, und Arafat wirkte besorgt. Neben seiner allgegenwärtigen schwarz-weißen Kufiya trug er ein billiges Baumwollhemd mit geknöpften Kragen und eine adrett gebügelte olivgrüne Feldjacke, die trotz seiner Korpulenz etwas zu weit war. Der oberste Knopf fehlte. Die ganze Kluft wirkte wie auf einem Flohmarkt zusammengekauft. Auch das war Teil seines Mythos: selbstlos, luxusverachtend, ein Mann, ganz der Befreiung Palästinas verschrieben.

Als er sein Teeglas hochhielt, ließ ihm sein beginnender Parkinson die Hand erzittern. Er hatte sich merklich verändert seit unserer ersten Begegnung 1996, als Peres noch an der Macht gewesen war und der Osloer Friedensprozess noch realisierbar gewesen wäre, brüchig, aber noch vital genug, um den Konflikt zu beenden. Inzwischen hatte Arafat zwei Jahre Bibi über sich ergehen lassen müssen, und das zeigte sich denn auch in seinem argwöhnischen Verhalten.

Ich kam zur Sache: »Herr Vorsitzender, wir haben an diesem Abend Abdel und Imad Awadallah getötet. Im Namen des Staates Israel bitten wir Sie, alles in Ihrer Macht Stehende zu unternehmen, um Hamas-Aktivisten an Vergeltungsschlägen zu hindern. Sie sind Ihre wie unsere Feinde.«

Arafat saß aufrecht auf seinem Stuhl und blickte mich mit feuchten, blutunterlaufenen Augen eindringlich an. Seine Antwort würde darüber entscheiden, ob der Friedensprozess am Leben blieb und noch eine Chance hätte.

Ich holte tief Luft und fuhr mit der Äußerung fort, die ich auf der halbstündigen Fahrt von Jerusalem einstudiert hatte. »Vorsitzender Arafat, wenn die Hamas oder sonst jemand als Reaktion auf diese Nachricht Sprengstoffanschläge auf Israel verübt, kann man die Abkommen und die Prozesse vergessen.« Einzelheiten erübrigten sich. Die möglichen Konsequenzen waren Arafat glasklar. Er hielt inne und rührte sich still weiteren Honig in den Tee.

»Ich brauche zwei Tage, um mich darauf einzustellen«, sagte er schließlich, nippte am Tee und meinte damit, dass er Hamas-Aktivisten verhaften oder ihnen Warnungen zukommen lassen würde, sich still zu verhalten. Er bat uns, die Bekanntgabe des Todes der Brüder zu verschieben, bis er Vorbereitungen getroffen habe.

»Zwei Tage?«, wiederholte ich und ließ meinen Blick zu Dschibril und wieder zurück zu Arafat wandern. »Eher vier Stunden. Wir geben die Presseerklärung um sechs Uhr morgens heraus. Wir müssen den Medien voraussein. Die riechen den Braten schon.«

Mit zitternden Augenlidern fummelte er an etwas auf seinem Schreibtisch herum, an einem Tennisball oder vielleicht einem Paar Würfel. Er fragte, was er meiner Meinung nach als erstes tun solle. Ich blickte zu Dschibril hinüber, und er erwiderte meinen Blick. »Er weiß schon«, sagte ich.

Arafat wandte sich an Dschibril. Ich hielt den Atem an: Ich kannte seinen Ruf, direkte Untergebene anzubrüllen, sie zu beschimpfen oder wegen mutmaßlicher Vergehen aus seinem inneren Kreis zu verbannen.

»Was sagst du?«, fragte er Dschibril so auf Arabisch, dass ich gut folgen konnte.

Dschibril nickte. »Wir wissen, was zu tun ist, brauchen aber deine Genehmigung«, sagte er.

»Die habt ihr.«

In Gaza reagierte Scheich Jassin auf die Nachricht mit einer Botschaft an seine Unterstützer: »Das ist die Natur des Krieges. Manchmal gewinnen wir, manchmal verlieren wir. Unsere Antwort kommt bald, so Gott will.«

Die nächsten Tage über blockierten Tausende Hamas-Unterstützer im Westjordanland die Straßen mit der Forderung: »Rache jetzt.« Gerüchte machten die Runde, wonach die »Märtyrer« Opfer von Dschibrils Zusammenarbeit mit uns seien. Selbst einige führende Fatah-Mitglieder schrien nach Vergeltung. Gewalt sei die einzige Sprache, die Israelis verstünden. Die Palästinenser kannten Dschibril nicht annähernd so gut wie ich: Einen Palästinenser bei uns ans Messer zu liefern, wäre für ihn das Letzte.

Während die Hamas tobend Rache schwor, vertieften wir uns in die Informationen, die uns in die Hände gefallen waren: Dank der Hunderte von Unterlagen, die mit Klebeband auf Awadallahs Rücken befestigt gewesen waren, konnten wir die gesamte Struktur der Hamas im Westjordanland aufdecken. Wir bekamen die Namen von Aktivisten, ihre Aufenthaltsorte und eine Karte mit den verschiedenen Terrorzellen der Hamas. Diese Schatzkiste versetze uns in die Lage, bei einer minutiösen Analyse und dank Dutzender Geheimdienstoperationen Löcher in die Terrorinfrastruktur der Hamas zu schlagen. Zahlreiche Operationen der Armee und des Schabak, häufig mit den Palästinensern koordiniert, stoppten den Terrorismus 1999 bis ins Jahr 2000.

Bei einem klugen Handeln unserer Politiker hätten wir die Organisation vielleicht dauerhaft außer Gefecht setzten können.

Kapitel 18

Die tickende Bombe

Gemäß den Oslo-Abkommen hätten die Palästinenser Ende 1998 den Großteil der besetzten Gebiete erhalten und beide Parteien in Verhandlungen eintreten sollen: über endgültige Grenzen, Sicherheit, Jerusalem, Siedlungen, Wasser und Flüchtlinge. Aber der palästinensische und der jüdische Terror trugen mit der anhaltenden Ausweitung von Siedlungen dazu bei, den Osloer Friedensprozess zu zerstören. Bis Oktober 1998 hatte Arafat nur einen Bruchteil von dem bekommen, was er als versprochen ansah, und verlor allmählich die Geduld: Er konnte seinen Leuten nicht zeigen, dass durch die Verhandlungen mit den Israelis das Ende der Besatzung ein Stück näher gerückt war.

Auch die Amerikaner waren frustriert. Clinton setzte Bibi unter Druck, die Gebietsübergabe zu vervollständigen. Parallel dazu wies er die CIA an, die Anstrengungen des palästinensischen Sicherheitsapparats bei der Terrorabwehr zu unterstützen.

Schließlich erklärte sich Netanjahu bereit, an einem Gipfelgespräch teilzunehmen, das Präsident Clinton auf der Wye River Plantation in Maryland ausrichtete. Dort sollten Bibi und Arafat endlich in persönliche Verhandlungen eintreten. Auf dem Tisch lag Clintons Vorschlag, nach dem sich Israel aus weiteren 13 Prozent der Gebiete im Westjordanland zurückziehen sollte.

Am Vortag des Dreiergipfels gab Netanjahus Regierung Pläne bekannt, bei der Siedlung Alei Zahav, knapp fünf Kilometer tief im Westjordanland gelegen, zwölfhundert Wohnungen zu bauen.

Erstaunlicherweise arbeiteten Dschibril und seine Sicherheitskräfte weiterhin mit uns zusammen. In einem Fall erhielten wir Informationen, wonach in der Gegend um Nablus ein Scheich Jassin nahestehender

Hamas-Aktivist einen Anschlag auf das Zentrum Israels plante. Als ein Kurier auf dem Weg nach Gaza war, um bei Jassin endgültig grünes Licht einzuholen, nahmen wir ihn am Kontrollpunkt Erez fest.

Dank verschiedener Mittel wussten wir bereits von dem Bombenbauer und dass der Anschlag für den nächsten Tag geplant war. Unbekannt war uns dagegen das Haus, in dem wir die Terroristen zur Strecke bringen konnten, ehe sie zur Tat schritten. Angesichts dieser klassischen Zeitbombe erwartete ich von den Verhörspezialisten, dass sie alle Register zogen, um aus dem Gefangenen herauszubekommen, wo sich der Sprengsatz befand.

Als mich der Chef der Verhörabteilung in meinem Büro anrief, schärfte ich ihm ein, sich beim Verhör vor Augen zu halten, dass wir es mit einer »tickenden Bombe« zu tun hatten. Bei der Vorstellung, irgendwo vor einem Kindergarten könne ein Sprengsatz in einem Wagen hochgehen, hätte ich dem Kerl mit den Zähnen persönlich die Fingernägel herausgerissen, um dieses Szenario zu verhüten. Aber nichts so Barbarisches war dazu nötig.

Binnen einer halben Stunde und ohne Aufforderung – der Verhörspezialist rührte ihn nie an – gestand der Mann alles: den genauen Ort des Sprengstoffs und das operative Planungskonzept für den Anschlag.

Ich rief sofort Dschibril an und teilte ihm mit, was wir wussten. Wir vereinbarten, dass sich einer unserer Leute seinem Team für die Verhaftungen anschließen und er uns die Terroristen dann überstellen würde.

Die Dinge verliefen nach Plan. Doch kaum hatte Dschibril die Terroristen in den Fängen, kündigte er unsere Abmachung auf: »Ich kann einfach keine Palästinenser an die Israelis ausliefern«, sagte er. »Ihr hättet mir auch keinen Juden überstellt, wenn er einen Anschlag auf uns geplant hätte.«

Als ich schon anhob, ihn wegen Wortbruchs übel anzufahren, sagte er noch etwas, das mich innehalten ließ: »Bei uns Palästinensern gibt es keine *Saison,* Ami«, meinte er. Dschibril, der Menachem Begin übersetzt hatte, spielte mit dem französischen Ausdruck für »Jagdsaison« auf eine Aushebung rechtsgerichteter jüdischer Untergrundkämpfer an, die 1944 auf Ben Gurions Anordnung hin pflichtgemäß den Briten überstellt worden waren.

Während er redete, stellte ich mir ein schlitzohriges Schmunzeln auf seinem Gesicht vor. Er hatte natürlich recht. Ich sah es ein und entband ihn von seinem Versprechen. Daraufhin lieferte er uns sämtliche Informationen, die er aus den Terroristen herausgeholt hatte, und bot unseren Verhörspezialisten an, sich seinen Leuten anzuschließen, um noch mehr zu erfahren. Ich lehnte ab: Seine Männer führten Verhöre mit Methoden durch, die weder von unserem Rechtssystems noch vom israelischen Obersten Gerichtshofs oder unseren wachsamen Menschenrechtsorganisationen wie dem Public Commitee Against Torture gedeckt waren.

Mir war auch klar, dass wir auf seine Kooperation nicht ewig würden zählen können. Dschibril machte deutlich, dass er mit mir nur deswegen zusammenarbeitete, weil er glaubte, so zu einer Beendigung der Besatzung beitragen zu können. Was würde geschehen, fragte ich mich tausendmal, wenn die Reihen der palästinensischen Polizisten und die zwei Millionen Palästinenser in den Städten und Flüchtlingslagern die Hoffnung verlören, dass wir uns irgendwann einmal aus Judäa und Samaria zurückziehen würden. Würden sich unsere Partner aus Furcht, ihre aufgebrachten Landsleute könnten scharenweise zur Hamas überlaufen, der Gewalt zuwenden? Würden sie sich sogar dem Dschihad anschließen?

Im Mai 1999 schob ich solche Befürchtungen beiseite, als ich in Tel Aviv nervös hinter der frisch errichteten Bühne auf dem Rabin-Platz auf und ab ging, der vor der Ermordung des Ministerpräsidenten 1995 noch Platz der Könige von Israel geheißen hatte. Auf der Bühne stand Ehud Barak, der neue Ministerpräsident, dessen Leben zu schützen ich mit meinem Amtseid geschworen hatte. Mein alter Kollege und ehemaliger Generalstabschef hatte soeben Bibi in der Direkt- und in der Parlamentswahl zur Knesset geschlagen. Er verkündete der Menge seiner Unterstützer den »Anbruch eines neuen Tages«. Anders als Netanjahu, für den Oslo eine Katastrophe für das jüdische Volk darstellte, bekannte sich Barak zum Glauben an zwei Staaten für zwei Völker. Sein tausendfach wiederholter Wahlslogan hatte *anachnu po, hem scham* gelautet: »Wir sind hier und sie sind dort.«

Ich war zu beschäftigt damit, nach möglichen Nachahmern Jigal Amirs zu spähen, als dass ich den Reden und der feuchtfröhlichen Ausgelassenheit große Aufmerksamkeit hätte schenken können. Leute reckten Sektflaschen mit Ehuds Gesicht auf dem Etikett in die Höhe.

An diesem Abend vertrauten die Menschenmassen – wie auch die Palästinenser – darauf, dass Barak an das anknüpfen würde, was sein ehemaliger Kollege Rabin nicht hatte zu Ende bringen können. Immerhin war er Israels höchstdekorierter Soldat und für seine geniale Fähigkeit berühmt, aus den Einzelteilen einer Mausefalle eine Uhr zusammenzubasteln. Obwohl Netanjahu das auf dem Wye-River-Gipfel Versprochene nur zu einem Bruchteil umgesetzt hatte, war sogar Arafat zuversichtlich, dass Barak ihm die übrigen Gebiete übergeben und den politischen Prozess in Richtung einer Lösung vorantreiben würde. Einen weiteren Grund zum vorsichtigen Optimismus lieferte dieser Tagen unglaublicherweise die Hamas, deren militärischer Flügel inzwischen zu einem Schatten seiner selbst zusammengeschrumpft war. In Gaza verkündete ihr kürzlich aus dem Gefängnis freigekommener[33] spiritueller Führer einem israelischen Journalisten: »Wir müssen realistisch sein. Wir reden von einer Heimat, die schon vor langer Zeit, 1948, und erneut 1967 geraubt wurde. Erklären wir einen zeitweiligen Waffenstillstand. Lassen wir die umfassendere Frage kommende Generationen entscheiden.« Damals verstand er, dass diese Linie von der »palästinensische Straße« gewünscht wurde.

Wenige Tage nach Baraks Amtseinführung begab ich mich einmal mehr ins Büro des Ministerpräsidenten im Obergeschoss in der Balfour-Straße. Ehud war der dritte Premier, dem ich in drei Jahren diente, und ich kannte ihn seit Jahren. Ich war seine Eigenheiten gewohnt. Wie die meisten Politiker in Führungspositionen zeichnete er sich durch ein offensives Auftreten aus.

Abgesehen davon, dass Bibis Bücher zum Terrorismus verschwunden waren, hatte sich an dem Büro kaum etwas verändert. Das Geschenk, dass ich Ehud vier Jahre zuvor anlässlich seines Ausscheidens aus dem Militär und seines Eintritts in die Politik überreicht hatte, konnte ich nicht entdecken.[34] Es war ein Sextant gewesen, der Nachbau eines Navigationsgeräts aus dem 18. Jahrhundert, mit dem Kapitäne den Winkelabstand von Himmelsobjekten – Sterne und Sonne – zum Horizont maßen. Mit seiner Hilfe konnten sie durch hochschlagende Wellen navigieren und ihren Kurs bis zum Ziel abstecken.

Obwohl wir viel zu diskutieren hatten, fragte ich ihn erst einmal, warum er den Sextanten nicht an der Wand aufgehängt oder auf seinem Schreibtisch aufgestellt hatte. Er zuckte die Achseln. Ich erinnerte ihn daran, was ich ihm beim Überreichen des Geschenks gesagt hatte: Während der Marschallsstab Militärmacht und Autorität symbolisiert, steht der Sextant für den entscheidenden Aspekt einer klugen politischen Führung. Meine Botschaft an Ehud war, dass er Tagesgeschäfte unseres Landes würde erledigen müssen, ohne die »Sterne« – die langfristige Vision für die Zukunft – aus den Augen zu verlieren.

Irgendwie meinte ich ein kurzes Lächeln auf seinem Gesicht zu erkennen.

Als nächstes legte ich ihm meine Einschätzung der Sicherheitslage dar. Dank der Kooperation mit den Palästinensern und des Archivs der Hamas, das wir an Awadallahs Rücken sichergestellt hatten, war das Terrornetzwerk der Hamas im Westjordanland zerschlagen. Seit einem Jahr war kein israelischer Zivilist mehr bei einem Terroranschlag umgekommen. Seit zwei Jahre hatte es keinen Selbstmordanschlag im großen Stil mehr gegeben. Terroristen waren wie eh und je motiviert, israelische Zivilisten zu ermorden, konnten unsere Abwehr aber schlicht nicht mehr überwinden. Im Weg stand ihnen aber auch, dass unter den Palästinensern die Unterstützung für den Terror schwand, teils weil sie Vertrauen in die amerikanische Führung setzten, die die Israelis in Wye an den Verhandlungstisch zurückgeholt hatten.

Der neue Ministerpräsident wirkte zufrieden. Ich dachte zurück an das, was ich einst Dschibril gesagt hatte: dass es unsere Aufgabe sei, die Gewalt zurückzudrängen, damit Politiker ihre Aufgabe erfüllen konnten, ein Friedensabkommen zu schließen.

»Es bleiben sehr ernsthafte Gefahren«, fuhr ich fort.

»Gefahren?«

»Unsere geheimdienstlichen Informationen sagen uns, dass die Palästinenser auf der Straße die Diplomatie ablehnen und sich der Gewalt zuwenden werden, sollten Arafat und die Palästinensische Autonomiebehörde ihre Versprechen nicht erfüllen können. Dann werden sie die Leute vom Sicherheitsapparat der Autonomiebehörde als Kollaborateure der Besatzer ansehen.« Sicherheit hing von einem politischen Horizont der Hoffnung ab, erklärte ich, und den habe Bibi niemals geschaffen. Die meisten Palästinenser dachten, wir würden den Oslo-Prozess als Vorwand nutzen, um den Siedlungsbau auszuweiten. Auch aus Arafats Perspektive sah es so, als habe er bislang nichts bekommen für das ganze politische Kapital, das er mit dem Wegsperren unserer Feinde investiert hatte.

Ehud rutschte in seinem Stuhl hin und her.

»Sie werden den Palästinensern deutlich machen müssen, dass wir es diesmal ernst meinen. Und zwar schnell. Dauerhafte Sicherheit hängt davon ab, eine vertrauensvolle Beziehung mit Arafat aufzubauen.«

Barak räusperte sich. »Ami, Sie verstehen diese Dinge nicht«, sagte er endlich und meinte die Politik. Er sah es als Zeitverschwendung an, dass ich über die Wichtigkeit von Vertrauen redete, darüber, dass wir den Konflikt durch Arafats Augen sehen und auf Meinungsumfragen achten müssten.

Da ich Barak schon so lange kannte, erlaubte ich mir ihm gegenüber ein offenes Wort: »Ehud, ich glaube nicht, dass Sie Arafat verstehen.« Ich beschrieb ihm die Psyche des Palästinenserführers, wie ich sie in meinen Treffen mit ihm, in Geheimdienstberichten und aus der Presse kennengelernt hatte. Ich sagte ihm, was ich für notwendig hielt, um mit ihm ein Abkommen auszuhandeln. Arafat sei von Bibi zum Narren gehalten worden und müsse jetzt Konkretes sehen.

Barak tat so, als höre er mir zu und machte sich sogar Notizen in seinem gelben Block. »Was schlagen Sie vor, wie ich Vertrauen zu Arafat aufbauen soll?«, fragte er. Aber er klang so, als dächte er schon an seinen nächsten Termin.

Mein Vorschlag war eine direkte Begegnung mit Arafat, gefolgt von einem raschen Rückzug aus den Gebieten, die Netanjahu ihm auf dem Gipfel von Wye River versprochen hatte.

»Darüber kann man nachdenken«, sagte er, schlug mit der Handfläche auf seinen Schreibtisch, sprang auf und geleitete mich zur Tür.

Ich verließ das Büro mit der Befürchtung, dass sich Ehud zu stark auf die Sterne fixieren könnte und blind war für die rauen Wellen, die auf ihn und Israel zurollten.

Die nächsten sieben Wochen konzentrierte sich Ehud darauf, seine Regierung zusammenzustellen, auch mit mehreren Ministern, die den

Siedlungsbau befürworteten. Dass er für ein Treffen mit Arafat keine Zeit fand, wurde von den Palästinensern ebenso aufmerksam registriert wie seine Äußerungen in der hebräischen Presse: Er würde lieber den von Bibi versprochenen Abzug überspringen und zu direkten Verhandlungen über einen endgültigen Status übergehen. Um seine Koalition zusammenzuhalten, prahlte er zudem vor den hebräischen Medien, dass seine Regierung mehr Siedlungen errichten werde als Bibi und jeder andere Ministerpräsident vor ihm. Er wärmte seine alte Rede auf, wonach Israel eine »moderne und wohlhabende Villa inmitten des Dschungels« sei, »in dem es für die Wehrlosen keine Hoffnung gibt und keine Gnade für die Schwachen«.[35]

»Eine Sekunde«, sagte mir Dschibril. »Da passt etwas nicht zusammen. Herr Barak erzählt uns, wir bewegten uns auf eine diplomatische Übereinkunft zu, und dann dreht er sich um und erzählt auf Hebräisch etwas ganz anderes? Ist unser Gegenüber wirklich ein Rabin, er möge in Frieden ruhen, oder bloß ein weiterer Netanjahu?« Dschibril befürchtete, dass Barak nur die Sprache der Macht kannte und an Diplomatie nicht glaubte.

Bei jedem Treffen mit Barak wiederholte ich die Einschätzung des Schabak, dass ein Vieraugengespräch mit Arafat das wachsende Misstrauen zerstreuen würde, was seine Absichten anging. Schließlich vereinbarten Ehud und Arafat eine Begegnung am Kontrollpunkt Erez im Norden des Gazastreifens.

Als wir die Sicherheitsvorkehrungen abgeschlossen hatten, fragte ich jemanden aus dem Büro des Ministerpräsidenten, welches Geschenk Ehud Arafat mitbringen würde.

»Geschenk?« Der Mann wirkte völlig überrascht.

»Ja.« Ich erinnerte ihn daran, dass wir im Nahen Osten lebten und Geschenke dort ein Zeichen des Respekts seien.

»Wir haben ihm nichts zu geben.«

»Mit etwas werden Sie aufwarten müssen.«

Es war klar, dass sie nichts dergleichen tun würden. Sollte Ehud bei ihrer ersten Begegnung mit leeren Händen aufkreuzen, vor einer internationalen Presse, die diese schäbige Brüskierung dokumentierte, bedeutete dies eine schallende Ohrfeige für Arafat. Wir rannten sofort im Büro des Schabak umher, um Ideen zu sammeln und Geld aus einem Notgroschenfonds zusammenzukratzen, und kauften einen mit Silber beschlagenen Band mit dem Koran und der Thora auf Arabisch und Hebräisch.

In Erez schüttelte Barak Arafats Hand und überreichte ihm die Kiste, wahrscheinlich ohne zu wissen, was sie enthielt. Von da aus, wo ich stand, meinte ich Tränen in Arafats Augen zu erkennen.

Zwei Wochen später traf ich mich mit ihm in Ramallah, und die Tränen waren noch da. Ich konnte ehrlich nicht anders, als zu bewundern, wie der Ex-Terrorist Ehud dafür lobte, dass er mit der richtigen Geste gekommen sei: Der Koran und die Thora berührten den sensibelsten Nerv beider Völker. Das Geschenk sei ein Zeichen, dass Barak dies verstand. Ich nickte andächtig, befürchtete aber, dass mein alter Freund davon in Wahrheit keine Ahnung hatte.

Das Treffen in Erez war wichtig, konnte Maßnahmen und Aktionen vor Ort aber nicht ersetzen. Bei diesem Treffen hatte Barak Arafat mit einem neuen Plan überfallen. »Stoppen wir doch alles und handeln ein Rahmenabkommen aus, wenn wir die Kernthemen diskutieren«: Grenzen, Siedlungen, Rückkehrrecht, Sicherheit. Konkret wollte er den in Wye River vereinbarten Rückzug aus Gebieten um sechs Monate verschieben und sich in Gespräche über einen endgültigen Status stürzen.

»Denken Sie darüber nach«, sagte er.

»Meine Entscheidung ist gefallen. Das will ich nicht. Setzten Sie jetzt Wye um! Netanjahu hat schon zugestimmt.«

»Überlegen Sie es sich doch ein wenig«, entgegnete Barak.

Ehud reiste nach Washington, um Clinton für seinen Plan zu gewinnen. Zudem schaltete er den ägyptischen Staatspräsidenten Mubarak ein. All diese Manöver ließ Arafats Glauben daran, dass Barak der wiederauferstandene Rabin sei, rasch dahinschwinden. In Gaza drohte Dahlan mit Rücktritt, sollte Arafat Gesprächen zustimmen, bevor er die versprochenen Gebiete erhalten hatte. Dschibril wurde ebenfalls misstrauisch. »Ami«, sagte er wohl ein Dutzend Mal, »wir sind nicht eure Kollaborateure. Wir stecken Hamas-Mitglieder nicht für euch ins Gefängnis. Wir erledigen dies nur deshalb, weil unsere Öffentlichkeit daran glaubt, dass wir am Ende des Tages einen Staat neben dem Staat Israel haben. Sobald wir diesen Glauben verlieren, können Sie die Kooperation vergessen.« Sie riskierten einen Bürgerkrieg mit der Hamas, um ihren Teil der Abmachung zu erfüllen, und Barak wollte ihnen nicht einmal das Almosen zugestehen, das Bibi ihnen versprochen hatte.

Ich konnte nichts erwidern. Wie dem auch sei, so rief ich mir ins Gedächtnis, Politik war nicht meine Aufgabe. Mein Auftrag lautete, Bombenanschläge zu verhindern, zu verhüten, dass die besetzten Gebiete in Flammen aufgingen, und den Ministerpräsidenten mit objektiven Informationen und Ratschlägen zu versorgen – als Torwächter.

Dazu musste ich die Stimmung unter den Palästinensern kennen, und als ich Khalil Schakakis Meinungsumfragen las, meinte ich in einen Abgrund zu blicken. In einer Atmosphäre dröhnender Zementmischer verschaffte sich die Hamas mit ihrer wiederkehrenden Leier – Oslo sei ein Trick, die Zionisten reagierten nur auf Macht und Stärke – mehr Gehör denn je. Meine Sensoren Matti Steinberg sowie Amira Hass in ihren Berichten in *Haaretz* sagten mir, dass eine mögliche Zweite Intifada als ein spontaner Gewaltausbruch auf den Straßen aufflammen würde, angeheizt von der bitteren Enttäuschung über die Korruption, die die einfachen Leute in ihren Politikern sahen. Von diesen waren die meisten mit Arafat aus Tunis gekommen und hatten während der Intifada nicht der Armee und dem Schabak ins Auge gesehen. Der Hauptgrund für diesen Ausbruch wäre dann die verlorene Hoffnung in einem Prozess, der bislang nur mehr Siedlungen, Straßensperren und Demütigungen gebracht hatte.

Hinter den Kulissen konzentrierte sich Barak darauf, mit Syriens Staatspräsident Assad ein Friedensabkommen zu schließen, und schob die Gespräche mit den Palästinensern auf die lange Bank – ein verhängnisvoller Schritt, so schätzten wir es im Schabak ein. Ein mögliches Friedensabkommen mit Syrien bräuchte Zeit, über die wir bei den Palästinensern nicht verfügten. Sämtliche Chefs der Geheimdienste – des Mossad und des militärischen Geheimdiensts der IDF – waren sich darin mit uns einig. Wir trafen uns mit Ehud, um unsere Position klarzulegen, aber er hielt stur an seiner Entscheidung fest. Ich wandte mich an die Amerikaner, um auszuloten, ob sie ihn zur Vernunft bringen könnten, aber am Ende unterstützten sie seinen sich als sinnlos erweisenden Vorstoß. Die Gespräche mit Assad verliefen im Sande. Derweil fühlte sich Arafat betrogen.

Die Amerikaner mussten all ihre Raffinesse, Hätscheleien und einigen Druck aufbieten, um Arafat davon zu überzeugen, dass Barak ein vertrauenswürdiger Partner bleibe. Am Ende überredeten sie ihn mit Unterstützung ägyptischer Diplomaten, nicht weiter auf die Übergabe von Gebieten zu bestehen und direkt zu einer Erörterung der Kernthemen überzugehen. In meinen Gesprächen mit Ehud drängte ich ihn weiterhin zu vertrauensbildenden Maßnahmen, insbesondere nach dem Debakel mit Syrien. Die Oslo-Abkommen seien mit zahlreichen Mängeln behaftet, sodass der von den Unterhändlern fünf Jahre zuvor verfolgte Ansatz keineswegs sakrosankt sei. Sein Ansatz habe dagegen nur ein Problem: »Wenn Ihnen Arafat nicht vertraut, rückt er nicht von seiner Position ab.« Die Verhandlungen würden nirgendwohin führen, sodass womöglich eine neue Spirale der Gewalt in Gang gesetzt würde.

Wieder trommelte Barak mit den Fingern auf dem Schreibtisch herum und schickte mich weg.

Anfang September bot ein französischer jüdischer Milliardär seine Villa in der israelischen Kleinstadt Savyon dazu an, ein privates Abendessen mit Barak und Arafat zu veranstalten. Vielleicht, ganz vielleicht würden die beiden krankhaft misstrauischen Führer abseits der Medien und Diplomatenteams ein wenig auftauen und zueinander ein Fünkchen Vertrauen fassen. Womöglich würden sie sogar über eine bessere Zukunft für ihre Völker reden. Barak erschien mit seiner Frau Nava. Mit Baraks Stabschef und einem ehemaligen General nahm ich an dem Essen teil. Mahmud Abbas, »Abu Mazen«, Arafats Nummer zwei, setzte ich mit an den Tisch. Und anwesend war auch Jasser Abed Rabbo, einst Mitglied einer marxistisch-leninistisch-maoistischen Gruppe, der häufig ins Visier der Schajetet 13 geraten war. Sonst wusste von diesem Abendessen niemand. Mitglieder des israelischen Kabinetts erfuhren erst später von ihm.

Anfängliches Geplauder bei marokkanischem Couscous und Tajine sollte, so die Idee, für eine entspannte Gesprächsatmosphäre sorgen. Barak erzählte zunächst einen Witz, aber Arafat starrte einfach in die Luft. Die Stimmung war unterkühlt – der Mangel an Vertrauen zwischen den beiden Männern fast körperlich spürbar.

Doch kaum kam das Essen, wich das lockere Geplänkel einer frostigeren Atmosphäre. Ehud, ein Genießer, machte sich über den Couscous her.

Arafat stocherte nur wortlos in seinem Essen herum. Erst am Ende schien ein Funke Herzlichkeit auf, als Arafat auf Nava Baraks Stirn einen Kuss platzierte.[36] Das Dinner hatte sich als desaströser Fehlschlag erwiesen.

Die Amerikaner schalteten sich ein, um wenigstens den Anschein einer Bewegung zu erwecken. Auf amerikanischen Druck hin erklärte sich Arafat schließlich bereit, mit den Israelis Baraks alternativen Ansatz zu diskutieren. Barak teilte ihm mit, er werde ihm seinen Unterhändler schicken, um einige Ideen darzulegen. Arafat stellte daraufhin rasch ein Verhandlungsteam unter Führung zweier Minister zusammen. Aber Barak stieß auf Hindernisse: Er hatte niemanden in seiner Regierungskoalition oder seinem Kabinett, der sein volles Vertrauen genoss.

Widerwillig schlug er vor, ich solle sein Team anführen. Ich lehnte sofort ab wegen des Interessenskonflikts, in den mich meine Position im Schabak als Verhandlungsführer in politischen Fragen bringen würde. Dass ich das Angebot nicht in Erwägung zog, hatte freilich einen weiteren Grund: meine Erfahrungen mit Ehud. Ich kannte ihn gut genug, um zu wissen, dass er sich vielfältige Gesprächskanäle offenhalten würde und als Einziger sämtliche Karten zu sehen bekäme. Transparenz und Vertrauen gehörten nicht zu seinem Vokabular, und dies nicht nur im Umgang mit den Palästinensern.

Wie die Meinungsumfragen in Israel und Palästina zeigten, zerbröckelte die Unterstützung für Arafat wie auch für Barak immer stärker. Arafat hatte der palästinensischen Gesellschaft nichts mehr anzubieten, um sie davon zu überzeugen, dass er endlich zu einer Übereinkunft mit Israel gelangen würde. Den Schabak erreichten weitere Berichte über Waffenschmuggel, und im September verübte die Hamas in Israel einen Sprengstoffanschlag. Auch wenn nur die Angreifer umkamen, zeigte die Tat, dass das Terrornetzwerk der Hamas wieder im Aufbau begriffen war. Die Israelis waren entsetzt.

Im November wurde mir klar, dass alle Chancen vertan waren und der Countdown bis zum nächsten Gewaltausbruch lief. Nach Monaten der Verzögerung, in denen Ehud sein Verhandlungsteam zusammengestellt hatte, tauchte Arafats Mannschaft aus Ministern zu einer Sitzung auf, um von Baraks Chefunterhändler, einem ehemaligen Botschafter in Jordanien, Vorschläge zu hören. Die palästinensische Seite hatte hochgesteckte Erwartungen. Endlich sollten die Ideen des Ministerpräsidenten zur Sprache kommen, wie die Verhandlungen über einen endgültigen Status in Angriff genommen würden.

Dass sie anstatt mit einem ministeriellen Amtskollegen nur mit einem Diplomaten in einem Raum saßen, wirkte auf die statusbewussten Palästinenser wie ein erster Affront. Einen noch schlimmeren Eindruck machten dessen Hinweise zu Anfang: »Meine Herren, ich habe keine Befugnis, die Kernthemen zu erörtern.« Wie er hinzufügte, habe er nur ein Mandat, um einige nebensächliche Themen zu besprechen – nichts, was Grenzen, Jerusalem oder die Flüchtlinge betraf.

»Warum sind wir dann hier?«, flüsterten sich die Palästinenser zu. »Um über Fußball zu reden?« Laut einer Information, die ich erhalten habe, soll Arafat, als er den Bericht über das Treffen erhielt, vor Wut geschäumt haben. Wieder hatte er das Gefühl, dass ein Spiel mit ihm getrieben wurde.

Als das amerikanische Verhandlungsteam die nächste Krise heraufziehen sah und sich nach meiner Position erkundigte, hielt ich mit nichts hinter dem Berg. Immer wenn Clintons Gesandte Dennis Ross und Martin Indyk wegen der Friedensgespräche nach Israel reisten, wollten sie sich auch mit mir treffen. »Schauen Sie«, sagte ich, als sie in meinem Büro Platz genommen hatten, »wenn es in dem Prozess in den nächsten sechs Monaten keinen Richtungswechsel gibt, steuern wir auf einen gewalttätigen Volksaufstand zu, wahrscheinlich angeführt von frustrierten Jugendlichen, die palästinensische Flaggen schwenken. Wie ich es einschätze, bricht er wegen der Siedlungen oder dem Tempelberg und der al-Aqsa-Moschee in Jerusalem aus.«[37]

Ross und Indyk schauten mich an, als habe der Druck der Aufgabe meine Nerven überreizt. »Niemals! Arafat hat uns soeben versprochen, dass er keine Absicht habe, zu Gewalt zu greifen. Und der Ministerpräsident hat uns versichert, dass er und Arafat eine Übereinkunft erzielen können.«

»Meine Herren, meine Informationen deuten in eine andere Richtung. Palästinensische Zeitungen und Meinungsumfragen sagen uns, dass Arafat nicht mehr als der Vertreter der Bestrebungen des palästinensischen Volkes wahrgenommen wird. Versuchen Sie einmal, einen Palästinenser zu finden, der ihn noch als Führer sieht. Er ist kein Ansprechpartner mehr. Die Explosion wird von der Straße her kommen. Wir glauben, dass sie uns für Ende 2000 bevorsteht. Warum? Weil Arafat das Vertrauen der durchschnittlichen Palästinenser ebenso verloren hat wie mein Ministerpräsident das der Knesset und seiner Minister.«

»Sicher, Ami.«

Ich blickte die beiden wohlmeinenden Männer an, die für einen gutgesinnten Präsidenten arbeiteten. Ich schätzte die Amerikaner und wusste, dass der Friedensprozess Bibi nur dank ihrer Unterstützung und ihres Drucks überlebt hatte. Aber ich war auch ein Kanalarbeiter im Nahen Osten und wusste aus meinem Umgang mit der CIA und dem FBI, dass diese Leute trotz all ihrer hehren Absichten mit den komplexen Verhältnissen in der Region überfordert waren. Ich nahm ihre Einschätzungen nicht ernst, weil sie nicht verstanden, dass wir auf einer Bruchlinie saßen. Manche Erdbeben lassen Kronleuchter erzittern, andere bringen eine ganze Zivilisation zum Einsturz.

Kapitel 19

Mein Schweigen brechen

Auf ein Tausend, das an den Ästen des Bösen hackt, kommt ein einziger, der an der Wurzel angreift.
Henry David Thoreau

Auf meine Liste mit Leuten, die ich für meine Memoiren interviewen wollte, hatte ich auch einen Mann gesetzt, der mir als hoher Beamter unterstellt gewesen war. Wir trafen uns in Tel Aviv, im Erdgeschoss eines Wolkenkratzers, in dem Büros von Tech-Firmen und Anwaltskanzleien untergebracht sind, in einem irischen Pub. Geweihe hingen an den Wänden, und eine große grüne Nelke schmückte den Barbereich. Da in der Geräuschkulisse aus Gesprächen, klapperndem Geschirr und dröhnender Popmusik unsere Stimmen fast untergingen, war der Ort gut geeignet, um über Geheimhaltung und Intrigen zu reden. Wir bestellten Burger und zwei große helle Biere einer Kleinbrauerei.

»Wie ist es dir denn so ergangen, Ami«, begann der Mann.

»Persönlich war es nie besser. Der Familie geht's gut. Haben eben das Obergeschoss zu Ende renoviert. Viel Zeit zum Lesen. Täglichen Bahnen im Swimmingpool im Garten halten mich fit. Aber die Politik macht mich deprimierter denn je.«

»Das Gefühl kenne ich«, sagte er und hob mitfühlend sein Glas. Fast immer nickend, hörte mir dieser Kollege aus früherer Zeit zu, als ich erklärte, wie die auseinanderstrebenden nationalen Narrative zur Zweiten Intifada geführt hatten. Er erhob keinen Einspruch gegen meine Analyse, wonach die meisten Israelis weiterhin glaubten, sie hätten Sicherheit gewollt, aber Terror bekommen, während die Palästinenser in ihrem Streben nach Unabhängigkeit das Gefühl hatten, dass sie nur noch mehr

Siedlungen, militärische Besatzung und Demütigungen bekommen hätten. Sie seien von uns hinters Licht geführt worden.

Auch wenn es gutgetan hatte, sich über Neuigkeiten auszutauschen, verließ ich den Pub frustriert, vor allem über mich selbst. Hätte Schakaki spontan eine Meinungsumfrage unter den Gästen durchgeführt, unter der Elite von Israels Geschäftswelt, hätten sich die meisten, da bin ich mir sicher, unserer düsteren Einschätzung angeschlossen. Und dann wären sie in ihre Büros zurückgekehrt, um das nächste große Geschäft abzuschließen. An der Ideologie liegt es nicht bei karrierebewussten, steuerzahlenden, liberalen und offen eingestellten Israelis wie dem Ex-Agenten und mir. Unser Problem ist vielmehr, dass wir einfach nicht wütend genug werden, um richtig für Ärger zu sorgen. Vielleicht ist das Leben zu angenehm. Wir demonstrieren für Minderheitenrechte oder kämpfen fürs Tierwohl, stören uns aber nicht an der Misere der Palästinenser jenseits der Sperranlagen. Vielleicht haben wir auch Angst. Mag unsere Demokratie auf Außenstehende robust wie ein Merkava-Panzer wirken, so ist sie in Wahrheit zerbrechlich und könnte leicht im Brudermord enden. Und obwohl wir über die Politik jammern, sind wir zu sehr Teil eines nützlichen Systems, um das Risiko eingehen, unserem Ruf zu schaden. Zeilen, die ich irgendwo bei Henry David Thoreau las, erinnern mich daran, was wir israelische Liberale grundsätzlich vermeiden: »Wenn aber das Gesetz so beschaffen ist, dass es notwendigerweise aus dir den Arm des Unrechts macht, dann brich das Gesetz. Mach dein Leben zu einem Gegengewicht, um die Maschine aufzuhalten.«

Dass ich in besseren Momenten noch in den Spiegel schauen kann, hat nur einen Grund: Nach meinem Ausscheiden aus dem Schabak habe ich einigen Sand in dieses Getriebe gestreut.

Vom Pub aus holte ich in Givatajim, einem Vorort von Tel Aviv, Biba bei ihrer Schwester ab, um mit ihr zur Habimah, Israels erster Bühne zu fahren – zu einer Benefizaufführung von *Shakespeare in Love* für AKIM, eine nationale Nichtregierungsorganisation für Menschen mit geistigen Behinderungen und ihre Familien.

Während der Aufführung schweiften meine Gedanken zu dem gewundenen Pfad, der mich vom Antiterrorkampf hierher geführt hatte, um mir anzuschauen, wie Männer in Strumpfhosen auf einer Bühne herumtollten. In meiner Zeit im Schin Bet hatte meine Nichte Zohara wegen ihres Förderbedarfs in einer Wohngruppe von AKIM gelebt. Immer, wenn wir sie besuchten, hatte Biba dafür gesorgt, dass ich mit dem hervorragenden Engagement dieser Organisation bekannt wurde. Eines kam zum anderen, sodass ich jetzt, zwanzig Jahre später, deren ehrenamtlicher Vorsitzender bin. Die Benefizaufführung an diesem Abend war besonders ergreifend, weil AKIM auf der Bühne eine außergewöhnliche arabische Frau ehrte: Angesichts der Herausforderungen des Lebens übertrifft ihre Tapferkeit alles, was ich je auf dem Schlachtfeld geleistet habe. Wenn wir Israelis unsere Demokratie schützen und stärken wollen, müssen wir auf die Werte Inklusion, Gerechtigkeit und Humanität setzen, wie AKIM sie verkörpert. Um den von mir sehr bewunderten Rabbi Jonathan Sacks zu zitieren: »Wir ehren Gott, indem wir Sein Ebenbild ehren.« Und dies in Menschen, die häufig übersehen oder gemieden werden.

Bei der Unterstützung von AKIM geht es nicht darum, »Sand ins Getriebe« zu streuen. Das taten andere, die wir am nächsten Abend besuchten. Wir fuhren nach Jaffa zu einer Willkommensparty für den neuen Direktor von Breaking the Silence, einer Organisation, die in den meisten Kreisen angefeindet wird, gegründet von Kampfsoldaten, die es erschüttert, was sie in ihrer Dienstzeit im Westjordanland und im Gazastreifen mitangesehen und getan haben.[38] Ihr öffentliches Zeugnis streut Sand ins Getriebe der Regierungsmaschine, indem es der israelischen Gesellschaft die Verbrechen vor Augen führt, die in ihrem Namen begangen werden.

Auf der Suche nach dem Gebäude kurvten wir eine halbe Stunde lang durch Jaffas finstere Seitenstraßen. Ein Kerl mit einem Tattoo auf dem Arm, wohl ein ehemaliger Kommandosoldat, durchwühlte vor dem Eingang unsere Taschen. Weil der Fahrstuhl außer Betrieb war, nahmen wir die Treppe, gingen verwilderten Katzen aus dem Weg und stiegen über aufgeplatzte Autositze und Schrottbatterien hinweg. Im sechsten Stock spähte jemand wie in einem alten Gangsterfilm durch einen Türspalt, um nachzuschauen, ob wir eingeladen waren. Am Ende traten wir in einen Raum voller feiernder Gäste ein, die sich im Gedröhn israelischer Popmusik anschreien mussten.

Bei unserer Vorstellungsrunde durch den Raum setzten Leute ihre Getränke ab und umarmten uns. Mindestens ein Dutzend Hände schüttelnd, navigierte ich durch die Menge bis zur Bar, schnappte mir einige Makkabäer-Biere und machte mich auf den Rückweg zu Biba. Sie stand in einer Ecke, vertieft ins Gespräch mit alten Freunden, die bei aller Kritik Patrioten und Zionisten sind und an einen demokratischen Judenstaat neben dem Staat Palästina glauben. Ich sehe Breaking the Silence in der israelischen Tradition, Unrecht mit bissigen rhetorischen Attacken zu bekämpfen: Während der Knesset-Debatte über Minister Benetts Vorschlag, die Organisation aus den Schulen auszusperren, verlas ein Abgeordneter und Unterstützer Nathan Altermans Gedicht »Al Zot«,[39] das mir mein Vater als Dreijährigem vorgelesen hatte.

Die Arbeit der Organisation habe ich erstmals seit dem verheerenden Krieg im Gazastreifen 2009 verfolgt. Es schmerzte mich, die Beschreibungen hart gesottener Soldaten zu hören, die Zeuge geworden waren, wie Hunderte Häuser und Moscheen sinnlos zerstört worden waren und wie Militärs auf Zivilisten geschossen hatten, von der Hamas als menschliche Schutzschilde missbraucht. Und wie ich auch wusste, handelte es sich bei diesen Männern nicht um Blumen werfende Pazifisten. Eigentlich müssten ihre Zeugnisse auf den Titelseiten der Tagespresse erscheinen. Kurz vor der Party hatte die Organisation für Furore gesorgt – und weiteren »Sand ins Getriebe« gestreut –, indem sie eine Gruppe amerikanischer Schriftsteller auf eine Rundreise durch Judäa und Samaria mitgenommen hatte. Einer, der jüdische Romancier Michael Chabon, sagte später: »Sicherheit ist eine Erfindung von Gefängniswärtern der Menschheit. Wohin man auch schaut, es ist und war immer ein Akt der Macht, wenn Grenzen gezogen, Sperranlagen errichtet und Hass und Angst vor den Menschen hinter der Mauer geschürt werden. Sicherheit für einige heißt Gefangenschaft für alle.«

Chabon hat recht. Wir fanden zwischen dem Aufspüren von Sicherheitsrisiken und dem Ausloten von Chancen für Frieden niemals eine Balance.

Vor nicht allzu langer Zeit deutete ein argentinischer Journalist mir gegenüber in einem Interview an, dass *The Gatekeepers*, der Dokumentarfilm, der im Deutschen unter dem Titel *Töte zuerst* erschien – und an dem ich mitgewirkt hatte –, die Schabak-Version von Breaking the Silence sei.

Ich erhob keine Einwände gegen diesen Vergleich mit Israels meistgehasster NGO.

In der Vergangenheit habe ich die Organisation öffentlich in Schutz genommen. Als beispielsweise unsere Regierung damit drohte, eine Galerie in Jerusalem zu schließen, weil sie eine ihrer Veranstaltung beherbergt hatte, äußerte ich vor Journalisten, dass wir in Israel eine »fortschreitende Tyrannei« erlebten. Den Ausdruck verdankte ich meinem Freund Brian Jenkins, einem Berater des Präsidenten der RAND Corporation und einem ehemaligen Offizier der 5th Special Forces der US-Armee. Angesichts der realen Verhältnisse eines nie endenden Krieges hat die Sicherheit über Bürgerrechte, Minderheitenschutz und Pluralismus die Oberhand gewonnen. Und mit Billigung von Gerichten höhlen wir unsere Zivilgesellschaft aus und legen uns selbst Fesseln an. Eines Tages werden wir aufwachen und uns daran erinnern, dass wir dereinst in einer Demokratie lebten.

Anfang 2000 bat mich Barak darum, noch bis zum Ende des Jahres im Schabak zu bleiben, obwohl im Mai meine Amtszeit auslief. Er werde mit Arafat bald ein neues Rahmenabkommen unterzeichnen, so versicherte er mir voller Zuversicht, und ich solle daran mitwirken, die Behörde in ein neues Zeitalter zu führen. Ich entgegnete, dass ich wie geplant ausscheiden würde. Er müsse sich sofort nach Ersatz umschauen, weil sich mein Nachfolger auf die Gewaltexplosion vorbereiten müsse, die wir im Schabak herannahen sähen.

Ehud wusste nicht, wovon ich redete. Er hatte den Kontakt zur Realität verloren. Er spürte nicht die wachsende Spannung, sah nicht die schäumenden Wellen, die schwarzen Wolken am Himmel – die deutlichen Vorzeichen eines heraufziehenden Orkans.

Im Mai gab ich meine Ausweisplakette und meine Magnetkarte zurück. Barak ernannte meinen Stellvertreter Avi Dichter zu meinem Nachfolger. Mit fünfundfünfzig Jahren musste ich mir überlegen, was ich jetzt mit mir anstellen würde. Beruflich hatte ich den Zenit überschritten, wie man es nennen könnte. Angebote von Posten in der Privatwirtschaft tröpfelten herein, aber ich war immer noch zu sehr Sohn eines Kibbuzniks, um wie andere ehemalige Experten der IDF, des Schabak oder des Mossad mit Waffen hausieren zu gehen oder Unternehmen, Politiker und Schurkenregime in den schwarzen Künsten der Sicherheit zu beraten. Was also fing ich mit mir an?

Am Ende übernahm ich einen Posten als Vorsitzender von Netafim, eines Unternehmens für Tröpfchenbewässerung, das ein Kibbuz in der Negev-Wüste gegründet hatte – meine Art, zu meinen Wurzeln zurückzukehren und dabei bis weit über Israels Grenzen hinaus etwas zu bewirken: Die von Netafim entwickelte Technologie trägt dazu bei, weltweit Hunderte von Millionen Menschen zu ernähren.

Zudem wurde ich erstmals in meinem Leben Ehemann und Vater in Vollzeit. Unkraut zu hacken und abgestorbene Äste abzuschneiden im Schweiße meines Angesichts mit Biba als meinem besten Freund im Leben, erinnerte mich an die ehrliche körperliche Arbeit, zu deren Wertschätzung ich erzogen worden war. Als Kind hatte ich Ladungen von Bananen auf dem Rücken geschleppt. Jetzt arbeitete ich mit der Sense. Abgesehen davon reiste ich zu einem Tauchurlaub auf die Kokosinseln im Indischen Ozean, aalte mich mit Haien im Wasser und las wieder Romane.

Aber in Gedanken beschäftigte mich immer noch, was mit meinem Land geschah. Die Friedensgespräche im Juli endeten wie von mir befürchtet. Tatsächlich hatte Barak Clinton dazu gebracht, Arafat zu zwingen, in Camp David, in den Wäldern von Maryland, über die Kernthemen zu diskutieren, und als er ihm ein Abkommen vorschlug, lief Arafat davon. Ehud rief mich von seiner Blockhütte aus an und bat mich, ins Flugzeug zu steigen und mich ihm anzuschließen, weil er meine Unterstützung brauche, sobald die internationalen Medien Wind von dem Desaster bekommen würden. Was er wirklich benötigte, war ein Komplize beim Umdichten der Geschichte. Ich sollte neben ihm nicken, wenn er der Welt erzählen würde: »Hiermit offenbare ich Arafats wahres Gesicht. Arafat ist kein Partner – die Palästinenser sind keine Partner.«

Ich lehnte seine Anfrage ab. *Wer weiß, ob Arafat ein Partner ist?,* fragte ich in Gedanken, als ich auflegte. Partnerschaften entstehen aus einem Prozess des Aufbaus gegenseitigen Vertrauens. Seit Rabins Tod und Peres' Wahlniederlage hatten weder Netanjahu noch Barak einen Finger gerührt, um eine solche Partnerschaft anzuknüpfen.

Barak flog nach Israel zurück und machte mit Rückendeckung der amerikanischen Administration für das Scheitern des Gipfels allein Arafat verantwortlich. Die Linie vom fehlenden Partner sollte sich als der katastrophalste Propagandatrick in Israels politischer Geschichte erweisen. Ich sagte es ihm auf den Kopf zu: »Wir entscheiden selbst, welche Geschichte wir uns erzählen wollen. Arafat hat nach meiner Erfahrung nicht nur ein Gesicht, sondern Tausende. Man kann sich das ›kein-Partner-Gesicht‹ ebenso gut herauspicken wie ein Partner-Gesicht, und dieses Gesicht, das Sie der Öffentlichkeit verkauft haben, sagt mehr über Sie als über Arafat aus. Lassen Sie mich Ihnen etwas sagen als einer, der Sie seit dem Tag begleitet hat, an dem Sie Ministerpräsident geworden sind. Welches von Arafats Gesichtern Sie der Welt jetzt präsentieren, ist jetzt Ihr wichtigstes Problem, und Sie schulden es Israels Bürgern, dass Sie die richtige Wahl treffen.«

Den August über fühlte ich mich wie der Schiffskapitän, der das Heraufziehen eines Sturmes verfolgt. Im September sagte ich in *Nekuda*, einer von Siedlern herausgegebenen Monatszeitschrift, die bittere und schonungslose Wahrheit: Wir hatten mit der Ersten Intifada Schiffbruch erlitten wie wir bei der sich jetzt anbahnenden nächsten wieder Schiffbruch erleiden würden. Der Journalist seufzte. Einen Militär, der Nostradamus spielte, war er nicht gewohnt.

Einige Wochen nach Erscheinen des Interviews in *Nekuda* unternahm Ariel Scharon, der Oppositionsführer des Likud, einen Spaziergang auf dem Tempelberg, von dem ich bis ins Mark spürte, dass er die Apokalypse heraufbeschwören würde. Bis dahin war Barak politisch zu geschwächt, um sie noch abwenden zu können. Umgeben von Dutzenden bewaffneter Polizisten verkündete Scharon, er sei hier, um jüdischen Ansprüche zu bekräftigen. Die israelische Polizei beantwortete die gewaltsamen Proteste von Palästinensern mit Gummigeschossen und Tränengasgranaten. Aus Scharons Sicht war der Besuch fraglos ein Meisterstück, weil er bei den Siedlern Unterstützung gewann und dabei auch noch Barak einen schweren Schlag verpasste. Mit seinem Schritt fügte er auch Arafat schweren Schaden zu, weil die Massen, einschließlich zahlreicher Unterstützer, die Hoffnung verloren, dass Verhandlungen etwas bringen würden.

Wie ein Virus breitete sich die Gewalt von der al-Aqsa-Moschee auf israelisch-arabische Dörfer im Norden und anschließend auf den Gazastreifen und das Westjordanland aus. Die Position des Schabak lautete, dass der Verlust an Hoffnung zu dem Aufstand geführt habe. Die Armee behauptete, die ganze Geschehen sei ein geplanter kriegerischer Akt, gerade so, als habe Arafat beschlossen, Chaos zu stiften, weil er in Camp David seine Ziele verfehlt hatte. Sie warfen seinem Regime vor, in Absprache mit den Arabern in Israel einen bewaffneten Aufstand zu steuern, um Israel zu zerstören.[40]

Barak akzeptierte das haltlose Narrativ der Armee, während die IDF glaubten, Feuer mit Feuer bekämpfen zu müssen – nur dass die aufständischen Randalierer in dieser Phase hauptsächlich mit Messern, Molotowcocktails, brennenden Autoreifen und Steinen bewaffnet waren.[41] Über die nächsten paar Tage feuerten die IDF 1,3 Millionen Geschosse ab.

Arafat hatte anfangs noch ein Interesse daran, die Lage zu beruhigen, aber als sich die Trauerzüge vervielfachten, trieb ihn sein Überlebensinstinkt dazu an, das Wort Dschihad in den Mund zu nehmen. In Radio Israel verglich ich ihn mit einem Mann, der einen wilden Tiger ritt und behauptete, er könne die Bestie bändigen. Tatsächlich hatte er komplett jede Kontrolle verloren.

Am 13. Oktober rief mich auf der Fahrt von Tel Aviv nach Jerusalem ein Produzent der Nachrichtensendung von Channel 2 an mit der Bitte, Shelly Yachimovich, einer israelischen Spitzenjournalistin und neuen Moderatorin, ein Interview zu geben. Ich zögerte. Ich hatte meine gesamte Laufbahn im Sicherheitsapparat hinter den Kulissen agiert. Wenn ich mich jetzt vor eine Kamera stellte, was nur selten und widerwillig geschah, dann um Fakten so zu präsentieren, wie ich sie als Experte im Dienst des Militärs oder der Regierung sah.

Ich dachte an das, was mir mein Freund in der Politik gesagt hatte: Als Politiker gehöre Lügen zu seiner Aufgabe. Meine bestehe darin, die Wahrheit zu sagen.

Jetzt war es für mich Zeit, mein Schweigen zu brechen. Ich stimmte zu.

Stunden später saß ich feierlich im grellen Scheinwerferlicht vor piependen Kameras. Auf einer Leinwand hinter mir wurde immer und immer wieder Filmmaterial mit einem Lynchmord eingespielt. Tags zuvor waren Unteroffizier Jossi Avrahami und Hauptmann Vadim Nurzhitz zu ihrem Stützpunkt in Bet El, einer Siedlung in der Westbank, gefahren, falsch abgebogen und in ein heruntergekommenes Viertel von Ramallah geraten. Dort wurden sie von einem aufgebrachten Mob umstellt. Arafats Polizisten schleppten Nurzhitz und den jungvermählten Avrahami ins Obergeschoss einer Polizeistation in el-Bireh, in einem alten gemauerten Bauwerk unweit von Arafats Hauptquartier. Drinnen fiel eine blutgierige Menge mit Metallstäben und Messern über die Israelis her.

Auf dem Bildschirm hinter mir wurden immer wieder Bilder von Aziz Salha eingeblendet, einem arbeitslosen neunzehnjährigen Palästinenser, der Nurzhitz, Ehemann einer im dritten Monat schwangeren Frau, aus dem Fenster in eine Menge warf, die wie ein Schwarm Piranhas im Fressrausch reagierte. Salha riss seine blutverschmierten Hände in die Höhe, als habe er ein Siegestor geschossen. Ein Angehöriger von Arafats Sicherheitskräften sah mit seiner Kalaschnikow, den Finger auf dem Abzug, tatenlos dabei zu, wie der Mob Nurzhitz' leblosen Körper mit Stöcken traktierte.

Yachimovich, die ihren Blick zwischen mir und den Bildern des Lynchmordes hin und her wandern ließ, fragte mich, ob wir Israelis jetzt auf die Schlachtbank geführt würden. War unser Schiff am Kentern? War die Zeit gekommen, in die Rettungsflöße zu steigen? *Waren wir den Untergang geweiht?*

Auf hoher See, antwortete ich, könnten ein fähiger Kapitän und eine gute Mannschaft die meisten Stürme abwettern, egal wie gewaltig sie seien. Erst wenn die Natur von drei Seiten auf ein Schiff einpeitsche – der perfekte Sturm –, sei es Zeit zum Beten. Dies geschehe gerade in unserem Land. »Der Sturm wütet erbittert«, sagte ich mit einem noch hochseetüchtigen Lächeln. »Und keine Frage, im Nahen Osten besteht immer die Gefahr, dass unser Schiff kentern könnte.«

Mit einer um mehreren Oktaven gesenkten Stimme wiederholte Yachimovich, was alle in Israel sagten: Menschen seien zu einer solchen Barbarei nicht fähig, also müssten Palästinenser eine Brut wilder Bestien sein. Sie hoffte klar darauf, dass ich mit meiner Erfahrungen privilegierte Einblicke in die krankhaft mordlüsterne Psyche unserer Feinde geben könne. Wir böten Arafat und seiner randalierenden Bande Frieden an, und siehe, was erhielten wir im Gegenzug! Anstatt von Friedensverträgen seien Knüppel und Peitschen das, was solche Tiere verstünden.

»Sind Palästinenser überhaupt dazu fähig, Partner im Frieden zu sein?«, wollte sie wissen.

Ich erinnere mich, dass ich mit einem sich beschleunigenden Puls aufrecht auf meinem Stuhl saß und mit einem Stift in der Hand direkt in die Kamera blickte. Die Gelegenheit war denkbar günstig, mit beliebten israelischen Legenden aufzuräumen.

Mehr als vier Jahre lang, sagte ich, die Augen auf Yachimovich geheftet, hätte ich eng mit vielen Palästinensern zusammengearbeitet, von Arafat an abwärts, um Anschläge zu verhindern und Terroristen zu fassen. In einem möglichst gemäßigten Ton erklärte ich, dass Palästinenser mit uns kooperierten, wenn sie das Gefühl hätten, dass die Verhütung von Terror dazu führen würde, die israelische Besatzung mit dem Ziel zu beenden, einen eigenständigen Palästinenserstaat zu errichten. Was die meisten Palästinenser mehr als alles andere wollten, war nicht unser Blut – sondern einfach nur darauf vertrauen können, dass die israelische Regierung ihnen Freiheit gewähren würde. »Und dazu haben wir ihnen wenig Grund gegeben.« Ohne es öffentlich über die Lippen zu bringen, dachte ich dabei, dass unser Friedensstreben ein Schwindel sei. Wir waren noch gefangen im Zionismus meiner Elterngeneration, die den Anspruch auf das gesamte Land Israel als unser Geburtsrecht ansah. In unserer Weigerung anzuerkennen, dass auch Palästinenser in Judäa und Samaria Rechte und Wurzeln hatten, suchten wir ständig nach Wegen, um unsere Versprechen zu brechen. Wir wollten Sicherheit, und wenn wir Sicherheit bekommen konnten, ohne dafür mehr von »unserem« Land herzugeben, dann brachen wir sie eben.

»Aber ...«

Ich schnitt ihr das Wort ab. Mit unserem instinkthaften Einsatz von unverhältnismäßiger Gewalt, rasselte ich meine Punkte weiter herunter, hätten wir das Gegenteil von dem erreicht, was wir eigentlich wollten. Wir gefährden unserer Sicherheit jedes Mal, wenn unsere Soldaten im Namen der Sicherheit palästinensische Steinewerfer über den Haufen schossen, und befeuerten mit unseren Aktionen Rufe nach Rache. Schließlich ging Yachimovich mit der Frage dazwischen, die sich alle stellten: »Und was ist mit diesen Randalierern?«, wollte sie wissen und lenkte das Gespräch zurück zu der Lynchaktion. »Wer sind die?«

»Ich sage Ihnen, wer die sind.« Blitzartig fiel mir wieder etwas ein, das ich in einem Bericht von Dr. Schakaki gelesen hatte: Die Leute hinter der Zweiten Intifada waren desillusionierte Unterstützer des Friedensprozesses. »Das sind keine Fanatiker. Auch wenn ich sie nicht persönlich kenne, habe ich viele wie sie getroffen, die einst glühende Verfechter von Oslo waren.«

Ich dachte an die Männer, die für Dschibril gearbeitet, die Kopf und Kragen riskiert hatten, um Terroristen der Hamas zu verfolgen. Wenn einige von ihnen jetzt regelrecht in einen Blutrausch verfielen, dann nicht, weil alle Tiere waren, sondern weil sie die Hoffnung verloren hatten.

Am Ende des Interviews bemühte ich wieder die Metapher vom Sextanten, mit der ich es so erfolglos bei Ehud Barak versucht hatte. Wahre Führung heiße, mit einem Auge die Realitäten vor Ort im Blick zu behalten und mit dem anderen darauf zu schauen, wo wir in Zukunft stehen und wer wir dann sein wollten.

Offenbar beeindruckt, fragte mich Yachimovich, ob ich mir einen Gang in die Politik überlege. »Nein, niemals«, erklärte ich ruhig mit einem direkt in die Kamera gerichteten Blick.

»Meinen Sie das wirklich?«, hakte sie nach. Immerhin füllten Ex-Generäle die Reihen der israelischen Regierung.

»An Politik habe ich absolut kein Interesse«, versicherte ich ihr lebhaft. Paradoxerweise sollten Shelly und ich Anfang 2006, vier Jahre später, beide in die Knesset gewählt werden.

Kapitel 20

»Hoffnung ist eine mächtige Waffe«

Man setzt einen Panzer schon dann ein, wenn [ein Jugendlicher] ein Luftgewehr in der Hand hält. [...] Wieso? Weil man ein Staat ist. Ein Staat nutzt staatliche Instrumente.
Avi Dichter, *The Gatekeepers*

Die meisten, die mich nach dem Interview in Channel 2 anriefen, glaubten, bei mir ein akutes Stockholm-Syndrom auszumachen, eine seelische Störung, die nach einer Geiselnahme bei einem Banküberfall in Stockholm 1973 benannt ist. Nach ihrer Befreiung hatten sich die Opfer geweigert, gegen ihre Peiniger auszusagen. Es war eben einfacher für die Leute, mich für verrückt zu erklären, als zuzugeben, dass ich mit meiner Einschätzung auch richtig liegen könnte.

Die Hamas schlug aus dem politischen Klima der Hoffnungslosigkeit Kapital und erholte sich rasch von den Schlägen, die wir ihrer Terrorinfrastruktur verabreicht hatten. Auf die Angriffe mit Steinen und Molotowcocktails folgte rasch eine Welle von Selbstmordanschlägen. In ihr starben sechs israelische Zivilisten, ein böses Omen für das noch Kommende.

Die gezielten Tötungen, die wir in meinen vier Jahren im Schin Bet ausgeführt hatten, waren hochpräzise und mit größtmöglicher Diskretion erfolgt und üblicherweise als »Arbeitsunfälle« getarnt worden. Diese lautlosen Schläge vermittelten eine Botschaft: Wir nehmen nur tickende Bomben ins Visier, unmittelbare Bedrohungen für unsere Zivilisten. Dies hatte ich in meiner Kommandoeinheit gelernt, die in Flüchtlingslagern im Libanon operierte: Um eine Botschaft an die Spitze der Befehlskette zu senden, ist es deutlich effizienter, wenn man der Zielperson, die gerade die Bombe legt, eine einzelne Kugel zwischen die Augen verpasst, als über einem ganzen Flüchtlingslager einen Bombenteppich auszubreiten. Präzision trägt den Stempel der Intelligenz.[42]

Diesem Ansatz folgten wir im Jahr 2000 nicht. Angesichts erneuter Anschläge der Hamas steigerte meine Regierung radikal die Anzahl außergerichtlicher Tötungen und brüstete sich öffentlich mit Aktionen, deren Wirksamkeit von glaubwürdigen Dementis abhing. So war es zumindest in meiner Amtszeit gewesen. »Die Liquidierung gesuchter Personen erweist sich als nützlich«, sagte Generalstabschef Schaul Mofas. »Sie lähmt und ängstigt ganze Dörfer.« Ins gleiche Horn stieß Baraks stellvertretender Verteidigungsminister: »Wenn das Spiel ein Guerillakrieg ist, sind wir die Weltmeister.«[43]

Wie mir schien, stellte niemand die Frage: *Wer ist ein legitimes Ziel?* Können wir über die »tickenden Bomben« hinaus auch Leute hinter den Kulissen rechtmäßig ins Fadenkreuz nehmen: den Planer, den Waffenlieferanten, den Bombenbauer, die Helfer, den Fahrer, der den Selbstmordattentäter zum Tatort fährt, oder sogar die religiöse und politische Führung der Bewegung, die den Terroristen indoktriniert hat?

Die Linie, eine »tickende Bombe« ins Visier zu nehmen, in eine zu überführen, bei der eine »tätige Infrastruktur« ins Fadenkreuz genommen wird, heißt, eine Taktik in eine Strategie zu überführen. Der Terror breitete sich aus. Ende Dezember rief mich der militante Siedler Noam Livnat, der mich vor meiner Übernahme des Schabak unbedingt hatte treffen wollen, mit der Bitte um Hilfe an. »Terroristen haben gerade Benjamin Kahane und seine Frau ermordet«, sagte er, »und jetzt sind seine Kinder in Gefahr.« Benjamin, ein Verfechter der Idee seines Vaters Meir Kahane, Araber aus dem gesamten Land Israel zu vertreiben, war durchs Westjordanland gefahren, als militante Hamas-Aktivisten Salven auf seinen Transporter abgefeuert hatten. »Ihr Großvater wurde ermordet«, fuhr Noam fort und bezog sich auf Meirs Ermordung durch einen ägyptischen Amerikaner in New York 1990. »Ihre Eltern sind ermordet worden, und jetzt brauche ich Ihre Hilfe, um sie zu retten.« Es war dunkel, und überall konnten Heckenschützen lauern.

Ich wandte mich an den Kommandeur des IDF-Zentralkommandos mit der Bitte, ein Panzerfahrzeug zum Schutz von Kahanes Kindern loszuschicken.

Dr. Thabet Ahmad Thabet war Mitglied der Physicians for Human Rights und jahrelang ein Spitzenvertreter der PLO, der mit der Friedensinitiative Peace Now identifiziert wurde. Drei Stunden nach Ermordung des Ehepaars Kahane fuhr er rückwärts aus seiner Auffahrt heraus, um sich an seinen Arbeitsplatz zu begeben. Der Zahnarzt war Dozent für öffentliche Gesundheit an der al-Quds-Universität, Generaldirektor des palästinensischen Gesundheitsministeriums sowie Generalsekretär der Fatah in Tulkarm. Zudem führte er die militante Gruppe Fatah-Tanzim an, als ein Mann, der sich auf das alte PLO-Mantra zurückbesonnen hatte, wonach die Besatzungsmacht allein die Sprache der Gewalt verstehe.

Als der Doktor am Ende seiner Auffahrt anlangte, trafen ihn die tödlichen Kugeln einer Gruppe von Scharfschützen, die sich die IDF bei meiner einstigen Kommandoeinheit Schajetet 13 ausgeliehen hatte.[44]

Fatah-Angehörige, die bislang gezögert hatten, sich der Mordkampagne der Hamas anzuschließen, deuteten die Tötung als die israelische Antwort auf die Anschläge der Hamas und schworen Vergeltung. Im Januar 2001 machte sich Dr. Thabets Neffe Raed Karmi, ein Angehöriger von Dschibrils palästinensischem Sicherheitsapparat, auf, um den Tod seines Onkels zu rächen. Im Namen der »Thabet-Thabet-Bataillon« plante er die Entführung und Ermordung zweier linksorientierter Cousins, die das angesagte Café Yuppies in der Schenkin-Straße in Tel Aviv betrieben. Der Angriff erfolgte, als die beiden mit einem palästinensischen Freund in einem arabischen Dorf bei Tulkam gerade Hummus aßen.

Dschibril ordnete Karmis Verhaftung an, ließ ihn auf Druck von Straßenprotesten aber wieder frei.

Die Anschläge häuften sich. Am 1. Januar wurden bei einem Bombenanschlag der Hamas in der israelischen Stadt Netanja sechzig Menschen verletzt. Bei einem Anschlag auf den Nachtclub Dolphinarium am Strand von Tel Aviv, ausgeführt von dem zweiundzwanzigjährigen Islamisten Said Hotari, kamen einundzwanzig Israelis ums Leben – der größte Schock für die Säkularen im Land. Nach dem Massaker stellten Hotaris Nachbarn in Qalqilya Blumenarrangements in Form eines Herzens und einer Sprengstoffweste zu seinen Ehren zusammen. Kinder gelobten, ihm ins Märtyrerparadies zu folgen. Ein israelischer Mob antwortete mit einem Angriff auf eine Moschee in Tel Aviv.

Die Ermordung der beiden Restaurantbesitzer und der Jugendlichen in der Diskothek sorgte dafür, dass sich sogar schon die antibürgerlichen Kulturschaffenden der Schenkin-Straße Baraks Slogan anschlossen, wonach Arafat »kein Partner« für den Frieden sei. Gelähmt angesichts der Kämpfe, trat Barak im Februar zurück. Ariel Scharon gewann die Wahl fürs Ministerpräsidentenamt. Aus den politischen Trümmern ging er deshalb als der König von Israel hervor, weil er versprach, unsere Militärmacht einzusetzen, um den Aufstand niederzuwalzen.

Mit Scharon im Amt begann Israel Leute »mit äußerster Härte« zu beseitigen, wie es im Sprachgebrauch der CIA heißt, und brüstete sich damit, als hätten sie Köpfe auf Lanzen aufgespießt. Das Verteidigungsministerium gab ein Verzeichnis gesuchter Personen – auch mit Dr. Thabets Neffen Raed Karmi – heraus, bei dem es sich mehr oder weniger um eine Todesliste handelte.

Im Mai setzte die Luftwaffe F-16-Kampfjets zur Bombardierung eines Gefängnisses ein, das von Dschibrils Sicherheitsapparat betrieben wurde. Die eigentliche Zielperson, Mahmud Abu Hanud, konnte leicht verletzt fliehen, während elf Gefängniswärter umkamen. Im Juni starb Osama Fatih al-Jawabra, einer auf der israelischen Liste, als er in der Altstadt von Nablus den mit Sprengstoff präparierten Hörer eines öffentlichen Telefons abnahm. Die Explosion sprengte ihm den Kopf weg.

Als noch im gleichen Monat eine amerikanisch vermittelte Waffenruhe in Kraft trat, ging die Anzahl der Anschläge zurück.

Vor dem Hintergrund dessen, was ich über Arafat und die Palästinensische Autonomiebehörde wusste – dass er nur deshalb zu Anschlägen ermuntert hatte, weil die Palästinenser andernfalls ihre Wut gegen ihn gerichtet hätten –, glaubte ich an eine Chance zur Deeskalation. Und dann feuerte nach sechs Wochen relativer Ruhe am 1. August ein IDF-Hubschrauber Raketen in die Fenster eines Hamas-Büros mitten in Nablus. Die Zielperson, Dschamal Mansur, war Mitglied des politischen Arms der Hamas, ein Studentenführer in Nablus und Chef des Palästinensischen Zentrums für Studien und Medien. Mansur, zwei Journalisten und zwei kleine Brüder mit sieben und neun Jahren starben durch die Explosionen.

Ich glaubte, den Verstand zu verlieren. Dschamal Mansur war nicht nur kein Terrorist, sondern auch noch eine prominente Medienfigur gewesen, die zum politischen Arm der Hamas gehört und öffentlich Arafats Entscheidung befürwortet hatte, einen Waffenstillstand durchzusetzen.

Seine Tötung war ein klassisches Beispiel dafür, wie im Namen des Kampfs gegen den Terror dem Terrorismus Zulauf verschafft wurde. Israel brach eine bereits stabile Waffenruhe, um einen Unterstützer eines politischen Ansatzes zur Konfliktlösung zu ermorden, und zeigte damit sein geringes Interesse daran, an den Verhandlungstisch zurückzukehren. Unsere Raketen hatten die aufkeimende Saat eines Pragmatismus innerhalb der Hamas ausgelöscht und dem harten Kern der Radikalen eine Stärkung verabreicht.

Ich rief meinen Nachfolger Avi Dichter an und machte meiner Frustration Luft. »Vor gerade einmal zwei Wochen hat Mansur eine Stellungnahme veröffentlicht, wonach der Friedensprozess eine Chance erhalten sollte!«

»Nie davon gehört«, sagte Avi. »Egal, was macht das für einen Unterschied?«

»Wollen Sie mich auf den Arm nehmen?«, fragte ich mit ruhiger Stimme, obwohl mir zum Schreien zumute war. »Mansur war ein religiöser Führer. In den Medien hat er seinen Aufruf an die Gläubigen veröffentlicht, Gelegenheit für einen politischen Prozess zu schaffen! Das wusste die ganze gottverdammte Welt! Wie hätten Sie nichts davon wissen können?«

Ohne Zeit zu verlieren, machten sich Palästinenser an die Rache für Mansurs Tod: Nur Tage später verletzten gezielte Schüsse auf vorüberfahrende Wagen fünf Israelis. Unsere Regierung gelobte Kurs zu halten. »Solche Angriffe wie dieser [auf Mansur] müssen weitergehen, und intensiver«, verkündete Uzi Landau, Scharons Minister für öffentliche Sicherheit.

Am 6. September schoss die Luftwaffe eine Rakete auf Raed Karmi ab, den Mann, der die Entführung und Tötung der beiden israelischen Restaurantbesitzer geplant hatte. Die Rakete verletzte ihn nur leicht, tötete aber zwei junge Aktivisten aus dem Flüchtlingslager al-Schams.

Nach den Anschlägen vom 11. September in New York erwartete ich, dass sich meine Regierung und Arafat aus ihrer jeweiligen Ecke herausbegeben würden, in die sie sich hineinmanövriert hatten. Colin Powell kündigte eine Reise nach Israel an. Arafat wies den Tanzin-Führer Marwan Barguti und dessen Untergebene wie Raed Karmi an, sämtliche Angriffe einzustellen. Der Schabak teilte Scharon mit, Arafat meine es diesmal ernst.

Für einige Wochen kam der Terror zum Erliegen, jedenfalls bis Januar 2002. Über Informanten bekam der Schin Bet heraus, dass Karmi fast jeden Nachmittag seine Freundin besuchte. Auf dem Weg zu ihr nutzte er einen schmalen Pfad am alten Friedhof von Nablus und drückte sich an der auskragenden Mauer entlang, offenbar sicher, dass er von einem bewaffneten israelischen Apache-Hubschrauber aus nicht entdeckt würde. Weitere Vorkehrungen traf er nicht. Bei einem nachmittäglichen Spaziergang tötete ihn eine Sprengladung in einem Mauerabschnitt.

Dem Plan nach hätte es so aussehen sollen, als habe sich Karmi mit einer Bombe versehentlich selbst in die Luft gesprengt, aber das glaubte niemand.[45] Was Scharon zu seiner törichten Entscheidung, Karmi auszuschalten, verleitet hatte, weiß ich bis heute nicht sicher. Die meisten Palästinenser glaubten, die Tötungsaktion habe darauf abgezielt, mit Blick auf Colin Powells Ankunft in der Region jede Chance darauf zunichtezumachen, dass der politische Prozess wiederbelebt würde. Unter Fatah-Aktivisten löste sich jeder noch verbliebene Pragmatismus in Luft auf.

Erstmals machten sich ihre Führer daran, eigene Selbstmordanschläge zu organisieren. In Tel Aviv führten zwei Terroristen, einer vom Islamischen Dschihad und einer von der Fatah, in einer Einkaufsstraße einen gemeinsamen Sprengstoffanschlag aus.

Unmittelbar nach der Operation gegen Karmi lud mich Avi Dichter mit drei weiteren ehemaligen Direktoren des Schin Bet, Avraham Schalom, Jaakow Peri und Karmi Gilon, ins Hauptquartier des Schin Bet ein, um über diesen Mordanschlag zu diskutieren. So saßen wir als frustrierte alternde Männer im Raum, wie verrentete Epidemiologen, die nach einem erneuten Ausbruch der Seuche nochmals zusammentreten müssen.

Mit israelischer Offenheit traktierten wir Avi mit Kritik, ohne Rücksicht aufs Protokoll oder Höflichkeiten. Aus unserer Sicht stand zu viel auf dem Spiel, als dass wir es uns verkniffen hätten, die Probleme an seiner Strategie hervorzuheben und Vorschläge für mögliche Maßnahmen zu machen, um noch mehr Blutvergießen zu verhindern.

Ich erinnerte ihn daran, dass in den zwölf Monaten im Vorfeld der Zweiten Intifada nur ein einziger Israeli durch die Hand von Terroristen umgekommen war. Warum? Weil die Palästinenser zu dieser Zeit mehrheitlich gegen Terror eingestellt gewesen waren und Dschibril und Arafats Sicherheitskräfte die Hamas hatten bekämpfen können, ohne als Kollaborateure und Verräter wahrgenommen zu werden. Und dies, obwohl sich seit den Oslo-Abkommen die Anzahl der Siedler im Westjordanland von hunderttausend auf zweihundertzwanzigtausend mehr als verdoppelt hatte. »Und jetzt?«, fuhr ich fort. »Wir bekommen deshalb mehr Terror, weil unsere Art des Kampfs den Palästinensern jede Hoffnung auf unsere Bereitschaft geraubt hat, ihnen ihre Freiheit zu geben.«

»Ich beschäftige mich nicht mit Politik«, sagte Dichter. »Wir hatten eine Chance, einen Schlag gegen einen Terroristen zu führen, also haben wir sie genutzt.«

»Aber Ihre Aufgabe besteht doch nicht darin, Terroristen zu töten, sondern Terror zu verhüten. Das ist nicht dasselbe. Karmi hat die Waffenruhe unterstützt. Jetzt erwartet uns nicht weniger, sondern noch mehr Terror.«

Jaakow Peri kritisierte die neue Strategie in einer farbigeren Sprache: »Der Dienst darf keinesfalls als Lieferant für Ziele dienen, um den Ministerpräsidenten zufriedenzustellen, damit er sich den Bauch vollschlagen kann. Der ist schon mit Schnitzel und anderen Delikatessen prall gefüllt. Wir töten Araber morgens, mittags und abends.«[46]

Avi quittierte unsere Warnungen mit einem Achselzucken, und die Tötungen gingen weiter.

So frustriert, wie ich die Zusammenkunft verließ, bat ich um ein Treffen mit seinem Chef, Scharons Verteidigungsminister Benjamin Ben-Eliezer. Während unserer Begegnung fragte ich ihn, warum zum Teufel er Karmis Liquidierung angeordnet habe.

»Was wollen Sie von mir?«, sagte er. »Das ist doch das irre Denken im Schabak. Ich habe mich unter Druck gesetzt gefühlt.«

»Aber Sie sind doch der Verteidigungsminister. Das ist Ihre Verantwortung.«

»Ami, warum genießen Sie nicht einfach Ihren Ruhestand. Sie haben ihn verdient.«

Wir im Schabak hatten mehr als vier Jahre alle Hebel in Bewegung gesetzt, um den nächsten Anschlag zu verhindern. Jetzt, mit Zeit zum Nachdenken, erkannte ich, dass die wertvollste Lektion, die ich gelernt hatte – Palästinenser als Menschen, nicht als Zielscheiben zu sehen –, auf den Schabak auf lange Sicht nur geringe und auf das Militär gar keine Wirkung hatte.

Ich war so frustriert, dass ich Mary Kaldors Einladung zur Teilnahme an einer Podiumsdiskussion in London annahm. Auf ihr lernte ich zwei Gleichgesinnte, Dr. Sarradsch und Sari Nusseibeh, kennen. Auf dem Rückflug von der Veranstaltung musste ich immer an Dr. Sarradschs Behauptung denken, dass unsere taktischen militärischen Erfolge nur den Terroristen in die Hände spielten. Die Hamas trug den »Sieg« davon, indem sie uns in eine Spirale sinnloser blutgieriger Gewalt hineinzog und auf die Art unsere moralischen Grundlagen als liberale Demokratie aushöhlte.

Zurück in Israel sehnte sich ein Teil von mir nur noch danach, mit Biba lange Spaziergänge zu unternehmen, unsere drei Jungs besser kennenzulernen und an der Verwirklichung von Netafims Vision mitzuarbeiten, durch eine Revolution in der Landwirtschaft »die Welt in Grün zu malen«. Ich wollte Begegnungen mit Bauern in China, Indien, Australien und Brasilien. Aber ich konnte nicht mehr in den Spiegel schauen, solange ich nichts unternahm, um meine neu gewonnenen Erkenntnisse zur Rolle von Hoffnung in tätiges Handeln zu überführen. Ich kam auf das zurück, was ich mir bei meiner Begegnung mit Sari in London auf einer Serviette notiert hatte.

Ich gewann eine kleine Gruppe, mich darin zu unterstützen, meine Ideen zu verfeinern. Arjeh Rutenberg hielt sein Versprechen und wirkte am Brainstorming mit. Ebenso mein alter Freund Orni Petruschka sowie Boaz Tamir, ein promovierter Wirtschaftswissenschaftler vom MIT und Kollege bei Netafim. In meinen Jahren beim Schabak hatte ich ihn als Berater eingebracht.[47]

Nach mehreren Monaten der Fortschritte und Rückschritte, in denen wir hauptsächlich Leitlinien zum Umgang mit den palästinensischen Flüchtlingen von 1948 hinzufügten, fühlte ich mich schließlich gewappnet, meine Ideen Sari zu präsentieren. Ich rief ihn an und fragte, ob wir uns in seinem Büro in Jerusalem treffen könnten. »*Ahlan wa sahlan*«, sagte er, ohne zu zögern: Ich sei willkommen.

Ich parkte den Wagen in Westjerusalem und ging zum Blumentor in der Altstadt, das auch Herodestor genannt wird. Die Verwaltung der al-Quds-Universität residierte in einer alten arabischen Villa gegenüber dem Rockefeller-Museum.

Beim Gang an den wenigen Häuserblocks entlang betrachtete ich die Stadt unwillkürlich mit Augen, die für Anzeichen eines heraufziehenden ethnischen Krieges geschärft waren. Als Junge hatte mir Imma immer wieder erzählt, wie sie als Schulmädchen die Altstadt durch das Dungtor betreten hatte und durch die Straßen geschlendert war. Auf diesen Spaziergängen war sie manchmal durch das Damaskustor in die wohlhabenden Viertel außerhalb der alten Stadtmauern gelangt, in denen die Nusseibehs, Husseinis und Naschaschibis große gemauerte Villen besaßen. Entlang der schäbigen Straßen, die ich an diesem Morgen entlangging, standen Dutzende von Grenzpolizisten mit grünen Mützen Spalier, mit einem wachsamen Auge auf die *schebab*, die Heerscharen arabischer Jugendlicher, die durch das Viertel zogen. Der säuerliche Geruch von Tränengas hing in der Luft. Die allgegenwärtigen Agenten des Schabak dürften sich am Kopf gekratzt haben, als sie mich unbewaffnet durch diesen Straßen bummeln sahen.

Sari erwartete mich in einem Büro, das eines Sprosses aus einer der illustersten Familien Jerusalems würdig war. Ein Foto seines Vaters Anwar, ein Oxfordabgänger in Jura, der vor 1967 Jordaniens Verteidigungsminister gewesen war, hing an einer Wand. Während mein Vater 1948 gegen die Syrer im Jordantal und die Jordanier an der Polizeistation von Gescher am Jordan gekämpft hatte, verlor Anwar Nusseibeh im Kampf gegen unsere Truppen in Jerusalem ein Bein. Ein weiteres Gesicht an der Wand, das ich erkannte, war das Abu Dschihads, des Mitbegründers der Fatah und eines Mannes, an dessen Ermordung ich beteiligt gewesen war.

Ich erklärte Sari, der eine Perlenkette durch seine Finger gleiten ließ, dass ich ihm eine verfeinerte Version der Punkte vorlegen wollte, denen er in London zugestimmt hatte.

»Legen Sie los«, sagte er, legte die Kette hin und zündete sich eine Zigarette an. Ich lehnte mit einem »Nein danke«, ab, als er mir eine anbot. »Dann Tee oder Kaffee?«

»Nur Wasser.« Ich zog den Zettel mit meinem Vorschlag aus der Tasche. Aber Sari bat mich, ihn wegzulegen. »Bitte lesen Sie nicht vor. Sagen Sie mir einfach, was Ihnen eingefallen ist.«

Jemand kam mit einer Flasche Wasser für mich und einer Tasse Tee für Sari herein. Obwohl ich selten nervös werde, spürte ich an diesem Morgen ein Zittern in meiner Stimme, als ich ihm meinen Plan darlegte. Inzwischen stimmte ich mit Bibi und Ehud in einem überein: Eine Salamitaktik würde nicht funktionieren. Roadmaps und vertrauensbildende Maßnahmen stärken nur die Spielverderber. Egal wie wachsam unsere Verteidigung war, irgendjemand würde sie überwinden. Vielleicht ein einsamer Wolf, irgendein verärgerter Traktorfahrer, der sein Gefährt in die Menge an einer Bushaltestelle lenkte.

»Fahren Sie fort«, sagte Sari und steckte sich an der Glut seiner Zigarette die nächste an.

Ich referierte ihm eine neue Version des Vorschlags, den ich in London auf einer Serviette festgehalten hatte, einschließlich unserer Lösung für die Flüchtlingsfrage. Als ich zu Ende geredet hatte, hob ich die Augenbrauen wie um zu fragen: *Was meinen Sie dazu?*

»Tun wir es«, sagte er und fuhr sich mit einer Hand durch seinen weißen Haarschopf. Mit der anderen hielt immer noch die Perlenkette umfasst.

Kapitel 21

Unser gefährlichster Feind

Philosophen hatten mich schon immer neugierig gemacht, seitdem Bibas Vater David über sie einmal gesagt hatte: Sie und Komiker hätten Einsichten, die uns Übrigen entgingen, weil sie sich aus der Alltagserfahrung hinauszubegeben wüssten und die Gesellschaft aus der Perspektive eines Außenstehenden betrachten könnten. Das traf auf Sari zu, erklärt aber noch nicht, wie es so schnell möglich war, dass er seine Kräfte mit meinen bündelte. Ich setzte für unser gemeinsames Unternehmen womöglich meinen Ruf aufs Spiel, riskierte aber nicht, deswegen über den Haufen geschlossen zu werden. Dagegen begab sich Sari freiwillig in ein Minenfeld, wenn er eine Partnerschaft mit dem ehemaligen Direktor eben jenes feindlichen Geheimdienstes einging, der damit beschäftigt war, Palästinenser zu terrorisieren. Als Israels Kollaborateur gebrandmarkt zu werden, war in seiner Gemeinschaft so, als würde er des schlimmsten Verbrechens bezichtigt. Dieses Schicksal hatte Dschibrils Cousin Musa Radschub in Hebron ereilt. Er wurde aus einer aufgebrachten Menge heraus erschossen und am linken Fuß an einem Strommast aufgehängt.

Kurz nach Beginn unserer Zusammenarbeit lud ich Sari in mein Haus ein. So konnten Dinge offen angesprochen werden, um Überraschungen zu vermeiden. Man stelle sich vor, einer von Saris Feinden würde vor ihm herausfinden, dass sein israelischer Partner in einem ehemaligen arabischen Haus wohnte.

Zudem hatte ich Erkundigungen über Saris Familie eingezogen. Dass sein Vater Richter und ein ehemaliger jordanischer Verteidigungsminister gewesen war, war allgemein bekannt, aber als ich die Geschichte seiner Mutter Nuzha erfuhr, stärkte dies meine Bewunderung für Saris moralische Tapferkeit, sich auf eine Zusammenarbeit mit mir einzulassen.

Im Jahr 1948, als mein Vater unseren Kibbuz am See Genezareth gegen den ständigen Gewehr- und Mörserbeschuss der syrischen Armee verteidigte, lebte Nuzha, die in eine Adelsfamilie mit Grundbesitz geboren worden war, in der Ortschaft Ramle. Im Juni tauchte die israelische Armee auf. Auf einen Geheimbefehl von Ministerpräsident Ben-Gurion hin ließ Jitzchak Rabin als Kommandeur des Palmach sie und die übrigen Araber vertreiben.[48] Saris Mutter, damals mit ihm schwanger, durchquerte zu Fuß die feindlichen Linien. Sie erzog Sari zum Glauben, dass die Palästinenser, so ihre Worte, »ausgeraubt worden« seien »von Leuten, die schlicht böse waren, von Leuten, die von nirgendwoher her, vom Mars, gekommen waren«.

Bei seinem Besuch bei uns führten Biba und ich Sari über den unbefestigten Pfad hinter unserem Haus, um ihm die leer stehenden Bauernhäuser zu zeigen, in denen früher die Einwohner von Ijzim gelebt hatten. In Garten reichte ich ihm eine Feige von einem Baum, gepflanzt von der enteigneten Familie, die früher unser Haus bewohnt hatte. Stumm aß Sari die Frucht und pflückte eine weitere. Dieser Biss wie im biblischen Garten Eden musste entsetzlich gewesen sein für einen Mann, den eine Mutter aufgezogen hatte, die über die Traumata der Vergangenheit niemals hinweggekommen war.

Nach dem Abendessen sagte ich Sari, dass ich es für unwahrscheinlich hielt, dass wir jemals eine so warmherzige Beziehung mit Späßen und Neckereien entwickeln würden, wie ich sie mit Dschibril unterhielt.[49] Er blickte mit seiner Zigarette im Mund wie Albert Camus in die Luft und stimmte mit einem Nicken zu. Er sei schon immer gegen Gewalt in jeder Form gewesen, sagte er, insbesondere gegen die von Männern in Uniform. »Ich mag Armeetypen normalerweise nicht«, sagte er und schaute mich eindringlich an. Paradoxerweise dachte ich mir: *Ich auch nicht.*

Gemein war uns immerhin, dass wir beide, Sari als ein palästinensischer Patriot und ich als ein stolzer Zionist, nach einem Ausweg aus der Katastrophe suchten, die unsere Region erschütterte. Wir arbeiten an einer Reihe einfacher Prinzipien, die wir den Menschen als einen pragmatischen und vernünftigen Ansatz vorlegen konnten, um den Konflikt ein für alle Mal zu beenden. Unsere Hoffnung war, dass wir bei mehreren Treffen, hauptsächlich in seinem Büro an der Universität in Jerusalem oder dem New Imperial Hotel am Jaffator rasch – binnen Wochen – anhand meines Entwurfs unsere gemeinsamen Positionen zu den dornigen Fragen würden ausfeilen können, die die Grenzen, die Sicherheit, Jerusalem, die heiligen Stätten, die jüdischen Siedlungen und die Flüchtlinge betrafen. Als Saris wichtigste Zusätze sollte Israel Bedauern über das Leid der Flüchtlinge ausdrücken und sich an einem internationalen Fonds beteiligen, um Entschädigungen und Umsiedlungen in den Staat Palästina zu finanzieren.

Wir lachten selbst über unsere Verwegenheit, zu meinen, wir könnten zustande bringen, woran Clinton, Barak und Arafat in Camp David gescheitert waren.

Der Plan war gut, aber wie bei den meisten Plänen in unserem Teil der Welt kam uns die Wirklichkeit in die Quere. Aus Wochen wurden Monate. Ich musste zum Leben Geld verdienen, und ebenso Sari, der für Arafat die PLO in Jerusalem vertrat und zudem als Präsident einer Universität fungierte, die von den IDF belagert wurde.

Es kostete mich viel Zeit, eine Debatte des Obersten Gerichtshofs zu verfolgen. Im Januar 2002 reichte Siham Thabet, die Witwe von Dr. Thabet, mit Unterstützung der ehemals kommunistischen arabisch-jüdisch Chadasch-Partei und des Public Committee against Torture beim Gerichtshof ein Gesuch ein, um der Regierung »Exekutionen ohne Gerichtsurteil« an Palästinensern zu untersagen. In einem Land ohne Todesstrafe, so die Argumentation Thabets und ihrer Anwälte, hätten die Gerichte eine Verantwortung dafür, den Todeskommandos Einhalt zu gebieten.

Die Argumente der Regierung bereitete die Rechtsabteilung der IDF vor und folgte dabei der Logik, die mein Freund Brian Jenkins als Beispiel fortschreitender Tyrannei charakterisiert hätte. Sie vertrat seit Langem die Position, wonach die Gewalttaten der Palästinenser gegen den Staat Israel von der Palästinensischen Autonomiebehörde orchestriert würden. Da Israel das Recht auf Selbstverteidigung habe und unsere Feinde oft nicht dingfest gemacht und in Gewahrsam genommen werden könnten, habe der Staat das Recht, zum Schutz seiner Zivilbevölkerung tödliche Gewalt einzusetzen. Wonach unsere Regierung dabei nicht fragte: War die Intifada ein Volksaufstand, unabhängig von Umtrieben von Führern?

Und gossen unsere Aktionen, anstatt die Gewalt zu stoppen, nicht nur noch mehr Öl ins Feuer?

Jetzt war ich mir sicher, dass die Terroristen das Spiel gewannen. Die Hamas hatte die gesamte israelische Gesellschaft, beginnend mit ihren demokratisch gewählten Politikern, zu Aktionen verleitet, die sich eine freie Gesellschaft niemals erlauben dürfte. Was als unser legitimer Kampf gegen Terrororganisationen begonnen hatte, war zu einem Krieg gegen das palästinensische Volk verkommen. Unsere Demokratie degenerierte Stück für Stück zur Tyrannei, und es war nur noch eine Frage der Zeit, bis die Vision von George Orwells *1984* Realität würde.

Wir Israelis ließen uns von unserem Generalangriff auf Terroristen – und auf zahlreiche gewaltfreie propalästinensische Aktivisten – so sehr ablenken, dass wir Chancen, die wirklichen tickenden Bomben zu entschärfen, ungenutzt verstreichen ließen.

Am 27. März 2002, als Millionen Israelis in ihrem Zuhause fieberhaft mit den Vorbereitungen für das Pessach-Fest beschäftigt waren, posierte gegen 17:00 Uhr Abdel-Basset Odeh in Tulkarm im Westjordanland mit einer AK-47 in der Hand vor einer Videokamera.

Der Mann auf dem Foto, das später auf einer Website der Hamas hochgeladen wurde, wirkt so gar nicht wie ein wildentschlossener Fanatiker. Seinem Gesichtsausdruck nach hätte er sich auch für einen Führerschein ablichten lassen können. Dieser Fünfundzwanzigjährige hatte es nicht geschafft, an ein Arbeitsvisum für die USA zu kommen, um einem ausweglosen Leben am Gemüsestand seines Vaters zu entfliehen. Die Erlösung kam mit den Kassam-Brigaden, der Untergrundorganisation der Hamas und dem Versprechen einer Abkürzung auf dem Weg ins Paradies. Mit nichts mehr zu verlieren, nahm Odeh seine Mission an: Rache für die Ermordung Raed Karmis durch die Israelis zu üben.

Nachdem Odeh für das Video posiert hatte, nahm er seine grüne Binde um die Stirn ab, rasierte sich die Bartstoppeln, schlüpfte in ein Frauenkleid und setzte sich eine schulterlange brünette Perücke auf.

Kurz nach 17:00 Uhr fuhren meine Familie und ich von Kerem Maharal aus zum Haus von Bibas Schwester zum Seder, dem zeremoniellen Abendessen zu Beginn des Pessach-Festes, das so, wie es mir in meiner Erziehung im Kibbuz erzählt worden war, Befreiung von Tyrannei symbolisierte. Auf der Fahrt kamen wir durch die Stadt Netanja an der Mittelmeerküste. In der Abenddämmerung entschwanden die Bürobauten der Hightech-Firmen aus glitzernden Glas und Metall langsam aus dem Blick.

Ich war ungewöhnlich guter Stimmung, überglücklich angesichts verheißungsvoller Nachrichten vom Gipfel der Arabischen Liga in Beirut. Eben an diesem Tag hatte König Abdullah, damals noch der saudische Kronprinz, einen Plan vorgelegt, der Israel das Recht zugestand, »in Frieden in sicheren und anerkannten Grenzen zu leben«.

»Weißt du, was das heißt?«, fragte ich Biba. »Das heißt Sieg! Die ganze arabische Welt, angefangen von den Saudis, haben uns soeben zu den Siegern eines hundertjährigen Krieges erklärt.« Am liebsten hätte ich die Fensterscheibe heruntergelassen und den Leuten im Verkehrsstau neben uns zugerufen: *Wir haben gesiegt!* Endlich hatten wir Grund zum Feiern.

Ich übte bereits meine Antwort auf die traditionelle Pessach-Frage ein: *ma nischtana ha lajla ha zeh mikkol hallajot?*, »Warum ist diese Nacht anders als alle anderen Nächte?« – *Weil wir gesiegt haben*«, lautete meine zurechtgelegte Antwort.

Immer noch auf der Straße rief ich Matti Steinberg an. »Was meinst du zu ...«

»Zur saudischen Initiative?«, führte er meine Frage zu Ende. »Das ist ein politisches Beben, Ami. Die Saudis sind bereit, das Kriegsbeil zu begraben und unter der Bedingung des Rückzugs aus den besetzten Gebieten normale Beziehungen zu uns aufzunehmen. Dass sie das an Pessach bekannt geben, sagt einiges.«

»Ein Geschenk an die Juden, meinst du?«

»Das könnte man sagen. Schauen wir einfach, ob wir Juden die historische Bedeutung dieses Angebots erkennen.« Die arabische Friedensinitiative bedeutete das Aus für Fantasien wie die Rückkehr zum Teilungsplan von 1947 oder für das übliche Mantra nach 1967, wonach es »keine Verhandlungen mit dem zionistischen Gebilde« geben dürfe. Arafat selbst hatte die Initiative als eine »sehr starke Plattform« bezeichnet, auch wenn er nicht persönlich in Beirut hatte dabei sein können: Unsere Regierung hatte ihm keine Ausreisegenehmigung für den Libanon erteilt.

»Wir werden keine Wahl haben«, erklärte ich optimistisch. »Ich meine, wie könnten wir ein Angebot ablehnen, das von der Arabischen Liga unterzeichnet und von den Saudis unterstützt worden ist?«

Matti sagte, er bewundere meinen Optimismus, wartete aber mit einer Abwandlung von Abba Ebans häufig zitiertem Ausspruch auf, wonach »die Araber nie eine Gelegenheit auslassen, eine Gelegenheit zu verpassen«. Nach dem Klischee waren diesmal wir die Dummköpfe.

Um diese Zeit stand Odeh im Kleid und mit Perücke vor dem Park Hotel auf der König-David-Straße in Netanja. Dem Wachmann fiel nichts Ungewöhnliches auf an dieser mittelgroßen Frau, die ihren Koffer durch die Eingangshalle in den Speisesaal rollte. Hunderte israelischer Juden, darunter mehrere Holocaust-Überlebende, sowie Gäste aus Europa und Amerika warteten auf den Beginn der Pessach-Lesung. Das altaramäische Klagelied »Ha Lahma Anya« – »Dies ist das Brot des Elends« – sollten sie nicht mehr zu hören bekommen.

Wir waren bei Bibas Schwester mitten im Seder, als gegen 19:40 Uhr die Radiomeldung eines Anschlags eintraf: Odeh hatte Sprengstoff in seinem Koffer gezündet. Die gewaltige Explosion, die die enthaltenen Kugellager und Metallstücke in tödliche Geschosse verwandelte, brachte die Decke des Raumes zum Einsturz. Die Stromversorgung des Hotels brach zusammen. Wasserrohre platzten. Dreißig Menschen starben, und einhundert wurden verletzt. Eine Neunundachtzigjährige, die Auschwitz überlebt hatte, war jetzt von Odehs Bombe getötet worden.

Unsere Bestürzung schlug in Empörung um, als wir von der palästinensischen Reaktion auf das Blutbad erfuhren. Journalisten, die am nächsten Tag das Dorf des Attentäters besuchten, hörten, wie Einwohner den grausigen Massenmord bejubelten. »Wir tun denen an, was sie uns antun«, verkündete Odehs Vater Muhammad. »Wenn sie uns töten, töten wir am nächsten Tag sie. Das hört nie auf.« Der Strafrichter der Stadt, eine Stütze der Gemeinschaft und mit Anzug und Krawatte das Recht verkörpernd, pries das Verbrechen als »wunderbar«. »Jede Aktion hat eine Reaktion«, meinte er. Ein Mitglied der Fatah, Abgeordneter im palästinensischen Parlament, stellte den Selbstmordanschlag als einen Akt der Selbstverteidigung dar. »Wir haben im Kampf gegen diesen gewaltigen Apparat Israels nichts anderes aufzubieten. Sie haben alles; sie haben die ganze Macht. Wir haben nichts außer unseren Körpern.«

Überflüssig zu sagen, dass die arabische Friedensinitiative aus jeder Agenda verschwand. Selbst Schimon Peres, Scharons Außenminister und der Mann hinter den Osloer Friedensverhandlungen, klang in seiner Reaktion wie ein militärischer Falke. Sie sei ein »Diktat«. Israel solle in eine Ecke gedrängt werden, warf er den Saudis vor. Und er knüpfte eine positive Antwort an ein »Ende des Terrors«, ein klassischer Fall, das Pferd beim Schwanz aufzuzäumen.

In dieser Nacht erklärte Scharon den Ausnahmezustand, berief zwanzigtausend Reservisten ein und starte die Operation Schutzschild. Sie war die größte Militäroperation im Westjordanland seit 1967. In ihrem gewaltsamen Vorgehen folgte die Operation dem Pfad, den die Radikalen beider Seiten gepflastert hatten: die Hamas und die Selbstmordattentäter bei den Palästinensern, Jigal Amir, Baruch Goldstein und die radikale Rechte unter den Israelis.

Unser Jüngster, Roy, ein Fallschirmspringer, wurde einberufen. Noch nie in all meinen Jahren als Kommandosoldat war Biba so nervös gewesen. Meine Zweifel an der Operation nagten an uns beiden. Am Ende musste er sich an der Rückeroberung von Nablus beteiligen.

Obwohl die rivalisierende Hamas den Anschlag gesteuert hatte, nahm Scharon als erstes Arafat ins Visier. Die Propagandisten in der israelischen Regierung drehten den Anschlag auf das Hotel als ein weiteres Beispiel dafür hin, dass der Fatah-Chef einen Krieg gegen uns führe, als sei der Angriff nur der letzte in einer nationalistischen Offensive gewesen, deren Vorläufer bis zum Mufti von Jerusalem von 1930 zurückreichten.

Die massiven Vergeltungsschläge der IDF zerschlugen das Regierungssystem der Palästinensischen Autonomiebehörde. In einem Angriff vor Morgengrauen rückten Panzer, Panzerfahrzeuge und Soldaten in Ramallah ein, verhängten über die gesamte Stadt eine Ausgangssperre und umzingelten Arafats Amtssitz, die Muqataa.

Aus der absurden Ungleichheit im Kräfteverhältnis zwischen der gewaltigsten Militärmacht des Nahen Ostens und dem Chef der Palästinensischen Autonomiebehörde, der keinerlei Autorität mehr besaß, ging seltsamerweise ein gestärkter Arafat hervor, der durch die Operation in seine Rolle als Symbol der Leidensfähigkeit und des Widerstands der Palästinenser zurückfand. Das Fernsehen von Abu Dhabi zeigte ihn, wie er hinter Schutt stehend stammelte: »Kennt ihr mich jetzt nicht? Ich bin ein angehender Märtyrer.« Dreimal wiederholte er: »Möge mich Allah mit dem Martyrium ehren.«

Mahmud Darwisch, immer noch einer meiner wichtigsten Sensoren, bot eine andere Form trotzigen Widerstands auf, von Tragikomik keine Spur. »Belagerungszustand«, das Gedicht, das er in diesen Tagen zu Papier brachte, richtet sich an einen »Mörder«:

Hättest du nur ins Gesicht
des Opfers geblickt
Und nachgedacht, dann hättest du dich deiner
Mutter in der Gaskammer erinnert,
Hättest dich von der Weisheit des Gewehrs
befreit
Und deine Meinung geändert: Nicht so erhält
man die Identität zurück!

Amira Hass, wie immer eine zuverlässige Verkünderin der Wahrheit, taufte die Operation Schutzschild in »Operation vernichte die Daten« um, da »dies keine Mission zum Aufspüren und Zerstören der Terrorinfrastruktur war [...]. Es gab eine Entscheidung, die von der palästinensischen Gesellschaft entwickelte zivile, administrative und kulturelle Infrastruktur mutwillig zu zerstören«. Die Operation Schutzschild ließ verbrannte Erde mit nur einer leeren Grube zurück, in der alles von der Palästinensischen Autonomiebehörde Übriggebliebene schlichtweg verschwand. Niemand stellte die einfache Frage: Wenn wir die Terroristen getötet hätten, wer würde dann für Gespräche über den Aufbau einer besseren Zukunft übrig bleiben?

Den Terror zu stoppen erforderte ausgeklügelte Geheimdienstinformationen. Aber als der Schabak die Computersysteme der Autonomiebehörde angriff, konnte Dschibril die Hamas nicht länger im Zaum halten. Vielleicht ging es ja gerade darum. Jedenfalls wurde Dschibril bald arbeitslos: Arafat feuerte ihn nach einem Wortgefecht, in dem ihn Dschibril angefleht hatte, hart gegen die »Märtyrer-Brigade von al-Aqsa« vorzugehen. Arafat konterte mit dem Vorwurf, Dschibril habe es zugelassen, dass ein palästinensischer Mob sechzig Hamas-Terroristen aus einem Gefängnis in Hebron befreit habe. Am Ende zog der aufbrausende Fatah-Führer eine Pistole und beschimpfte Dschibril als »israelischen Spion« und »CIA-Agenten«.

Ich machte mir Sorgen um Sari. Seit unserem ersten Treffen in seinem Büro war meine Bewunderung für diesen Mann umso größer geworden, je tiefere Einblicke ich in seine Verbundenheit mit der palästinensischen Gesellschaft gewonnen hatte. Unter seiner Leitung war die al-Quds-Universität stärker auf die ärmere Bevölkerung ausgerichtet worden als andere Universitäten im Westjordanland, mit einem höheren Prozentsatz an Studenten aus Flüchtlingslagern. An den Fakultäten für Naturwissenschaft und Technik unterstützten die meisten talentierten und ehrgeizigen Studenten die Hamas, wenn auch nur deshalb, weil sie von der caritativen Arbeit der Organisation profitiert hatten. Zu ihren ehemaligen ehrgeizigen Studenten hatte Abdel Awadallah gezählt, der jetzt als Held galt.

Sari, so entdeckte ich, war ein Experte darin, diese verschiedenen studentischen Faktionen zu lenken. So schaffte er es beispielsweise, in den Chemielaboren studentische Hamas-Anhänger davon abhalten, Bomben zu bauen, und ihre Gefühle der Demütigung und Wut in konstruktivere Aktivitäten zu kanalisieren, um Abschlüsse und Beschäftigung anzustreben.

Wegen seiner geschickte Moderation rückte er ins Visier der Israelis. *The Guardian* druckte einen Artikel über »israelische Geheimdienstler«, die »auf Angehörige von Arafats Verwaltung, darunter Sari Nusseibeh, Jagd machten«. Ein ähnlicher Bericht erschien in der israelischen Tageszeitung *Jediot Acharonot*, mit dem Zitat einer Quelle aus höchsten Sicherheitskreisen: »Wegen seiner Kultiviertheit ist Nusseibeh, was uns betrifft, weitaus gefährlicher als viele andere Figuren in der palästinensischen Führung.« Ein weiterer Artikel in *Jediot* trug die Überschrift: »Dr. Sari Nusseibeh: Vorsicht vor tödlichen Korallenvipern, die als harmlose Skipjack-Schlangen posieren.«

Am Abend des 2. April drangen IDF-Soldaten in Saris Fernsehsender bei Ramallah ein, der die palästinensische Ausgabe der *Sesamstraße* ausstrahlte.[50]

Mit Waffengewalt sperrten sie Mitarbeiter im Keller ein und durchstöberten das gesamte vierstöckige Gebäude. Sie legten anstelle der Zeichentrickfilme Pornos ein und sprühten Graffiti an die Wände: zum Beispiel PALÄSTINA, NIEMALS oder TOD DEN ARABERN! Sie zertrümmerten Ausrüstung, beschlagnahmten Computer und warfen Fernsehkameras aus einem Fenster des obersten Stockwerks.

Ich hätte es verstanden, wenn Sari für eine Weile untergetaucht wäre, aber er tat den Angriff mit einem Achselzucken ab. Wir arbeiteten konzentriert weiter am Entwurf für unser gemeinsames Papier, mussten aber unseren Plan aufgeben, ihn auf Einladung der griechischen Regierung auf einer Insel in der Ägäis fertigzustellen. Er bekam keine Genehmigung, das belagerte Ostjerusalem zu verlassen.

Am Ende hatten wir einen Satz aus sechs Prinzipien zusammen, bei denen unsere jeweilige Geschichte und unsere religiösen Dogmen ausgeklammert blieben – nicht weil sie unwichtig gewesen wären, sondern wegen ihrer Sprengkraft. Unsere jeweiligen »absoluten Rechte« – das historische der Juden auf ihre angestammte Heimat und das der Palästinenser auf ihre im heutigen Israel – waren so grundlegend umstritten, dass ihre Erörterung sinnlos gewesen wäre. Ich ging davon aus, dass es anderen Israelis so ging wie mir: Die Bibel und die elterlichen Erzählungen hatten in mir eine innere Verbindung zur Höhle des Patriarchen, zum Rahel-Grab in Bethlehem und zum Tempelberg geschaffen. Aber um den Staat Israel im Geist der Unabhängigkeitserklärung weiter aufzubauen, mussten wir Träume und Realität voneinander trennen. So brachte ich Sari gegenüber niemals Rechte ins Spiel, an denen ich nach wie vor hänge, und er zückte auch nie einen Schlüssel zur Villa seiner Mutter auf dem Grundstück, das heute in der israelischen Ortschaft Ness Ziona, »Wunder Zions«, liegt. Frieden war wichtiger als absolute historische Gerechtigkeit.

Wir legten Wert darauf, unser Übereinkommen auf eine einzige Seite einzudampfen, ohne Anhang oder Fußnoten, ohne jede »konstruktive Mehrdeutigkeit«, wie Henry Kissinger es nannte, ohne Kleingedrucktes oder Tricks. Was war realistisch erreichbar angesichts der politischen und sicherheitsrelevanten Verhältnisse in der Region? Das Narrativ, das wir wählten, drehte sich um das Eigeninteresse der Israelis, die ohne Todesgefahr beim Mittagessen sitzen, und der Palästinenser, die ihre Dörfer verlassen wollten, ohne dass sie von Teenagern mit Befehlen angeblafft wurden.

Auf einer einzigen Seite legten wir einen Plan dar: zwei Staaten für zwei Nationen, basierend auf den Grenzen vom 4. Juni 1967, Grenzen, die mit einem selektiven Gebietsaustausch Hektar für Hektar zum Nutzen beider Völker gezogen würden. Die palästinensischen Flüchtlinge sollten hauptsächlich in den entmilitarisierten Staat Palästina zurückkehren, während die auf palästinensischem Territorium verbliebenen jüdischen Siedlungen nach einer Einigung mit Blick auf die Staatsgrenzen evakuiert würden. Nach unserer Übereinkunft sollte Israel seine Rolle beim Leid der Palästinenser ausdrücklich anerkennen und versprechen, sich an einem internationalen Fonds zur Entschädigung der palästinensischen Flüchtlinge für ihre Verluste von 1948 zu beteiligen. Nach Unterzeichnung eines Friedensabkommens würden beide Seiten unmissverständlich auf sämtliche weiteren Ansprüche verzichten.

Jerusalem würde eine offene Hauptstadt für beide Staaten, mit den arabischen Vierteln unter palästinensischer und den jüdischen unter israelischer Kontrolle. Wir waren uns einig, dass der gewöhnliche Begriff der nationalen Souveränität auf die heiligen Stätten in Jerusalem nicht anwendbar war. Palästina würde für die Palästinenser zum Hüter des *al-Haram asch-Scharif*, Israel für die Juden zum Wächter über die Klagemauer bestimmt. Mit Blick auf die heiligen Stätten sagten wir nichts Neues. Abgesehen vom Tempelberg waren alle diese Punkte in den Friedensgesprächen von 1993 bis 2000 bereits vereinbart worden. Dank der »konstruktiven Mehrdeutigkeit« unserer Politiker war dies der Öffentlichkeit allerdings verborgen geblieben, sodass wir es jetzt klar und deutlich darlegen wollten.

Als der Belagerungszustand in Jerusalem teilweise aufgehoben worden war und Sari reisen durfte, lud der griechische Außenminister Giorgos Papandreou ihn und mich erneut auf eine griechische Insel zu einer Diskussion darüber ein, in welche Richtungen sich Europa und der Nahe Osten bewegten – zusammen mit einer Gruppe aus akademischen Forschern, Nobelpreisträgern und (für eine der Zusammenkünfte) dem ehemaligen US-Präsidenten Bill Clinton.

Auf dem Weg nach Griechenland wurden wir daran erinnert, warum unsere Übereinkunft so wichtig war. Am Ben-Gurion-Flughafen passierte ich in Jeans und Sandalen im Schnelldurchgang die Sicherheitskontrollen, während Sari im Jackett und mit Schlips aus der Schlange gezogen und »gegrillt« wurde – von einem rund Zwanzigjährigen des Sicherheitspersonals, der wohl gerade erst seinen Militärdienst absolviert hatte. Ich wollte schon eingreifen und den Jungen wegen der Sonderbehandlung zur Rede stellen, wusste aber, dass Sari keine »Protektion« wünschte. Ich sollte Zeuge der täglichen Demütigungen werden, die Palästinenser über sich ergehen lassen müssen. Also wartete ich, bis die Befragung vorüber war. Das Sicherheitspersonal starrte mich mit weit geöffneten Augen an: Was hatte der Ex-Chef des Schabak mit einem palästinensischen Philosophen zu schaffen?

Auf der griechischen Insel hörte sich Clinton, der mit dem gescheiterten Gipfel von Camp David so viel politisches Kapital verspielt hatte, neben Papandreou unsere Präsentation an. Er schien beeindruckt, mit welcher Einfachheit wir einen hundertjährigen Krieg angingen, um den endlos viele Worte und Vorschläge gemacht worden waren, die eine ganze Bibliothek hätten füllen können.

Clinton lauschte nickend unserem Vortrag. Nach unserer Präsentation flüsterte mir Sari zu, er erwarte fast, dass der Ex-Präsident etwas im Geist der Gefallenenrede des Perikles sagen würde: »Geht, indem ihr das Glück in der Freiheit und die Freiheit im Mut sucht, den Gefahren des Friedens nicht aus dem Weg.« Tatsächlich staunte Clinton über die Schlichtheit und Klarheit unseres Dokuments. »Wie haben Sie es geschafft, den Kern des Plans, für den ich in meinen acht Jahren im Amt zu werben versucht habe, auf einer Seite zusammenzufassen?«

Während wir auf der Insel die Köpfe zusammensteckten, wies in Jerusalem Uzi Landau, Minister für öffentliche Sicherheit und ein großer Fan gezielter Tötungen, Dutzende von Polizisten und Schin-Bet-Agenten an, Unterlagen in Saris Universitätsbüro zu beschlagnahmen. Bei einer nächtlichen Razzia öffnete ein Schlosser die Eingangstür, worauf die Polizisten ihre Transporter mit Akten und Computern vollluden. Das gesamte Gebäude wurde mit herabgelassenen Stahlrolläden über den Fenstern und Türen versiegelt.[51]

Der Überfall löste international einen Aufschrei der Empörung aus. Selbst US-Botschafter Dan Kurtzer tadelte Scharon und Landau für das harte Vorgehen gegen einen Gemäßigten, der im Ausland den Friedensprozess voranzubringen versuchte. Ebenso verblüfft, rief ich Landau an und fragte, was das sollte. »Er ruft öffentlich zu einem Ende der Ermordung israelischer Zivilisten auf und ist deswegen bei den eigenen Leuten unter Beschuss geraten. Sagen Sie mir: Warum zu Teufel verfolgen Sie ihn? Wenn jemand Hoffnung für die Palästinenser verkörpert, dann er.«

»Warum?« Landau schien über meine Frage aufrichtig erstaunt, als liege des Rätsels Lösung auf der Hand. »Weil dieser Ihr Professor unser gefährlichster Feind ist.« An anderer Stelle titulierte Minister Landau Sari als »das freundliche Gesicht des Terrorismus.«

Derlei Äußerungen Landaus, eines Systemanalytikers mit einem Doktortitel vom MIT, lieferte für mich den Beweis, dass Israel nicht nur in die Tyrannei, sondern bald auch in den Irrsinn schlitterte.

Kapitel 22

Reisen mit Sari

Was dir verhasst ist, das tue nicht deinem Nächsten an.
Dies ist die ganze Thora; der ganze Rest ist Kommentar.
Rabbi Hillel

Ende Juli 2002 unterzeichneten Sari und ich in einem Hotel in einem bescheidenen feierlichen Akt vor dem Kern unserer Unterstützer unsere Übereinkunft. In der Marine zitieren wir gerne den römischen Schriftsteller Seneca, der da sagte, dass einem Seemann, der nicht wisse, wohin er segeln wolle, mit keinem Wind gedient sei. Habe dieser Seemann sein Ziel gewählt, könne er mit jedem Wind dorthin gelangen. Mit unserem Papier, das wir eine *Destination Map* nannten, wollten wir ein solches aufzeigen.

Ein Philosoph und ein Admiral a. D., der in die Tröpfchenbewässerung eingestiegen war, brauchten freilich deutlich mehr als einen Raum voller Gratulanten, um ihrem Plan Aufmerksamkeit zu verschaffen. Monate zuvor hatte US-Präsident Bush mit einem bewegenden Zitat aus dem Buch Deuteronomium – »Leben und Tod lege ich dir vor, Segen und Fluch. Wähle also das Leben« – für seine Roadmap zum Frieden geworben. Bush brachte die Europäer und Russen sowie Scharon und Arafat dazu, einen Weg abzustecken, bei dem Sari und mir klar war, dass er nirgendwohin führen würde. Erstens verlangte er von den Palästinensern absolute Sicherheit, für die sie angesichts ihrer zerstörten Infrastruktur überhaupt nicht sorgen konnten, selbst wenn sie gewollt hätten. Versperrt war er auch wegen des durchschlagenden Erfolgs von Baraks Slogan vom »fehlenden Partner«, gekoppelt an Scharons Strategie, die palästinensischen Institutionen zu zerschlagen. Die Palästinenser werden niemals ein Partner sein, sagte Barak immer wieder, deswegen müssten wir streng aus Eigeninteresse und ohne Rücksicht auf die palästinensischen Bestrebungen handeln.

Die neue palästinensische Regierung, auf internationalen Druck hin installiert, veränderte nichts an der grundlegenden Position der israelischen Regierung, obwohl Ministerpräsident Mahmud Abbas, ein Pragmatiker und längst ein Gegner politischer Gewalt, den Mut aufbrachte, seinem Volk zu sagen, dass Terror und Gewalt nur Zerstörung und Tod bringen würden. Mit seinem Stellvertreter, Finanzminister Salam Fayyad, einem Abgänger der Universität Texas, der sich ebenfalls gegen einen gewalttätigen Aufstand wandte, stand Abbas zertrümmerten Institutionen vor.

Unser Krieg dauerte fort. Binnen Tagen nach unserer Zeremonie in der Hotellobby warf ein F-16-Kampfjet der Luftwaffe eine Ein-Tonnen-Bombe auf das Haus von Salah Schehade, der nach seiner Entlassung aus dem Gefängnis 2001 das Kommando über die Kassam-Brigaden in Gaza übernommen hatte. Durch die Explosion starben fünfzehn Menschen, darunter Schahade, seine Frau und seine vierzehnjährige Tochter. Dutzende Unbeteiligte wurden verletzt.

Dieser Angriff, den Scharon als »einen unserer größten Erfolge« pries, führte zu einer internationalen Verurteilung und stieß in weiten Teilen der Luftwaffe auf Ablehnung: Eine Gruppe von dreißig Piloten von Black-Hawk-Hubschraubern und F-16-Jets unterzeichneten einen Brief, in dem sie die Weigerung äußerten, Bombenangriffe auf palästinensische Städte zu fliegen. »Man hört es auf Israels Straßen; Leute wollen Rache«, sagte ein Pilot. »Aber so dürfen wir uns nicht verhalten. Wir sind keine Mafia.«

Vor diesem Hintergrund zeigte mir Sari in den nachfolgenden Wochen, dass er deutlich mehr war als ein Philosoph im Elfenbeinturm. Da ich ihn seit fast zwanzig Jahren kenne, kann ich über ihn sagen, dass er ein immer neugieriger Geist mit der eisernen Entschlossenheit ist, unsere Besatzung mit Worten, Argumenten und Aktivitäten an der Basis zu bekämpfen. Während der Ersten Intifada war er mit dem Schin Bet in Konflikt geraten und hinter Gittern gelandet, weil er Botschaften Abu Dschihads heimlich an Aktivisten weitergeleitet hatte. Auch zeigte er selbstständiges Denken und die in unserem Teil der Welt stets rare Bereitschaft, mit nationalistischen Tabus zu brechen. Kurz nach dem Sechstagekrieg arbeitete er als Freiwilliger in einem Kibbuz, um Israelis kennenzulernen.[52]

Sari und ich trafen uns gewöhnlich an Freitagen in Hotels, Cafés oder in seinem Büro. Unsere Unterhaltungen halfen mir, die Ereignisse im Westjordanland zu verstehen und zu interpretieren. Von ihm erfuhr ich, wie Zonen, die einst Arafat beherrscht hatte, zu Lehen von Kriegsfürsten verkommen waren. Jungen mit Bartflaum über der Oberlippe lungerten an Maschinengewehren herum und brüllten Befehle. Statt Fußballstars verehrten die Jugendlichen den *schahid batal*, den Märtyrerhelden. »Tausende junger Männer und Frauen sind bereit, sich selbst in die Luft zu sprengen«, zitierte Sari mir gegenüber einen Lokalpolitiker. »Das ist ein neuartiges Phänomen. Sie ahnen nicht, wie bedeutend es ist.«

Sari führte ein Großteil des Chaos in Palästina direkt auf Scharons diabolisches Gehirn zurück. Das Endziel des Ministerpräsidenten, so seine Argumentation unter Berufung auf den Politologen Baruch Kimmerling, sei »Politizid« – den palästinensischen Willen zur Selbstbestimmung und Souveränität über das von ihnen als Heimat betrachtete Gebiet zu zerstören. Zustimmend zitierte er Kimmerlings Buch *Fighting the Demons: Israel's Killer General and His Legacy:* »Das Ziel [...] besteht darin, das Leben so unerträglich zu machen, dass die größtmögliche Mehrheit der rivalisierenden Bevölkerung, insbesondere ihre Elite und die Mittelschicht, die Region ›freiwillig‹ räumt. Typischerweise finden alle diese Aktionen in Namen von Recht und Gesetz statt. Ein zentrales Ziel besteht darin, die Hoheit zu gewinnen, um die eigene Seite als Rechtsvollstrecker und die andere als Verbrecher und Terroristen zu definieren.«

Sari, der die palästinensische Geschichte weitaus besser als ich kannte, rasselte eine lange Liste von Scharons Versuchen herunter, Arafat zu töten und die PLO zu vernichten. Sein gegenwärtiges Komplott bestehe darin, in der Westbank und im Gazastreifen Chaos ähnlich wie in Somalia zu stiften, um den palästinensischen Nationalismus zu delegitimieren und die anhaltende israelische Besatzung zu rechtfertigen.

Wie ein Ankläger im Gerichtssaal führte Sari als Beweise die ständigen Razzien in seiner Universität und Aktionen an, bei denen IDF-Soldaten das Zentralbüro für Statistik der Autonomiebehörde durchsucht und die Büros der arabischen Handelskammer und die entstehende Börse in Nablus geschlossen hatte. »Ein Krieg gegen den Terror ist eines. Aber warum gegen eine Börse vorgehen?«

Ich hatte seiner These vom Politizid nichts entgegenzusetzen. Einige meiner Kollegen im Militär sagten gerne über Scharon, dass bei ihm alles Taktik und nichts Strategie sei. Mit dieser Bewertung unterschätzen sie aufs Übelste einen Mann, der selbst dann, wenn er vollkommen im Irrtum war, immer noch strategisch dachte. Auch wenn niemand weiß, ob Scharon erkannte, dass er Palästina mit der Zerschlagung von Arafats Regime der Hamas preisgab, war er sich seines Tuns sicher bewusst, als er die Hoffnungen zerschmetterte, die Palästinenser als Partner gewinnen zu können.[53]

Seit den ersten Treffen hatte unsere Strategie darin bestanden, das Narrativ des Konflikts zu verändern und die Diplomatie aus den verrauchten Hinterzimmern auf die Straße zurückzuholen. Jetzt lautete die Frage, wie wir die Öffentlichkeit dazu bekommen könnten, unseren Vorschlag zur Kenntnis zu nehmen. Arjeh Rutenberg, der mich einst zur Suche nach Partnern für den Frieden herausgefordert und mich so mit Sari zusammengebracht hatte, schlug zu Anfang des Gesprächs vor, eine PR-Kampagne mit massiver Plakat- und Radiowerbung zu starten. Aber wir wussten, dass wir mehr unternehmen mussten, um die erhoffte Anzahl von Unterschriften zusammenzubekommen.

Eines Tages im Dezember 2000 saß ich mit Sari – den der stets unberechenbare Despot Arafat kurz zuvor als PLO-Vertreter in Jerusalem gefeuert hatte – in einem Café zusammen und diskutierte mit ihm das Kernparadoxon unseres Konfliktes.

Während sich die Gewaltspirale aus Tötungen und Vergeltungsschlägen immer schneller drehte, fiel uns eine seltsame Widersinnigkeit auf. Schakakis Meinungsumfragen zeigten weiterhin, dass die durchschnittlichen Israelis und Palästinenser zu einem Frieden ungefähr entlang der Linien unseres Papiers bereit waren.[54] Auf beiden Seiten befürworteten siebzig Prozent von ihnen eine Zweistaatenlösung, der höchste bislang dokumentierte Wert. Trotzdem schrien dieselben Leute nach Blut. Angesichts einer unmittelbaren Bedrohung scheinen Menschen aus dem Blick zu verlieren, warum sie sich gegenseitig umbringen, und wenden sich einem starken Mann zu, der ihnen Sicherheit verspricht. Aber nach ihrer Zukunft befragt, wollen sie Frieden und Wohlstand für ihre Kinder in einer Zweistaatenlösung und behaupten, sie unternähmen fast alles, um dies zu erreichen.

Der Grund für diese Schizophrenie, so vermuteten wir, bestand darin, dass fast niemand der Führung auf der jeweils anderen Seite traute. Wir glaubten, wenn wir den Israelis und Palästinensern aufzeigten, dass wir alle eine bessere Zukunft ungefähr entlang derselben Linien wünschten, könnten wir die ermutigenden Umfragen in eine Massenbewegung überführen. Einzelne würden aufgefordert, ihre Gegnerschaft zum Status quo und ihre Unterstützung für unsere vorgeschlagene Lösung zum Ausdruck bringen – durch den einfachen Akt, unser Dokument zu unterzeichnen. Obwohl wir keine Ahnung hatten, wie viele Unterschriften wir bekommen würden, bestand unsere Aufgabe auf israelischer Seite darin, möglichst viele einzusammeln, um öffentlichen Druck auf Knesset-Abgeordnete und Minister auszuüben, unsere Plattform zu übernehmen.

Den offiziellen Start legten wir auf Juni 2003 fest. Damit hatten wir sechs Monate, um zwei Organisationen, eine israelische und eine palästinensische, zu schaffen, die die Unterschriften einwerben sollten.

Sari nannte seine HASHD, ein arabisches Kürzel für »Volkskampagne für Frieden und Demokratie«, und präsentierte ein Programm mit der Botschaft an die Palästinenser, dass sie zur Befreiung Palästinas den bewaffneten Aufstand beenden, den Terror stoppen und skeptischen Israelis zeigen müssten, dass sie einen Partner hatten. Dies setzte die israelische Regierung stillschweigend unter Druck: Sollte sie sich fortgesetzt weigern, den Bedingungen des Friedens zuzustimmen, könnten sich die Massen zu einer Kampagne des zivilen Ungehorsams formieren – ähnlich der von Südafrikas Afrikanischem Nationalkongress (ANC).

Gestützt auf seine Erfahrungen als Führer während der Ersten Intifada, rekrutierte Sari ehemalige Gefangene, Leute mit Glaubwürdigkeit auf den Straßen, als Führer vor Ort. Einer von ihnen war bei einem Schusswechsel mit einem Siedler verletzt worden und hatte neun Jahre im Gefängnis gesessen. Saris Mann in Nablus war Abu Dschihads Assistent gewesen. Ein weiterer hatte während der Ersten Intifada Erfahrungen im Basteln von Molotowcocktails gesammelt. Saris Kontaktperson in Hebron hatte für Dschibril gearbeitet, nachdem er eine zehnjährige Haftstrafe abgebüßt hatte.

Unsere israelische Organisation, People's Voice, hatte einen Vorstand mit vierundzwanzig Mitgliedern aus fast allen gesellschaftlichen Bereichen, darunter die Führerin einer feministischen Organisation, einen ehemaligen Polizeichef, einen ehemaligen höheren Beamten des Mossad, einen Professor für jüdische Studien und den Inhaber einer Talentagentur – allerdings keine ehemaligen Häftlinge.

Für unser Hauptquartier mieteten wir zwei Räume in einem Gebäude neben der Börse in Ramat Gan an. Wir rekrutierten Dutzende Ehrenamtliche, die zu unserer Unterstützung eigens Urlaub nahmen. Um Unterschriften zu sammeln, stellten wir Hunderte Studenten dazu ab, an Türen zu klopfen, Leute auf der Straße anzuhalten und auf Kunden in Einkaufsstraßen zuzugehen.

Ende Juni gaben Sari und ich auf einer Pressekonferenz in Tel Aviv für die Kampagne schließlich den Startschuss. Hatte ich bislang immer diskret – unter der Meeresoberfläche und im Verborgenen – agiert, so musste ich jetzt in Versammlungssälen, Schulen und Vereinen um Unterstützung werben, Hände schütteln und mit Menschen unterschiedlichster Herkunft reden, darunter mit Russen, Äthiopiern, traditionell rechtsgerichteten religiösen Juden und israelischen Arabern. Mich ins Rampenlicht zu stellen, war für mich so, als würde ich aus dem Wasser auftauchen und an Land kriechen.

In meinen üblichen Ansprachen vermied ich es, in politische Theorien oder Reflexionen zu Clausewitz abzuschweifen. Ebenso ließ ich Rückblenden zum jüdischen Humanismus weg, der unsere Unabhängigkeitserklärung prägte. Ich dampfte unsere Botschaft ganz auf den harten Kern ein: Wir brauchten nicht deshalb eine Zweistaatenlösung, weil wir Palästinenser mochten oder Arafat einen Staat gönnen wollten, sondern weil Israel als jüdische Demokratie nicht würde überleben können, sollten wir das Territorium der Palästinenser dauerhaft besetzt halten und ihnen ihr Anrecht auf einen eigenen Staat verweigern. Anhaltende Besatzung würde unweigerlich zu einem einzigen Staat führen und für den Zionismus, wie wir ihn kannten, das Aus bedeuten.

Zunächst stieß meine Botschaft auf geballte Skepsis. »Ja, ja, Sari ist ein großartiger Typ«, hörte ich hundertmal. »Wir schließen doch keinen Frieden mit *ihm*, sondern mit *denen*« – den gewalttätigen, mordgierigen Bewohnern des Dschungels. Trotzdem trudelten schon bald Unterschriften ein und in größeren Zahlen, als ich erwartet hatte. Bis Oktober hatten neunzigtausend Israelis die Erklärung unterzeichnet, und zwanzigtausend weitere kamen jeden Monat hinzu. Ornis Idee folgend, konnten wir sogar die drei ehemaligen Schabak-Direktoren Avraham Schalom, Jaakow Peri und Karmi Gilon gewinnen. Es versteht sich von selbst, dass meine Eltern sowie die meisten Mitglieder des Kibbuz Maagan den Plan unterzeichneten, auch wenn ihnen der Wasserstand des Sees Genezareth oder der Ertrag der Bananenernte wahrscheinlich wichtiger war als Frieden mit den Palästinensern.

Ein israelischer Journalist bezeichnete Saris Kampagne so: »Im Vergleich zu den Financiers, Managern und Werbeexperten, die mit Ami Ajalon arbeiten, erweckt Nusseibeh den Eindruck, als versuche er mit einem ramponierten alten Wagen auf einer versperrten unbefestigten Straße in den Gebieten herumzukurven.[55] Da Telefone und Internet im zerbombten Palästina selten funktionierten, mussten die Unterschriften einzeln, von Angesicht zu Angesicht eingesammelt werden. Sari und seine Gruppe ehemaliger Knastbrüder waren zu Fuß unterwegs, ritten auf Eseln oder fuhren per Anhalter bei Bauern auf Traktoren mit, um irgendwie in die von Ausgangsbeschränkungen betroffenen Dörfer, Flüchtlingslager und Städte zu gelangen.

Manchmal wurden Saris Aktivisten von Hamas-Leuten belästigt, die sie als Feinde und Kollaborateure der Israelis betrachteten, und manchmal von IDF-Soldaten an Kontrollpunkten verhaftet, weil sie in israelischen Gefängnissen gesessen hatten. In Dschenin nahmen Schabak-Agenten Leute aus Saris Team fest in der Hoffnung, sie als Informanten anwerben zu können. Wenn sie ablehnten, erwiderten die Agenten: »Ihr seid doch schon Kollaborateure. Schaut her, ihr arbeitet für Sari, und der arbeitet bei Ami, und Ami war einst der Chef des Schin Bet.« Seine Kritiker gingen mit Sari erbittert ins Gericht für seine Zusammenarbeit mit »einem Mann, der uns angegriffen, gefoltert und unsere Führer ermordet hat«. Sie prophezeiten ihm, dass er als einzige seine eigene Unterschrift einholen würde. Saris Mutter weigerte sich zum Beispiel zu unterzeichnen.

»Ami war einmal ein Feind, da gebe ich euch recht«, antwortete Sari seinen Kritikern. »Aber mit Peaceniks ist kein Frieden zustande zu bringen, und übrigens haben wir wechselseitige Interessen. Er weiß, dass es das Beste für Israel ist, wenn wir unseren eigenen Staat bekommen.«

Mit einer Kombination aus Hartnäckigkeit, Aufrichtigkeit und Scharfsinn gelang es Sari, Unterschriften beizubringen. Im Flüchtlingslager Arrub bei Hebron schlossen sich von neuntausend Bewohnern elfhundert der Erklärung an. In Dschenin gewann Sari dreitausend Unterstützer und siebzig lokale Fatah-Führer. Tausende weitere Unterschriften kamen aus dem Gazastreifen, in dem die Hamas ihre Hochburgen hat. Eine Frau sagte Sari, sie unterzeichne deshalb, weil sie in der ersten Woche der Intifada ihren Sohn verloren habe. Sie unterstütze die Kampagne, weil sie »keine weiteren Kinder verlieren« wolle.

Zudem gewannen wir große internationale Rückendeckung. Das Europäische Parlament befürwortete unser Projekt. In einer Kolumne in der *New York Times* schlossen sich Robert McNamara, Verteidigungsminister während des Vietnamkrieges, Zbigniew Brzezinski, Jimmy Carters nationaler Sicherheitsberater, sowie Warren Christopher, Clintons Außenminister, einer Unterstützungserklärung an. Unabhängig davon bekundete Bushs Außenminister Colin Powell seine Zustimmung in öffentlichen Verlautbarungen durch seine Pressesprecher.

Im Oktober 2003 gingen Sari und ich mit unserem Anliegen auf die Reise. Eine Stunde verbrachten wir beim stellvertretenden Verteidigungsminister Paul Wolfowitz, einem neokonservativen Falken in Sachen Sicherheit, in seinem Büro im Pentagon mit Blick auf den Potomac. Er fand unseren Plan überzeugend und pries ihn in einer öffentlichen Rede an der Universität Georgetown. Die Fürsprache einer so einflussreichen Person innerhalb der US-Administration machte die israelischen Politstrategen plötzlich hellhörig. »Jeder in Israel liest [Wolfowitz' Rede] sehr sorgfältig«, sagte ein israelischer Offizieller. »Wenn es von ihm kommt, ist es seriös.«[56]

Zurück in Israel erhielten wir Ende Dezember eine Einladung, unseren Plan auf der Herzlia-Konferenz zu präsentieren, wo alljährlich die finanzielle, politische und akademische Elite Israels und der jüdischen Welt zusammentritt. Die Tagung hat sich zu einem Forum zur Einführung eines neuen Denkens mit Blick auf Israels strategische Probleme entwickelt. Und auf ihr hält der Ministerpräsident denn auch normalerweise die israelische Version der Rede zur Lage der Nation.

Sari bezeichnete die Konferenz als großartigen Wettstreit, weil unser Friedensplan und verschiedene weitere diskutiert werden sollten. Aber er hegte auch Zweifel, denn ein Jahr zuvor hatte Scharon die Konferenz dazu genutzt, seinen Plan zur Errichtung einer Mauer bekannt zu geben, um Israel gegen einen Großteil des Westjordanlands und des Gazastreifens abzuschotten. Sie sollte direkt durch das Gelände der al-Quds-Universität in Ostjerusalem verlaufen.[57]

Ich versicherte Sari, dass sich die Teilnahme lohnen werde. Es war eine hervorragende Gelegenheit, um Israels politische und geistige Elite mit der Wahrheit zu konfrontieren.

Derweil ersann Orni einen anderen Weg, um unsere Botschaft massenhaft unter die Leute zu bringen. Seine Idee war, die Tageszeitung *Jediot Acharonot,* die an Freitagen eine Auflage von sechshunderttausend Exemplaren erzielt, zu einem Interview mit mir und den drei ehemaligen Direktoren des Schin Bet zu bewegen, die People's Voice unterstützten. Die Redaktion betrachtete dies als Coup: Niemals zuvor hatten sich die geheimnisumwitterten Chefs unserer Geheimpolizei an die Öffentlichkeit gewandt. »Die ehemaligen Sicherheitschefs«, hieß es in dem Artikel, »warnen vor einer bevorstehenden ›Katastrophe‹ für Israel und fordern die Öffentlichkeit auf, sich hinter ein Dokument zu stellen, das die Prinzipien einer Zweistaatenlösung für Israel und Palästina umreißt.«

Im Interview wandte sich Jaakow Peri, der Direktor während der Ersten Intifada, gegen jedwede Andeutung, dass er oder einer von uns »Linke« seien.

»Dieser Tage sollte jemand dieses soziologische Phänomen untersuchen. Warum werden alle – die Chefs des Dienstes, die Stabschefs, die ehemaligen Sicherheitsleute – nach einer langen Laufbahn in der Sicherheit zu Standartenträgern einer Aussöhnung mit den Palästinensern? Warum? Weil wir dort waren. Wir kennen die Leute, die Landschaft; wir kennen beide Seiten.«

Karmi Gilon, mein Vorgänger, übersetzte die Botschaft von People's Voice in Worte, die einfache Israelis verstanden: »Ich mache mir große Sorgen um die Zukunft. Ich schaue meine Töchter an, die sind noch jung, und mir ist klar, dass wir uns in die Auflösung bewegen.«

Ich warf ein, dass bei einer Fortsetzung des gegenwärtigen Kurses mit unserem Sieg über den Terror »stetig weiter in einen Zustand hineinmarschieren, in dem der Staat Israel keine Demokratie und keine jüdische nationale Heimstatt sein wird«.

Auf der bevorstehenden Herzlia-Konferenz sollte ich erfahren, welche meiner Äußerungen sich im Rückblick als besonders schicksalhaft erweisen würden: »Unter diesen furchtbaren Umständen, wenn Bürger in Restaurants und in Bussen niedergemetzelt werden, glaube ich nicht, dass es einen anderen Weg gibt, als eigenständige Schritte zu unternehmen. Wenn der Staat Israel morgen früh erwachen, sich aus Gaza zurückziehen und ernsthaft mit dem Abriss illegaler Siedlungen beginnen würde, wie wir dem amerikanischen Präsidenten versprochen haben, dann bin ich angesichts meiner Jahre der Vertrautheit mit unseren künftigen Partnern davon überzeugt, dass die Palästinenser an den Verhandlungstisch kommen werden.«[58]

Eine Übergabe des Gazastreifens an die Palästinensische Autonomiebehörde würde beweisen, dass wir es mit Verhandlungen ernst meinten. Sie würde sie zwingen, hervorzutreten und wieder eine Arbeitsbeziehung aufzubauen, die den Hamas-Terror bereits einmal gestoppt hatte und dies wieder tun könnte.

Kapitel 23

Der falsche Weg heraus

Die Herzlia-Konferenz wurde am 18. Dezember 2003 eröffnet. Verschiedene Gruppen, darunter People's Voice, waren aufgefordert, Pläne zur Lösung des israelisch-palästinensischen Konflikts vorzulegen. Vor der Pause zum Mittagessen sollten die Teilnehmer dann über die unterschiedlichen Vorschläge abstimmen.

Als erste auf der Bühne stellten der Israeli Jossi Beilin und der Palästinenser Jasser Abed Rabbo ihre Genfer Übereinkunft vor, einen Plan ähnlich wie unserer, wenn auch ohne die basisdemokratische Komponente. Als nächstes präsentierte seine Vorstellungen Avigdor Lieberman, ein ehemaliger Leiter von Ministerpräsident Netanjahus Büro, Gründer der rechtsgerichteten Partei Jisrael Beitenu und – für die Zeit von 2016 bis 2018 – Israels künftiger Verteidigungsminister. Sein Vorhaben entsprach so ganz den Erwartungen an einen Mann, der einmal vorgeschlagen hatte, palästinensische politische Gefangene im Toten Meer zu ertränken:[59] Er verlangte, sämtlichen unbesiedelten Boden im Westjordanland zu annektieren und derweil die demografische Zeitbombe in Israel zu entschärfen – mit offenen Apartheidregelungen. Zonen innerhalb unserer Grenzen von vor 1967 mit großer arabischer Bevölkerung sollten Arafat übergeben werden, während die in Israel verbliebenen Araber einen Loyalitätseid gegenüber dem »jüdisch-zionistischen Land« ablegen müssten oder ausgewiesen würden. Einfach.

Sari und ich traten als letzte auf. Als die Organisatoren zusammenzählten, kamen wir auf 65 Prozent, die Genfer Übereinkunft auf 25 Prozent und Liebermanns Annexionsplan auf 10 Prozent der Stimmen. Dieses Ergebnis sorgte nicht dafür, dass sich Sari und ich gegenseitig auf die Schultern klopften, da die Anwesenden im Raum die Elite und eben nicht die Basis repräsentierten. Aber die Abstimmung war trotzdem von Wert, insbesondere angesichts dessen, was sich in der Runde am Nachmittag abspielen würde.

Als nach dem Mittagessen Ministerpräsident Ariel Scharon die Stufe zur Bühne hochtrampelte, wusste außerhalb seines innersten Kreises niemand, dass ihn eine Woche zuvor eine Gruppe amerikanischer jüdischer Politiker in seinem Büro aufgesucht und mit einem Artikel aus *The Jewish Forward* gewedelt hatten. Mit »The Spooks Speak: Former Shin Bet Chiefs Talk of Peace« überschrieben, handelte es sich um die Übersetzung einer Vorlage aus *Jediot.* »Nach diesem Interview«, teilten die Leute Scharon mit, »wird es für uns schwieriger, Sie [im Kapitol] zu verteidigen.« Angesichts einer wachsenden internationalen Unterstützung für Beilins und Rabbos Genfer Friedensplan und einer Gruppe gewissenhafter Opponenten aus Offizieren und Kampfpiloten, die den Dienst in den besetzten Gebieten verweigerten, hatte das Treffen Scharon davon überzeugt, dass er drastisch reagieren musste, um die amerikanischen Juden in seinem Krieg gegen die palästinensische Regierung auf seiner Seite zu halten.[60]

Für den Ministerpräsidenten im dunklen Anzug mit knallroter Krawatte war diese Herzlia-Rede auf politischer Ebene so wichtig wie einst die Überquerung des Suezkanals und die Umzingelung der ägyptischen Dritten Armee während des Jom-Kippur-Krieges. Er begann mit einer Erörterung von Israels Rolle in seinen Beziehungen zu westlichen Demokratien. Wir bräuchten eine offene Gesellschaft, um im Wettbewerb in der neuen globalisierten Wirtschaft bestehen zu können. Israels Sicherheit hänge von unseren Beziehungen zu den westlichen Demokratien ab. Wir müssten für amerikanische und europäische Juden, die ein Leben in freien Gesellschaften mit Rechtsstaatlichkeit gewohnt sein, ein attraktives Ziel sein. Diesen Teil der Rede hätte ich selbst schreiben und vortragen können.

Mit zuversichtlicher, fester Stimme gab Scharon als nächstes eine Vision für die Zukunft zum Besten, die ebenfalls aus einem Flugblatt von People's Voice hätte stammen können. Israel, so sagte er, wünsche eine Koexistenz mit »einem demokratischen Palästinenserstaat mit einem zusammenhängenden Gebiet in Judäa und Samaria und mit wirtschaftlicher Funktionstüchtigkeit.« Solche friedfertigen Töne hatte von dem General bislang noch keiner vernommen.

Sari, der Kopfhörer für die Simultanübersetzung trug, blickte mich mit weit geöffneten Augen an.

»Abwarten«, bedeutete ich ihm mit einer angehobenen Hand. Ich kannte Scharon viel zu gut, um mich blenden zu lassen. Etwas war faul.

Tatsächlich meldete sich im Nu der bekannte Bulldozer zurück. »Nur Sicherheit wird zum Frieden führen«, verkündete Scharon, »und in dieser Reihenfolge.« Als Direktor des Schabak hatte ich drei Ministerpräsidenten unmissverständlich deutlich gemacht, dass Frieden und Sicherheit miteinander verquickt waren. Die Sicherheitskooperation mit den Palästinensern war im Kampf gegen den Terror entscheidend und nur dann möglich, wenn in der palästinensischen Öffentlichkeit echte Hoffnung bestand, dass die israelische Besatzung enden würde. Scharons Botschaft zielte in die entgegengesetzte Richtung, mit einem Seitenhieb auf uns als denjenigen, die »die Öffentlichkeit täuschen« und »falsche Hoffnung« wecken würden.

»Ohne die Errungenschaft umfassender Sicherheit innerhalb des Rahmens, durch den Terrororganisationen zerschlagen werden, ist ein Frieden unerreichbar. [...] Der gegenteilige Ansatz, wonach allein die Unterzeichnung eines Friedensabkommens Sicherheit aus dem Nichts heraus schaffen werde, wurde bereits in der Vergangenheit erprobt und ist erbärmlich gescheitert. Und dies wird das Schicksal jedes anderen Planes sein, der dieses Konzept befördert. Diese Pläne führen die Öffentlichkeit hinters Licht und wecken falsche Hoffnungen. Vor der Auslöschung des Terrors wird es keinen Frieden geben.«

Dieser unmögliche Standard – »volle« Sicherheit und die komplette »Auslöschung« des Terrors – konnte angesichts der anhaltenden Gewalt durch Siedler und Polizisten keine Regierung, nicht unsere und ganz sicher nicht die schwerangeschlagene Palästinensische Autonomiebehörde, gewährleisten.

Dann ließ Scharon seine Bombe platzen: Er schlug eine Evakuierung derjenigen Siedlungen vor, »die im Rahmen eines künftigen dauerhaften Abkommens nicht ins Territorium des Staates Israel einbezogen werden« könnten. Derweil solle die »Kontrolle über diejenigen Zonen des Landes

Israel gestärkt werden, die ein untrennbarer Teil des Staates Israel in jedem künftigen Abkommen sein werden«. Angeblich sollten nur Siedlungen auf unserer Seite der Sperranlage, die unsere Regierung mit solcher Begeisterung baute, unter israelischer Souveränität bleiben.

Scharon, ein Stratege, kalkulierte sorgfältig jeden seiner Schritte. Was führte er im Schilde? Nach der allgemeinen öffentlichen Wahrnehmung schlug der Ministerpräsident vor, mit der Abrissbirne gegen sein eigenes Lebenswerk vorzugehen, mit Israels erstem konkretem Schritt, die Besatzung mit der Räumung von Siedlungen zu beenden. Ich war mir da nicht so sicher.

Einige Wochen nach der Konferenz wurden Einzelheiten dessen bekannt gegeben, was später der »Loslösungsplan« der Regierung Scharon heißen sollte – der vollständige Rückzug aus dem Gazastreifen und aus kleineren Siedlungen in der Westbank, wobei die allermeisten Siedlungen in Judäa und Samaria unangetastet bleiben würden. Erst jetzt begann ich einige Feinheiten in Scharons Vorschlag zu begreifen. Der Gazastreifen mit seinen prall gefüllten Flüchtlingslagern hatte Israel von jeher Kopfzerbrechen bereitet. Aus Scharons Sicht war die Loslösung eine Gelegenheit, diese Verantwortung loszuwerden und sich dabei das Verdienst zuschreiben zu lassen, den Friedensprozess voranzubringen. Sollte Gaza ein Probelauf werden, auf den die Evakuierung größerer Siedlungen im Westjordanland folgen würde? Oder war der Streifen für Scharon nur ein Bauernopfer, um die Königin, Judäa und Samaria, zu retten?

Dazu holte ich unter meinen Freunden Meinungen ein. Pichas Wallerstein überraschte mich mit seiner Mischung aus Pragmatismus und Widerspruch. Viele Siedler, so sagte er mir, hätten sich mit der Aufgabe des Gazastreifens abgefunden: Dieser war auch für sie zum Albtraum geworden. Trotzdem meinte Pinchas, Scharon habe »seine Seele dem Teufel verkauft«: In früheren politischen Reden hatte er keine Gelegenheit ausgelassen, der Arbeitspartei vorzuwerfen, dass sie einen Rückzug aus Gaza erwäge. Die Siedlungen seien ebenso sehr ein Teil Israels wie Tel Aviv. Und jetzt wollte er ohne Diskussion und mit wenig Rücksicht auf den demokratischen Prozess die Siedler evakuieren, notfalls mit Gewalt. »Scharon ist gefährlich«, sagte er, »weil wir dachten, wir bekämen etwas, und jetzt sieht es so aus, als bekämen wir etwas anderes.«

Pinchas hatte nicht ganz unrecht.

Matti Steinbergs Einschätzung fiel nicht minder vernichtend aus. Mit seinem »groben unilateralen Format«, sagte er, sei Scharon mit einem Sherman-Panzer über säkulare, moderate Palästinenser wie Sari und Mahmud Abbas hinweggewalzt. Mit ihnen könnten wir einen Ausgleich erzielen, um den Konflikt ein für alle Mal zu beenden. Aber indem Scharon die Hoffnung zermalmt und mit Blick auf die strategischen Kernprinzipien Argwohn und Angst geweckt habe, habe er die Machtbalance im Gazastreifen zugunsten der Hamas verschoben und die Art Chaos gestiftet, die weitere einseitige Schritte rechtfertigten. Statt eines einzigen Palästinenserstaats an der Seite Israels würde es mindestens zwei, vielleicht mehr Palästinas neben Israel geben, vollgepackt mit wütenden, verzweifelten Menschen.

Sari stieß ins gleiche Horn. Scharons Plan sei eine ausgeklügelte Finte, um die Gemäßigten auszuschalten und den radikalsten Fanatikern, von denen die meisten Terroranschläge ausgingen, Zulauf zu verschaffen. Die Idee sei, so Sari, »die Tiere jenseits der Mauern« – Palästinenser wie ihn – »in Schach zu halten«. Sie ziele speziell darauf ab, Kampagnen zugunsten einer Koexistenz wie unserer den Boden zu entziehen.[61]

Aber unabhängig von Scharons Absichten avancierte sein Plan für die meisten, auch für die amerikanische Regierung, zur einzigen Option.

Sari und ich verstärkten unsere Anstrengungen, Scharons Politik der Angstmache etwas entgegenzusetzen. Unterschrift für Unterschrift zeigten wir, dass unsere Völker Partner im Frieden sein konnten. Bis Anfang 2004 hatten sich 350 000 Israelis unserer Kampagne angeschlossen. Sari zog den Chef der Fatah in Gaza auf unsere Seite. Der Gouverneur von Nablus, der im Kampf gegen die Israelis beide Söhne verloren hatte, unterzeichnete ebenfalls. Anders als wir befürchtet hatten, verkniff es sich der erratische Arafat, Schlägertypen loszuschicken, um Sari ins Gefängnis zu werfen, und unterstützte ihn stattdessen stillschweigend. Als Sari auf einer Konferenz der Fatah-Führung unsere Hauptpunkte präsentierte, wurde er mit Geschrei als Verräter beschimpft, weil unser Plan ein Rückkehrrecht für Flüchtlinge ausschloss. Arafat, ein ewiger Meister der Mehrdeutigkeit, schwieg dazu, was Sari als Zustimmung deutete.[62]

Die Massenmorde setzten sich fort. Im Januar und Februar schicken die Hamas und die al-Aqsa-Brigaden, eine Mischung aus säkularen bewaffneten Gruppen, viele mit Verbindungen zur Fatah, weitere Selbstmordattentäter los. Für Scharon war es jetzt an der Zeit, Scheich Ahmad Jassin zu beseitigen, den querschnittsgelähmten Gründer und spirituellen Führer der Hamas. Als ihn seine Personenschützer am 22. März zum Morgengebet in eine Moschee schoben, tötete ein Apache-Kampfhubschrauber mit einer amerikanischen Hellfire-Rakete ihn, seine Bodyguards und neu Unbeteiligte.

Nach einem vormaligen Versuch seiner Ermordung hatte der Scheich in einer erschreckend treffsicheren Vorausschau gesagt: »Die Tage werden zeigen, dass die Mordpolitik die Hamas nicht zugrunde richten wird. Hamas-Führer wollen Märtyrer sein und fürchten den Tod nicht. Der Dschihad wird fortdauern und der Widerstand weitergehen bis zum Sieg oder bis wir Märtyrer sind.«

Durch die Tötung Jassins gab Scharon der Hamas einen höchst profilierten Märtyrer an die Hand mit der Garantie, dass die terroristische Seuche, die er angeblich im Zaum zu halten versuchte, weiter um sich greifen würde. Zweihunderttausend Menschen nahmen an der Beisetzung des Scheichs teil, und die Meinungsumfragen, die Schakaki unter den Palästinensern im Westjordanland und im Gazastreifen durchführen ließ, erbrachten erstmals eine mehrheitliche Unterstützung für die Hamas.

Die nächste Phase von Scharons Loslösungsplan ließ das Pendel von der säkularen und pragmatischen Fatah noch weiter weg in Richtung Hamas ausschlagen. In seinem Brief vom 14. April an US-Präsident George W. Bush erklärte Scharon: »Es existiert kein palästinensischer Partner, um sich friedlich auf eine Einigung zuzubewegen.« Auch dachte Scharon gar nicht daran, den Abzug aus dem Gazastreifen mit der palästinensischen Regierung unter Ministerpräsident Mahmud Abbas zu koordinieren. Die IDF zogen einfach ab und machten es so möglich, dass die Hamas als die gewalttätigste Kraft in Gaza die Oberhand gewann.

Obwohl ich den keinen Tag zu früh erfolgenden Abzug aus Gaza unterstützt hatte, hätte ich angesichts Scharons einseitigen Schritten am liebsten den Kopf in den Sand gesteckt. Noch ehe wir unsere Flaggen einholten und die IDF-Stützpunkte und Siedlungen in Gaza räumten, feierte die Hamas ihren Triumph. Dank des weitverbreiteten Narrativs unter

Palästinensern, wonach Friedensverhandlungen mit Israel nur Verderben gebracht hätten, verschob sich die Machtbalance noch stärker zu ihren Gunsten.

Die Hamas hatte ihre Mordkampagne als Reaktion auf die Osloer Abkommen begonnen. Ihre Gemetzel mit Hunderten israelischer Todesopfer hatten daran mitgewirkt, den Friedensprozess aus dem Gleis zu werfen, und unserer Regierung überantwortete ihr jetzt zur Belohnung quasi gratis den Gazastreifen. In einem Zeitungskommentar, den ich für *The Jerusalem Post* aufs Papier warf unter der Überschrift: »Der falsche Weg heraus« schrieb ich: »Mit seiner Bereitschaft, ganze israelische Gemeinden hinauszutreiben, ohne Gegenleistung und festgelegtes Endziel, hat Scharon scheinbar radikale arabische Träume erfüllt, uns zu vertreiben – durch Gewalt und nach und nach.[63]

Im Mai organisierte die Arbeitspartei eine Kundgebung, die laut Prognosen zur größten von Israels Friedenslager seit Rabins Tod werden sollte, einen Marsch zur Unterstützung von Scharons Gaza-Politik. Peace Now, dieselbe Organisation, die zwanzig Jahre zuvor gegen das Massaker von Sabra und Schatila protestiert hatte, beteiligte sich an der Planung. Die Organisatoren, die Loslösung mit Sicherheit gleichsetzten, baten mich darum, die Veranstaltung zu eröffnen und unmittelbar vor Schimon Peres eine Rede zu halten.

Ich stimmte zu, weil klar war, dass ein Abzug aus dem Gazastreifen keinen Tag zu früh kam. In der Woche vor der Kundgebung begingen Islamisten in Gaza den Nakba-Tag, indem sie israelisch Armeefahrzeuge angriffen und dreizehn Soldaten töteten. Als Vergeltung führten die IDF schwere Schläge gegen Gaza aus, bei denen zweiunddreißig Palästinenser starben und über dreihundert verletzt wurden.

Es gab noch einen Grund für meine Bereitschaft, die Veranstaltung zu eröffnen. Meine Zeit im Schabak hatten mich zu einem aufmerksamen Beobachter nationaler Narrative gemacht. Jahrelang hatte ich die Israelis vor den Gefahren gewarnt, der Hamas unilateral einen Sieg in die Hand zu legen und ihr Narrativ zu stärken, wonach die Zionisten nur die Sprache der Gewalt verstünden. Jetzt sah ich ein weiteres zutiefst besorgniserregendes Narrativ Wurzeln schlagen.

Die Loslösung polarisierte Israel, indem sie zwischen der Mehrheit, die einen raschen Rückzug aus Gaza wollte, und den religiösen Siedlern einen Graben aufriss. Aber ohne ihre Scheuklappen hätte die Linke erkannt, dass die Siedler, die Vorhut des Zionismus an den Grenzen, nur das Projekt der Kibbuzniks meiner Elterngeneration fortsetzten, die Israels Siedlungs- und Sicherheitsethos geprägt hatten. Die säkularen Israelis übersahen, dass uns alle eine glühende Liebe zum Land Israel einte und wir alle keine Zweifel hatten, dass es unser Recht sei, es zu »erretten«. Seit 1967 hatten religiöse Siedler mit Schweiß und Blut den Boden von Judäa, Samaria und Gaza bestellt, worauf sich die arabische Welt dank ihrer Anstrengungen mit uns arrangiert hatte. Anstatt die Siedler in einem Scherbengericht als Unkraut zu verunglimpfen, das aus unserem adrett gepflegten säkularen Garten mit der Wurzel herausgerissen werden müsse, hätten wir säkulare Nationalisten sie als heimkehrende Nationalhelden auf Schultern tragen sollen.

Ich schrieb meine Rede zu Ende. Wenige Minuten später sprangen Biba und ich in den Wagen und fuhren nach Tel Aviv.

Über 150 000 Israelis drängten sich an diesem Samstagabend des 15. Mai auf dem Rabin-Platz zusammen. Die Bühne hinter mir war mit einem Banner behängt, auf dem es hieß: RAUS AUS GAZA, MIT REDEN BEGINNEN, obwohl »Reden« im Schachspiel des Ministerpräsidenten keinerlei Rolle gespielt hatte.

Die säkulare linksorientierte Menge feierte in Festtagsstimmung, was sie als Loslösung von den Palästinensern und ebenso von den jüdischen »Fanatikern« in ihren Jeschiwot und Siedlungen – ein Fluch für »unser« Israel – ansahen. Durch den Zeitpunkt der Kundgebung unmittelbar nach dem Schabbat blieben fromme Juden wie zufällig ausgeschlossen. Sie schafften es schlicht nicht, rechtzeitig herzukommen.

Als ich auf die Bühne stieg und auf die Spruchbänder von Peace Now, die Luftballons und auf die hupende und johlende Menge in Feierlaune herabblickte, fielen mir wieder Fetzen aus Gesprächen mit Rabbis und Siedlern ein: Wie Recht sie hatten, auf die Heuchelei der Linken hinzuweisen, die ohne Schuldgefühle auf ehemals arabischen Grundstücken lebten, während sie mit dem Finger auf die Siedler im Westjordanland zeigten.

An einem gewissen Punkt in der Rede, nachdem ich zugunsten der Loslösung Stellung bezogen hatte, fragte ich: »Wo sind unsere Brüder, die religiösen Siedler aus Judäa, Samaria und Gaza?« Stille senkte sich über die Menge herab. Die Lichter blendeten. Ich erkannte meine Stimme, die tausendfach verstärkt den Platz erfüllte, selbst kaum wieder. »Sind sie deshalb nicht hier, weil wir sie nicht hier haben wollten?«

»Wir haben mit den Siedlern deshalb nie einen echten Dialog angeknüpft«, fuhr ich fort, »weil wir es nie wollten. Wir haben die Siedler zu Feinden gestempelt. Wir haben sie arrogant hinausgeworfen. Wir haben die Suche nach Frieden monopolisiert. Deshalb ist die Mehrheit heute nicht hergekommen, obwohl ich weiß, dass sie gerade heute hätten kommen wollen. [...] Die meisten sind ebenso sehr für den Abzug aus Gaza wie wir. Aber sie wollen ihn, nachdem sie die Nationalflagge auf halbmast gesetzt, eine Schweigeminute eingelegt und sich eine Träne abgewischt haben, weil ihr zionistischer Traum zerplatzt ist. Die Mehrheit wird sich uns nur dann verbunden fühlen, wenn der Schmerz derjenigen, die evakuiert werden müssen, mehr Gehör bekommt als der Jubel derer, die die Evakuierung durchführen werden.«

Meine Partnerschaft mit Sari hatte mich bereits Freunde auf der Rechten gekostet, und mit der Rede in Tel Aviv an diesem Abend verlor ich jetzt Freunde auf der Linken. »Auf welcher Seite stehst du?«, fragten mich Leute. Ich war unsicher, was ich antworten sollte. Ich dachte immer noch, dass ich einfach den Zionismus verteidigte, zu dem ich erzogen worden war.

Kapitel 24

Der Sextant

Ohne prophetische Offenbarung verwildert das Volk.
König Salomo

Wir werden nie erfahren, was Scharon mit seiner Loslösung wirklich im Schilde führte. Opferte er mit Gaza wirklich den Bauern, um die Königin – Judäa und Samaria – zu retten? Dov Weisglass, Generaldirektor im Büro des Ministerpräsidenten, deutete die Loslösung als eine Maßnahme, um eine politische Lösung zu verhindern. Gaza aufzugeben, »liefert die notwendige Menge an Formaldehyd, damit es keinen politischen Prozess mit den Palästinensern gibt. Wenn man diesen Prozess einfriert, verhindert man die Errichtung eines palästinensischen Staates und [...] eine Diskussion um die Flüchtlinge, die Grenzen und um Jerusalem. Damit wurde dieses ganze Paket des sogenannten Palästinenserstaates mit allem, was es mit sich bringt, wirkungsvoll auf unbestimmte Zeit aus unserer Agenda gestrichen [...], bis sich die Palästinenser in Finnen verwandeln.«

Sari, kein Freund von Formaldehyd, machte sich im Herbst 2004 zum Radcliffe Institute der Universität Harvard auf, um seine Memoiren zu schreiben, gerade um die Zeit, als Arafat in Paris unerwartet starb. Wie die meisten Palästinenser war Sari überzeugt, dass Scharon seinen Erzfeind ins Jenseits befördert hatte. Da in den Universitätsgebäuden Rauchen inzwischen verboten war, setzte sich Sari auf den Harvard Square oder ging dort auf und ab, während er seine Memoiren auf Notizblöcke schrieb.

Er begann mit einem Bericht über seinen Vater Anwar, den in Oxford ausgebildeten Richter, und seinen Kampf gegen die zionistische Generation meines Vaters. Als Junge waren mir das Meer, der Himmel und die Wüsten endlos erschienen, bis ich von unseren Bananenpflanzungen aus nach Osten blickte. Stacheldraht, Landminen und syrische Kanonen auf den Golanhöhen bildeten dort eine undurchdringliche Barriere. Die arabische Welt war für mich ein riesiges Niemandsland.

Saris Niemandsland begann hinter der Villa seiner Familie. Als Junge saß er gern oben in seinem Zimmer und schaute auf die UN-Beobachtungsstation am Grenzübergang, mit vor Landminen warnenden Schildern und einem Weinberg, der irgendwie alle Kämpfe überstanden hatte. Er spähte auch immer wieder über die Mauer hinter dem Haus und wunderte sich über die Juden auf der anderen Seite. Dass ihm der Weg durch das Mandelbaumtor, den Kontrollpunkt zwischen Ost- und Westjerusalem, versperrt war, löste in ihm keine Platzangst aus: Vor 1967 konnten Palästinenser problemlos in den übrigen Nahen Osten reisen. Saris einbeiniger Vater, der 1948 bei der Verteidigung der Jerusalemer Altstadt von einem Heckenschützen verwundet worden war, konnte mit seinem Oldsmobile ungehindert nach Damaskus, Beirut oder Bagdad fahren.

Saris Buch endet mit einer Beschreibung seines gegenwärtigen Lebens in Palästina in einem Ostjerusalemer Viertel, das an Scharons Trennmauer angrenzt.

»Meine Frau Lucy und ich saßen einst gerne in der Dämmerung auf dem Balkon und schauten auf die Kirchtürme auf dem Ölberg, während der goldene Glanz vom Felsendom herüberschien und sich die schemenhaften Windungen der Mauern Süleymans des Großen auf ihrem Weg um die Stadt schlangen. Wir waren beide verzaubert von der einzigartigen Verschmelzung aus Erde und dem Sonnenlicht, das die gesamte ländliche Umgebung erwärmte. Wenn es heute jemandem gelänge, den Balkon der Wohnung zu erklimmen – sie steht leer –, würde [er] eine gut sechs Meter hohe befestigte Stahlbarriere, bekrönt mit Stacheldraht, Wachtürme inklusive, erblicken [...], die sich als böswillige Landschaftsskulptur wie eine Schleife durch Jerusalem zieht.«

Zu den anderen düsteren Bildern dieses Buchs zählen die israelischen »Soldaten, die durch die Straßen von Jerusalem paradieren; die »Engstirnigkeit und Scheinheiligkeit der israelischen Bürokratie«; die »anhaltenden Angriffe auf die Stadt, in der meine Familie seit 1300 Jahren gelebt hat«; und das Gespenst einer »grauenhaften binationalen Realität der Apartheid«.

Ende 2004 hatte mich das Gemeinschaftsprojekt mit Sari dazu gebracht, nochmals darüber nachzudenken, was ich vier Jahre zuvor in dem Fernsehinterview Shelly Yachimovich versichert hatte. Jetzt überlegte ich mir, doch in die Politik zu gehen. Eine weitere Motivation war das Loslösungsvorhaben und die israelische Reaktion darauf. Die meisten Israelis akzeptieren, dass wir uns aus dem Gazastreifen zurückziehen mussten, wenn wir mit den Palästinensern jemals Frieden schließen wollten. Bei Scharon hatte ich das Problem, *wie* er die Siedler evakuierte. Sein einseitiges Vorgehen stärkte die Linie der Hamas, wonach wir nur die Sprache der Gewalt verstünden.

Wenn trotz meiner jahrzehntelangen Erfahrung ein Dr. Sarradsch notwendig gewesen war, um mir die Augen zu öffnen für den »Sieg«, den die Hamas über uns errungen hatte, konnte ich es gewöhnlichen Israelis nicht verdenken, dass sie brutale Gewalt mit Stärke verwechselten. Die Israelis brauchten einen Sextanten, der ihnen erkennen half, wohin ihre Führer sie lotsten. Sie brauchten auch Politiker, deren Handlungen Hoffnung auf eine bessere Zukunft für uns und die Palästinenser weckten. Ich hatte das Gefühl, dass ich keine andere Wahl hatte, als zu versuchen, Sand ins Getriebe unseres politischen Systems zu streuen, das in die falsche Richtung lief.

Im Dezember ging ich zum Hauptquartier der Arbeitspartei in Tel Aviv und warf meinen Hut für die nächste Parlamentswahl in den Ring. Als mich vor dem Gebäude ein Reporter nach meinen Absichten fragte, sagte ich ganz unverhohlen: »Ich gehe nicht für einen Sitz in der Knesset in die Politik. Wenn ich in die politische Arena eintrete, will ich Ministerpräsident werden. Punkt.« Meine Ambitionen so unverblümt zu äußern, war der erste von zahlreichen Fehlern, die ich in der Politik machen sollte.

An meinem ersten Tag im politischen Leben machte ich mir ein paar beachtliche Feinde. Israels politisches System wird von Parteiapparaten und Machtcliquen am Laufen gehalten, die es Außenstehenden wie mir nahezu unmöglich machen, an die Spitze aufzusteigen. Biba, die meine Fähigkeiten beim Austragen von Seeschlachten und in der Terrorbekämpfung nie infrage gestellt hatte, gestand mir, sie glaube nicht, dass ich für die Politik geschaffen sei. »Du bist viel zu ehrlich«, sagte sie mir eines Tages im Lebensmittelladen. Angesichts meines großspurigen

Selbstbewusstseins außerhalb von Parteizentralen erinnerte sie mich daran, dass ich »auch an einem herrlichen Frühlingstag immer noch ein einfacher Erdenwurm unter der Sonne« sei.

»Ich gehe in die Politik, *weil* ich ehrlich bin«, antwortete ich ihr. Auf andere Kunden deutend, fügte ich hinzu: »Alles, was ich tun muss, ist, in den Menschen die Hoffnung auf eine bessere Zukunft wiederzuerwecken.«

Angesichts ihrer jahrzehntelangen Erfahrung als Sozialarbeiterin und Familientherapeutin versuchte sie mich zur Vernunft zu bringen. »Schau«, sagte sie, während sie weiter Waren aus den Regalen zog und sie in den Wagen legte, den ich schob. »Ich liebe dich, aber lass mich dir etwas sagen. Wenn ein verlassenes Kind adoptiert wird, hat es Hoffnung. Aber wenn dasselbe Kind ein zweites Mal verlassen wird, ist seine Angst, wieder verlassen zu werden, so extrem, dass du diesen anfänglichen Funken Hoffnung niemals wieder entzünden kannst. Angst ist die sicherere Option. Du träumst, wenn du denkst, dass du den Israelis, die so oft verraten worden sind, Hoffnung bringen kannst.«

Auch wenn ich argwöhnte, dass sie recht hatte, lief ihre Botschaft meiner Erziehung zuwider. Sicher, Jahrhunderte der Verfolgung und der Umzingelung von Feinden haben den Juden eine ängstliche Einstellung beigebracht. Aber die Generation meiner Eltern hatte die schmerzliche Vergangenheit begraben und sich auf den Aufbau einer besseren Zukunft konzentriert. Wenn sie dies nach dem Verlust von Angehörigen im Holocaust fertiggebracht hatten, warum konnten dann wir das nicht? Ich dachte, wir bräuchten einfach eine andere Art Führer, jemanden, der uns Orientierung bei den Möglichkeiten der Zukunft gab, anstatt bei den Traumata und dem Scheitern in der Vergangenheit stehen zu bleiben.

Wie sich herausstellte, musste mein Eintritt in die Politik ein Jahr warten. Während der Prozess von Scharons Loslösung in vollem Gange war, bündelten Biba und ich zum ersten Mal seit unserer Hochzeit in politischer Hinsicht die Kräfte, um auf ein besseres Israel hinzuwirken. Wir fühlten beide mit den Siedlern mit. Wie empfände es mein Vater, wenn die IDF-Bulldozer losschicken würden, um unsere Plantagen umzupflügen und alles niederzureißen, was wir aufgebaut hatten? Biba wurde ein Gründungsmitglied der Initiative Schuwi, hebräisch für »kehre zurück«, einer zivilgesellschaftlichen Organisation zur Unterstützung von Siedlern, die ihr Zuhause, ihre Synagogen und Friedhöfe verloren hatten. So wie meine Rede vor der Menge auf dem Rabin-Platz in Tel Aviv sendete Schuwi die Botschaft aus, dass die Siedler weder Unkraut noch Feinde waren. Sie hatten einen Beitrag geleistet, die arabische Welt zu zwingen, sich mit uns zu arrangieren, und als solche sollten wir Unterstützer des Friedens sie als heimkehrende Helden auf Schultern tragen.[64]

Inmitten des Aufruhrs um die Loslösung starb Imma und ließ Abba allein in dem kleinen Betonbungalow zurück, in dem sie über ein halbes Jahrhundert lang zusammengelebt hatten. Zudem war Tante Hava an Krebs erkrankt. Sooft ich konnte, kam ich auf einen Sprung im Kibbuz vorbei. Mit einer Journalistin der hebräischen Tageszeitung *Jediot Acharonot*, die mehr über meine Prägung in früher Zeit erfahren wollte, kehrte ich an den See Genezareth und auf den Kinneret-Friedhof zurück. Zu einem Besuch bei Abba wollte ich sie allerdings nicht mitnehmen. Warum nicht, fragte sie mich. Ich sagte ihr, dass mein Vater, ein Idealist und Träumer wie eh und je, vor den heutigen Politikern – mich eingeschlossen – wenig Achtung habe. »Er redet gerne über Gleichheit, Solidarität, die Propheten der Bibel oder unsere Unabhängigkeitserklärung. Aber in unseren Gesprächen machen wir um die gegenwärtige Politik einen Bogen.«

»Und was ist jetzt sein Traum?«

»Dass die Lebensspanne eines Menschen kürzer ist als das Verfallsdatum seiner Träume.«

Als ich dies sagte, dachte ich nicht daran, dass sich die Journalistin Notizen machte. Als der Artikel erschien, tauchten darin zu meiner Überraschung auch meine Äußerungen über Abbas zerschellte Träume auf. Ich rief ihn sofort an und entschuldigte mich.

»Nicht nötig«, sagte er. »Der Artikel war gar nicht so schlecht. Du hast ja bloß die Wahrheit gesagt.«

Abba magerte ab. Zum ersten Mal in seinem Leben ging er gebeugt und schlurfend und keuchte dabei. Er dachte, er habe Krebs, aber die Ärzte konnten nichts feststellen. Obwohl ich nie wagte, das Thema anzusprechen, vermutete ich, dass ihm das Ende seines Traums schwer zu schaffen machte. Israel hatte sich verbürgerlicht. Viele Kibbuzim wurden privatisiert, sogar Degania Alef, die Mutter dieser Siedlungsform, in der ein Museum für den utopischen Visionär A. D. Gordon untergebracht ist. Schwermütig machte ihn auch, dass die Kibbuz-Revolution, die Entschlossenheit, das Land Israel Hektar um Hektar zurückzugewinnen, in den blühenden religiösen Siedlungen in Judäa und Samaria am lebendigsten war. Er sah glasklar, dass die in seiner Jugend hochgehaltenen Ideale zum Krebsgeschwür einer messianischen Vision entartet waren, die zur Unterdrückung des palästinensischen Volkes führte.

Immer wenn wir von seiner engen Behausung aus zum See spazierten, verliefen unsere Gespräche mehr oder weniger gleich. Ich fragte ihn nach seiner Herzerkrankung, worauf er das Thema wechselte und auf eine Ansammlung aus Felsen deutete, die dicht am Ufer aus dem Wasser herausragten.

»Die Insel ist noch da.«

»Ja, ist sie.«

»Verdammte Dürre. Erinnerst du dich, wie hoch das Wasser normalerweise war, als du noch ein Junge warst?«

»Tue ich.«

»Es bräuchte einen richtigen Gewittersturm, damit die Felsen wieder im Wasser verschwinden«, sagte er stirnrunzelnd. »Meinst du, das passiert?«

»Wir hatten heftige Gewitter, Abba.«

»Aber was, wenn die Gewitter nicht kommen?«

»Abba, die Gewitter kommen schon wieder.« Und selbst wenn wir eine Wasserknappheit bekämen, fügte ich hinzu, seien wir doch in der Entsalzungstechnik und Tröpfchenbewässerung weltweit führend.

Auf der Rückfahrt nach einem dieser Besuche dämmerte es mir schließlich, dass mein Vater die Tafel der Geschichte nicht wirklich ausgewischt hatte, wie von mir gegenüber Sari und den Zuhörern am Macalester College in Minnesota behauptet. Die Vergangenheit hielt ihn immer noch im Griff, auch ohne dass er sich dessen bewusst war. So hatte ich die Vermutung, dass er mir die Umstände, unter denen er von Rumänien fortgezogen war, nicht deshalb jahrelang verschwiegen hatte, weil ihm seine Eltern nichts bedeuteten, sondern wegen Schuldgefühlen, dass er sie angesichts des bevorstehenden Holocaust zurückgelassen hatte.

Je mehr Zeit ich mit ihm verbrachte, desto mehr Widersprüche fielen mir auf. Er hatte die Religion in seiner Jugend aufgegeben und die menschliche Solidarität an die Stelle Gottes gesetzt, aß aber nie Schweinefleisch. »Ich habe den Magen eines religiösen Juden«, sagte er mir. Am Schabbat hörte er im Radio Konzerte kantoraler Musik.

Wie mir auch auffiel, hatte ich einige von Abbas Widersprüchen geerbt. Rabbi Joel Bin-Nun stellte eine herausragende Figur in der Gemeinschaft der religiösen Siedler dar und war als Fallschirmspringer 1967 an der Eroberung des Tempelbergs beteiligt gewesen. Während einer Diskussion mit ihm über den Abzug aus Gaza fragte er mich, ob ich mich in Hebron als ein Fremder fühle.

Hebron? Ich sagte ihm, dass ich die Stadt verabscheute. In meiner Zeit als Chef des Schabak hatte ich mich immer nur dann dorthin begeben, wenn ein Araber einen Juden oder ein Jude einen Araber umgebracht hatte.

»Lassen Sie mich die Frage umformulieren«, antwortete er mit der besorgten Miene eines Mannes, der zu einer verirrten Seele redet. »Fühlen Sie sich in der Höhle der Patriarchen in Hebron wie ein Fremder ohne jede spirituelle Verbindung? Wie ein israelischer Tourist, der das Lincoln Memorial besucht?«

Ich erinnerte mich, dass ich im Krieg von 1967 ein erhebendes Gefühl empfunden hatte bei der Nachricht, dass wir die Klagemauer, das Rahel-Grab und das Grab der Patriarchen erobert hatten. Wir hatten befreit, was dem jüdischen Volk vor zweitausend Jahren entrissen worden war. »Nein, Rabbi, ich fühle mich in Hebron nicht wie ein Fremder«, antwortete ich schließlich. »Als Jude ist die Höhle der Patriarchen ein Teil von mir.«

»Ami«, sagte der Rabbi und rieb seinen strähnigen weißen Bart zwischen seinen Fingern, »mit Ihnen kann ich reden. Den Linken, die mir sagen, dass die Höhle des Patriarchen einem Scheich gehöre, habe ich nichts zu sagen. Wenn wir uns einig sind, dass Hebron uns gehört, dann können wir es als unseren Besitz behalten oder weggeben. Wir bekommen es zurück, wenn der Messias kommt, so Gott will. Dabei ist wichtig, dass alle wissen, dass es uns gehört.«

Es sollte Jahre dauern, bis ich mich endlich vom Gift des Glaubens daran trennte, dass wir mit den Palästinensern Frieden schließen könnten, ohne uns die Frage zu stellen, ob wir Juden als einzige historische Rechte auf das Land Israel hatten.

Im August 2005 trugen Pinchas und die religiösen Führer der Siedlerbewegung mit dazu bei, gewalttätige Ausschreitungen zu verhindern, als die israelische Regierung achttausend Siedler aus dem Gazastreifen und eintausend aus Nordsamaria in den Staat Israel zurückholte. Junge säkulare Kommandeure mussten die Räumung von Homesch durchführen, einer Siedlung in der Nähe von Rabbi Schapiras Jitzchar. Sie erzählten mir, wie schwer es ihnen fiel, religiöse Juden zu evakuieren, Leute, von denen sie dachten, sie hätten mit ihnen fast nichts gemein.

Wie vorherzusehen, beanspruchte die Hamas für sich das Verdienst, uns aus Gaza vertrieben zu haben. Ich befürchtete, dass wir in Kürze einen ausgewachsenen Religionskrieg am Hals haben würden. Dieses rasch voranschreitende Desaster bestärkte mich einmal mehr in der Absicht, die israelische Politik aufzumischen.

Die für Ende Januar 2006 anberaumten palästinensischen Wahlen festigten meinen Entschluss. Die Palästinenser traten an die Urnen, um ihre Regierung zu wählen, und Dschibril, der die Fatah-Liste im Bezirk Hebron anführte, wurde als eine starke Figur gehandelt. Vielleicht, so kam mir der Gedanke, könnten wir beide mit Baraks Mythos vom »fehlenden Partner« aufräumen und zu Ende bringen, was unsere beiden toten Führer, Rabin und Arafat, angestoßen hatten.

Die Vereinigten Staaten pumpten Millionen Dollar in die Unterstützung der Fatah und finanzierten damit den Bau von Schulen, Straßenreinigung, Computer für Begegnungsstätten und die Austragung von Fußballspielen. Fast keiner, mit dem ich redete, gab der Hamas angesichts ihres abwegigen Programms eine Chance. Mit ihrer Erklärung, wonach »kein Zoll des historischen Bodens von Palästina abgetreten« werde, hatte sie zur Befreiung des gesamten Raumes in den Grenzen von vor 1948, einschließlich Tel Avivs und Haifas, aufgerufen.

Zwei Wochen vor der Wahl steuerte die Fatah scheinbar auf einen Erdrutschsieg zu, als Ariel Scharon, der Zerstörer der palästinensischen Träume, auf seiner Ranch in der Wüste Negev einen schweren Schlaganfall erlitt. Der Ex-Bürgermeister von Jerusalem, Ehud Olmert, übernahm die Amtsgeschäfte und forderte sogleich vorgezogene Neuwahlen für Ende März. Um mehr Glaubwürdigkeit in Sachen Sicherheit zu gewinnen, bot mir Amir Peretz, der neue Chef der Arbeitspartei, einen Spitzenplatz auf deren Kandidatenliste an, und ich griff zu.

Im Vorfeld der palästinensischen Wahl waren Khalil und andere Meinungsforscher optimistisch. Die Wähler waren erschöpft von vier Jahren eines Konflikts, in dem sie über dreitausend Menschen beerdigt hatten. Zudem lag die Wirtschaft in Trümmern. Sicher würden sie der säkularen Fatah den Sieg bescheren.

Aber die Hamas ging nicht mit einem Wahlprogramm aus Scharia und Kassam-Raketen ins Rennen. Sich als Partei des Wandels und der Reformen neupositionierend, versprach die Terroristengruppe, die Jahre der Vetternwirtschaft, der Kleptokratie und des Drecks der Fatah wegzufegen.

Dann kamen die Ergebnisse. Die Hamas, eine Wohlfahrtsorganisation mit einem terroristischen Untergrundnetzwerk, zermalmte die mächtig Fatah, die bis dahin mit dem palästinensischen Kampf für die Unabhängigkeit identifiziert worden war.

Ich wagte nicht, Dschibril anzurufen, um seine Einschätzung zu erfahren: Gerüchten zufolge hatten ihn die Wähler auch wegen seiner »Kollaboration« mit Israel bei der Verfolgung der Islamisten abgestraft. Sein Bruder, der Hamas-Führer Naif Radschub, hatte ein Mandat errungen.

Um den Wahlsieg der Hamas nachzuvollziehen, wandte ich mich an meinen Sensor Matti Steinberg. Jahrelang hatte er Chefs des Schabak, Ministerpräsidenten, Minister und Topgeneräle der IDF immer wieder gewarnt, dass die Hamas deutlich populärer sei als gemeinhin gedacht. Matti stimmte überein mit dem, was mir Dr. Sarradsch in London gesagt hatte: Schlag für Schlag stärkten die unverhältnismäßigen Reaktionen unseres Militärs eine Bewegung, die sich aus Hoffnungslosigkeit und dem Gefühl speiste, immer als Opfer herhalten zu müssen. Nach seinen ins Leere gelaufenen Warnungen verglich Matti seine Gefühlslage mit der des chinesischen Dissidenten, der sich einen Grabstein mit der Aufschrift wünschte: HIER LIEGT JEMAND, DER EINIGES GETAN HAT, WAS GETAN WERDEN MUSSTE, UND DER EINIGES GESAGT HAT, DAS GESAGT WERDEN MUSSTE.

Matti sah zwei Palästinas voraus, eines im Gazastreifen, als eine schwärende Wunde, angeführt von einer triumphierenden Terrororganisation, und das andere im Westjordanland, dessen Regierung sich nur in Abhängigkeit von Israel an der Macht halten konnte. »Ich denke an die gewaltige Last, die wir den kommenden Generationen aufbürden«, sagte Matti über Israels selbstzerstörerische Strategie.

Im März zog ich in die Knesset ein. Die Arbeitspartei war Juniorpartner einer Regierungskoalition mit der Kadima-Partei von Olmert, der Ministerpräsident wurde. Ihr Vorsitzender Amir Pertz, der im Jom-Kippur-Krieg gekämpft, aber keine Erfahrung als Militärkommandeur hatte, übernahm das Verteidigungsministerium. Und der wie von den Toten auferstandene Bibi führte die Opposition an.

Binnen weniger Monate brach wie absehbar ein palästinensischer Bürgerkrieg aus. Obwohl US-Präsident Bush seit Jahren von Demokratie im Nahen Osten redete, unterstütze er Olmert und dessen Entscheidung, die demokratisch gewählten Hamas-Führer zu boykottieren und verhaften zu lassen in der Hoffnung, Mahmud Abbas an der Macht zu halten. Laut Matti stärkten diese Machenschaften zusätzlich eine Hamas, die sich jetzt als eine Nationalpartei in Szene setzte, die für das palästinensische Volk und gegen Israel sowie einer mit dem Besatzer kollaborierende palästinensische Regierung kämpfte. Das Vorgehen der israelischen Regierung war Wasser auf die Mühlen der Hamas, nach deren Argumentation Gewalt, nicht Diplomatie die wirksamste Waffe gegen die Besatzung sei.

Nach der Wahl riss die Hamas die uneingeschränkte Kontrolle über den Gazastreifen an sich. Ihre Kämpfer, schneller und gewiefter als die Fatah-Kräfte, feuerten Mörsergranaten auf das dortige Hauptquartier der Sicherheitskräfte, einen Gebäudekomplex, den ich wegen meiner dortigen Treffen in den 1990er-Jahren gut kannte. Ihre Leute exekutierten einige Sicherheitsleute der Fatah mit Schüssen in den Hinterkopf. Andere stießen sie von Hochhausdächern.

Am 12. Juli 2006 tötete die Hisbollah, die ideologische Schwester der Hamas im Libanon, auf israelischer Seite der Grenze drei IDF-Soldaten in gepanzerten Humvees und entführten zwei weitere. Fünf Soldaten starben beim Versuch, die gekidnappten Kameraden zu befreien.

Am darauffolgenden Morgen weckte mich das Piepsen meines Pagers. Es war Verteidigungsminister Amir Peretz. Wenige Minuten später meldete er sich am Telefon mit aktualisierten Nachrichten zum Angriff der Hisbollah und bat mich um Rat.

»Meine Empfehlung ist, dass Sie mit Olmert eine Pressekonferenz einberufen und der Hisbollah und der libanesischen Regierung vor den internationalen Medien ein Ultimatum stellen, die entführten Soldaten binnen vierundzwanzig Stunden zu übergeben.«

»Meinen Sie, die gehen auf unsere Forderung ein?«

»Nein. Aber damit gewinnen wir einen Tag. Weder Olmert noch Sie haben Kriege befehligt. Sie benötigen Zeit, um eine Strategie festzulegen. Beginnen Sie niemals einen Krieg, ohne zu wissen, wie sie ihn beenden.«

Am Ende ignorierten Ministerpräsident Olmert und Verteidigungsminister Peretz meinen Rat und führten einen der überflüssigsten Kriege in der Geschichte des Staates Israel. Vierunddreißig Tage lang erlebte ich mit, wie sich eine Untergrundbewegung aus ein paar Tausend Kämpfern gegen die mächtigste Armee im Nahen Osten zur Wehr setzte. Barbara Tuchman hätte den Krieg einen Aufmarsch der Torheit genannt.

Wie bei der Hamas wuchs mit jedem Haupt, das wir der Hydra der Hisbollah abschlugen, vonseiten der palästinensischen Massen und islamistischen Regierungen immer größere Unterstützung nach. Die Saudis, Iraner und andere potenziellen Gegner nahmen unser Versagen aufmerksam zur Kenntnis.

Als die Kämpfe schließlich endeten und die Flut der Militärbegräbnisse zu einem Rinnsal verebbte, war ich zur Überzeugung gelangt, dass wir Peretz als Chef der Arbeitspartei nicht als Spitzenkandidat in die nächsten allgemeinen Wahlen schicken sollten. Als Mitglied des Unterausschusses der Knesset für Auswärtige Angelegenheiten und Sicherheitsaufklärung hatte ich die ungeheure Arroganz der führenden Politiker, die uns in diesen Krieg gestürzt hatten, aus nächster Nähe miterlebt. Ich kündigte Peretz an, dass ich ihn früher herausfordern würde als geplant. Im Falle eines Sieges würde ich auch das Verteidigungsministerium in einem Land übernehmen, das angesichts dieses jüngsten Debakels im Libanon erst wieder zu sich kommen musste.

Als die Wahl zum Chef der Arbeitspartei in die heiße Phase trat, meldete sich Ehud Barak aus dem Ruhestand zurück, um mich herauszufordern. Ich genoss das Spektakel, gegen ihn anzutreten. Ich redete in

Stadthallen und den Turnhallen von Gymnasien, wohl in jeder Gemeinde im jüdischen wie im arabischen Israel. Kämpfe kommen in vielerlei Gestalt auf einen zu: Für manche muss man in einen Taucheranzug schlüpfen und durch feindliche Linien schwimmen, für andere braucht es ein Aufnahmegerät und eine schwarze Kapuze. Für diese bestand meine Bewaffnung in Wahlkampfreden, Händeschütteln und Debatten mit Barak über die größten Bedrohungen und Chancen für Israel. Vorbild für mich war Tony Blair mit seinem Mantra von »New Labor.« Ich holte sogar Freunde aus der Schajetet 13 an Bord, um mit mir in einer Talkshow aufzutreten. Kommandosoldaten verabscheuen nichts mehr als Politik und PR, aber um meinetwillen setzten sich meine einstigen Kampfgenossen in ein Fernsehstudio und erklärten sich öffentlich bereit, mit mir in die Schlacht zu ziehen, um gemeinsame Werte und Ideen zu verteidigen.

Ich sagte den Wählern, dass Barak die Lektionen der 1990er-Jahre nicht gelernt habe. Wir mussten Vertrauen stärken – ein in seinem Lexikon fehlender Begriff –, wenn wir die tiefen Gräben zwischen Israels Säkularen und Religiösen überbrücken wollten. Um den Terrorflügel der Hamas zu bekämpfen, würden wir auch das Vertrauen der palästinensischen Partner zurückgewinnen müssen, mit konkreten Schritten in Richtung einer palästinensischen Unabhängigkeit. Die Palästinenser beim Aufbau des eigenen Staates zu unterstützen, würde Israel sicherer und gerechter machen.

Während ich von Vertrauen und Hoffnung redete, gründete Ehud sein Programm auf Angst. Wir lebten in einem Dschungel, sagte er. Wollten die Wähler wirklich, dass angesichts einer Hisbollah im Norden und der Hamas im Süden ein unerfahrener Politiker wie dieser »linksextreme« Ami Ajalon das Heft in die Hand bekomme? Nein. Israel brauche Männer mit einem glasklaren Blick ohne Illusionen.

Ganze vier Tage vor der Abstimmung in der Arbeitspartei hatte meine Botschaft in den Meinungsumfragen vier Prozentpunkte Vorsprung. Leute klopften mir schon auf den Rücken. Auf den nächsten Verteidigungsminister! Auf den nächsten Ministerpräsidenten!

Nicht so schnell, mahnten zynischer denkende Freunde. Ehud brachte sämtliche Minister und die meisten Knesset-Abgeordnete der Arbeitspartei auf seine Seite, sodass wir bei den 120 000 Parteimitgliedern Kopf an

Kopf lagen. Und auch unsere verdrillte Psychologie war am Werk. »Ami«, sagte ein alter Freund, der in diesem Spiel deutlich mehr Erfahrung als ich hatte, »glaub nicht den Umfragen. Die Leute sagen vielleicht, sie wollen Hoffnung, aber sobald sie in die Wahlkabine treten und der Vorhang zugezogen ist, lassen sie den Bauch entscheiden. Unterschätze nicht die Macht der Angst.«

Wie Recht diese Pessimisten doch hatten.

Kapitel 25

Krieg unter den Menschen

Hoffnung muss ein Minenfeld sein.
Jehuda Amichai

So wie Leute gewarnt hatten, stimmten die Mitglieder der Arbeitspartei in der verschwiegenen Wahlkabine für Ehud.

Kurz nach der Niederlage lud mich Ministerpräsident Olmert in sein Büro im Obergeschoss in der Balfour-Straße ein, in diese mir schon sehr vertraute Umgebung. »Ami«, sagte er, als ich wie üblich vor dem Schreibtisch des Ministerpräsidenten Platz genommen hatte, »ich möchte, dass sie in mein Kabinett eintreten.« Ich sollte sein »Minister des Büros des Ministerpräsidenten« werden, wie er es nannte. Ich öffnete schon den Mund, um zu sagen, was ich Rabin 1995 gesagt hatte: auf keinen Fall. Olmert war lange Zeit der extremen Rechten verbunden gewesen. Jahrelang hatte er gebetsmühlenhaft wiederholt, dass wir jeden Zoll des Landes Israel behalten müssten. Er war gegen das Camp-David-Abkommen gewesen, dem wir den Frieden mit Ägypten verdankten. Als Bürgermeister von Jerusalem hatte er Flotten von Zementlastern entsandt, um Siedlungen in Ostjerusalem zu errichten. Den Oslo-Prozess bezeichnete er als »dunkle Wolke über der Stadt«.

Ich hatte mich ums Amt beworben, um drastisch Dinge zu verändern, nicht um meine Seele für einen Volvo-Dienstwagen und ein fettes Gehalt zu verkaufen. Aber bevor ich ein Wort herausbrachte, sprudelte es weiter aus Olmert heraus. »Ami«, sagte er, »ich will Sie deshalb in meiner Regierung, weil ich glaube, dass Ihre Vision für eine künftige Übereinkunft mit den Palästinensern unsere größte Chance auf Frieden ist.« Ich blinzelte kurz, als müsse ich eine Halluzination loswerden.

Mit seinen Augen auf meine geheftet, versicherte mir Olmert, dass er eine faire Übereinkunft mit Mahmud Abbas entsprechend dem eine Seite umfassenden Dokument von Sari und mir anstrebe. Ich war skeptisch, glaubte ihm aber: Ich hatte ihn als einen Mann kennengelernt, der zu seinem Wort stand.

»Wo muss ich unterschreiben, Herr Ministerpräsident.«

Olmert drängte sofort auf ein Friedensabkommen mit Mahmud Abbas. Auf den von Präsident Bush organisierten Friedensgesprächen in Annapolis versprach er »ernsthafte und in die Tiefe gehende Verhandlungen, die kein Problem ausklammern oder irgendeinen Bereich ignorieren, der unsere Beziehungen zum palästinensischen Volk viele Jahre lang überschattet hat.« Seine Erklärung für seine Eile klang wie aus einem Pamphlet von People's Voice: »Wenn der Tag kommt, an dem die Zweistaatenlösung zusammenbricht und wir wie einen an Südafrika erinnernden Kampf um gleiche Stimmrechte (auch für die Palästinenser in den Gebieten) führen, dann ... sobald dies geschieht, ist der Staat Israel am Ende.«

Noch nie hatte ein Ministerpräsident ein Abkommen mit einer solchen Überzeugung verfolgt. Tragischerweise für uns leitete der Generalstaatsanwalt einen Monat nach meinem Regierungseintritt gegen Olmert ein Ermittlungsverfahren wegen Veruntreuung und Betrugs ein. Knapp ein Jahr später kündigte der Ministerpräsident an, zurückzutreten, sobald seine Kadima-Partei in die Vorwahlen gehe. Die Friedensverhandlungen lagen natürlich auf Eis. Das Kabinett verkam zu einer Art Hof der Borgia, zerfallen in Faktionen, die an die Macht drängten, und die Regierungsarbeit kam zum Erliegen.

Parallel zu seinen ernsthaften Bemühungen um ein Friedensabkommen stiftete Olmert im Gazastreifen Chaos. Nach dessen Übernahme durch die Hamas verständigte sich Israel mit Ägypten, um eine hermetische Blockade um dieses Gebiet zu errichten. Anderthalb Millionen Menschen saßen hinter Stacheldraht und von israelischen Kriegsschiffen bewacht in der Falle. Wenn Israel das Maß der Verzweiflung nach oben schraubte, so die Idee, würde sich Gazas Bevölkerung gegen die Hamas erheben. Genau wie beim irregeleiteten Angriff auf den Libanon schlugen wir eine Strategie ohne jeden Anhaltspunkt dafür ein, dass sie funktionieren würde. Im Kabinett stießen meine Proteste auf taube Ohren.

Meinen Ministerkollegen fehlte der Wille, sich mit der Situation auseinanderzusetzen oder in eine ernsthafte Diskussion einzutreten. Wir verhielten uns wie betrunkene Seeleute auf einem Schiff mit Kurs auf die Klippen.

Als ich am Dienstag, den 4. November, um 6:00 Uhr die Morgenausgabe der *Haaretz* aus dem Vorgarten angelte, las ich die Meldung, wonach die Umfragen für die heutigen US-Präsidentschaftswahlen einen Sieg Barak Obamas vorhersagten. Die mächtigste Nation der Welt, eine monopolare Supermacht, die mit ihrem Krieg gegen den Terror Chaos in meine Region hineingetragen hatte, war im Begriff, einen jungen Idealisten an die Staatsspitze zu wählen. Auch wenn die meisten Militärs und Kabinettskollegen Obama als Träumer abtaten, der sich wahrscheinlich auf die Seite der Palästinenser schlagen würde, keimte in mir die Hoffnung auf, dass Obama Amerika in eine eher kooperative Außenpolitik führen und die rücksichtslosen Kriege hinter sich lassen würde, die nur die Sache der Terroristen befördert hatten.

Zwei Stunden später wartete hinter dem Haus mein Fahrer, um mich zum Flughafen zu bringen. Ich reiste nach Madrid und Paris, um in Gedenkgottesdiensten für Rabin Reden zu halten. Beim Frühstück einige Tage zuvor hatte mein Sohn Guy gescherzt: »Abba«, sagte er und schaute von seiner Schüssel Cornflakes auf, »wenn sie dich verhaften, dann starten wir alle« – er meinte sich und seine Brüder – »eine Kommandoaktion zu deiner Befreiung.« Lachend sagte ich ihm, dass es schon gutgehen würde. In den Niederlanden hatten Anwälte des Palästinensers al-Schami meine Verhaftung und Auslieferung beantragt, weil ich ihn in meiner Zeit im Schabak hätte foltern lassen.[65] Ich versicherte Guy, dass die Franzosen versprochen hätten, mich nicht in Ketten zu legen und den Holländern zu überstellen.

Auf ein Kraulen hinter den Ohren hoffend, folgten mir unsere beiden Hunde bis nach draußen. Nachdem sich das Tor des hohen weißen Zauns geöffnet hatte, stieg ich in den Fond des Volvos. Gleich zu Beginn der Fahrt las ich *The Utility of Force* von Sir Rupert Smith, des britischen Generals, der die UN-Schutztruppe in Bosnien befehligt hatte. Er fasste das in Worte, was ich bei Überfällen auf PLO-Guerillalager in den 1970er-Jahren erfahren hatte: »Krieg existiert nicht mehr als eine Schlacht auf einem Feld zwischen Männern und Maschinerie«, oder »als ein massives entscheidendes Ereignis in einem Streit in internationalen Angelegenheiten«. Nach Smiths historischer Analyse war der letzte groß angelegte Konflikt im industriellen Maßstab zwischen Staaten der Jom-Kippur-Krieg gewesen. Seit dieser Zeit seien Kriege tendenziell »zeitlos, sogar endlos« und würden »unter den Menschen, nicht auf dem Schlachtfeld ausgetragen«.

Deshalb also gewinnen wir Schlacht um Schlacht und verlieren den Krieg. »Gerechte« Kriege gehen mit dem Einsatz angemessener Gewalt und der Unterscheidung zwischen Kombattanten und Nichtkombattanten einher. Und sie dürfen immer nur das allerletzte Mittel sein. *Die Gaza-Blockade erfüllt keine dieser Bedingungen.* »In einem gerechtfertigten Krieg gegen den Terror müssen angemessene Waffen zum Einsatz kommen«, schrieb ich an die Seitenränder von Smiths Buch. »Und diese Waffen müssen heute Hoffnung für die ›feindliche‹ Bevölkerung einschließen.« In Gaza brachte unser Krieg nichts als Verzweiflung hervor.

Nach meiner Ansprache in Paris schüttelte ich die Hände örtlicher Würdenträger. Eine Einladung zum Abendessen lehnte ich höflich ab. Ich verließ den Saal in Richtung Eiffelturm, um mich den Massen anzuschließen, die auf die Wahlergebnisse aus den USA warteten. Die Franzosen veranstalteten die größte Wahlparty östlich von Chicago. Rote, weiße und blaue Ballons füllten den Himmel. In dieser Nacht funkelte der Eiffelturm im Glanz tausend blinkender Lichter. In einem Meer von zigtausend Menschen wusste keiner und kümmerte es keinen, wer ich war. Nach zwei Jahren im Rampenlicht war es eine Erlösung, schlicht in einer Menge unterzugehen.

Und als wir alle beim Anbruch dieses frostigen Novembermorgens im Freien auf die Videoleinwand, groß wie die Flanke eines Sattelschleppers, mit den Live-Nachrichten schauten, skandierte die Menge, französisch und englisch gemischt, den Countdown: *dix, neuf, eight, seven* ... Wohl als die einzige Person schrie ich die Zahlen auf Hebräisch: Als ich *achad* – eins! – brüllte, verkündete CNN, Barack Hussein Obama sei der nächste Präsident der Vereinigten Staaten. Das ohrenbetäubende Gebrüll der Menge erschien lauter als der Kanonendonner auf einem Schlachtschiff. Der Moment fühlte sich an wie ein Wendepunkt in der Geschichte, wie

Jigal Amirs Kugeln in Umkehrung. Zwei Frauen mit Hidschab, beide in gleichen Obama-T-Shirts mit der Aufschrift HOPE, standen neben mir, während zwei tätowierte Männer vor uns Händchen hielten. Ein alter Herr mit Baskenmütze reckte ein Schild in die Höhe: OUI, NOUS POUVONS – das französische Pendant zu *Yes, we can.* Im Kopf hörte ich Herzls berühmte Worte: *Im tirtzu, ein zo agada,* »Wenn ihr wollt, ist es kein Märchen.«

Das ist Demokratie, sagte ich zu mir selbst. Ich sog die berauschende Atmosphäre mit ihrem Hauch Rebellion in mich auf und rezitierte im Stillen die Worte Jehuda Amichais:

Hoffnung muss
wie Stacheldraht sein, um die Verzweiflung draußen zu halten,
Hoffnung muss ein Minenfeld sein.

Als ich mich schlendernd von den Menschenmassen entfernte, dachte ich über meine Entscheidungen und Handlungen in den vorangegangenen Monaten nach. Abba war im vorigen Januar gestorben. In einer schlichten Zeremonie hatten wir ihn neben Imma, Jona und Hava beigesetzt, vier Pioniere, deren Grabsteine in gerader Reihe nebeneinanderstanden. Beim Sichten seiner wenigen Habseligkeiten stieß ich auf die Notizblöcke, gefüllt mit seiner krakeligen Schrift, und einen Stapel Fotos, aufgenommen in den siebenbürgischen Bergen in seiner Jugend im zionistischen Ausbildungslager 1935. Ich staunte über den Optimismus in seinen Augen. Der zionistische Traum meiner Eltern war den Hoffnungen auf die »Selbstbestimmung« entsprossen, welche die Nationen nach dem Zweiten Weltkrieg für sich verlangten, aber ebenso dem Bestreben, eine faire und gerechte Gesellschaft aufzubauen. Sie hätten auch Jura studieren können, hatten sich aber dafür entschieden, vom Satz *Im tirtzu, ein zo agada* angespornt, der britischen Armee und der Gluthölle der Wüste die Stirn zu bieten.

Beim Nachdenken über die Einfachheit des Lebens meines Vaters im Kibbuz überfiel mich eine Art Schwermut. Warum konnte das Land, in dem Beschäftige Hightech-Wunder vollbrachten, keinen Führer wie Obama mit einer Vision wählen, die für das Beste der Menschheit stand?

Warum waren die weltweit führenden Experten bei Mikroprozessoren und Systemen zur Tröpfchenbewässerung gleichzeitig so versiert darin, Mauern hochzuziehen und Verzweiflung zu säen?

Ich überquerte die Seine am Pont Neuf und ließ mich in einem Café an der Kathedrale Notre Dame nieder. An einem Milchkaffee nippend, fragte ich mich, ob es an der Zeit sei, den Kampf aufzugeben. Im jetzigen Kabinett hatte ich keinerlei echten Einfluss, und alle Zeichen sprachen dafür, dass die nächste Regierung ein Friedensabkommen nicht annähernd so offensiv wie Olmert anstreben würde.

Von meiner Reise zurückgekehrt, fuhr ich vom Flughafen schnurstracks zu einer Konferenz der Arbeitspartei, die das Gedenken an Rabin mit einer Diskussion über die anstehenden Wahlen verband. Nachdem sie am Nachmittag einen Kuhhandel abgeschlossen hatten, bestätigten die Parteimitglieder Barak als ihren Kandidaten gegen Bibi Netanjahus Likud-Partei, obwohl er in den Umfragen nur im einstelligen Bereich lag. Für mich war kein größerer Gegensatz vorstellbar als der zwischen dem Gedenken an Rabin und sein Erbe und irgendwelchen Verabredungen in Hinterzimmern. Ich setzte mich an den Rand und wünschte mir, mit Biba Olivenbäume auszuschneiden, anstatt Zeuge der Implosion der Partei zu werden, die Israel aufgebaut hatte.

Gleich nach der live im Fernsehen übertragenen Konferenz rief mich mein Sohn Nir an und teilte mir mit, dass er bei den nächsten Wahlen nicht mehr für die Arbeitspartei stimmen könne. Damit war es besiegelt. Ich zog mich sofort aus dem Kabinett zurück.

Als ich in meinem Büro schon zusammengepackt hatte, trudelte der Gazastreifen in ein noch größeres Debakel als der Libanon. Monatelang hatte die Hamas Kassam-Raketen auf Südisrael abgefeuert, bis die Ägypter eine sechsmonatige Waffenruhe vermittelt hatten. Nach deren Ende Mitte Dezember schlug die Hamas eine Verlängerung um weitere sechs Monate vor, aber nur, wenn Israel die Blockade um Gaza aufheben würde. Als Vertreter des Schabak teilte Juval Diskin der Regierung mit, die Hamas sei »an einer Fortführung der Waffenruhe interessiert, will aber deren Bedingungen verbessern. [...] Sie verlangt, dass wir die Blockade von Gaza aufheben, die Angriffe stoppen und die Waffenruhe auf das Westjordanland ausweiten.«

Olmert lehnte die Bedingungen ab, worauf die Hamas noch mehr Kassam-Raketen abfeuerte. Beide Seiten taktierten solange hin und her, bis Olmert schließlich verkündete, er habe genug. Die Raketen, sagte er mit Baraks Unterstützung, machten eine »militärische Entscheidung« notwendig. Obwohl so rational in seinem Friedensstreben, hatte er beim Gazastreifen einen blinden Fleck, der ihn nicht erkennen ließ, dass die Strategie, Feuer mit Feuer zu bekämpfen, bei den Palästinensern auf der Straße nur der Hamas weitere Popularität verschaffte. In der wahnwitzigen und verkehrten Welt der asymmetrischen Kriegführung – primitive Kassam-Raketen gegen F-16-Kampfjets – stärkte Israel den Feind gerade dadurch, dass es auf ihn einhämmerte. Olmert behielt die Scheuklappen auf und hielt unverdrossen Kurs.

Die Operation Gegossenes Blei startete am 27. Dezember. General Smiths Wort vom »Krieg unter den Menschen« beschreibt gut, was sich in diesem Winter im Gazastreifen ereignete. Zu keiner Zeit nach der ersten abgefeuerten Salve formulierte meine Regierung irgendein strategisches Ziel. Sie hielt keine Hoffnung für Friedensgespräche nach Ende der Kampfhandlungen bereit, hatte der Bevölkerung von Gaza nichts anzubieten und strebte weder einen diplomatischen Erfolg noch die Rückeroberung des Territoriums und die Vertreibung der Hamas an. Aber die Journalisten und weite Teile der Öffentlichkeit schlossen sich ihrer Linie an. Am dritten Tag der Kämpfe bot der französische Außenminister Bernard Kouchner die Vermittlung einer humanitären Waffenruhe an, aber die israelische Regierung lehnte ab.

Dreiundzwanzig Tage lang verfolgte die Hamas die Strategie, die IDF in einem dicht besiedelten Stadtgebiet in Kämpfe zu verwickeln. Mit zynischer Gleichgültigkeit für die Menschen in Gaza lud sie zur massenhaften Zerstörung ein in dem Bemühen, Israel als gnadenlosen Besatzer darzustellen. Töricht gingen wir in die Falle. Unsere Bombardements töteten vierzehnhundert Palästinenser und brachten die Weltöffentlichkeit gegen uns auf.

Im Sinne von Dr. Sarradsch trug die Hamas einen mühelosen Sieg davon. Als Kinder hatten wir im Kibbuz das Spiel Schere, Stein, Papier gespielt. Papier schlägt Stein, weil dem Stein, obwohl stärker, Beweglichkeit fehlt. Die Hamas war das Papier für den Stein der IDF. Sie steckte auf militärischer Ebene eine Tracht Prügel ein, trug auf der Straße aber den Sieg davon, weil sie die Kapitulation verweigerte und den Kampf fortzusetzen gelobte. Sie siegte, weil sie das Wesen der modernen Kriegführung weitaus besser verstand als wir.

Kapitel 26

Gatekeepers – Töte zuerst

Obwohl die Kadima-Partei die meisten Sitze in der Knesset holte, scheiterte Tzipi Livni, die von Olmert die Parteiführung übernommen hatte, an einer Regierungsbildung. Netanjahu kehrte an die Macht zurück und rückte, wie abzusehen, von Olmerts kühnem Schritt zum Frieden ab. In Gaza verschlimmerte er dessen Fehler mit der Weigerung, mit einem Team internationaler Ermittler unter Führung des südafrikanischen Richters Richard Goldstone zu kooperieren, um mutmaßliche Kriegsverbrechen aufzuklären. In einem Verriss bezeichnete Bibi den Goldstone-Bericht später als eine »Auszeichnung für Terror«.

Im Frühjahr 2010 lud mich die London School of Economics zu einer Podiumsdiskussion über den Bericht ein. Der britische Botschafter in Tel Aviv riet mir vor einer Teilnahme ab. »Ich kann nicht garantieren, dass Sie nicht verhaftet werden«, warnte er wegen Anstrengungen von Bürgerrechtsgruppen, mich wegen Folterungen von Palästinensern »zur Rechenschaft zu ziehen«. Ich dankte ihm für seinen Ratschlag, entschied mich aber trotzdem für die Reise. Biba gab mir als Lesestoff für den Flug – und vielleicht für die Zeit hinter Gittern – Amos Oz' *Eine Geschichte von Liebe und Finsternis* mit. Das Buch gilt weithin als das Gegenstück von Sari Nusseibehs *Es war einmal ein Land,* sodass ich auf die Lektüre gespannt war.

Zum Glück kam ich am Flughafen Heathrow unbehelligt durch die Passkontrolle. In London überraschte mich das Narrativ, das ich von den britischen Medien hörte: Israel sei schuld am Leiden der Palästinenser. Der Missbrauch von Nichtkombattanten als menschliche Schutzschilde verletzte natürlich auch das humanitäre Völkerrecht, aber unsere Propagandamaschine war machtlos gegen ein dreiminütiges Video, das sich rasend schnell verbreitet hatte: Es zeigte einen Soldaten, der widerrechtlich einen unbewaffneten Zivilisten mit hochgehaltener weißer Flagge tötet. Instrumente des modernen Krieges – Panzer, Scharfschützen, Kampfhubschrauber, TV-Reden von Politikern – waren gegen solche Bilder machtlos.

Zurück in Israel hielt ich eine Botschaft für meine patriotischen Landsleute bereit, die vor Wut schäumten, wenn sie an Richter Goldstone, die Zeugenaussagen von Breaking the Silence oder die europäischen Menschenrechtsorganisationen dachten, die die Verhaftung eines ehemaligen Chefs des Schabak betrieben. Im Zeitalter billiger Videokameras und des Internets, so sagte ich immer wieder, sei der Kampf um die Meinung der Weltöffentlichkeit für unsere Sicherheit ebenso wichtig wie Waffensysteme. Am meisten zähle, was als gerechtfertigt empfunden werde.[66]

Mir war, als redete ich gegen eine Wand. Mit der neuen rechten Regierung an der Macht kümmerte es scheinbar niemanden mehr, ob wir uns unser eigenes Grab schaufelten, solange in den Städten keine Sprengsätze hochgingen und die Wirtschaft florierte. Ich fragte mich, wie ich einen so dicken und zähen Nebel durchdringen könnte. Vergeblich versuchte ich, Leute quer durch die Politik von einer Alternative zu überzeugen. Wissenschaftstagungen zu besuchen oder Essays zur Natur der modernen Kriegführung zu schreiben, war zwar nützlich, »bildete aber kein Gegengewicht, um die Maschine aufzuhalten«, um auf mein von Thoreau entlehntes Motto zurückzukommen.

Einen Siedepunkt erreichte meine Frustration im Mai 2010. Das türkische Schiff *Mavi Marmara* stach mit dem Ziel Gaza in See, auf einer, wie die Organisatoren behaupteten, humanitären Mission, um die israelische Blockade zu durchbrechen, die diesen Landstreifen zum größten Gefängnis der Welt mache. Während das Schiff nach Gaza unterwegs war und die israelische Regierung unmissverständlich deutlich machte, dass sie es aufhalten würde, schlug ich in einem Interview vor, eine eigene Flottille aus Dutzenden von Privatjachten zusammenstellen. Mit ihnen würden wir die Schiffe am helllichten Tag empfangen und sie mit Massen von Spruchbändern willkommen heißen. Gleichzeitig würden wir in Gaza Gilad Schalit treffen, den israelischen Soldaten, den die Hamas 2006 entführt hatte. Wir würden auch seine Eltern mitbringen, damit sie ihren Sohn nach fünf Jahren erstmals wieder sehen könnten.

»Meinen Sie, die Hamas würde mitziehen?«

Ich erinnerte den Interviewer daran, dass mein Vorschlag ein Gedankenexperiment und kein Operationsplan sei. Die politischen Führer der Hamas wüssten wahrscheinlich nicht einmal, wo Schalit festgehalten werde, sagte ich, weil sie über die radikalen Kämpfer keine Kontrolle hätten. Mein eigentlicher Punkt war, dass die Aktion der *Mavi Marmara* nur Polittheater sei. Die Organisatoren wussten ganz genau, dass wir das Schiff stoppen würden. Und falls es Todesopfer gäbe, würde dies einmal mehr als Beispiel für Israels brutale Rolle im Kampf David gegen Goliath herhalten.

Natürlich fragte mich die Regierung weder nach meinem Rat noch hörte sie zu. Als Mitglieder meiner einstigen Eliteeinheit Schajetet 13 das Schiff enterten, um es an der Weiterfahrt nach Gaza zu hindern, wurden sie von einer kleinen Gruppe mit Stangen und Messern attackiert. Bei der Reaktion der Kommandosoldaten kamen neun Aktivisten ums Leben. Nicht überraschend, stand in den internationalen Medien Israel am Pranger – und die Hamas hatte wieder einmal gewonnen.

Ende 2010 erhielt ich einen weiteren kurzen Ausblick auf die düstere Zukunft, in die uns unsere Politiker führten. Am 1. Dezember sah ich von unserem Garten in Kerem Maharal aus in der Ferne Rauchwolken in Form von Pilzen in die Luft steigen. Mein Sohn Guy rief mich an und teilte mir mit, für sein Kibbuz Beit Oren oben auf dem Karmelgebirge sei die Evakuierung angeordnet worden. Nach Jahren der Dürre wüteten verheerende Waldbrände. Die Feuer hatten sich rasend schnell über die Hügel ausgebreitet, sodass eine Busladung erfahrener Feuerwehrleute in den Flammen umgekommen war. Guy und einige Freunde blieben unter Missachtung der Anweisungen vor Ort, um ihre Häuser im Kibbuz zu retten. Guys Frau und seine beiden Kinder kamen bei uns unter.

Einwohner des nahe gelegenen arabischen Dorfs Ein Hawd weigerten sich ebenfalls, ihre Häuser zu verlassen, aber aus ganz anderen Gründen. Selbst als die Lösch- und Rettungsdienste vor der Lebensgefahr warnten, bestanden sie darauf zu bleiben: »Wir sind schon einmal fortgezogen«, sagten sie unter Anspielung auf die Nakba. 1948 waren sie von IDF-Soldaten aus ihrem angestammten Dorf En Hod vertrieben worden, in dem inzwischen mein Freund Jehuda lebt.

Sie nahmen die Evakuierungsanordnung des Staates Israel als eine Fortsetzung der Nakba wahr. Ihre irrationalen Ängste spiegelten unsere eigenen wider. Der Polizeichef und der Innenminister behaupteten zunächst ohne irgendwelche Anhaltspunkte, die Brände seien von arabischen Terroristen gelegt worden – auch wenn wir bald erfahren sollten, dass ein drusischer Junge beim Rauchen einer Wasserpfeife den Brand versehentlich verursacht hatte. In unserer israelisch-jüdischen Paranoia argwöhnen wir hinter den freundlich lächelnden Gesichtern der Araber, die unsere Häuser bauen oder uns Tomaten verkaufen, Islamisten, die einen Dschihad im Schilde führen. Obwohl Araber im Staat Israel nach Gleichstellung streben und ihre Loyalität zum gewaltfreien Kampf für gleiche Rechte unter Beweis gestellt haben, glauben wir, dass sie uns bei der nächstbesten Gelegenheit ins Meer treiben wollten. Wir verfügen über eine boomende Wirtschaft und die weltweit fünftgrößte Militärmacht, die alles in den Schatten stellt, was unsere arabischen Feinde aufbieten können. Aber dies ändert nichts an unserer tief sitzenden Unsicherheit, die vielleicht aus einer Geschichte der Deportationen, Pogrome und des Holocausts herrührt. Aber sie wird auch von Populisten im Wahlkampf geschürt.

Obwohl ich den tiefergründigen – und für mich irrationalen – Ursprung unserer Ängste noch nicht umfassend verstand, wollte ich dem Argwohn und Pessimismus entgegentreten, die unsere israelische Gesellschaft zerfraßen. Während unsere Start-up-Unternehmen den NASDAQ eroberten, versackten wir in einer selbstmörderischen Depression, und anscheinend nichts im Arsenal zivilgesellschaftlicher Gruppen konnte uns aus ihr herausziehen.

Als ich schon glaubte, dass uns nur noch eine Schocktherapie wie im Irrenhaus vor dem Sturz in den Abgrund bewahren könne, rief aus heiterem Himmel der Dokumentarfilmer Dror Moreh mit einer Idee an, von der ich meinte, dass sie funktionieren könne.

»Ich möchte einen Film über den Schabak drehen«, sagte er. Damals wollte er ihn nach einem Ausdruck aus der Bibel *Shomrei HaSaf*, die »Schwellenwächter«, nennen.

»Und wie passe ich da rein?«, fragte ich.

Obwohl er wie so viele in der israelischen Filmindustrie ein Linker war, war Dror von einer solchen Begeisterung für Scharon erfasst worden, dass er einen Film über ihn gedrehte hatte. Während seiner Interviews mit Mitgliedern von Scharons engstem Beraterkreis, darunter mit Generaldirektor Weisglass, hatte er erfahren, dass dessen Entscheidung zum Rückzug aus Gaza durch ein Interview motiviert gewesen war, das wir Ex-Chefs des Schabak 2003 der hebräischen Tageszeitung *Jediot Acharonot* gegeben hatten. Wären wir linksorientierte Peaceniks gewesen, hätte Scharon unsere Botschaft ignoriert. Aber da sie von Sicherheitsexperten kam, die er hoch schätzte und persönlich kannte und deren Unterstützung er sich anders als Bibi erhalten wollte, löste sie bei ihm ein grundlegendes Umdenken seiner Strategie aus.

»Eine Dokumentation über Israel und Palästina zu produzieren«, sagte sich Dror, »wäre doch fantastisch.«

Als ich meine Antwort formulierte, blitzten in meinem Kopf Bilder aus *The Fog of War* auf, aus Errol Morris oscarprämiertem Dokumentarfilm über Robert McNamara, einen Hansdampf in allen Gassen von der Harvard Business School, der unter den Präsidenten Kennedy und Johnson Verteidigungsminister und der Architekt des katastrophalen Vietnamkriegs gewesen war. Eine Szene ist mir besonders im Gedächtnis geblieben: Jahrzehnte nach dem Krieg erhebt McNamara vor der Kamera mahnend den Zeigefinger, als ein Dr. Frankenstein, der dem von ihm erschaffenen Monster ins Auge blickt, und räumt ein, dass er schon zu Beginn des Krieges intuitiv gespürt habe, dass die Amerikaner ihn nicht würden gewinnen können. Vietnam war kein Land wie das industrialisierte Deutschland. Und seine bunt gemischte bäuerliche Armee ließ sich nicht in die Unterwerfung bomben. Weit über eine Million Menschen starben, weil McNamara sein Bauchgefühl nicht in eine andere Strategie überführt hatte. Aus moralischen Gründen, so sagte er, könne er die Wahrheit nicht verschweigen: Seine Regierung habe junge Männer in einen sinnlosen Krieg geschickt, aus dem viele in Leichensäcken zurückgekehrt seien.

Vielleicht ließe sich ein Film über unseren Konflikt als ein Mittel nutzen, um den Israelis die gleiche Botschaft zu vermitteln: Wir können den

Kampf, um Palästinenser unter der Knute zu halten, nicht gewinnen. Womöglich konnte ein Film als die Schocktherapie dienen, von der ich meinte, dass wir sie benötigten.

Meine einzige Bedingung an Dror war, dass sämtliche vormaligen Direktoren des Schin Bet an ihm mitwirken würden. Ich klopfte bei ihnen an und half ihm dabei, alle zu Interviews vor der Kamera zu bewegen.

Bei den Dreharbeiten staunte Dror regelmäßig über den »Sprengstoff«, den er da in die Hände bekam. Als ein aufschlussreiches Beispiel zitierte er im Interview mit Juval Diskin die berüchtigten Worte des israelischen Philosophen Jeschajahu Leibowitz, der ein Jahr nach dem Sechstagekrieg gewarnt hatte, dass sich der Schabak zu einer bösen Macht aufschwingen werde: »Ein Land, das eine feindselige Bevölkerung aus einer Million Ausländern kontrolliert, wird zwangsläufig zu einem Schin-Bet-Staat, mit allem, was dies erfordert, mit Auswirkungen auf die Bildung, die Freiheit des Redens und Denkens sowie die demokratische Regierungsführung. Die Korruption, die jedes Kolonialregime kennzeichnet, wird auch den Staat Israel infizieren. Der Regierungsapparat wird einerseits die arabische Rebellenbewegung niederhalten und andererseits Quislinge, arabische Verräter, kultivieren müssen.«

Die Augen auf Dror geheftet, sagte Diskin ohne jede Regung: »Ich stimme jedem Wort zu.« Tatsächlich waren wir ehemaligen Direktoren des Schin Bet uns darin alle einig.

Diskin beschrieb zudem die Erfahrung, mit ehemaligen PLO-Terroristen zusammenarbeiten zu müssen, um der Hamas Einhalt zu gebieten. »Wie konnte ich mich plötzlich mit Terroristen zusammensetzen, auf die ich während meiner gesamten Laufbahn Jagd gemacht hatte? Ich erkannte, dass wir in gewisser Weise unter unseresgleichen waren. Wie es so schön heißt: Der Terrorist des einen ist der Freiheitskämpfer des anderen.«

Avraham Schalom, der während der Ersten Intifada *Gatekeeper, »Torwächter«*, gewesen war, hatte seinen Hut nehmen müssen, weil er wie in einer Militärjunta die Ermordung von Terroristen angeordnet hatte, um die Botschaft zu verbreiten, dass kein Terrorist einen Angriff auf uns überlebt. Er ging sogar so weit, die IDF als eine »brutale Besatzungsarmee« zu bezeichnen und sie auf eine Stufe mit den Deutschen in deren Umgang mit Nichtjuden im besetzten Westeuropa zu stellen. Schalom war im nationalsozialistischen Österreich aufgewachsen und hatte aus erster Hand erfahren, was es heißt, Paria in einem rassistischen Regime zu sein. »Wir entwickeln uns allmählich zu professionellen Eroberern«, fügte er hinzu, »und von da rührt ein sehr gefährliches Verhalten unter uns her. Dieses Verhalten wird letztlich zu einem Teil des eigenen Charakters. Und das macht mir Angst. Man steht an einer Straßensperre, und wenn ein Araber vom Schlangestehen die Nase voll hat und vor Wut platzt, verpasst man ihm einen Hieb mit dem Gewehrlauf. Das ist nichts Ungewöhnliches. Das wird für einen zur Regel.«

»Ja«, stimmte mein Vorgänger Karmi Gilon zu. »Wir machen Millionen von Menschen das Leben unmöglich.«

Ich steuerte die Geschichten mit dem alten Fischer aus Gaza und Dr. Sarradschs Zitat bei: »Sieg ist, euch leiden zu sehen.« Ich hob hervor, dass verschiedene israelische Taktiken im Kampf gegen den Terror – Mauern errichten, Palästinenser in ihren Städten und Ortschaften einsperren, wo jederzeit Razzien stattfinden können, Strom und Wasser abstellen und den Gazastreifen blockieren – nur noch mehr Terror erzeugten und dadurch unsere Angst vergrößerten.

Ich redete auch über Mitgefühl: dass es der Kampf gegen den Terror erfordert, unsere Taten durch die Augen des Feindes zu sehen, und dass gewaltsame Unterdrückung nur dafür sorgt, dass sich die Spirale der Gewalt immer schneller dreht.

Alle Kollegen stimmten mir zu, als ich den Film mit einem sinngemäßen Zitat von Clausewitz in eine positive Richtung zu lenken versuchte: »Sieg bedeutet, eine bessere politische Wirklichkeit zu schaffen.« Die lichtere Zukunft, sagte ich, die wir anstreben müssten, sei Israel als ein demokratischer Staat mit einer jüdischen Mehrheit, mit einem fortschrittlichen Bildungssystem und sozialer Sicherheit, wie es in unserer Unabhängigkeitserklärung zum Ausdruck komme. Hatten uns die beiden Intifadas oder die Operationen Schutzschild und Gegossenes Blei dieser Zukunft irgendwie nähergebracht? Nein. So gesehen, hatte Israel Schlachten gewonnen und den Krieg gegen den Terror für eine Generation verloren.

Dabei beließ ich es nicht. Ich schilderte Dror, wie ich nach dem Jom-

Kippur-Krieg den Amtssitz des Ministerpräsidenten in Jerusalem aufgesucht, dort aber keinen weisen alten Mann am Ende eines langen Ganges vorgefunden hatte, der für Sicherheit für uns alle gesorgt habe – eine Anekdote, von der ich hoffte, dass sie für die Kernbotschaft des Films stehen würde:

»Für die meisten Leute bedeutet es einen tieftraurigen Moment, plötzlich festzustellen [...], dass da keiner hinter der Tür sitzt. Für mich war das so, als ginge mir plötzlich ein Licht auf. Ich erkannte das schlichte Konzept der Demokratie. Ich bin es, der Verantwortung trägt. Ich bin zuständig. Demokratie besagt, dass jeder von uns das Recht hat, Einfluss auszuüben. Und im Krisenfall haben wir nicht nur das Recht, sondern die Pflicht, Einfluss auszuüben. Das ist mein Ratschlag an alle jungen Israelis. Ihr habt das Recht und die Pflicht, euch einzubringen. Selbst dann, wenn ihr in der Minderheit seid. Glaubt nicht, dass sich ein Führer darum kümmert, das Richtige zu tun. Entscheidungen von Politikern sind oft dadurch motiviert, sich an der Macht zu halten, nicht davon, was das Beste für Israel ist. Es liegt an euch.«

Das meinte Herzl, als er sagte: »Wenn ihr wollt, ist es kein Märchen.«

Als die Dokumentation auf dem Jerusalemer Filmfestival erstmals in ihrer endgültigen Version gezeigt wurde, saßen wir sechs ehemaligen Torwächter in der ersten Reihe. Auf der Premiere versetzte mich die Eröffnungsszene schlagartig wieder in die brutale Realität der Arbeit im Abwasserkanal: Ein Militärflugzeug folgt einem weißen Lieferwagen, der durch das Straßengewirr eines Flüchtlingslagers fährt. Die Stimme aus dem Off erklärt das Dilemma, einen Topterroristen im Fadenkreuz zu haben, ohne zu wissen, ob nicht auch Unschuldige bei ihm im Lieferwagen sitzen. Was jetzt? Man hat keinen Richter, Minister oder Ministerpräsident neben sich, der die Verantwortung übernimmt. Die trägt man selbst. Der explodierende Lieferwagen geht in einer Wolke aus grauem Rauch auf.

Während des abschließenden Teils mit dem Titel »Der alte Mann am Ende des Ganges« wartete ich vergeblich auf den Mut machenden Moment in diesem ansonsten durchweg trostlosen Film.

Was zum Teufel?, dachte ich mir, zusammengekrümmt in meinem Sessel. Dror hatte meine Botschaft von Demokratie und Freiheit herausgeschnitten und eine finstere Note ans Ende gesetzt. »Wenn Sie mit Blick auf den Nahen Osten Aufmunterung oder Grund zum Optimismus brauchen«, hieß es in einer Filmkritik in *The New York Times,* »werden Sie diese hier nicht finden.«[67]

Und damit hatte ich ein großes Problem. Ich rief Dror an und fragte, warum er meine Botschaft der Hoffnung herausgeschnitten habe. Es sei eine künstlerische Entscheidung gewesen, antwortete er.

»Sie sind der Künstler, Dror, und es ist Ihr Film. Aber hier geht es um mehr als um Kunst. Wir reden über unsere Zukunft.«

»Was soll ich machen? Ich sehe keinen Ausweg.«

»Aber ich habe Ihnen in unseren Interviews doch gesagt, wie der Film meiner Ansicht nach enden müsste. Die Stärke des Zionismus besteht darin, dass er unser Schicksal in unsere Hände legt. Nicht in die Gottes. Nicht in die eines historischen Wirkens jenseits unserer Kontrolle. Wir können jederzeit beschließen, die Richtung zu wechseln und Desaster abzuwenden. Unsere Zukunft liegt in unseren Händen. Ich habe sogar Herzl Motto zitiert: »Wenn ihr wollt, ist es kein Märchen.«

Dror meinte, Herzls Zitat sei doch nur ein Werbespruch.

»Eben nicht!«

»Dann machen Sie Ihren eigenen Film«, sagte er schmunzelnd.

Der Film wurde für einen Oscar nominiert, trieb aber keinen jüdischen US-Politiker dazu an, an Bibis Bürotür zu klopfen, wie es als Reaktion auf unsere Kommentare im vorigen Interview in *Jediot Acharonot* geschehen war. Vielleicht hatte die trostlose Perspektive des Films dafür gesorgt, dass unsere nationale Depression auf die Amerikaner abstrahlte. Obwohl *The Gatekeepers,* der in Deutschland unter dem Titel *Töte zuerst* herauskam, ein großer Hit im israelischen Fernsehen wurde, schaffte er es nicht, die Masse der Zuschauer in ihrer Passivität wachzurütteln.

Ich kämpfte weiter, immer das wiederholend, was Leute wie Dror als eine weltfremde Botschaft für einen immer kleineren Kreis von Menschen ansahen: »Wenn ihr wollt, ist es kein Märchen.« Der Vorwurf, ich hätte Kriegsverbrechen begangen, und meine Auseinandersetzung mit dem Goldstone-Bericht motivierten mich dazu, einen Masterstudiengang in Jura an der Bar-Ilan-Universität aufzunehmen, um ein gründlicheres Verständnis des internationalen Rechts zu gewinnen. Mit zweiundsechzig Jahren war ich der Älteste in einem Seminarraum voller Studenten, die zu den Schulkindern gehört hatten, die nach Rabins Ermordung eine Million Kerzen entzündet hatte. Meine Kommilitonen waren Musterbeispiele für Israels Dilemma: spektakulär optimistisch, was ihr Privatleben anging, und finster pessimistisch mit Blick auf die Möglichkeit, für unseren festgefahrenen Konflikt mit den Palästinensern jemals eine friedliche Lösung zu finden.

Dror und ich hielten Kontakt. Eines Tages rief er mich an und fragte, ob ich US-Präsident Obamas Rede in einem Jerusalemer Konferenzzentrum gehört hätte, das mit Studenten vollgepackt gewesen sei. »Nein«, antwortete ich. »Ich bin eigenladen worden, aber ich habe genug von Reden, die zu nichts führen.«

»Schade, dass Sie sie verpasst haben«, sagte er. Der Präsident habe nämlich im Kern wortwörtlich auf das gedrängt, was ich verfochten hätte. »Keine Mauer ist hoch genug [...], um jeden Feind aufzuhalten, der üble Absichten verfolgt«, hatte Obama vor den versammelten Studenten gesagt. Wenn man Sicherheit wolle, müsse man damit beginnen »sich in die Lage [der Palästinenser] zu versetzen«. Man müsse »die Welt mit ihren Augen anschauen. Es ist nicht gerecht, dass ein palästinensisches Kind nicht im eigenen Staat aufwachsen kann. [... wenn es] sein ganzes Leben mit der Präsenz einer ausländischen Armee verbringen muss, die die Bewegungen nicht nur der jungen Leute, sondern ihrer Eltern und Großeltern kontrolliert, jeden einzelnen Tag.«

Es war tatsächlich eine gelungene Rede gewesen, auf die die Studenten mit donnerndem Applaus reagiert hatten. Aber aus persönlicher Erfahrung wusste ich, dass diese Studenten, die Obama Beifall gespendet hatte, heranwachsen würden, ohne seinem Aufruf nachkommen zu können, so wie auch die israelischen Wähler auf die Botschaft von *The Gatekeepers* nicht reagiert hatten. Die Rede eines wohlmeinenden US-Präsidenten war kein Ersatz für einen israelischen Führer, der unserem Volk einen realistischen Plan vorlegte, um unser Überleben als Demokratie zu sichern.

Da sich weiterhin alles um Terrorismus und Sicherheit drehte, blieb ich ein gefragter Redner auf Symposien, Konferenzen und in Denkfabriken. Aber ich rannte immer nur offene Türen ein. Ich hätte hundert ehemalige Mossad- und Schabak-Direktoren, IDF-Generäle a. D. und andere Sicherheitsexperten vor der Presse aufmarschieren lassen können mit der immer gleichen Botschaft: Mit jeder weiteren Demütigung und der wachsenden Verzweiflung wächst die Popularität der Hamas. Und wenn es uns gelingt, sie von der Macht zu entfernen, bekommen wir al-Qaida. Und nach al-Qaida den IS. Und nach dem IS Gott weiß was. Wie von einem kollektiven Todeswunsch beseelt, stützte die Mehrheit der Wähler weiterhin eine rechtsgerichtete Regierung mit der wilden Entschlossenheit, die humanistischen Werte zu verraten, auf denen Israel gegründet worden war.[68]

Inzwischen lehnte ich Anfragen wegen Interviews von Funk und Fernsehen ab, weil offenbar nichts, was ich sagte, viel bewirkte. Dass ich in der wichtigsten Mission meines Lebens scheiterte, war schlimm genug. Aber noch mehr quälte mich, dass ich mir keinen Reim darauf machen konnte, warum Israel bei der leisesten Bedrohung zu einer Überreaktion neigt, warum uns Gewehrsalven lieber als Worte sind, warum wir uns weigern, die Chancen für eine friedliche Konfliktlösung auszuloten, und warum wir Demagogen so leicht auf den Leim gehen. Wie es Ari Shavit in seinem Buch *Mein Gelobtes Land* ausdrückte, agieren wir, als säßen wir »tief in der Scheiße«, und ich wusste nicht warum.

Jedenfalls bis zum Frühjahr 2013. Damals befand ich mich auf der zweiten Etappe eines furchtbaren dreiundzwanzigstündigen Flugs nach Sydney – eine jüdische Organisation hatte mich zu einem Gespräch über *The Gatekeepers* eingeladen. In der Maschine schlug ich das Buch des Tel Aviver Philosophen Chaim Gans auf, *A Political Theory for the Jewish People.* Zwei aus dem Himmel herabgefallene steinerne Gebotstafeln hätte mich nicht härter treffen können.

Kapitel 27

Der Stein der Weisen

Wer die Vergangenheit kontrolliert, kontrolliert die Zukunft;
wer die Gegenwart kontrolliert, kontrolliert die Vergangenheit.
George Orwell, *1984*

Es war ein sengendheißer Julitag 2017. Schweiß rann mir vom Gesicht herab, als ich heranrasenden Jugendlichen auf Inline-Skates auswich, um in Professor Gans' Lieblingscafé in Tel Aviv einzutreten. Drinnen empfingen mich ein kalter Luftstrom, der Duft von frischgemahlenem Kaffee und Bibas Lieblingssong von Arik Einstein als Hintergrundmusik:

Please, don't bid me farewell
Just say, »See you soon«
Because war is a dream
Soaked with blood and tears.

Ich hatte mich mit dem Professor per E-Mail verabredet, war ihm aber noch nie persönlich begegnet. Als ich mich an den Tischen – alle besetzt – umschaute, entdeckte ich schließlich einen korpulenten Mann, der mich zu sich herwinkte. Ein Bein eingegipst, trug er eine runde Metallbrille, einen Dreitagebart und ein kakifarbenes Safarihemd.

Er stand zu meiner Begrüßung auf. Weil er sich mit der rechten Hand auf seine Krücke stützte, schüttelte ich seine linke. »Schön, Sie endlich kennenzulernen«, begann ich.

»Meinerseits«, sagte er mit einer bemerkenswert sanften Stimme für so einen schwergewichtigen Mann.

Während Chaim wie ein verwundeter Soldat zur Männertoilette humpelte, bestellte ich mir einen Orangensaft und ein Croissant. Ich blickte auf die Schlagzeilen in der *Jediot Acharonot* auf dem Tisch. Die Hamas grub weitere Tunnel. Ein anderer Artikel thematisierte Ministerpräsident Netanjahus Bestechungs- und Provisionsskandal. *Nichts Neues unter der Sonne,* dachte ich.

Chaim kehrte zurück. Doch bevor er sich setzte, musste er etwas loswerden. Er machte mir ein Kompliment wegen meiner Äußerungen gegenüber einem Journalisten von *The Guardian,* wonach sich Israel im Griff einer »fortschreitenden Tyrannei« befinde und unser »anhaltender Krieg« gegen die Palästinenser dafür sorge, dass »es immer einen Feind gibt, so wie in Orwells *1984*«.

Nickend erwiderte ich: »Eines sonnigen Morgens wachen wir auf und stellen – Simsalabim – in der Rückschau fest, dass wir unsere Freiheit längst verloren haben. Und dann wissen wir nicht, wie wir sie wiederkriegen.«

Als Chaim sich gesetzt hatte, kam ich gleich zur Sache mit meiner Frage nach seiner Lebensgeschichte. Der Lärm im Café und seine fast samtene Stimme machten es nötig, dass ich mich über den Tisch lehnte, um ihn zu verstehen. Wie er mir erzählte, waren seine Eltern 1934 nach Palästina gekommen, aus Siebenbürgen, gerade von der anderen Seite des Teils der Karpaten, in dem meine Eltern aufgewachsen waren. Damit endeten die Gemeinsamkeiten. Sein Vater, streng orthodox, behielt seinen europäischen Familiennamen und zog Chaim in einem bürgerlichen Haushalt in Tel Aviv auf.

Auf der höheren Schule probierte der drei Jahre nach mir geborene Chaim eine Jugendbewegung nach der anderen aus. Schon vor seinem sechszehnten Lebensjahr ein Rebell, wurde er von der religiösen Jugendorganisation Bnei Akiva nach zwei Tagen wegen eines Fehltritts wieder rausgeworfen.

»Religion war nicht mein Ding«, sagte er.

»Wie hat Ihr Vater reagiert?«

»Er musste kein Wort sagen. Sein Schweigen sagte alles.«

Zwei Jahre später, noch vor seinem achtzehnten Geburtstag, hörte Chaim von einem Schulkameraden eine Geschichte Israels, die der üblicherweise geschönten aus den Lehrbüchern widersprach: Die Araber hatten 1948 ihre Dörfer und Städte nicht in der Überzeugung verlassen, ihre siegreichen arabischen Armeen würden die Juden schon ins Meer treiben. Die meisten von ihnen waren vertrieben worden.

»Für mich war ein Schock, was wirklich geschehen war«, sagte er, »weil ich gedacht hatte, wir seien die Gerechten, das ›Licht für die Völker‹.«

Ich erzählte ihm, wie wir im Kibbuz ebenfalls zum Glauben erzogen worden waren, wir hätten das Land Israel befreit. »Über die Araber von 1948 hat keiner je geredet. Araber existierten nur als Terrorbanden jenseits der Grenzen. Was die arabischen Bürger in Israel in den Dörfern und Kleinstädten in und um Haifa und Lod anging, waren sie unsichtbar, solange sie keine Waffen gegen uns erhoben. Sie gehörten einfach nicht zu der Realität, in der wir aufwuchsen.«

»Die meisten Israelis glauben das heute noch«, sagte er.

»Deshalb habe ich Sie um ein Treffen gebeten.«

Als er nach dem höheren Schulabschluss Zeit bis zu seiner Einberufung überbrücken musste, zog er bei einem Freund in einem Jerusalemer Stadtviertel nahe der Hebräischen Universität ein. Einige Monate später trat er seinen Militärdienst in einer Einheit an, die im Sechstagekrieg an der Eroberung des Westjordanlands beteiligt war. Sein Freund sollte in den Kämpfen umkommen.

Irgendwann rückte Chaims Einheit in das Flüchtlingslager Dheischeh ein. »Ich traute meinen Augen nicht: die Armut, das Elend der palästinensischen Flüchtlinge. Wie brachte ich diese erbärmlichen Zustände in Dheischeh mit meinem komfortablen Leben in Jerusalem zusammen?«

Chaims nächste Schilderung erklärte, wieso er schon fünfzehn Jahre vor mir Einblick in die Grausamkeit unserer Besatzung erhielt. Während ich Anfang der 1970er-Jahre in meiner Kommandoeinheit Überfälle im Mittelmeerraum durchführte, wurde Chaim als Reservist einberufen und musste sein Studium der Rechtswissenschaften und griechischen Philosophie an der Hebräischen Universität unterbrechen. Arafats Fedajin starteten Angriffe von jenseits der ägyptischen Grenze. Um sie zu stoppen, heckte Scharon eine brutale Strategie der Aufstandsbekämpfung aus, bei der auch Soldaten mit scharfer Munition auf Demonstranten feuerten. Seine Erlebnisse im Gazastreifen machten ihn zu einem erbitterten Gegner der Besatzung.

Dann kehrte er Israel für einige Jahre den Rücken. Er gewann ausreichend Distanz, um die israelische Gesellschaft und Geschichte objektiver zu betrachten. Sein erstes Buch, das auf seiner Oxforder Doktorarbeit beruhend auf Englisch entstand, handelte vom philosophischen Anarchismus und vom politischen Ungehorsam, Themen, die mich an mein Lieblingszitat von Thoreau erinnerten, wonach man als »Gegengewicht« wirken müsse, »um die Maschine aufzuhalten«.

Ich sagte Chaim, wie sehr mich sein Buch *A Political Theory for the Jewish People* verändert hatte. »Sie haben wohl einiges an Tantiemen kassiert wegen der ganzen Exemplare, die ich an Freunde verschenkt habe.«

»Frühstück geht auf mich«, sagte er lächelnd und drängte mich dann dazu, ihm ganz genau zu erzählen, welche Aspekte seines Buchs bei mir so viel bewirkt hatten.

»Die längste Zeit dachte ich«, erklärte ich Chaim, »dass unser nationaler Pessimismus mit dem Holocaust zusammenhängen könnte, obwohl meine Tante Hava, die sonst fast nichts über ihre Jugend erzählte, mehr als über die Schrecken von Auschwitz über den deutschen Soldaten redete, der ihr das Leben gerettet hatte. Erst als ich Ihre Theorie der Narrative las, ergab unsere kollektive Angst und so vieles andere plötzlich Sinn.«

Gans' Buch hatte mich gezwungen, meine Verhörwerkzeuge nach innen zu wenden. Auf lange Sicht verstand ich mich allmählich selbst – und das Land, dem ich mein ganzes Leben gedient hatte. Unser Problem sind nicht wirklich die Palästinenser. Es besteht zwischen uns israelischen Juden. Wir haben noch nicht entschieden, welche Art Nation wir im Land Israel sein wollen. Überdies sind die Geschichten, die wir uns über uns selbst erzählen, mit fatalen Irrtümern behaftet. »Wie Orwell sagte ...«

Chaim schnitt mir das Wort ab und versuchte, den Gedanken zu Ende zu bringen. »... Wer die Zukunft kontrollieren will, muss die Vergangenheit kontrollieren?«

»Genau. Und ›wer auch immer die Gegenwart kontrolliert, kontrolliert die Vergangenheit‹«. Ich erklärte ihm, warum mir seine Theorie der Narrative die Augen geöffnet hatte. Wie die meisten Menschen war ich immer davon ausgegangen, dass die Geschichte aus einem festen Satz aus unumstößlichen Tatsachen bestehe. Von Chaim erfuhr ich, dass unsere

Wahrnehmung der Vergangenheit eine Mischung aus Fakten und Mären ist, die wir uns erzählen – wir fügen beliebig Tatsachen zusammen, um unsere Sicht der Vergangenheit, so wie wir sie verstehen wollen, bestätigt zu bekommen. Die Generation meiner sozialistischen Eltern zum Beispiel konstruierte ein Narrativ von der Rückkehr in ein Land, das uns geraubt, geplündert und von anderen besetzt worden sei.[69] Bei der gewählten Darstellung löschte sie die zweitausendjährige jüdische Geschichte in der Diaspora aus und besann sich ganz auf das heldenhafte Zeitalter der israelitischen Königreiche und unserer Kriege gegen Griechen und Römer. Ihre jüngsten jüdischen Vorfahren waren damit die Kämpfer des Bar-Kochba-Aufstands. Damals wie heute ging es beim Kampf um die Befreiung dessen, was exklusiv uns gehörte. Chaim nennt diese Mischung den »proprietären Zionismus«.

Europäische Juden, die daraufhin mit den ortsansässigen Arabern in Konflikt gerieten, nutzten Pflüge und Waffen, Wachtürme und Kommandoüberfälle, um dem Narrativ von uns als den beraubten Eigentümern des Landes Israel realistische Glaubwürdigkeit zu verleihen. Unser historisches Konstrukt machte die Palästinenser zu »Plünderern« oder »Besitzern gestohlenen Eigentums«. Diese Ideologie rechtfertigte den Unabhängigkeitskrieg und sämtliche während des Krieges begangenen Gewalttaten. Kaum hatten wir 1967 Judäa und Samaria »befreit«, eilten wir aus den Kibbuzim heraus, um neue Siedlungen zu gründen. Ich erinnerte Chaim an eine Stelle aus seinem Buch, wonach Israel im Westjordanland ein Regime der »fest gefügten Herrschaft von Juden über Palästinenser« und, noch schlimmer, eine »strukturelle Auslieferung an staatliche Gewalt« eingeführt habe. Mit einem Wort, wenn die besetzten Gebieten uns gehörten, dann seien unsere Vorgehensweisen dort – die Errichtung von Siedlungen auf den Ruinen der Städte, die wir im Krieg zerstört hatten, die Sperranlagen und die Kontrollsysteme – allesamt gerechtfertigt.

»Schauen Sie«, erinnerte ich Chaim, »ich bin ein Mann des Sicherheitsapparats, kein Universitätsgelehrter. Ich bin weder ein Linker noch ein Rechter. Das Einzige, was mich abgesehen von meiner Familie und meinen Freunden interessiert, ist die Sicherheit des Staates Israel. Hätte mich 1969 jemand gefragt, warum ich loszog, um mit den Ägyptern eine Schlacht des Wir-oder-sie auszutragen, hätte ich als Antwort wie üblich mit der Strategie *Siedlung und Sicherheit* argumentiert. Meine Aufgabe war, Feinde zu bekämpfen, damit meine Landsleute, darunter viele Freunde, auf unseren neuerlich befreiten Gebieten siedeln konnten.«

»Später«, fuhr ich fort, »in den 1980er-und bis in die 1990er-Jahre, trieben mich erneut Gedanken um die Sicherheit an, als ich zum Schluss kam, dass wir selbst dann, wenn wir die wahren Besitzer des Lands Israel wären, einen strategischen Rückzug aus Judäa und Samaria antreten und die Gebiete einer palästinensischen Kontrolle überstellen müssten, um die liberale demokratische Ordnung aufrechtzuerhalten, die allen Israelis, auch den israelischen Arabern, Gleichheit und ein Gefühl der Zugehörigkeit gibt. Ich lebte in der Gegenwart. Niemals kam mir in den Sinn zu hinterfragen, inwieweit die Erzählungen, mit denen alle Israelis großgeworden sind, unser Handeln und unsere Sichtweise der Zukunft bestimmt.«

Eher wie ein Psychiater als wie ein Philosoph hörte mir Chaim nickend zu, als ich schilderte, wie mir seine Argumente auf dem Flug nach Sydney für so vieles Erklärungen geliefert hatten. Zum Beispiel, wie jemand wie mein Vater, ein Mann, der nie daran gedacht hätte, andere zu unterdrücken, nie Einwände erhob, als Bulldozer das Dorf Samach niederwalzten, damit die ehemaligen Einwohner nirgendwohin mehr würden zurückkehren können. Wenn man in einem Narrativ gefangen ist, dient tendenziell alles, was einem begegnet, zu dessen Bestätigung. Jeder Terrorakt bestärkt die Überzeugung, dass Palästinenser Eindringlinge, schmarotzende Besetzer eines Bodens seien, der von Rechts wegen uns zustehe.

Ich erinnerte Chaim daran, wie er die Heuchelei in einem Zitat des linken Bühnenautors Shmuel Hasfari aufspießte, des künstlerischen Direktors von einem von Israels herausragenden Avantgarde-Theatern, der gerne gegen die Siedler zu Felde zog. Einmal hatte er gesagt: »Wir sind hier, weil die Bibel unsere Besitzurkunde für unser geliebtes Land Israel ist.« Wie kann jemand eine solche Überzeugung hegen und gleichzeitig im guten Glauben gegen Siedler wettern, weil sie Kolonien in Judäa und Samaria bauen?

Ich hatte lange Zeit wie Hasfari gedacht. Selbst noch nach meinem Erlebnis im Flüchtlingslager 1988 hatte ich keine Antwort auf die grundlegende Frage, inwieweit die Kibbuzim, die meine Elterngeneration aufgebaut hatte, sich von den Siedlungen im Westjordanland unterschieden. Wenn Zionismus nur darin besteht, dass angestammtes Land wieder in Besitz genommen wird, besteht zwischen dem Tun meiner Eltern und den Bestrebungen von Pinchas und seinen Kameraden ab 1967 in moralischer Hinsicht keinerlei Unterschied.

Ich schaute mich nochmals im Café um. Die meisten Gäste sprachen Hebräisch, aber ein Paar in unserer Nähe unterhielt sich auf Russisch, und auch englische Wörter schwirrten durch die Luft. Durch die Fenster fiel mir eine Schlange schwitzender Stammgäste auf, die auf freie Tische warteten. Wie viele dieser Menschen, fragte ich mich unwillkürlich, hatten je von Chaims Buch gehört? Wahrscheinlich keiner. Ich konnte niemandem von ihnen vorwerfen, dass sie sich mit einem schwierigen theoretischen Werk nicht auseinandersetzten. Wie viele Jahrzehnte hatte ich gebraucht, um die Bereitschaft zu entwickeln, einen solchen Band zu lesen und seine Lehren zu verinnerlichen?

»Da ist noch eines, was mir Ihr Buch erklärt hat.«

»Sagen Sie's mir.« Chaim beugte sich in seinem Stuhl vor.

»Es ging darum, wie Vergangenheit neu erfunden wird.« Ich referierte möglichst getreu und klar seine Alternative zum proprietären Zionismus, die er in seinem neuen Buch *A Just Zionism* entwickelt. Er nennt sie den »Zionismus des Egalitarismus und der Selbstbestimmung«. Sie liefert meiner Meinung nach die einzig verbleibende legitime Grundlage für unsere nationale Existenz als Staat im Land Israel.[70] Natürlich musste ich Chaim nicht seine eigene Theorie vortragen, aber ich wollte sichergehen, dass ich sie als sein Schüler richtig verstanden hatte.

Ich lieferte ihm die Kurzdarstellung, die jeder Interessierte von mir bekommt: Schon seit einem Jahrhundert erkennt die internationale Gemeinschaft das Selbstbestimmungsrecht der Völker in einem Nationalstaat an, in dem die Menschen im Einklang mit ihrer Kultur, Sprache, ihrem Kalender und ihren Führern leben können, um sich beliebig selbst zu bestimmen.

Und eben dies hatte die Generation meiner Eltern schließlich auch getan. Der Teilungsplan der Vereinten Nationen von 1947 lieferte für diesen natürlichen Anspruch eine rechtliche Grundlage: Juden, so war sich die Welt einig, hatten insbesondere nach dem Holocaust das Recht, einen

Nationalstaat zu errichten und ihr Selbstbestimmungsrecht im Land Israel wahrzunehmen, weil ihr Nationalgefühl, ihr historisches Gedächtnis und ihre Kultur in diesem Land verwurzelt waren. In Israels Unabhängigkeitserklärung ist die Rede davon, »das eigene Schicksal zu meistern wie alle Nationen«. Dieses Recht, von der internationalen Gemeinschaft im November 1947 anerkannt, bildet mit unserer historischen Verbindung zum Land Israel eines der beiden Fundamente, auf denen der Staat Israel gegründet wurde.

Das Selbstbestimmungsrecht und nicht eine antike Besitzurkunde für Land zum Stützpfeiler unserer Ansprüche zu erheben, erschien mir deswegen so vernünftig, weil es erklärte, was ich die meiste Zeit in meinem Leben getan hatte. Ich hatte gekämpft, getötet und Freunde zu Grabe getragen, weil uns die Araber 1948 das Recht auf Selbstbestimmung im Land Israel verweigert hatten. Sie hatten uns angegriffen, und noch Jahrzehnte nach dem Unabhängigkeitskrieg erfolgten weitere Angriffe. Bis 1967 waren unsere Kriege und Aktionen deshalb gerechtfertigt gewesen, weil wir ein Recht verteidigten, das ein Großteil der Welt anerkannte und anerkennt. Sogar noch nach 1967 blieben wir im Kriegszustand angesichts von Feinden, die uns unser Recht auf eine Existenz als Nation auf diesem Boden verweigern wollen. So gesehen, habe ich dreißig Jahre lang in einem gerechtfertigten Krieg getötet und Freunde begraben.

Aber wenn unsere Kriege rechtens gewesen waren, woher dann unser grundlegender Pessimismus – das Gefühl, für immer »tief in der Scheiße« zu sitzen?

»Und deswegen ist Ihre Theorie für mich ein besonders kraftvolles analytisches Werkzeug«, sagte ich. Mehr denn je scheinen die Israelis zu glauben, dass das gesamte Land Israel ihnen gehört. Und die meisten meiner Landsleute gehen auch davon aus, dass die Gegenseite die gleiche Einstellung hat, was das historische Palästina betrifft. Daraus schließen sie, dass es töricht sei, irgendwelche territorialen Zugeständnisse zu machen. Siedler, die eine von Gott ausgestellte Besitzurkunde ins Feld führen, sehen sich bestärkt in ihrer Überzeugung, dass die Palästinenser uns auf ewig angreifen werden, egal wie wir uns verhalten: Gespräche seien sinnlos, Diplomatie sei für Dummköpfe, Kugeln seien die einzige Sprache, die Araber verstünden.

Bei einem zweiten Espresso fasste ich meine These zusammen, dass wir Israelis nicht mit den Palästinensern, sondern mit uns selbst im Krieg lägen. »In Judäa und Samaria haben wir bereits ein Apartheidsystem errichtet, in dem wir die Palästinenser gewaltsam unter Kontrolle halten und ihnen Selbstbestimmung verweigern. Am Ende werden sie den Traum vom eigenen Staat aufgeben und mit dem Großteil der Welt einen einzigen Staat verlangen, in dem die Juden ihre Mehrheit verlieren und wir uns von unserer Selbstbestimmung verabschieden müssen. Sicherheitspolitisch gesehen, führen wir ab diesem Punkt keinc gerechtfertigten Kriege mehr und werden zu weltweit führenden Experten für Ungerechtigkeit.«

Chaim nickte nachdenklich und warf einen Blick auf seine Armbanduhr. Die Schlange der schwitzenden Wartenden vor dem Café war länger geworden, und ich wusste, dass wir gehen mussten. Wie versprochen, bezahlte er für den Kaffee und das Croissant. Bevor er sich wieder auf die Beine hievte, fragte er mich in einem schwermütigen Ton, wie viele Israelis sich meiner Meinung nach »mit uns einig« seien.

»Im tiefsten Inneren nur wenige. Ich kann sie an meinen neuneinhalb Fingern abzählen.« Schmunzelnd zeigte ich ihm den Finger, an dem ein Glied fehlte. »Aber ich will niemandem Vorwürfe machen. Die Vergangenheit neu zu erfinden, ist nicht leicht. Das passiert gewöhnlich nur nach einer Katastrophe.«

Schlussfolgerung

Die Vergangenheit neu erfinden
Kerem Maharal, Juli 2018

Auf der Fahrt nach Ostjerusalem zu einem Besuch bei Sari zu Hause wollte ich nochmals meine Fragen an ihn durchgehen, musste aber dauernd daran denken, was im Gazastreifen geschah. Letzte Woche hatte ein israelischer Scharfschütze einer ehrenamtlich tätigen palästinensischen Sanitäterin eine Kugel ins Genick geschlossen, einer Dreiundzwanzigjährigen in einer weißen Uniform. Sie gehörte zu den über einhundert unbewaffneten Teilnehmern des Großen Rückkehrmarschs, wie ihn die Palästinenser nennen, die von den IDF erschossen worden waren. Das YouTube-Video mit ihrer Tötung hatte rasend schnelle Verbreitung gefunden. Mein langzeitlicher Sensor, die Journalistin Amira Hass erfüllte die Erwartungen, als sie schrieb: »Was ist Feigheit, wenn nicht die Entscheidung, massenhaft unbewaffnete Gefangene zu töten, die gegen ihre anhaltende Inhaftierung demonstrieren?«

Immer wenn Sari und ich zusammenkommen, fühlt es sich so an, als seien wir Veteranen beim Austausch von Kriegserlebnissen. 2014 ist er als Präsident der al-Quds-Universität zurückgetreten, nachdem vermummte Hamas-Aktivisten, grüne Banner schwingend, den Campus gestürmt hatten, mit Attrappen von Kassam-Raketen aus Pappmaché und Bildern von Selbstmordattentätern. Auch ich musste Aktionen wütender Protestler über mich ergehen lassen. Vor einigen Jahren sprengte eine Gruppe propalästinensischer Aktivisten am Londoner King's College meine Rede zur Beendigung der Besatzung. Sie warfen mit Stühlen, schmissen Fensterscheiben ein und skandierten etwas von »Ajalons crimes«, gefolgt von »From the river to the sea, Palestine will be free«. Als ich es in neuerer Zeit wagte, Breaking the Silence zu verteidigen, brüllte ein selbst ernannter israelischer Patriot *boged* – »Verräter!« – in ein Megafon. Gefangen in dem Narrativ, aus dem ich mich selbst erst vor Kurzem befreit habe, kommen mir viele meiner gutmeinenden Landsleute jedes Mal mit *boged,* wenn ich bestreite, dass allein Juden Besitzansprüche auf das Land Israel anmelden können.

Sari begrüßte mich an der Eingangstür. Es war ein ungewöhnlich freundlicher Tag, sonnig und kühl. In seinem üblichen Jackett mit Hahnentrittmuster schlug er vor, dass wir uns in den Garten setzten. Ich folgte ihm durch Räume mit Lüstern, Ölgemälden, Familienerbstücken und Regalen, vollgestopft mit Büchern. Ein Schwarz-Weiß-Foto seiner Eltern, Anwar und Nuzha, hing über dem Sofa. Draußen zwitscherten Vögel gegen die Geräusche vorbeifahrender Autos hinter dem Haus an. Was heute eine Hauptverkehrsschlagader ist, war vor 1967 Niemandsland an der Trennlinie zwischen West- und Ostjerusalem gewesen.

»Zucker?«, fragte Sari. Ich lehnte ab. Er rührte ihn sich löffelweise in dem Kaffee. Nachdem er sich vor einigen Jahren das Rauchen abgewöhnt habe, brauche er »jetzt den Energieschub von etwas Süßem«, so erklärte er mir und fragte, wie es mir denn so ergangen sei.

»Auf persönlicher Ebene kann ich nicht klagen. Wenn ich nicht mit Biba im Obstgarten oder beim Schwimmen bin, schreibe ich wissenschaftliche Arbeiten über Demokratie und Terrorismus. Nur wenn mich Leute Politisches fragen, ist mir danach zumute, Hegel zu zitieren. Sie sind der Philosoph, und ich will mich nicht lächerlich machen. Aber ich denke oft zurück an die alten Marxisten im Kibbuz, die sich gerne über den dialektischen Materialismus ausließen.«

»Über welchen Aspekt der Dialektik? Das ist doch eine ziemlich komplizierte Angelegenheit, nicht?«

»Ich meine die Passage, in der Hegel sagt, dass erst eine Talsohle erreicht werden muss, ehe Wandel stattfinden kann.« Mit einem Nicken forderte mich Sari zum Fortfahren auf. »So, wie ich es sehe, brauchen wir Israelis wohl noch einige weitere Jahre einer rechtsgerichteten Herrschaft mit Angriffen auf Gaza und einer Zivilgesellschaft, die noch härter in den Würgegriff genommen wird. Erst dann erkennen wir, dass wir in einer dystopischen Gesellschaft leben, die für diejenigen, die unter unserer Knute leben, tyrannisch und für alle giftig und selbstzerstörerisch ist.«

»Interessant«, sagte er.

»Apropos, wie laufen die Dinge in Palästina?« Präsident Abbas war alt und krank, und angesichts der sich zuspitzenden Lage im Gazastreifen war ich neugierig auf Saris Gedanken.

»Schwer zu sagen.« Sari, der ewige Philosoph, hat eine Art, jede Aussage zu relativieren und dann seine Relativierungen zu relativieren. Er fuhr sich mit den Fingern durchs weiße Haar und legte die Kette mit den indigoblauen Perlen, an denen er immer herumspielt, wenn wir uns treffen, auf seinen Schenkel.

Sein Mobiltelefon klingelte – mit der Melodie von Beethovens Neunter. Nach einigen Takten schaltete er es schließlich aus. »Wenn es um unsere Politik geht«, fuhr er fort, »dann muss ich ganz aufrichtig feststellen, dass unsere Zivilgesellschaft lebendig und wohlauf ist. In Talkshows im Radio hörte man Leute, die ihre Meinung sagen und sich wirklich an Problemlösungen versuchen. Ein Problem haben wir mit den Leuten an der Macht, und das hat nichts mit Israel zu tun. Je höher man in der Hackordnung aufsteigt, desto schlimmer wird es. Da muss man wirklich drüberstehen.« Wie Dschibril war er bei seinem ersten und einzigen Versuch, sich in ein Amt wählen zu lassen, einem Hamas-Kandidaten unterlegen.

Meine Gedanken kehrten zu den Schüssen auf unbewaffnete Demonstranten im Gazastreifen zurück. Ich fragte Sari, was die Menschen im Westjordanland über die Proteste und Todesschüsse dächten.

Ermattet lehnte er sich in seinem Schreibtischstuhl zurück und legte die Hand auf seine Perlenkette. »Abbas und Co. kümmern sich nicht um Leute, die sich auf die Seite der Hamas schlagen, obwohl die bei den Protesten eigentlich gar nicht der Treiber ist. Der Typ, der die Bewegung angestoßen hat, gehört ihr nicht einmal an.« Er klang resigniert. Er hatte ja auch den Großteil seines Lebens im Versuch zugebracht, seine Leute in Richtung Vernunft und Aufrichtigkeit zu lenken, und war meistens gescheitert.

»Apropos palästinensische Politik«, sagte er, während seine Augen dem erratischen Flug einer Stechmücke folgten, »erst neulich ... nein ... es muss gestern gewesen sein. Ja, gestern. Vielleicht auch am Tag zuvor. Jedenfalls kam ein Freund kurz vorbei. Er ist über sechzig, hat also von den Israelis die Genehmigung erhalten, aus der Westbank nach Israel einzureisen. Dieser Freund hat mir erzählt, dass er erstmals, seitdem Scharon die Mauer bauen ließ, wieder Jaffa besucht hatte. Er setzte sich in ein Café am Stand und ließ sich von der Meeresbrise durchfeuchten. Er beobachtet im Wasser herumplanschende Kinder. Keiner der Leute auf den Standtüchern schien es zu kümmern, wer er war, ob Muslim, Christ oder Jude. Sie ließen ihn unbehelligt.

›Und so müsste das Leben auch sein‹, sagte mein Freund. ›Wir müssten nach dem Gesetz des Meeres leben: Ohne Rücksicht auf Nationalität oder Pass müsste jeder am Strand entspannen dürfen.‹ Mir gefällt der Ausdruck *Gesetz des Meeres* ganz gut. So fühlen sich Palästinenser dieser Tage, Ami. Sie wollen ihre Füße ins Wasser baumeln lassen und unbehelligt bleiben.«

Ich behielt lieber für mich, dass das Meer mit der Entdeckung von Erdgasfeldern vor der Küste zu einem entscheidenden nationalen Aktivposten wird. Israel wird ihnen wohl nicht mehr gestatten, die Füße ins Wasser baumeln zu lassen.

Sari blickte wieder zu mir herüber, streckte den Arm aus und füllte meine Kaffeetasse auf.

Ich fragte ihn, ob er etwas von Dschibril gehört habe. »Auf meine Anrufe«, sagte ich, »reagiert er seit Monaten nicht. Ich wollte mit ihm über seinen Bruder, den Kerl von der Hamas, reden. Nach meinem zwanzigsten Versuch nahm er endlich ab und sagte einen rätselhaften Satz: Er sei mein Freund, egal was komme. Dann hat er aufgelegt. Was ist los mit ihm?«

»Das ist Politik«, erklärte Sari. »Wie jeder, außer vielleicht er selbst, weiß, lebt unser lieber Präsident Abbas nicht ewig, und Leute in der Fatah bringen sich schon als Nachfolger in Stellung. Wenn Sie mich fragen, hat Dschibril gute Chancen, es nach oben zu schaffen. Er ist ehrgeizig und klug. Mut hat er auch, und es fehlt ihm nicht an Selbstvertrauen.« Sari hielt inne und griff nach einem verzierten Silbertablett, auf dem sich ein Sortiment an Süßgebäcken türmte. »Darf ich Ihnen etwas Kuchen anbieten?«

Ich lehnte ab. Was Sari sagte, ergab Sinn. Wenn Dschibril im Wettrennen um den Spitzenplatz lag, wollte er Rivalen keine Munition liefern, indem er mit einem ehemaligen Chef des Schabak herumstolzierte.

Schließlich stellte ich die Frage, die ich ihm seit Jahren stellen wollte: »Erzählen Sie mir von Ihrer Mutter.«

»Meine Mutter?« Sari zog eine Augenbraue hoch.

»Ja, ich habe mich immer gefragt, warum sie unser Papier nicht unterschrieben hat. Meine Eltern konnte ich zu einer Unterschrift bewegen – fast jeder im Kibbuz hat unterschrieben.«

»Mutter war ein zorniger Mensch.«

»Wegen 1948?«

»Zum Teil. Schauen Sie, man muss ihren Hintergrund verstehen. Sie ist in einer Villa mit Dienstboten in Wadi Hunajn direkt bei Ramla aufgewachsen. Ihr Vater, Cambridge-Abgänger und Mitglied des Obersten Islamischen Rats, hat diese Stadt praktisch besessen. Er war der Bürgermeister und konnte seine Wurzeln bis zu einem Sufi-Mystiker zurückverfolgen, der sich dort im 15. Jahrhundert niedergelassen hatte.

Und in den 1930er-Jahren verhafteten ihn dann die Briten wegen seiner Rolle beim Aufstand gegen die Zionisten, verfrachteten ihn ins Exil und brannten die Villa seiner Familie nieder. Für meine Mutter verschlimmerte sich die Lage nur noch mehr. Als sie 1948 mit mir schwanger war, wurde ihrem Mann von einem eurer Soldaten ein Bein weggeschossen, und dann tauchte Rabin auf und zwang sie und ihren weiteren Familienkreis, das israelische Territorium zu verlassen und zu Fuß durch die jordanischen Linien zu marschieren. Nachdem ihr 1967 Ostjerusalem erobert hattet, wurde sie als erste Palästinenserin von israelischen Soldaten verhaftet, weil sie eine Demonstration auf der Salah al-Din-Straße organisiert hatte.

Sie hat sich übrigens bis zu ihrem Tod geweigert, den Ort wieder aufzusuchen, wo die Villa ihrer Familie gestanden hatte.«

»Hast Sie Ihnen je gesagt, warum?«

»Ich nehme an, weil es keine Möglichkeit zur Rückkehr gab. Wadi Hunajn war in Ness Ziona umgewandelt worden. Soweit ich mitbekam, wurde die von meinem Großvater errichtete Moschee in eine Synagoge namens ›Israels Erlösung‹ oder so ähnlich umgewidmet.

Was meine Mutter nach Beginn der Besatzung 1967 als noch schlimmer empfand, war das Entgegenkommen meines Vaters. Er lud Israelis zu sich nach Hause ein, um über Politik zu reden. Kein Geringerer als Mosche Dajan hat in unserem Wohnzimmer gesessen. Sie betrat kein einziges Mal den Salon, um die israelischen Gäste meines Vaters kennenzulernen. Sind Sie sicher, dass sie kein Stück Kuchen mögen?«

»Warum nicht?« Sari schob mir eine Scheibe Zitronensandkuchen auf den Teller. Als ich einen Bissen nahm, kehrte ich in Gedanken zu den Traumata und ihrer nachhaltigen Wirkung zurück. Dr. Sarradschs Schriften hatten mich viel gelehrt, ebenso die Reaktion meines Freundes Zvika Schahak, als Terroristen seine Tochter am Dizengoff Center in die Luft gesprengt hatten. Mit übermenschlicher Anstrengung hatte Zvika seine Trauer in den Antrieb überführt, eine Organisation aufzubauen, die jüdische und palästinensische Eltern zusammenbrachte, die in unserem Konflikt Kinder verloren hatten.

»Je mehr man leidet«, sagte ich zu Sari, »desto schwieriger wird es, Mitgefühl für den Feind aufzubringen.« Ich nahm an, dass damit zum Thema seiner Mutter alles gesagt war, aber ich täuschte mich.

Sari, der einst über die Rolle des Witzes in der Philosophie geschrieben hatte, überraschte mich wie gewöhnlich mit seiner Äußerung: »Mangel an Mitgefühl war nicht das Problem meiner Mutter. Mutter brauchte einen Anflug Menschlichkeit, um das ihr angetane Leid zu überwinden.«

»Wie dies?«

»Während unserer Kampagne fragte ich sie bei einem meiner täglichen Besuche: ›Stell dir vor, ein Rabbi wäre, sagen wir 1940, auf Vater zugetreten und hätte ihn gefragt: ›Ich komme zu Ihnen, weil sich für meine Leute in Europa eine entsetzliche Katastrophe anbahnt und wir eine Zuflucht am Herkunftsort unserer Vorväter brauchen. Hätte ein Rabbi dies Vater gefragt, was hätte er gesagt?‹ – ›Was denkst du denn?‹, blaffte sie zornig zurück. ›Natürlich hätte er ja gesagt.‹«

»Sie hätte also zugestimmt«, fragte ich, »uns Juden ins Land kommen zu lassen?«

»Nicht nur das. Ich habe sie zahlreiche Male einräumen gehört, dass sie eine politische Lösung mit Israel wollte. ›Ich wäre zufrieden mit zwei Staaten‹, sagte sie einmal. Sie hatte kein Problem damit, die Vergangenheit hinter sich zu lassen und mit Israelis zusammenzuleben. Sie versuchte nicht, mich aufzuhalten, als ich mich als Freiwilliger zur Arbeit in einem Kibbuz gemeldet hatte.«

»Wenn sie bereit war, zwei Staaten zu akzeptieren«, fragte ich, »warum hat sie unser Papier nicht unterschrieben?«

»Was sie davon abgehalten hat, war Misstrauen.«

»Gegen was?«

»Gegen wen, meinen Sie. Nehmen Sie das nicht persönlich, Ami, aber an das friedliebende Wesen von euch Israelis hat sie nie geglaubt. Sie glaubte nie, dass ihr uns einen Staat gönnen würdet, egal, was wir tun würden. Wir könnten Blumen anstatt Steine werfen, alle wie Mahatma Gandhi umherlaufen, uns alle in friedliebende Finnen verwandeln – ihr würdet uns weiterhin besetzt halten. Sie glaubte, ich würde mir mit unserem Papier etwas vormachen. Und sie hatte nicht ganz unrecht.«

»Sie wollen sagen, Ihre Mutter, die von außen gesehen als eine so erbitterte Hardlinerin erschien, hat in Wahrheit nur darauf gewartet, dass wir uns bewegen und ihr einen triftigen Grund liefern, uns zu vertrauen.«

»Gut ausgedrückt, Ami.«

»Tut mir leid, dass ich Ihre Mutter nie kennengelernt habe«, sagte ich und schob den Kuchen beiseite. Mir war plötzlich der Appetit vergangen. »Sie muss eine sehr kluge Dame gewesen sein. Sie hat die Israelis deutlich besser verstanden als ich während unserer Kampagne.«

Sari lachte auf. »Meinen Sie, sie sei klug gewesen, weil sie euch Israelis misstraut hat?«

»Sieht so aus. Jahrelang haben linke wie rechte Regierungen den Siedlungsbau in Judäa und Samaria vorangetrieben, trotz der Bereitschaft der Palästinenser, Israel in einer Zweistaatenlösung anzuerkennen und trotz einer klaren Stellungnahme der meisten Angehörigen des Sicherheitsapparats, dass die Fortsetzung der Besatzung dem Terror Vorschub leistet. In der Rückschau erkennt man, dass der Antrieb für diese Expansion aus der israelischen Mehrheitsgesellschaft kommt. Damit meine ich nicht, dass wir bewusst unehrlich sind. Einige von uns sind es natürlich, aber darin besteht unser Problem nicht. Es hat tiefere Ursachen als Lügen. Ich habe nämlich immer geglaubt, dass wir den Kampf gegen die Palästinenser aus Sicherheitsgründen führen. Ihre Mutter hat die Wahrheit über uns offenbar lange vor mir erkannt.« Nach einem Schluck Kaffee fuhr ich fort. »Haben Sie je von Chaim Gans gehört?«

»Dem Philosophen?«

»Ja, von der Universität Tel Aviv. Vor einigen Jahren bin ich auf ein Buch von ihm gestoßen. Als ich es gelesen hatte, begriff ich schließlich, dass es ein Fehler von uns war, das Geschichtliche auszuklammern. Erinnern Sie sich, wie wir alle meinten, wir müssten nur ein gemeinsames Bild von der Zukunft entwerfen, dann kämen außer schurkischen Siedlern und Hamas-Leuten schon alle in Bord? Gans' Buch – beim nächsten Treffen bekommen Sie von mir ein Exemplar – hat mich gelehrt, dass unser Geschichtsverständnis die Barriere zu einem echten Kompromiss ist, denn es beherrscht unsere Handlungsweisen und Ängste und damit unsere Zukunft.«

Zum ersten Mal seit unserem Kennenlernen in London fünfzehn Jahre zuvor erzählte ich Sari von dem Zionismus, mit dem ich großgeworden war: dass es für uns alle im Kibbuz eine nicht infrage zu stellende Tatsache war, dass wir Juden mit unserer Vertreibung durch die Römer unsere Identität verloren hätten und wir sie nur durch eine Rückkehr wiederbekämen, mit einer Besitzurkunde in der Tasche, um unser geraubtes Eigentum zurückzufordern. Das gleiche Bildungssystem, das die Makkabäer wiederauferstehen ließ, lehrte die marokkanischen Juden, deren Wurzeln im Atlasgebirge fünfundzwanzig Jahrhunderte weit zurückreichen, sich wie wir Aschkenasim als Opfer der Inquisition oder des Holocausts zu fühlen. Auch keine Flotte von Hightech-U-Booten kann uns von unserer tief sitzenden Angst heilen, dass hinter jeder Ecke die Katastrophe lauert.

»Wir werden nie Frieden schließen«, schloss ich, »bis wir das Narrativ über die Vergangenheit ändern und uns selbst eingestehen, dass Palästinenser ein Recht auf ihr eigenes Land neben Israel haben, und auf Boden, den wir als unseren beanspruchen.«

»Und deshalb hat meine Mutter die israelische Politik besser verstanden als Sie?«, fragte Sari, seinen Teelöffel schwingend.

Ich nickte.

Statt einer Erwiderung, deutete Sari auf den Kuchen. »Der ist wirklich lecker!«

Sari hob die Hand, als wolle er etwas sagen, blickte aber auf seine Armbanduhr hinab. Er müsse seine Frau Lucy am Ben-Gurion-Flughafen abholen, sagte er und entschuldigte sich, dass die Zeit knapp wurde.

Als ich aufstehen wollte, bedeute er mir mit einer Geste, noch zu warten. »Darf ich Ihnen eine Frage stellen?«, sagte er.

»Natürlich.«

»Warum schreiben Sie Ihr Buch?«

»Vielleicht aus dem gleichen Grund, aus dem sie Ihres, direkt von der anderen Seite des Niemandslands, geschrieben haben.« Ich erklärte, dass meine Lebensgeschichte parallel zu den meisten Ereignissen verlaufen war, die in Israel in den letzten siebzig Jahren stattgefunden hatten. Von meiner Begegnung mit dem jugendlichen Steinewerfer 1988 bis zur Lektüre von Chaim Gans hatte ich wie viele Israelis die Ungerechtigkeit unserer Besatzung erkannt, aber niemals die nationalistische Geschichtsschreibung hinterfragt, mit der wir aufgewachsen waren.

»Wenn ich es schaffe, will ich Israelis und Juden im Ausland aufzeigen, dass wir uns für eine andere Vergangenheit entscheiden können. Die Vergangenheit, die meine Eltern gewählt haben, bildete die Grundlage zur Errichtung des Staates Israel, aber heute steht sie der Zukunft, von der sie geträumt haben, im Weg: den eines demokratischen Staates für das jüdische Volk. Wir müssen uns nicht mehr als eine Nation von Gespenstern begreifen, die nur deshalb ins Leben zurückgekehrt sind, weil sie ein Land beanspruchen, das seit der Zeit Joshuas aus sich heraus ein jüdisches gewesen war. Wir können, und ich behaupte, wir müssen die zionistische Geschichte als einen Kampf um nationale Selbstbestimmung betrachten.«

»Was Sie da soeben von meiner Mutter gesagt haben – dass sie die Israelis so gut verstanden hat –, würden Sie das in Ihr Buch mit aufnehmen?«

»Ich denke, das muss ich.«

»Das dürfte in Israel für einigen Wirbel sorgen, stelle ich mir vor.«

»Ich möchte das Buch zuerst in Englisch veröffentlichen.«

»Darf ich fragen, warum?«

»Sehen Sie, wir beide wissen doch: Um irgendetwas zu verstehen, insbesondere in der Politik in unserem Teil der Welt, brauchen wir möglichst viele Leute, die offen über Probleme debattieren. Aus meiner Sicht geschieht in Israel heute das Gegenteil. Die Horizonte verengen sich. Der Konflikt berührt zu sehr unser Innerstes: Bei jedem Toten auf unserer Seite empfinden wir alle Schmerz und haben weder die Fähigkeit noch das Bedürfnis, den Feind zu verstehen. Deshalb verschließen sich die meisten Israelis dem, was ich zu sagen habe. Wir sind hinter unseren Mauern so gefangen, dass wir nicht sehen, was Außenstehenden offensichtlich erscheint. Immer wenn ich Israelis sage, wir müssten die Vergangenheit neu erfinden, halten sie mich für durchgedreht.«

Sari stand auf und schüttelte mir die Hand. Jetzt war es wirklich Zeit. »Ich freue mich auf Ihr Buch«, sagte er auf dem Weg mit mir zur Tür. »Haben Sie schon einen Titel?«

»*Friendly Fire*, habe ich mir spielerisch überlegt.«

»Wenn man von der eigenen Seite unter Beschuss gerät.«

»Das ist die Idee.«

»Gefällt mir«, sagte er. Ich freute mich über den Zuspruch von jemandem mit so viel Erfahrung darin, von der eigenen und der anderen Seite unter Beschuss zu stehen.

Auf meiner Fahrt nach Hause war ich seltsam optimistisch, was unser Schicksal im Heiligen Land anging, trotz der sehr schlechten Aussichten darauf, dass die Israelis mehrheitlich eine alternative Sichtweise von der Vergangenheit akzeptieren würden. Mit Sari zu reden erinnerte mich daran, dass wenigstens unsere israelische Revolution keine Barrikaden erfordern wird. Wir müssen keine Regierung stürzen, keine Guillotine auffahren und kein korruptes Klassensystem zu Fall bringen. Wir müssen nicht einmal unsere ethischen Maßstäbe verändern, weil unser Problem nicht darin besteht, dass wir besonders grausam wären – das sind wir nicht – oder dass wir es genössen, Millionen Menschen unter unserer Knute zu demütigen und ihre Rechten mit Füßen zu treten – das tun wir nicht. Unsere Unabhängigkeitserklärung erfasst genial in wenigen kurzen Zeilen Israels Verbindung zum Humanismus: Israel wird »für alle seine Einwohner vollständige Gleichheit bei den gesellschaftlichen und politischen Rechten sicherstellen, unabhängig von Religion, Rasse oder Geschlecht; es wird Freiheit der Religion, des Gewissens, von Sprache, Bildung und Kultur garantieren [...].«

Ein politischer Führer muss, langfristig gesehen, nur eines tun: uns die Wahrheit sagen.

In der Hitze des Spätnachmittags kam ich zu Hause an, öffnete ein kaltes Makkabäer-Bier und beobachtete die Enkel beim Herumplanschen im Swimmingpool. Nachdem ich mir kurz eine Abkühlung geholt hatte, machte ich mich allein mit den Hunden auf den Weg. Aus dem Moschaw heraus ging ich mit schnellen Schritten an einem Weinberg vorbei und weiter in ein Tal, das beiderseits von Wald und Olivenhainen gesäumt ist. Biba nennt es die israelische Ausgabe des Paradieses, mit den Forstflächen und Weinstöcken, wimmelnd vor Wildschweinen, Rehen und Falken, die in den Lüften kreisen. Durchbrochen wurde diese pastorale Stille nur durch das Knallen von einem Schießstand der IDF in der Ferne.

Nach einer Runde kehrte ich zum Moschaw zurück. Die Hunde rannten voraus, vorbei an dem alten arabischen Bauernhaus mit Bäumen, die aus dem Dach herauswucherten. Einen Moment lang stellte ich mir vor, wie es in dem einstigen arabischen Dorf Anfang der 1940er-Jahre mit seinem quirligen Leben zugegangen sein mochte. Ja, die Palästinenser hatte 1948 ein schrecklicher Schlag getroffen, was es für mich um so erstaunlicher machte, dass der Dichter Mahmud Darwisch zum Nakba-Tag 1998 eine neue Darstellung der Vergangenheit für das palästinensische Volk geliefert hatte, verfasst für Arafat, um sie vor der Weltöffentlichkeit zu verlesen: »Wir anerkennen das Leiden des jüdischen Volkes [...] Wir streben nicht danach, uns zu Gefangenen der Geschichte oder zu Opfern der Vergangenheit zu machen. Das palästinensische Volk ist zu einer erlösenden Reise in die Zukunft aufgebrochen. Aus der Asche unserer Trauer und unseres Verlusts erheben wir uns als eine Nation, die Leben und Hoffnung feiert.«

Wer immer unsere neue Vergangenheit zusammenstellt, könnte sich von Darwisch inspirieren lassen. Unsere neue Vergangenheit würde das Leiden der Palästinenser während der letzten siebzig Jahre anerkennen und gleichzeitig unser natürliches Recht auf Selbstverteidigung betonen. Unsere Vergangenheit ist nicht die Geschichte von Juden, die als Landeigner ins Land Israel zurückkehrten und die Pächter ausquartierten. Es ist die Geschichte von Juden wie meinem Vater, die als Reaktion auf Rassismus, Antisemitismus und einen nativistischen Nationalismus in Europa Selbstbestimmung als ein Mittel verlangten, um ihr Leben und ihre Kultur zu schützen. Und warum in Israel? Auch wenn sie die religiösen Gebote nicht mehr achteten, wussten sie, dass sie nur im Land Israel, aus dem das jüdische Volk hervorgegangen war, einen Staat errichten und ihr kulturelles Erbe und ihre Sprache leben konnten.

Angesichts der hinter uns liegenden Öfen von Auschwitz und der totalen Ablehnung der Araber von jedweder Form des Zionismus hatten wir 1948 einen rechtmäßigen Krieg gekämpft. Chaim Gans verglich unsere Lage mit »einem im Sterben Liegenden, der weiß, dass es eine Medizin gibt, die sein Leben retten kann. Wenn der Apotheker ihm diese Medizin nicht verkauft, hat er das Recht, sie sich mit Gewalt zu nehmen. Und kein Gericht wird ihn dafür verurteilen, weil es ums Überleben geht.«

Über Jahrzehnte kämpften wir weiter mit Gerechtigkeit auf unserer Seite. Chaim Sturman, Dani Levi, Srulik und viele tausend weitere starben bei der Verteidigung unseres Rechts, als ein Staat zu existieren. Nach dieser neuen Version der Vergangenheit hatten wir unsere größten Siege seit der Unabhängigkeit nicht mit dem Sechstagekrieg und auch nicht mit Scharons tollkühnem Gegenangriff 1973 errungen. Unsere größten Siege waren die Palästinensische Unabhängigkeitserklärung von 1988, die stillschweigend das Existenzrecht Israels anerkennt; der Handschlag zwischen Arafat und Rabin im Rosengarten des Weißen Hauses; die Sicherheitskooperation zwischen dem Schabak und Arafats Untergebenen; Darwischs Nakba-Rede; und die Arabische Friedensinitiative. Mit einem weiteren kalten Makkabäer-Bier in der Hand stellte ich mir eine künftige Ministerpräsidentin vor, wie sie eine Rede zum Unabhängigkeitstag verliest. Darin verkündet sie dem israelischen Volk, dass wir die IDF, die Spezialkräfte und den Schabak immer noch benötigen, denn Terrorismus und die von anderen Staaten ausgehende Gewalt werden Israel auch in Zukunft bedrohen. Aber ihre Arbeit wird im Umfeld einer Regierung erfolgen, die den Werten der Bürger-, Minderheiten- und Menschenrechte, des Pluralismus, der Transparenz, einer auf Regeln beruhenden internationaler Ordnung und dem Frieden mit unseren Nachbarn verpflichtet ist. Nur eine solche Regierung kann an unsere Freunde und Feinde die Botschaft aussenden, dass wir einen gerechtfertigten Krieg führen, dass Fanatiker, ob Muslime oder Juden, unsere hart errungene Demokratie nicht zerstören werden.

Dann wird diese Ministerpräsidentin verkünden, dass unser Krieg, um Sicherheit und Unabhängigkeit zu gewährleisten, untrennbar verknüpft ist mit dem Entschluss, unser Apartheidregime in den besetzten Gebieten im Westjordanland und im Gazastreifen zu beenden, damit die Palästinenser im Gazastreifen und in dem, was wir Judäa und Samaria nennen, entlang der in People's Voice gezogenen Linien nationale Selbstbestimmung ausüben können.

Ja, das wird sie sagen, malte ich mir aus. Inspiriert von den Enkeln, die im Swimmingpool Marco Polo spielten, dachte ich an den vollendeten Abschluss ihrer historischen Ansprache. Diese imaginäre Führerin wird sich zu ihrer Ausformulierung nicht auf Jehuda Amichai stützen können: Er ist vor zwanzig Jahren verstorben. Dafür könnte sie sie mit einem Zitat des Gedichtes beschließen, das Amichai in Oslo bei Rabins und Arafats Entgegennahme des Friedensnobelpreises verlesen hat:

Gott erbarmt sich der Kindergartenkinder,
weniger schon der Schulkinder.
Der Großen erbarmt er sich nicht mehr.
Die lässt er allein,
manchmal müssen sie *robben*
auf dem Weg zur Sammelstelle
durch glühenden Sand, blutüberströmt.
Der wirklich Liebenden wird er sich vielleicht
erbarmen, barmherzig zeigen, ihnen Schatten schenken
wie der Baum dem Schlafenden auf der Bank,
draußen in der Allee.
Und vielleicht werden auch wir
unsre letzten Münzen der Gnade hervorholen für sie
aus dem Erbe der Mutter,
auf dass der Liebenden Glück uns beschütze,
jetzt und an anderen Tagen.

Danksagung

Zunächst danke ich meiner Lebenspartnerin Biba. Von der Arbeit mit ihr an ersten Entwürfen bis zu ihrer Kritik und ihren Ratschlägen war sie für dieses Buch so wichtig wie alle anderen Beteiligten. Ich danke Chip Fleischer, unserem Lektor und Herausgeber, der von Anfang an an dieses Buch geglaubt hat. Danken möchte ich auch Rebecca Radding für ihre fachkundigen redaktionellen Eingriffe und ihr erlesenes Gespür dabei, eine Story auszugestalten. Und mein Freund Orni Petruschka, der im Buch als wichtige Figur auftaucht, hat mich darin unterstützt, dessen übergreifende Botschaft besser herauszuarbeiten.

Anthony David dankt seinem Freund Anouar Majid, einem marokkanisch-amerikanischen Gelehrten und Romancier, der ihm beigebracht hat, kreativ über Politik zu schreiben.

Anmerkungen

1 Anmerkungen Organisatorin der Diskussionsrunde war Professorin Mary Kaldor von der London School of Economics, eine Expertin für kosmopolitische Demokratie.

2 Mosche Dajan beschrieb das tödliche Katz-und-Maus-Spiel später so: »Wir schickten immer einen Traktor zum Pflügen auf demilitarisiertes Gebiet, das nicht bearbeitet werden konnte, und wusste von vornherein, dass die Syrer das Feuer eröffnen würden. Falls sie nicht feuerten, sagten wir dem Traktorfahrer, weiter voranzurücken, bis es den Syrern schließlich zu viel wurde und sie schossen. Daraufhin setzten wir Artillerie und später auch die Luftwaffe ein, und so ging das.«

3 *Illustrated Dictionary of the Muslim World*, New York 2011, S. 46.

4 Schachiv Schinan.

5 Zu weiterer Prominenz auf dem Friedhof zählen Ber Borochov, der mithilfe des Dialektischen Materialismus den sozialistischen Zionismus rechtfertigte, sowie Berl Katznelson, der Intellektuelle der Arbeiterbewegung und klassische Verfechter von Syrkins Säkularreligion des Zionismus als Befreiung unseres Volkes und Landes. Sein nach ihm benannter Neffe ging in meine Klasse.

6 Das Denkmal rief mir eine tragisch endende Gedenkveranstaltung in Erinnerung, die mein Vater 1954 zum zehnten Jahrestag der Fallschirmmission organisiert hatte. Abba hatte die Idee, dass die vier überlebenden Fallschirmspringer der Palmach-Operation bei einer Nachstellung ihrer schicksalhaften Mission aus einem Flugzeug abspringen sollten. Tausende Schaulustige – laut einer Zeitung »fast die gesamte Lokalaristokratie« – strömten zum Ereignis zusammen, der Ministerpräsident erschien in einem Konvoi hoher Regierungsvertreter, und aus dem Archipel der Kibbuzim rollten Busse ein. Ideologische Rivalen – manchen galt Ben-Gurion als Verräter, weil er nach der Staatsgründung der Palmach, unsere revolutionäre Streitmacht, aufgelöst hatte – gaben sich ein Stelldichein, um die Märtyrer zu ehren. Minuten nachdem wir die haTikwa, unserer Nationalhymne, gesungen hatten, stürzte eine zweisitzige Piper mit den Fallschirmspringern an Bord in die Menge. Alle Insassen und Dutzende Zuschauer auf dem Boden kamen ums Leben.

7 Ben-Zion Dinur, der offizielle Historiker der Arbeitspartei und Bildungsminister während meiner Kindheit, brachte das vorherrschende Narrativ perfekt auf den Punkt: »Die Juden waren niemals eine Nation ohne Land, niemals eine ohne Heimat. Selbst in der Zeit des Exils waren sie stets eine beraubte und enteignete Nation, deren Land ausgeplündert und gestohlen worden war. Und diese hatte niemals aufgehört, ihre Ansprüche geltend zu machen, ihre Enteignung zu beklagen und die Rückgabe ihres geraubten Eigentums zu verlangen.«

8 Unsere Pessach-Haggadah huldigte der Art, wie Juden in flammender Begeisterung für die Vision von Freiheit und für

die Lebenskraft der Jugend unser Land befreiten: »Und wir werden die stürmischen Meere durchqueren, bis wir euch erreicht haben und uns an euch festhalten. In unserem Blut und unserer Arbeit erlösen wir euch, bis ihr ganz unser seid.«

9 Sruliks Eltern und gleichgesinnte moskautreue Kommunisten waren im Kibbuz in eine ideologische Auseinandersetzung mit der Mehrheit geraten. Zu ihr zählten auch meine Eltern, die Ben-Gurions prowestlichen Kurs unterstützten. Antistalinisten wie Abba zuckten mit den Achseln, wenn einige der Kommunisten im Chor »Die Internationale« oder den »Hammersong« anstimmten oder zu »Unserem Vater Stalin, der da sitzt in Moskau«, beteten. Die wechselseitige Toleranz beider Lager endete, als die Sowjetunion 1954 die diplomatischen Beziehungen zu Israel abbrach und das Moskauer Regime eine Welle antizionistischer Schauprozesse anstieß. Israel wurde als Hochburg des Imperialismus gegeißelt. In einigen Kibbuzim entlud sich diese Rivalität in Faustkämpfen.

10 Eine Operation gegen Militäranlagen am Außenposten südlich des Hafens von Abadiya.

11 Das hasmonäische Herrschergeschlecht ging aus dem Makkabäer-Aufstand hervor und begründete in der Region Palästina einen selbstständigen jüdischen Staat.

12 Dabei profitierten die Führer der Siedlerbewegung von einem Streit innerhalb der Arbeitspartei, zwischen den einen, die an »offene Grenzen« (Dajan und Peres) glaubten, und den anderen, die eine klar gezogene politische Grenze vertraten (Rabin und Alon). Die Arbeiterbewegung erfand das »Eigentumsnarrativ« und begegnete den Siedlungen deswegen mit einer zwiespältigen Haltung.

13 Insgesamt starben sechs: Drei von der Schajetet und drei aus der Einheit 269 (Sajeret Matkal), die in einer zweiten Angriffswelle in Booten eingetroffen war.

14 Am deutlichsten zum Ausdruck kam diese Haltung auf der Konferenz der Arabischen Liga in Khartum nach dem Krieg 1967. Die Zusammenkunft endete mit der Resolution mit den »drei Neins«: keinen Frieden mit Israel, keine Anerkennung Israels, keine Verhandlungen mit Israel.

15 Rafi Milo war mein Ausbilder in einem Einzelkämpferlehrgang gewesen. Nach seinem Ausscheiden aus der Schajetet 13 kehrte er in die Einheit zurück, um die Operation zu leiten – weil die meisten unserer Kämpfer beim Einsatz auf Green Island verwundet worden waren. Auch Major Schlomo Eschel kehrte vor der Operation in den Dienst zurück.

16 Schapira bezieht sich hier auf die sieben Gesetze, die nach einigen jüdischen Glaubenslehren auch Nichtjuden zu befolgen hätten: Errichte ein Rechtssystem und hüte dich vor Mord, Gotteslästerung, Götzendienst, Ehebruch, Diebstahl und dem Verzehr des Fleischs noch lebender Tiere.

17 Tuchman hatte ich für ein Seminar an der Kennedy School gelesen, geleitet von Professor Herbert Kalman, einem amerikanischen Juden und Experten in Sachen soziale und psychologische Perspektiven zur Lösung internationaler Konflikte.

18 Nach seiner Zeit 1995/96 als Stabschef diente Gil 2001–2002 unter Schimon Peres als Generaldirektor des Außenministeriums.

19 Die *New York Times* griff die Geschichte auf. Die Überschrift über dem Artikel lautete: »Psst! Das ist (nicht sehr) ein Geheimnis.« https://www.nytimes.com/1996/01/14/weekinreview/the-world-shhh-that-s-a-not-very-secret.html.

20 Michael Karpin und Ina Friedman, *Der Tod des Jitzhak Rabin: Anatomie einer Verschwörung*, Reinbek bei Hamburg 1998, S. 17.

21 Dror Moreh, *The Gatekeepers. Aus dem Inneren des israelischen Geheimdienstes*, Köln 2015, S. 62.

22 Jossi war ein Paradebeispiel für die seltsamen und bunten Vögel, die diese Weltre-

gion bekannter- oder auch berüchtigtermaßen hervorbringt. 1986 war er aus dem Schin Bet gedrängt worden, wegen seiner Beteiligung an der Vertuschung von Exekutionen, die Agenten des Schabak an zwei palästinensischen Busentführern durchgeführt hatten. Als weiteres bekanntes Fehlverhalten hatte er einen muslimischen Offizier in der israelischen Armee mit Folter zu einem falschen Geständnis erpresst, laut dem er angeblich Informationen an die PLO weitergegeben habe. Siehe Lawrence Joffe, »Yossi Ginossar: Israel's Secret Envoy to the Palestinians in the Search for Middle East Peace«, in: *The Guardian*, 16. Januar 2004.

23 David Remnick, »The Democracy Game: Hamas Comes to Power in Palestine«, in: *The New Yorker*, Februar 2006.

24 Am Ende des Sechstagekrieges war Matti zwanzig Jahre alt und Rekrut im Panzercorps in Gaza. Unsere Siege, so sagte er mir, hätten ihn mit einem Gefühl der »Überlegenheit und des Erfolgs eingelullt. Wie so viele andere ging er davon aus, dass »unsere Probleme vorüber waren und fortan Frieden und Sicherheit die Oberhand bekämen«. Gewehrsalven von ortsansässigen Palästinensern rissen ihn allerdings aus seiner verzückten Stimmung. »Mir wurde klar, dass eine Periode in der Geschichte des israelisch-arabischen Konflikts zu Ende war, aber eine weitere – nicht weniger verstörende und anstrengende – begonnen hatte.«

25 General Ephraim Sneh. Yossi Melman, »Hamas: When a Former Client Becomes an Implacable Enemy«, in: *Los Angeles Times*, 20. Dezember 1992.

26 Mosab Hassan Yousef, so sein Name, war an einen Stuhl gefesselt worden, der am Betonboden festgeschraubt war. Stundenlang musste er mit einer Kapuze über dem Kopf, bei einer Kälte wie in einer Kühlkammer zitternd und zur sogenannten Banane verkrümmt ausharren, in einer schmerzhaften, demütigenden und kräftezehrenden Position. Für uns wurde er innerhalb der Hamas zu einem wertvollen Aktivum. Seine Erfahrungen beschreibt er in seinem Buch *Sohn der Hamas. Mein Leben als Terrorist*, Holzgerlingen 2019. Das Zitat siehe S. 88.

27 Hagai Meirom, ein israelischer Ex-Politiker, der zwischen 1988 und 1999 für die Verbindungs(-Arbeits)partei und die Partei des Zentrums in der Knesset saß.

28 Jodi Rudoren und Jeremy Ashkenas, »Netanyahu and the Settlements«, in: *The New York Times*, 18. August 2015.

29 James Ciment, *World Terrorism: An Encyclopedia of Political Violence*, London und New York 2011, S. 809.

30 Mordopfer war Dr. Albert Glock.

31 Ich hatte mich mit dem Begriff des *din rodef*, des »Gesetz des Verfolgers«, auseinandergesetzt, um die theologischen Anschauungen der Extremisten am Rand in der Siedlerbewegung nachzuvollziehen. Zu meiner Überraschung las ich in Maimonides, dass das *din rodef* wie eine Passage aus Immanuel Kant klang: Den Verfolger zu töten ist nur zulässig, wenn keine anderen Mittel verfügbar sind – wenn er sich nicht aufhalten oder anders unschädlich machen lässt – und wenn er andernfalls Unschuldige tötet.

32 Siehe Ronen Bergman, *Der Schattenkrieg. Israel und die geheimen Tötungskommandos des Mossad*, München 2018, S. 557f.

33 1997 hatte Netanjahu den Mossad angewiesen, den politischen Führer der Hamas, Chalid Maschal, in Jordanien zu ermorden. Der missglückte Versuch führte zur Freilassung Scheich Jassins, des Begründers und spirituellen Führers der Hamas, und zu einer Schwächung Arafats.

34 Barak hatte als Generalstabschef gedient, bis er von Rabin 1995 zum Innenminister ernannt wurde.

35 Rede des Außenministers Ehud Barak an die jährliche Vollversammlung des National Jewish Community Relations Advisory Council vom 11. Februar 1996.

36 Deborah Sontag, »Peace. Period«, in: *The New York Times*, 19. Dezember 1999.

37 Freitags verließ ich selten mein Büro, ohne mir zuvor von Matti eine Übersetzung der wöchentlichen Predigt des Muftis von Jerusalem geben zu lassen. Ich befürchtete, der Mufti würde zu einem Religionskrieg aufstacheln. Noch stärkere Kopfschmerzen bereiteten die Christen und Juden. Informanten halfen uns, ein Netzwerk besonders gewaltbereiter jüdischer Messianisten aus Jitzchar zu zerschlagen, die geplant hatten, auf dem Tempelberg Muslime beim Freitagsgebet zu ermorden. Eine andere Gruppe hatte ausgeheckt, Schweineköpfe in die al-Aqsa-Moschee zu werfen. Eine weitere Katastrophe konnten wir abwenden, als uns das FBI Informationen zu zwei christlichen Fanatikern, Mitgliedern eines messianischen Kultes, lieferte. Sie wollten zur al-Aqsa-Mosche spazieren, Muslime als zur Hölle verdammte Ungläubige beschimpfen und eine zweite Ankunft Christi verkünden – faktisch eine Verabredung zum Selbstmord. Sie erwarteten, von den rasenden Besuchern der Moschee totgeprügelt zu werden. Zum Glück konnten wir sie am Flughafen stoppen.

38 Mit Dana Golan, der scheidenden Direktorin, die von Knesset-Abgeordneten regelmäßig als Verräterin beschimpft wird, sind wir persönlich befreundet. Ihr Nachfolger Avner Gvarjahu ist in rechtsgerichteten sozialen Medien schon jetzt zum Hassobjekt geworden.

39 Das Gedicht »Al Zot« (Darüber) war 1948 in einer israelischen Tageszeitung erschienen und auf Anweisung Ben-Gurions an alle israelischen Soldaten verteilt worden. Es handelt von einem Massaker an wehrlosen palästinensischen Zivilisten, das israelische Soldaten verübt hatten.

40 In den ersten Stunden dieses Aufstands, der sich zur sogenannten Zweiten Intifada auswachsen sollte, nahm der Schin Bet eine Einschätzung vor, wonach Arafat an den Ereignissen völlig unbeteiligt war. Die IDF-Führung dachte gar nicht daran, diese überhaupt zu diskutieren.

41 In der Armee hatten viele nie an eine Einigung beiden Seiten geglaubt und sich auf eine Konfrontation vorbereitet. »Ich schaffe sämtliche notwendigen Voraussetzungen, um Gewalt anwenden zu können«, hatte zwei Monate vor dem Camp-David-Gipfel ein IDF-Topstratege gesagt. »Ich dränge [die Palästinenser] in eine bestimmte Ecke, in der sie keine Wahl haben als das zu tun, was ich erwarte, und dann reagiere ich mit den Gewaltmitteln, die ich vorbereitet habe.« Siehe Moreh, *The Gatekeepers.*

42 In meinen vier Jahren als Direktor des Schin Bet haben wir zehn tickende Bomben entschärft. Die Entscheidung, jemanden zu töten, wurde niemals leichtfertig getroffen. Auf solche Art Gott zu spielen, zwang mich dazu, über die ethischen Grundlagen präventiver Tötungen neu nachzudenken. Letztlich kam ich zum Schluss, dass Töten nur dann zulässig ist, wenn es keine andere Option gibt – eine Situation, in der man den Täter nicht aufhalten oder anderweitig unschädlich machen kann und wenn Unterlassung zum Tod Unschuldiger führt. Übertragen auf den Krieg gegen den mussten zur präventiven Tötung eines Terroristen bestimmte Kriterien erfüllt sein, zum Beispiel, dass es sich bei der Zielperson um eine »tickende Bombe« handelt. Tödliche Gewalt ist nur gegen eine Person statthaft, die eine unmittelbare Gefahr für das Leben Unschuldiger darstellt, oder in unserem Fall gegen einen Terroristen, der unmittelbar davorsteht, eine Bombe in einem Bus oder in einem Kofferraum zu platzieren. Wenn es keine andere Möglichkeit gibt, ist die Ausschaltung eines Terroristen legitim, weil das Recht auf Leben israelischer Bürger schwerer wiegt als das von Personen, die ihnen nach dem Leben trachten.

43 Efraim Sneh
44 Matt Rees, »The Work of Assassins«, in: *Time*, 7. Januar 2001.
45 In Mattis Worten habe dieser Mordanschlag Arafats Anhänger, Pragmatiker, die einst den Oslo-Prozess unterstützt hatten, »zur Raserei gebracht«.
46 Siehe auch Moreh, *Gatekeepers*, S. 350.
47 Eine weitere wichtige Unterstützerin war Maya Liquornik.
48 Ari Shavid, »Lydda 1948: A City, a Massacre, and the Middle East Today«, in: *The New Yorker*, 14. Oktober 2013.
49 Später sprach uns ein Journalist wegen unserer Körpersprache auf unser Verhältnis zueinander an. »Menschen, die Sari kennen«, sagte ich, »wissen, dass er seine Gefühle für sich behält.«
50 Produktionsleiter der Sendung war Daud Kuttab, ein Assistenzprofessor für Journalismus in Princeton.
51 Sari hatte mit Saddam Hussein kooperiert, der die al-Quds-Universität mit Spendengeldern unterstützt hatte – für die israelische Regierung ein Kapitalverbrechen.
52 Im Kibbuz Hasorea.
53 Und er konnte auf besonders gewiefte Leute zurückgreifen, die seine Herangehensweise billigten: In diesen Tagen schrieb Ehud Barak, unterstützt vom Historiker Benny Morris, in der Augustausgabe der *New York Review of Books*, die Welt müsse »Arafat und seinesgleichen im palästinensischen Lager als die bösartigen, unseriösen und inakzeptablen Schurken und Wiederholungstäter behandeln, die sie sind«.
54 Wir stützten uns auf Meinungsumfragen, die Schakakis PCPSR auf palästinensischer und Schai Feldman auf israelischer Seite durchgeführthatten. Demnach unterstützten 70 Prozent der Palästinenser und Israelis eine Zweistaatenlösung.
55 Aviv Lavie, »The People's Choice«, in: *Haaretz*, 11. Juli 2003.
56 *»Wolfowitz Backs Peace Petition«, Jewich Telegraphic Agency*, 3. November 2003. In den USA richteten wir eine kraftvolle Botschaft an das Special Policy Forum des Washington Institute: »Israel muss sich aus den Gebieten zurückziehen. Dies nicht wegen sozialer, ökonomischer oder internationaler Werte, sondern weil es ohne diesen Rückzug seine Vision eines sicheren, demokratischen Hafens für das jüdische Volk nicht aufrechterhalten kann. [...] Wenn Israel eine Situation ähnlich der schafft, wie man sie in der Ära der Apartheid in Südafrika gesehen hat, wird es weder einen palästinensischen Staat noch eine sichere Heimstatt für das jüdische Volk geben. Auch wenn Israel das Recht hat, sich selbst zu verteidigen, schadet sein Vorgehen beim Bau der Mauer den Aussichten auf eine günstige Zukunft.«
57 Im Kampf gegen die Mauer versammelte Sari dreihundert ehemalige militante Aktivisten und Unterstützer unserer Kampagne People's Voice/HASHD zum gewaltfreien Protest. Nachdem sich Condoleeza Rice, die nationale Sicherheitsberaterin der USA, eingeschaltet hatte, änderte die Regierung schließlich den Verlauf dieser Betonbarriere.
58 Siehe »The Spooks Speak«, in: *Forward*, 21. November 2003.
59 Gideon, Alon, »Lieberman Blasted for Suggesting Drowning Palästinian Prisoners«, in: *Haaretz*, 8. Juli 2003.
60 Als ein dritter Faktor hatten siebenundzwanzig Reservepiloten der israelischen Luftwaffe in einem Brief ihre Weigerung bekundet, Einsätze zu fliegen, die palästinensische Zivilsten gefährden konnten.
61 Scharon sah sich mit Widerspruch aus der eigenen Partei konfrontiert. Vor der Abstimmung in der Knesset im Oktober nach den hohen jüdischen Feiertagen versuchte er noch Neinsager auf seine Seite zu ziehen, indem er die tiefere politische Logik offenbarte, die hinter der Loslösung steckte. An seine Likud-Fraktion gerichtet, wies er darauf hin, dass People's Voice bei

seiner Entscheidung, die jüdischen Siedlungen im Gazastreifen räumen zu lassen, als ein Faktor mitgespielt habe.

62 Arafat wies sogar seinen Finanzminister Fayyad an, Saris Kampagne mit zehntausend Dollar pro Monat mitzufinanzieren. Und noch bedeutender, ließ er Sari die soziopolitische Infrastruktur der Fatah in sämtlichen Dörfern, Städten, Flüchtlingslagern und Universitäten nutzen, um Unterstützung zu gewinnen.

63 Ein Spitzenvertreter der Hamas in Gaza sagte über die Loslösung, »die schmerzlichen und qualitativen Schläge, die der palästinensische Widerstand den Juden und ihren Soldaten in den letzten viereinhalb Jahren verabreicht hat, führten zu der Entscheidung, aus dem Gazastreifen abzuziehen. Die Selbstmordanschläge [...] haben den Juden ihren Tribut abverlangt.« In einem Aufsatz schrieb ich: »Ich bin für einen Abzug aus Gaza, aber gegen die Art unseres Vorgehens. Ein unilateraler Abzug, ohne einen politischen Horizont zu schaffen, wird als Kapitulation interpretiert werden.«

64 Im Juni, zwei Monate vor der endgültigen Evakuierung, nahmen wir Rabins Tochter Dalian zu einem Besuch bei Pinchas Wallerstein und seinem Freund Avi Gisser, dem Oberrabbiner von Ofra, mit. Wir waren keine militärischen, politischen oder für Sicherheit zuständige Funktionsträger, die Warnungen oder Drohungen aussprachen. Wir redeten als Mitbürger und jüdische Glaubensgenossen über Themen, die den Kern unserer Identität berührten. Wir waren uns alle darüber einig, dass Entscheidung von nationaler Bedeutung wie die Auflösung von Siedlungen über ein nationales Referendum getroffen werden müssten. Wenn Menschen als Bauernopfer missbraucht werden, fühlt sich mindestens eine Partei verraten.

65 Die Vorwürfe der Anwälte lauteten auf Folter: Al-Schami sei vom Schabak in eine eiskalte Zelle gesteckt, mit Handschellen gefesselt, stundenlang an einen Stuhl gekettet und »gestreckt« worden.

66 Unsere Mauern zur Abschottung gegen die palästinensischen Bevölkerungszentren hatten vielleicht Hunderten von Israelis das Leben gerettet, sagte ich damals. Aber die öffentliche Meinung der Welt würde unserer Aktionen wegen des Low-Budget-Dokumentarfilms *5 Broken Cameras* niemals als legitim erachten. Dieser thematisierte die Sperranlagen, die die Bewohner des Dorfs Bilin im Westjordanland von ihrem Ackerland abschneiden. »Ich filme, um zu heilen«, sagt der palästinensische Amateur-Filmemacher im Streifen. »Ich weiß, dass sie [die IDF] jeden Augenblick an meine Tür klopfen können. Aber ich filme einfach weiter. Es hilft mir, mich dem Leben zu stellen. Und zu überleben.«

67 Der Journalist Gideon Levy von *Haaretz* beschrieb ein »aufkommendes Gefühl von Ekel und tiefem Abscheu«. Sein Journalistenkollege Chemi Schalev verglich dieses Kinoerlebnis mit einem »Waterboarding der Seele«.

68 Die Organisation Blue White Future, an deren Gründung ich mitgewirkt hatte, entfaltete kaum Zugkraft. Freunde von mir baten darum, mich einer Gruppe von Generälen a. D. sowie Spitzenbeamten des Mossad und des Schabak, den »Kommandeuren für Israels Sicherheit«, wie sie sie tauften, anzuschließen. Noch nie waren so viele Experten mit insgesamt neuntausend Jahren Erfahrung in Sachen Sicherheit zusammengekommen, um ein vernichtendes Urteil des Status quo zu fällen und einen flammenden Appell zugunsten einer Zweistaatenlösung auszusprechen, weil diese als einzige Israels Überleben als eine demokratische Heimstatt für das jüdische Volk garantieren könne. Dies war ungefähr so, als würde ein Who-is-who ehemaliger US-Fünfsternegeneräle gemeinsam mit Ex-Chefs von CIA und FBI die Warnung aussprechen, dass die USA

in eine Katastrophe schlitterten, wenn die Regierung ihre althergebrachte Strategie fortsetzte.

69 Chaim zitiert Ben-Zion Dinur, den Vordenker einer Erziehung, wie ich sie im Kibbuz genossen hatte: »Für die letzten zweitausend Jahre sind wir immer eine ausgeraubte und enteignete Nation gewesen, deren Land ausgeplündert und gestohlen worden war, und wir haben niemals aufgehört, ihre Ansprüche geltend zu machen, ihre Enteignung zu beklagen und die Rückgabe des geraubten Eigentums zu verlangen.

70 Chaim Gans, *A Just Zionism: on the Morality of the Jewish State*, New York 2008.

Register

Über die Autoren

Ami Ajalon, geb. 1945, war ein Angehöriger der legendären israelischen Eliteeinheit *Schajetet 13*, Oberbefehlshaber der Marine, Direktor des Sicherheitsdienstes Schin Bet, Kabinettsminister, Knesset-Mitglied und Träger der Tapferkeitsmedaille, der höchsten militärischen Auszeichnung Israels. Zusammen mit Sari Nusseibeh gründete er 2002 die Friedensinitiative *People's Voice*.

Anthony David, Historiker und Biograf, lehrt kreatives Schreiben am Campus der University of New England in Tanger, Marokko.